国家教师资格考试指导教材

语文学科知识与教学能力

（初级中学）

主　编：谢先国
副主编：王　彦　谭兴茂　邹波武
参　编：谢先国　王　彦　谭兴茂
邹波武　黄晓莲　刘炜伟
曾银仙　王　芳　傅勉剑
龙　宇

北京大学出版社
PEKING UNIVERSITY PRESS

图书在版编目(CIP)数据

语文学科知识与教学能力. 初级中学/谢先国主编. —北京：北京大学出版社，2016.4

（国家教师资格考试指导教材）

ISBN 978-7-301-26748-6

Ⅰ. ①语… Ⅱ. ①谢… Ⅲ. ①中学语文课 – 教学法 – 初中 – 中学教师 – 资格考试 – 教材
Ⅳ. ①G633.302

中国版本图书馆 CIP 数据核字（2016）第 005819 号

书　　名	语文学科知识与教学能力（初级中学） YUWEN XUEKE ZHISHI YU JIAOXUE NENGLI（CHUJI ZHONGXUE）
著作责任者	谢先国　主编
责任编辑	王　莹
标准书号	ISBN 978-7-301-26748-6
出版发行	北京大学出版社
地　　址	北京市海淀区成府路 205 号　100871
网　　址	http://www.pup.cn　　新浪微博：@北京大学出版社
电子信箱	zyjy@pup.cn
电　　话	邮购部 62752015　发行部 62750672　编辑部 62765126
印 刷 者	北京富生印刷厂
经 销 者	新华书店
	787 毫米 × 1092 毫米　16 开本　20.5 印张　441 千字
	2016 年 4 月第 1 版　2016 年 4 月第 1 次印刷
定　　价	45.00 元

国家教师资格考试指导教材

编委会

陈焕章　上海师范大学教育学院副教授
陈　鹏　福建教育学院教务处处长,副研究员
邓大河　四川幼儿师范高等专科学校副校长,副教授
邓岳敏　泉州师范学院教育科学学院副教授
冯展极　大庆师范学院外语学院副院长,教授
何　冰　吉林省国试教育咨询有限公司董事长
何华松　九江职业大学师范学院院长,教授
何善平　陕西学前师范学院学前教育系主任,教授
黄　清　闽南师范大学发展规划处处长,教授
黄　重　宁德职业技术学院人文科学系主任,副教授
经柏龙　沈阳师范大学教育科学学院教授
鞠玉翠　华东师范大学教育科学学院教授
李宝良　大庆师范学院继续教育学院院长,教授
廖贵英　九江职业大学学前教育学院院长,教授
林　钢　北京大学出版社福建省教学服务中心主任
刘俊卿　沈阳师范大学教育科学学院教授
舒志定　湖州师范学院教师教育学院院长,教授
宋　祥　东北师范大学文学院教授
汪　明　阜阳师范学院教育科学学院院长,教授
王　葎　北京师范大学哲学与社会学学院副教授
王俏华　浙江师范大学杭州幼儿师范学院副教授
王　祥　贵州师范学院教育科学学院教授
王永胜　东北师范大学生命科学学院教授
魏继宗　延安大学教育科学学院副院长,教授
向　华　西安文理学院教育学院教授
谢先国　湖南省中小学教师发展中心科长,湖南师范大学兼职教授
闫　祯　天水师范学院职业培训学院院长,教授
杨秀莲　东北师范大学教师教育研究中心主任,教授
姚成龙　北京大学出版社职业教育编辑部主任
余清臣　北京师范大学教育学部教育基本理论研究院副院长,副教授
虞伟庚　丽水学院教师教育学院副院长,教授
查晓虎　安徽师范大学教育科学学院教授
张昌勋　闽江师范高等专科学校副校长,教授
张锦坤　福建师范大学教育学院院长助理,副教授
张灵聪　闽南师范大学教育科学学院院长,教授
张永明　陇南师范高等专科学校教授
郑先如　龙岩学院教育科学学院院长,教授
郑燕林　东北师范大学计算机科学与信息技术学院副院长,教授
仲丽娟　上海交通大学第二附属中学教师发展中心主任,高级教师
周兴国　安徽师范大学教育科学学院教授
朱成科　渤海大学教师发展学院副院长,教授
朱晓宏　首都师范大学教育学院教育基本理论研究所副所长,教授

出版前言

中小学教师资格考试(以下简称教师资格考试)是评价申请教师资格的人员是否具备从事教师职业所必需的教育教学基本素质和能力的考试。参加教师资格考试合格是教师职业准入的前提条件。申请幼儿园、小学、初级中学、普通高级中学、中等职业学校教师和中等职业学校实习指导教师资格的人员须分别参加相应类别的教师资格考试。教师资格考试实行全国统一考试。考试坚持育人导向、能力导向、实践导向和专业化导向,坚持科学、公平、安全、规范的原则。

教师资格考试包括笔试和面试两部分。笔试主要考查:申请人从事教师职业所应具备的教育理念、职业道德、法律法规知识、科学文化素养、阅读理解、语言表达、逻辑推理和信息处理等基本能力;教育教学、学生指导和班级管理的基本知识;拟任教学科领域的基本知识,教学设计实施评价的知识和方法,运用所学知识分析和解决教育教学实际问题的能力。

幼儿园教师资格考试笔试科目为"综合素质""保教知识与能力"2 科;小学教师资格考试笔试科目为"综合素质""教育教学知识与能力"2 科;初级中学、普通高级中学教师和中等职业学校文化课教师资格考试笔试科目为"综合素质""教育知识与能力""学科知识与教学能力"3 科;中等职业学校专业课教师和实习指导教师资格考试笔试科目为"综合素质""教育知识与能力""专业知识与教学能力"3 科。

为了配合教师资格考试在全国推广后师范院校的课程设置和教学计划的调整,方便师范院校对报名参加教师资格考试的在校学生进行有效指导和系统培训,提高教师资格考试的通过率,方便考生系统复习,提高考试成绩,北京大学出版社组织了全国数十所师范院校的教师及部分中小学、幼儿园一线教师联合编写了这套"国家教师资格考试指导教材",作为教师资格考试指导课的配套教材使用。

本系列教材充分体现了我国教师职业对综合素质和教育教学能力的要求,以现行考试大纲为编写依据,科学、系统、严谨地阐释大纲对各学段教师考核所要求的知识体系,旨在帮助考生有效备考,提高其自身教育理念、职业道德、科学文化素养以及相关教育教学能力。

本系列教材在编写中着力强调并体现以下特色:

一、教材架构性原则:教材体系清晰完整,知识严谨规范

在编写教材时注意并把握教材的基本属性,即系统性、知识性、科学性和先进性的统一,突出考试标准与考试大纲所要求的知识性和实用性,总体结构、章节布局合理,内容详略得当,繁简适宜,概念、定义、名词等准确、规范。

二、理念先进性原则：反映考试标准、考试大纲所要求的全新教育理念、教育精神、教育方向

本系列教材在观念、内容、文字上鲜明凸显考试标准、考试大纲所传达的时代性、先进性、高度性。针对考生群体学科专业知识已能够基本满足教学需要、科学文化素养已基本达到教育要求的情况，教材特别强调考生群体自身的教育理念、法律意识、组织教育教学的基本知识与能力、教学设计实施及评价的基本方法。

三、基本指导性原则：较为科学地指导考生掌握各学段教育教学的基本素养、基本原理，以及学科专业领域的基本框架、基本知识

本系列教材的重要功能之一是指导考生有效而科学地掌握、运用教师资格考试所要求的教育知识与教学能力，因此，在编写过程中贯彻大纲对于知识、能力“了解、理解、熟练、掌握、运用”等各个层级的要求，在体例设置与内容表达上突出重点，提纲挈领，避免面面俱到式的罗列与堆砌。

四、能力拓展性原则：注重对考生拓展性思维的启发与创造性能力的培养

新的考试标准、考试大纲强调教师要具备“自主发展意识和自我教育的能力”，拓展性思维与创造性能力是自主发展与自我教育的重要构成与体现，教材就此在内容的表达与形式、板块上做出了适当的设置。

五、备考实效性原则：展现便于考生实际学习、备考的学习功能

本系列教材注重把握好素质培养与应试备考之间的平衡，在内容与形式上兼顾教材的考试指导属性，以利考生理顺考试理念、要求，了解考试趋向、动态，熟悉考试内容、方法，掌握考试重点、难点，帮助考生深入学习、有效应考。

六、教材立体化原则：提供多种教学资源，最大限度满足学生学习需要

除了主教材外，我们还精心设计了形成性练习手册、网络学习课程、模拟试卷等。

总之，本系列教材作为教师资格考试指导课教材，突出地体现了权威性、系统性、先进性、实用性和指导性等特色。

本系列教材在编写过程中得到了各参编院校和参编老师的大力支持，在此一并表示感谢。

1. 本系列教材配有由作者提供的教学课件供教师使用，需要者请通过“教师资格考试交流群”(QQ群号：316689173)索取。

2. 关注“教师资格考试服务网”(微信公众号：jsfw-pup)公众平台，获取最新的考试资讯、权威的考纲解读、全面的考试技巧及复习方法，以及模拟试题，自测练习题等复习资料。

目　　录

第一章　学科知识

考点综述

本章涉及与教师职业相关的基本学科知识，包括文学发展概况、文本阅读知识、汉语言基本知识、写作基础知识、中学语文课程和教材教法等知识。

文学发展概况主要考查中外文学发展史、重要作家作品及其风格特征、重要文学理论等基本知识，以及运用这些知识解决实际教学问题的能力。文本阅读知识主要考查各种文体特征、分析文本的相关知识，以及运用这些知识和策略帮助学生提高筛选信息、解释推论、评价判断的能力。汉语言基本知识主要考查现代汉语的词汇、语法、修辞等基本知识，以及运用这些知识帮助学生理解语言难点，熟练运用语言的能力。写作基础知识主要考查写作教学的一般过程和基本方法，以及运用这些知识指导学生写作的能力。中学语文课程和教材教法知识，主要考查《义务教育语文课程标准(2011 年版)》* 明确的课程性质、课程基本理念、课程设计思路和课程目标与内容，并能理解和落实这些基本理念和目标；考查现行通用初中语文教材的编写理念、结构方式、选文特点，以及能够根据学生的学习需求和教材特点灵活使用教材的能力；考查识字与写字、阅读、写作、口语交际、综合性学习教学的一般思路和方法，以及能根据教学需要选择相应教学方法的能力。

第一节　中外文学作品及文学理论

考纲内容

了解国内外文学发展概况，熟悉重要作家作品及其风格特征，运用文学理论引领学生品味、鉴赏文学作品。

* 以下或写全称，或简称为“课标”。

考纲解读

本考点包含中外文学史知识和文学理论常识。对于文学史，主要了解中外文学发展基本情况，熟悉重要作家作品及其风格特征，特别要掌握教材中涉及的重要作家作品、“课标”附录中推荐的课外读物和教材中的“名著导读”等内容。对于文学理论，要了解基本的文学理论常识，并运用文学理论引领学生品味、鉴赏文学作品。本节知识简要介绍文学史上主要文学流派、重要作家作品，简介文学理论基本概念；重点介绍《义务教育语文课程标准（2011 年版）》“关于课外读物的建议”中提到的重要作品。复习时着重于“课标”和初中教材中提到的著名的作家作品知识。

基本知识

一、古代、现代主要文学流派

文学流派是指文学发展过程中，一定历史时期内出现的一批作家，由于审美观点一致和创作风格类似，自觉或不自觉地形成的文学集团和派别，通常是有一定数量和代表人物的作家群。

需要着重掌握的古代主要文学团体和流派有：建安七子、竹林七贤、初唐四杰、大历十才子、花间词派、唐宋八大家、西昆体、江西诗派、江湖派诗人、台阁体、茶陵派、童心说、公安派、性灵说、桐城派等。

需要着重掌握的现代主要文学团体和流派有：创造社、荷花淀派、湖畔诗社、礼拜六派、论语派、南国社、七月派、太阳社、未名社、文学研究会、现代评论派、现代诗派、新月派、语丝社、鸳鸯蝴蝶派、中国诗歌会、左翼作家联盟等。

主要了解各团体和流派的文学主张和代表人物、作品。

二、古代重要作家作品

1. 先秦重要作家作品

老子，姓李，名耳，字聃。哲学家、思想家，道家学派创始人，著有《道德经》，又名《老子》。

孔子，名丘，字仲尼。儒家学派创始人，《论语》20 篇，是他的弟子记录他与弟子们言行的语录体专集。

墨子，名翟。墨家学派创始人，主张“兼爱”“非攻”“尚贤”“节用”。著有《墨子》一书。

孙子，名武。春秋时期军事理论家，著有《孙子》，一名《孙子兵法》，是我国第一部军事著作。

孟子，名轲。继孔子之后的儒家大师，其中心思想是“仁义”，主张实行仁政，强调“民贵君轻”，重视民心向背。在人性问题上提出“性善”论。著有《孟子》一书。

庄子，名周。道家学派代表人物，现存《庄子》一书，代表作是《逍遥游》。

荀子，名况。儒家学派代表人物，著有《荀子》，代表作有《劝学》《天论》等。

韩非，著有《韩非子》，代表作有《五蠹》《智子疑邻》《扁鹊见蔡桓公》。

吕不韦，战国末期韩国商人，曾为秦国的相国。他集合门客编写了《吕氏春秋》。

列子，本名列御寇。被道家尊为前辈，主和贵“虚”，即虚静、无为。著有《列子》。

屈原，战国末期楚国人。他开创了诗歌从集体歌唱转变为个人独立创作的新纪元，是我国积极浪漫主义诗歌传统的奠基人，我国第一位伟大的爱国诗人，世界四大文化名人之一(另有波兰哥白尼、英国莎士比亚、意大利但丁)。他用楚辞形式写了我国第一首长篇政治抒情诗《离骚》(即遭遇忧愁，“离”通“罹”)，还有《九歌》《九章》《天问》等。《涉江》是《九章》中的一篇也是其代表作之一。

2. 汉代重要作家作品

贾谊，西汉政治家、文学家。主要文学成就是政论文。代表作有《吊屈原赋》《鹏鸟赋》。

刘安，西汉思想家、文学家，汉高祖孙，袭父爵封为淮南王。集体编著《淮南鸿烈》，也叫《淮南子》。

司马迁，西汉史学家、文学家。历尽艰辛撰成《史记》，原名《太史公书》。

刘向，西汉经学家、目录学家、文学家，整理修订了《战国策》。

班固，东汉史学家、文学家，修成我国第一部纪传体断代史《汉书》，开创了“包举一代”的断代史体例。辞赋方面以《两都赋》最著名。

3. 魏晋南北朝重要作家作品

曹操，三国时期政治家、军事家、诗人，有《观沧海》《龟虽寿》等代表作。

曹丕，三国时期文学家，他的《典论·论文》是我国第一部文学批评专论。

陈寿，西晋史学家。著有国别体史书《三国志》。

陶渊明，东晋诗人，我国第一位田园诗人。散文有《桃花源记》《五柳先生传》，诗歌有《归园田居》《饮酒》等。

干宝，东晋史学家、文学家，撰写出我国第一部神话(志怪)小说集《搜神记》。

范晔，南朝宋史学家、散文家，著有《后汉书》。

刘义庆，南朝宋代小说家，著有我国第一部笔记小说集《世说新语》。

刘勰，南朝梁代文学理论家，著有我国第一部文学理论专著《文心雕龙》。

郦道元，北魏地理学家、散文家。撰成《水经注》，是富有文学价值的地理志。

锺嵘，南朝梁代文学批评家，著有我国第一部诗歌理论专著《诗品》。

4. 唐代重要作家作品

王勃，初唐四杰之一，有抒情诗《送杜少府之任蜀州》（五律），名文《滕王阁序》；著有《王子安集》。

杨炯，初唐四杰之一，名作有《从军行》。

卢照邻，初唐四杰之一，代表作为《长安古意》。

骆宾王，初唐四杰之一，代表作为《在狱咏蝉》，作品集为《临海集》。

贺知章，自号四明狂客，唐代诗人。所作《回乡偶书》（七绝），为传诵名篇。

王之焕，唐代诗人。他的《凉州词》《登鹳雀楼》是唐代绝句珍品。

孟浩然，唐代山水田园派诗人。《过故人庄》《春晓》是流传千古的好诗。

王昌龄，唐代诗人，多写当时边塞军旅生活，《从军行》七首、《芙蓉楼送辛渐》和《出塞》都很有名。

王维，唐代山水田园派诗人，名篇有《鸟鸣涧》《送元二使安西》《观猎》等。苏轼赞王维："味摩诘诗，诗中有画，画中有诗。"

李白，号青莲居士，唐代浪漫主义诗人，尊为"诗仙"。诗作有《静夜思》《秋浦歌》《望天门山》《送友人》《梦游天姥吟留别》《行路难》等；著有《李太白全集》。

高适，唐代边塞诗人，代表作《燕歌行》《别董大》。

崔颢，唐代诗人，所作边塞诗慷慨豪迈。《黄鹤楼》甚得李白推崇。

杜甫，自称少陵野老，世称杜少陵，唐代现实主义诗人。其作品显示了唐由盛转衰的历史过程，被称为"诗史"，有《杜工部诗集》。代表作《自京赴奉先县咏怀五百字》、组诗"三吏""三别"。

岑参，唐代边塞诗人，有《岑嘉州诗集》，代表作《白雪歌送武判官归京》。

韩愈，世称韩昌黎，谥号文，又称韩文公。唐代散文家、诗人，与柳宗元同为"古文运动"倡导者，列为唐宋八大家之首，著有《昌黎先生文集》。

刘禹锡，唐代文学家、哲学家，有《刘梦得文集》，《陋室铭》选自《全唐文》。名句"沉舟侧畔千帆过，病树前头万木春"出自《酬乐天扬州初逢席上见赠》。

白居易，号香山居士，曾官太子少傅，又称白太傅，唐代诗人，主张"文章合为时而著，歌诗合为事而作"，著有《白氏长庆集》。是"新乐府运动"的倡导者，有讽喻诗《秦中吟》《新乐府》，长篇叙事诗《长恨歌》《琵琶行》（并序）。

柳宗元，世称柳河东，因参加政治革新失败被贬为永州司马，又迁柳州刺史，世称柳柳州。与韩愈倡导"古文运动"，为唐宋八大家之一。有论说文《天说》《封建论》，传记文《段太尉逸事状》《童区寄传》《捕蛇者说》，寓言散文《三戒》，山水游记《小石潭记》是《永州八记》之一；著有《柳河东集》。

杜牧，唐代文学家，晚年居住长安城南樊川别墅，因号杜樊川，善用绝句形式讽咏时事，如《赤壁》《过华清宫绝句》三首；著有《樊川文集》。

李商隐，唐代诗人，有《李义山诗集》《樊南文集》。代表作有《无题》《隋宫》《贾生》《夜雨寄北》等。

5. 宋代重要作家作品

柳永，原名三变，因排第七，世称柳七，又曾官至屯田员外郎，世称柳屯田。北宋第一个专业词人。为人放荡不羁，终身潦倒，长于抒写羁旅行役之情，著有《乐章集》。

范仲淹，北宋政治家、军事家、文学家，谥号文正。名词《渔家傲》反映了边塞生活。贬为邓州知州时写了名文《岳阳楼记》，著有《范文正公文集》。

欧阳修，号醉翁、六一居士，谥号文忠，北宋文学家、史学家，北宋古文运动的领袖，唐宋八大家之一。提倡"文""道"并重，反对浮靡文风。所作散文说理畅达，抒情委婉。《六一诗话》开创了"诗话"这一新体裁，对后世诗歌理论的发展有一定影响。著有《欧阳文忠公文集》。

苏洵，北宋散文家，著有《嘉祐集》。代表作《六国论》选自《嘉祐集·权书》。他与其子苏轼、苏辙并称"三苏"，俱在唐宋八大家之列。

司马光，北宋史学家、文学家，谥文正。著有《司马文正公文集》。政治上是保守派，对抗王安石变法。在学术上有不朽贡献，花 19 年时间主编了我国最大的一部编年体通史《资治通鉴》，它与《史记》一起被誉为"史学双璧"。

王安石，世称王荆公，谥号文，也称王文公。北宋政治改革家、思想家、文学家。其散文雄健峭拔，唐宋八大家之一。《伤仲永》节选自《王文公文集》。

沈括，北宋科学家、政治家。他的《梦溪笔谈》(26 卷)是用笔记文体裁写成的综合性学术专著，是我国第一部科学作品。

苏轼，号东坡居士，北宋文学家、书画家。追谥文忠。其文明白畅达，为唐宋八大家之一。其词开豪放一派，对后世很有影响。著有《东坡全集》《东坡乐府》等。

李清照，号易安居士，南宋女词人，我国第一位女词人。其词善用白描手法，自辟蹊径，语言清丽。《如梦令》选自《漱玉词》，另有《李清照集》。

陆游，号放翁，南宋爱国诗人，诗作今存 9000 多首，内容丰富，主要表现渴望恢复国家统一的爱国热情。诗作《关山月》《书愤》《农家叹》《示儿》《十一月四日风雨大作》为世传诵，《诉衷情》《钗头凤》是很有艺术特色的词，文有《过小孤山大孤山》等。

辛弃疾，号稼轩，南宋爱国词人。其词抒写力图恢复国家统一的爱国热情，倾诉壮志难酬的悲愤。与苏轼共为豪放派的代表。著有词集《稼轩长短句》。

姜夔，号白石道人，南宋词人，其词多为写景咏物、记述客游，有《白石道人诗集》。

文天祥，号文山，南宋大臣，爱国政治家、文学家，著有《文山先生全集》。《正气歌》《指南录》《酹江月》《〈指南录〉后序》皆为后人传诵。

郭茂倩，北宋人，所编《乐府诗集》是一部总括我国古代乐府歌辞的著名诗歌总集。

6. 元明清重要作家作品

关汉卿，我国戏剧史上最伟大的戏剧家，元杂剧的奠基人。所作杂剧达60多种，今存14种，以《窦娥冤》《救风尘》《望江亭》《单刀会》最为著名，《窦娥冤》是我国戏曲史上典型悲剧之一。

王实甫，元代杂剧（戏曲）作家，代表作《西厢记》。

马致远，元代戏曲家、散曲家，代表作有杂剧《汉宫秋》、散曲《天净沙·秋思》。

施耐庵，元末明初小说家。他的代表作《水浒》即《水浒传》是我国古代描写农民革命斗争的长篇白话章回体小说。

“课标”推荐读物《水浒》，全称《忠义水浒传》，是以宋江领导的起义为主要题材，通过梁山英雄反抗压迫、英勇斗争的一系列生动故事，揭示了当时的社会矛盾，暴露了封建统治阶级的腐朽和残暴，揭露了当时尖锐对立的社会矛盾和“官逼民反”的残酷现实。作品情节曲折，人物形象鲜明。人教版九年级上册以《反抗封建暴政的英雄传奇》专门介绍。

罗贯中，元末明初小说家，代表作《三国演义》，它是我国古代著名的长篇历史章回体小说。

于谦，明朝大臣、爱国将领，谥忠肃，诗人。有《于忠肃集》。

吴承恩，明代小说家。《西游记》是我国第一部神话长篇小说，标志着我国浪漫主义文学达到一个新高峰。

“课标”推荐读物《西游记》，主要描写孙悟空、猪八戒、沙僧三人保护唐僧西行取经，沿途遇到八十一难，一路降妖伏魔，化险为夷，最后到达西天、取得真经的故事。小说通过大胆丰富的艺术想象，引人入胜的故事情节，创造出一个神奇绚丽的神话世界。《西游记》的艺术想象奇特，丰富、大胆，在古今小说作品中是罕有的。《西游记》人物形象鲜明，孙悟空豪爽、乐观，猪八戒滑稽谐趣却憨厚朴实。人教版七年级上册收录有《西游记》第六回《小圣施威降大圣》（节选）一文。语文版七年级上册收录有《西游记》第一回《美猴王》。

归有光，明末散文家，代表作《项脊轩志》选自其文集《震川文集》。

汤显祖，明代戏曲家，代表作《牡丹亭》。

冯梦龙，明代文学家，辑有话本集《喻世明言》《警世通言》《醒世恒言》，合称“三言”。

徐宏祖，号霞客，明代旅行家，地理地质学家和游记散文作家，著有《徐霞客游记》，该书是日记形式的游记散文，是我国第一部日记体游记。

李渔，清代戏曲理论家、剧作家，著有《李笠翁一家言》。

蒲松龄，号柳泉居士，世称聊斋先生，清代文学家。著有我国第一部文言短篇小说集《聊斋志异》。

方苞，号望溪，安徽桐城人，清代散文家，为桐城派创始人。

吴敬梓，清代小说家，所作《儒林外史》是我国第一部长篇讽刺小说。

曹雪芹，清代小说家，以十年时间从事《石头记》(即《红楼梦》)的创作，现在的通行本的后四十回为高鹗(è)所续，属于章回体小说，是我国古代小说中最伟大的现实主义作品。

袁枚，号简斋、随园老人，清代诗人、散文家，辞官后于江宁小仓山下修筑随园定居，自号仓山居士。文集有《小仓山房文集》和《随园诗话》。

姚鼐，清代散文家。安徽桐城人，与方苞、刘大櫆并称"桐城三祖"。提出文章须以"考据""辞章"为手段，阐明儒家的"义理"三者合一的古文理论。

龚自珍，清代思想家、文学家，深于经学、文学和史地学，近代改良运动先驱之一。写有315首绝句，总题为《己亥杂诗》，表达对国事的感慨与生平经历的哀乐。

刘鹗，笔名(别署)洪都百炼生，清末小说家，《老残游记》是我国晚清四大谴责小说之一。

吴趼人，号沃尧，清末(近代)小说家。所作《二十年目睹之怪现状》为晚清四大谴责小说之一。

李宝嘉，清末(近代)小说家，他的《官场现形记》为晚清四大谴责小说之一。

曾朴，近代小说家，通法文。所作《孽海花》为晚清四大谴责小说之一。

梁启超，号任公，别号饮冰室主人，戊戌维新的领袖，政治家、文学家。《少年中国说》《谭嗣同》出自《饮冰室合集》。

三、现当代重要作家作品

从1919年五四运动到1949年中华人民共和国成立，这一时期的文学称为中国现代文学。从中华人民共和国成立到当今的文学称为中国当代文学。

(1) 鲁迅，原名周树人，字豫才，我国现代伟大的文学家、思想家、革命家，中国现代文学的奠基者，新文化运动的主将。他的主要作品：散文集《朝花夕拾》，散文诗集《野草》，杂文集《热风》《坟》《华盖集》《华盖集续编》《而已集》《且介亭杂文集》等，小说集有《呐喊》《彷徨》《故事新编》等，学术著作有《中国小说史略》《汉文学史纲》等，另有诗歌《无题·运交华盖欲何求》《无题·惯于长夜过春时》等。

"课标"推荐读物《朝花夕拾》，是鲁迅1926年所作回忆散文的结集，共10篇。最初以《旧事重提》为总题目陆续发表于《莽原》半月刊上。1927年7月，鲁迅在广州重新加以编订，并添写《小引》和《后记》，改名《朝花夕拾》。这10篇散文，是"回忆的记事"，比较完整地记录了鲁迅从幼年到青年时期的生活道路和经历，生动地描绘了清末民初的生活画面，是研究鲁迅早期思想和生活以至当时社会的重要艺术文献。这些篇章，文笔深沉隽永，是中国现代散文中的经典作品。本书中的《从百草园到三味书屋》《藤野先生》等篇被选入中学语文课本。人教版八年级上册以《温馨的回忆与理性的批判》专门介绍。

（2）郭沫若，我国现代文学家、诗人、历史学家，新诗的奠基者。诗歌代表作《女神》，戏剧代表作为历史剧《屈原》。

（3）茅盾，原名沈德鸿，字雁冰，浙江桐乡人，我国现代文学家。代表作《子夜》。另外有小说《蚀》三部曲（《幻灭》《动摇》《追求》）、《腐蚀》、“农村三部曲”（《春蚕》《秋收》《残冬》）《林家铺子》。散文名篇有《白杨礼赞》《风景谈》。

（4）叶圣陶，原名叶绍钧，我国现代著名作家、教育家。代表作《倪焕之》，另有短篇小说名作《多收了三五斗》《夜》，童话《稻草人》。

“课标”推荐读物《稻草人》，是叶圣陶 1922 年完成的一篇童话，刊登在 1923 年 5 卷 1 期的《儿童世界》上，而后作者把 1921 年至 1922 年上半年创作的 23 篇童话结集出版，名为《稻草人》。叶圣陶说：“我之喜欢《稻草人》较《隔膜》为甚，所以我希望《稻草人》的出版，也较《隔膜》为切。”可见作者对这篇童话的珍爱。郑振铎在为《稻草人》作序时认为：“在描写一方面，全集中几乎没有一篇不是成功之作。”鲁迅的《〈表〉译者的话》中也说：“叶绍钧先生的《稻草人》是给中国的童话开了一条自己创作的路的。”《稻草人》作为中国现代儿童文学史开山之作的位置得以确立，这是无可争辩的事实。

（5）朱自清，字佩弦，号秋实，江苏扬州人，现代著名散文学、学者、爱国的民主战士。他的散文主要有《春》《匆匆》《背影》《绿》《荷塘月色》《威尼斯》等。

（6）老舍，原名舒庆春，字舍予，现代著名小说家，语言艺术大师，被誉为“文艺队伍中的劳动模范”。代表作为《骆驼祥子》。另外有长篇小说《四世同堂》《老张的哲学》，剧本《茶馆》《龙须沟》。

“课标”推荐读物《骆驼祥子》，是老舍的代表作之一，主要是以一个人力车夫祥子的行踪为线索，以 20 年代末期的北京市民生活为背景，以人力车夫祥子的坎坷、悲惨的生活遭遇为主要情节，深刻揭露了旧中国的黑暗，控诉了统治阶级对劳动者的剥削、压迫，表达了作者对劳动人民的深切同情，向人们展示军阀混战中，黑暗统治下的北京底层贫苦市民生活于痛苦深渊中的图景。从祥子力图通过个人奋斗摆脱悲惨生活命运，最后失败直至堕落的故事，告诫人们，城市贫农要翻身做主人，单靠个人奋斗是不行的。人教版八年级上册以《旧北京人力车夫的辛酸故事》专门介绍。

（7）冰心，原名谢婉莹，现代女作家，著名的儿童文学家，小说有《斯人独憔悴》，散文有《小橘灯》《樱花赞》《寄小读者》，诗有《繁星》《春水》。

“课标”推荐读物《繁星·春水》，是诗人冰心平时随便记下的“随时随地的感想和回忆”。后来，她受到泰戈尔《飞鸟集》的启发，觉得自己那些三言两语的小杂感里也有着诗的影子，这才整理起来，成为两本小诗集。主要包含三个方面的内容：对母爱与童真的歌颂，对大自然的崇拜与赞颂，对人生的思考和感悟。人教版七年级上册以《母爱·童真·自然》专门介绍。

(8) 夏衍，原名沈端先，我国现代剧作家，有报告文学《包身工》，剧作有《赛金花》《法西斯细菌》《上海屋檐下》。

(9) 闻一多，现代著名诗人，学者，代表作《死水》。

(10) 巴金，原名李尧棠，字芾甘，四川成都人，现代著名作家。代表作《家》。主要作品有激流三部曲《家》《春》《秋》，爱情三部曲《雾》《雨》《电》，抗战三部曲《火》《憩园》《寒夜》。另有散文《灯》《日出》《海行杂记》《龙·虎·狗》《随想录》等作品。

(11) 曹禺，原名万家宝，现代著名剧作家。代表作《雷雨》，另有名作《日出》《北京人》《原野》《 王昭君》。

(12) 丁玲，现代著名女作家，代表作为荣获斯大林文学二等奖的《太阳照在桑干河上》。

(13) 周立波，现代著名作家，代表作为荣获斯大林文学三等奖的《暴风骤雨》。另外还有名作《山乡巨变》《铁水奔流》。

(14) 艾青，现代诗人，1932 年在上海加入中国左翼美术家联盟，代表作《大堰河——我的保姆》，另有名作《黎明的通知》。

“课标”推荐读物《艾青诗选》，1933 年发表长诗《大堰河——我的保姆》，感情诚挚，诗风清新，轰动诗坛。以后陆续出版诗集《大堰河》(1939 年)、《火把》(1941 年)、《向太阳》(1947 年)等，笔触雄浑，感情强烈，倾诉了对祖国和人民的情感。中华人民共和国成立后的诗集有《欢呼集》《春天》等。1948 年以后发表了《在浪尖上》《光的赞歌》等诗作。出版了《艾青选集》等。1985 年，艾青获法国艺术最高勋章。其诗作《我爱这土地》《大堰河——我的保姆》被选入中学语文教材。

(15) 孙犁，原名孙树勋，现代著名作家，代表作《荷花淀》，另有名作《风云初记》《白洋淀纪事》。

(16) 张天翼，现代作家。代表作为讽刺短篇小说《华威先生》。长篇小说《鬼土日记》，短篇小说有《从空虚到充实》，儿童文学作品有《大林和小林》《宝葫芦的秘密》《大灰狼》等。

“课标”推荐读物《宝葫芦的秘密》是张天翼 1958 年创作的童话。该书主要讲述了王葆幻想得到一个宝葫芦，可以不费力气得到一切。一天他的愿望实现了，心里想要什么就有什么，他和同学下棋想吃掉对方棋子，棋子马上就飞到他嘴里……然而他的宝贝不但没给他带来幸福反而带来痛苦，他毅然把这个宝贝抛弃，“轰”的一声后，原来这是自己做的梦，他从此改正了缺点，认真学习，做一个好学生。作品通过少年王葆的追求和遭遇，批评了好逸恶劳的懒惰思想，指出坐享其成的生活不应该是人生活的目标。

(17) 沈从文，现代作家，曾参加新月社，代表作有中篇小说《边城》、短篇集《沈从文短篇小说习作选》，散文《湘西散记》等。

(18) 钱锺书，现代著名作家、学者，代表作《围城》。

(19) 李准，现代作家，代表作有短篇小说《不能走那条路》《李双双小传》；由他改编的电影剧本有《高山下的花环》《牧马人》《老兵新传》等。其中《老兵新传》摄成电影后，荣获 1959 年莫斯科国际电影节银质奖。他的长篇小说有《黄河东流去》。

(20) 杨朔，当代著名散文家，名作有《茶花赋》《香山红叶》《海市》《荔枝蜜》，小说有《三千里江山》。

(21) 魏巍，当代著名作家，代表作为长篇小说《东方》。

(22) 贺敬之，当代诗人，他和丁毅执笔的《白毛女》曾获得斯大林文学奖。代表作为长诗《雷锋之歌》。

(23) 秦牧，当代著名作家，名作有散文《土地》《花城》《社稷坛抒情》。

(24) 峻青，当代著名作家，代表作为小说《黎明的河边》，名作有《海啸》《党员登记表》。

(25) 宗璞，当代女作家。原名冯锺璞。1978 年写的《弦上的梦》获全国优秀短篇小说。

(26) 王蒙，当代作家。其处女作是长篇小说《青春万岁》。他的短篇小说《组织部来了个年轻人》《悠悠寸草心》《春之声》分获 1978 年、1979 年、1980 年全国优秀短篇小说奖。中篇小说《蝴蝶》获全国优秀中篇小说奖。

(27) “课标”推荐读物《革命烈士诗抄》。由萧三编辑。内容是为中国人民解放事业英勇献身的革命烈士的诗词选集。1959 年由中国青年出版社出版，1962 年增订再版。共收录 89 位烈士的 194 首诗词。包括李大钊、瞿秋白、蔡和森、邓中夏、彭湃、恽代英、何叔衡、方志敏、王若飞、叶挺、殷夫、柔石等人的作品。字里行间，洋溢着革命先烈的浩然正气、崇高节操、奋斗精神。

(28) “课标”推荐读物《傅雷家书》。《傅雷家书》不是普通的家书，是我国文学艺术翻译家傅雷及夫人 1954—1966 年间写给孩子傅聪、傅敏的家信摘编，该书是一本优秀的青年思想修养读物，是素质教育的经典范本，是充满着父爱的教子名篇。傅雷夫妇作为中国父母的典范，一生苦心孤诣，呕心沥血培养两个孩子。人教版九年级上册以《苦心孤诣的教子篇》专门介绍。

(29) 其他作家作品。杨沫的《青春之歌》、杜鹏程的《保卫延安》、吴强的《红日》、曲波的《林海雪原》、梁斌的《红旗谱》、、柳青的《创业史》、姚雪垠的《李自成》、莫应丰的《将军吟》、李国文的《冬天里的春天》、周克芹的《许茂和他的女儿们》、苏叔阳的《丹心谱》、王愿坚的《七根火柴》《党费》等。

四、外国重要文学流派或文学现象

需要着重了解的外国重要的文学流派或文学现象有：希腊神话、希腊悲剧、希腊喜剧、教会文学、骑士文学、英雄史诗、城市文学、文艺复兴、人文主义文学、七星诗社、流浪汉小说、古典主义文学、百科全书派、启蒙主义文学、感伤主义文学、狂飙突击运动、浪漫主义文学、湖畔派、自然主义文学、宪章派文学、俄国自然派、俄国小人物、俄国多余人、法国巴黎公社文学、挪威社会问题剧、迷惘的一代、现代主义文学、欧美表现主义、意识流小说、未来主义、存在主义文学、荒诞派戏剧、黑色幽默、魔幻现实主义等。

了解各团体、流派或文学现象的文学主张和代表人物、作品。

五、外国重要作家作品

外国重要作家作品比较多，本书就“课标”推荐读物作一介绍。

1. 安徒生童话

安徒生是19世纪丹麦著名童话作家，安徒生因他的童话故事而世界闻名。他最著名的童话故事有《小锡兵》《冰雪女王》《拇指姑娘》《卖火柴的小女孩》《丑小鸭》和《红鞋》等。他的早期童话多充满绮丽的幻想、乐观的精神，体现现实主义和浪漫主义相结合的特点；代表作有《拇指姑娘》《海的女儿》《丑小鸭》等。中期童话幻想成分减弱，现实成分相对增强，在鞭挞丑恶、歌颂善良中，表现了对美好生活的执着追求，也流露出缺乏信心的忧郁情绪；代表作有《卖火柴的小女孩》等。晚期童话比中期更加面对现实，着力描写底层民众的悲苦命运，揭露社会生活的阴冷、黑暗和人间的不平，作品基调低沉；代表作有《柳树下的梦》《她是一个废物》等。人教版初中教材七年级下册收录《丑小鸭》一文。

2. 格林童话

《儿童与家庭童话集》，俗称《格林童话》，是由德国著名语言学家，雅格·格林和威廉·格林兄弟收集、整理、加工完成的德国民间文学，出版于1812年。全书共收录童话200余则。它是世界童话的经典之作，自问世以来，在世界各地影响十分广泛。格林兄弟以其丰富的想象、优美的语言给孩子们讲述了一个个神奇而又浪漫的童话故事。《格林童话》带有浓厚的地域特色、民族特色，富于趣味性和娱乐性，对培养儿童养成真、善、美的良好品质有积极意义。其中以《灰姑娘》《白雪公主》《小红帽》《青蛙王子》《渔夫和他的妻子》等最为著名。《格林童话》获选为世界文化遗产，被联合国教科文组织称赞为“欧洲和东方童话传统划时代的汇编作品”，还被加入到联合国教科文组织“世界记忆”项目中。

3. 伊索寓言

《伊索寓言》原书名为《埃索波斯故事集成》，是古希腊、古罗马时代流传的讽喻故事，现存的《伊索寓言》经后人汇集，统归在伊索名下。《伊索寓言》是一部世界上最早的寓言故事集。同时《伊索寓言》是世界文学史上流传最广的寓言故事之一，多次被选入中小学教材。《狼来了》《龟兔赛跑》等都是其中有名的故事。人教版教材七年级上册以《生活的智慧和想象的魅力》专门介绍。

4. 笛福《鲁滨孙漂流记》

丹尼尔·笛福，英国作家，英国荒岛文学代表作家，是英国启蒙时期现实主义小说的奠基人，被誉为"英国和欧洲小说之父"。《鲁滨孙漂流记》被认为是第一本用英文以日记形式写成的小说，享有英国第一部现实主义长篇小说的头衔。作品主题主要是个人通过努力，靠自己的智慧和勇敢战胜困难，表现了当时追求冒险，倡导个人奋斗的社会风气，鲁滨孙也成为与困难抗争的典型模范。作品采用自述方式，情节曲折，可读性较强。

5. 斯威夫特《格列佛游记》

《格列佛游记》是乔纳森·斯威夫特的一部杰出的游记体讽刺小说，以里梅尔·格列佛（又译为莱缪尔·格列佛）船长的口气叙述周游四国的经历。通过格列佛在利立浦特、布罗卜丁奈格、飞岛国、慧骃国的奇遇，反映了18世纪前半期英国统治阶级的腐败和罪恶。还以较为完美的艺术形式表达了作者的思想观念，作者用丰富的讽刺手法和虚构的幻想写出了荒诞而离奇的情节，深刻地反映了当时英国议会中毫无意义的党派斗争，统治集团的昏庸腐朽和唯利是图，对殖民战争的残酷暴戾进行了揭露和批判；同时它在一定程度上歌颂了殖民地人民反抗统治者的英勇斗争。人教版九年级下册以《奇异的想象，辛辣的讽刺》专门介绍。

6. 夏洛蒂·勃朗特《简·爱》

《简·爱》是19世纪英国著名的女作家夏洛蒂·勃朗特的代表作，人们普遍认为《简·爱》是夏洛蒂·勃朗特"诗意的生平写照"，是一部具有自传色彩的作品。讲述一位从小变成孤儿的英国女子在各种磨难中不断追求自由与尊严，坚持自我，最终获得幸福的故事。小说引人入胜地展示了男女主人公曲折起伏的爱情经历，歌颂了摆脱一切旧习俗和偏见，成功塑造了一个敢于反抗，敢于争取自由和平等地位的妇女形象。人教版九年级下册以《人生追求的二重奏》专门介绍。

7. 高尔基《童年》

高尔基，苏联伟大的无产阶级作家，列宁说他是"无产阶级文学最杰出代表"，社会主义现实主义文学奠基人，无产阶级革命文学导师，苏联文学的创始人。《童年》是高尔基以自身经历为原型创作的自传体小说三部曲中的第一部（其他两部分别为《在人间》《我的大学》）。讲述了阿廖沙（高尔基的乳名）3岁到10岁这一时期的童年生活，生动地再现了19世纪七八十年代俄罗斯下层人民的生活状况，写出了高尔基对苦难的认识，对社会人生的独特见解，字里行间涌动着一股生生不息的热望与坚强。人教版七年级下册以《在苦难中长大》专门介绍。

8. 奥斯特洛夫斯基《钢铁是怎样炼成的》

奥斯特洛夫斯基，苏联作家。《钢铁是怎样炼成的》是一部自传性的小说，是共产主义国家最著名的"革命小说"之一。当时该书作者尼古拉·奥斯特洛夫斯基已经双目失明、全身瘫痪，这部书是他强忍病痛，在病榻上历时 3 年才写成的。作品成功地塑造了保尔·柯察金这个在布尔什维克党的培养下，在革命烽火和艰苦环境中锻炼出来的共产主义新人的典型形象。本书以主人公保尔·柯察金的生活为线索，展现了从 1915—1930 年前后苏俄广阔的历史画面和人民的艰苦卓绝的战斗生活。主人公就是在革命的熔炉中，从一个工人子弟锻炼成为无产阶级的斗士。人教版八年级上册以《理想主义的旗帜与人生的教科书》专门介绍。

9. 儒勒·凡尔纳《海底两万里》

《海底两万里》是凡尔纳的代表作品之一，最能代表他丰富多彩的想象和缜密细腻的行文特色。小说中情节设置古怪离奇，生动形象地描绘了充满神秘色彩的海底世界。语言生动有趣，即是艺术的语言，也是科学的语言，对各种海底事物的说明入木三分，惟妙惟肖。特别是那艘"鹦鹉螺"号潜艇，它诞生在真正的潜艇诞生之前，不仅让读者如痴如醉，事实上也给后来的工程师们在制造真正的实用潜艇时以有益的启发。人教版八年级下册以《科学与幻想之旅》专门介绍。

10. 罗曼·罗兰《名人传》

《名人传》由 20 世纪初法国著名人道主义作家罗曼·罗兰著，又称《巨人三传》，它包括《贝多芬传》《托尔斯泰传》《米开朗琪罗传》三部"英雄传记"。传记里的三人，虽然一个是音乐家，一个是雕塑家兼画家，另一个是小说家，各有自己的园地，三部传记都着重记载伟大的天才，在人生忧患困顿的征途上，为寻求真理和正义，为创造能表现真、善、美的不朽杰作，献出了毕生精力。人教版八年级下册以《痛苦和磨难造就的伟人》专门介绍。

11. 法布尔《昆虫记》

《昆虫记》是法国杰出昆虫学家、文学家法布尔的主要著作，也叫作《昆虫物语》《昆虫学札记》和《昆虫世界》。此作品涵盖了法布尔一生对昆虫的观察与研究。法布尔耗费一生的光阴来观察、研究"虫子"，为"虫子"写出 10 卷大部头的书，字里行间洋溢着作者本人对生命的尊重与热爱。在本书中，作者将专业知识与人生感悟熔于一炉，娓娓道来，在对一种种昆虫的日常生活习性、特征的描述中体现出作者对生活世事特有的眼光。本书的问世被看作动物心理学的诞生。《昆虫记》不仅是一部研究昆虫的科学巨著，同时也是一部讴歌生命的宏伟诗篇。人教版七年级下册以《谱写昆虫生命的诗篇》专门介绍。

12. 培根《培根随笔》

《培根随笔》是弗兰西斯·培根创作的随笔作品，它简洁的语言、优美的文笔、透彻的说理、迭出的警句，在世界文学史上占据了非常重要的地位。《培根随笔》被译成多种文字出版，至今畅销不衰。1985 年被美国《生活》杂志评选为"人类有史以来的 20 种最佳书"之一。内容主要是一些议论性质的短文，主要讲述培根不同角度看待事物的态度和想法。内容涉及政治、经济、宗教、爱情、婚姻、友谊、艺术、教育、伦理等许多方面，其中有《论读书》《论真理》《论嫉妒》《论死亡》《论美》等著名篇章，是培根文学方面的代表作，语言简洁文笔优美，说理透彻，警句迭出，蕴含着培根的思想精华。人教版九年级上册以《透彻的说理，隽永的警句》专门介绍。

六、重要的文学理论知识

教学中，要能够运用文学理论引领学生品味、鉴赏文学作品，就必须了解和掌握相关的文学理论基本知识。以下几个方面的文学理论知识比较重要，需要结合相关的文学理论书籍加以理解。

1. 文学活动是人的一种精神活动

文学活动是人所从事的文学创作、接受、研究等活动的总称。文学活动由世界、作者、作品和读者四个要素构成。这四个要素是紧密相连的，构成了文学活动的生态链。

2. 文学创造是一种特殊的精神生产

文学创造不仅以言语为材料，而且旨在创造新的言语系统，通过创造性言语系统塑造文学形象。目前对于文学创造的客体有两种解释：一是"客体即自然"说。这一学说认为，文学的客体是独立于人之外的自然。其代表有西方的模仿说和中国古代的"观物取象"说。二是"客体即情感"说。这一学说认为，文学是人的内心世界的表现，文学客体即人的心灵，人的情感。其代表有西方浪漫主义诗学观和苏珊·朗格的"情感"说以及中国古代的"诗源情"说。

3. 文学创造的一般过程划分为发生、构思和物化三个阶段

文学创造的发生阶段可以分为富有主体性的材料储备、艺术发现和创作动机等三个环节。艺术构思在本质上仍是一种思维，但却不是普通的思维，而是交织着各种复杂活动的思维。艺术构思的内容十分广泛。同时，它也是文学创造过程最实际、最紧张，也是最重要的阶段。艺术构思包括以下几种常见的和重要的心理现象：回忆与沉思，想象与联想，灵感与直觉，理智与感情，意识与无意识。构思方式有综合，突出和简化，变形与陌生化。

4. 文学创造的审美价值追求

文学作为认识活动，其要义是求"真"，其核心是尚"善"，其最终境界是呈"美"。"真实"

是文学的生命，文学创造要求“真实”。然而这种“真实”不是简单的摹写原物，而是要求文学创造的艺术真实。它要求主体把“内在的尺度”运用到对象世界上去，经过艺术创造，与“善”“美”共生并存的审美化的真实。艺术真实是一种内蕴的真实、假定的真实、主观的真实和诗意的真实。

5. 文学作品的类型和体裁

根据文学创造的主客体关系和文学作为意识形态对现实的不同反映方式，可以把文学作品分为现实型、理想型和象征型三种类型。现实型文学是一种侧重以写实的方式再现客观现实的文学形态。理想型文学是一种侧重以直接抒情的方式表现主观理想的文学形态。象征型文学是一种侧重以暗示的方式寄寓审美意蕴的文学形态。由文学作品话语系统的不同结构形式所决定，文学作品形成诗、小说、剧本、散文和报告文学等基本体裁。

6. 叙事性作品的特征

叙事性作品是以叙事功能为主的文学作品。文学的叙事，就是用话语虚构社会生活事件过程。文学叙事的内容是社会生活事件过程，即人的社会行为及其结果。文学叙事是话语的虚构。文学是一种审美意识形态。文学叙事的审美意识形态本质既制约着叙事的内容，也制约和影响着叙事的形式。文学叙事由三方面构成：叙述内容、叙述话语和叙述动作。叙述内容主要有故事、结构和行动三部分。叙事就是讲故事，从这个意义上讲，叙述内容的基本成分就是故事。故事包括事件、情节、人物和场景。叙述内容的基本成分是故事，而内容的存在形态则是结构。行动是推动事件进展的直接原因，对于叙事内容的分析有重要意义。

7. 抒情性作品的特征

抒情性作品是一种以形式化的话语组织来主要表现作家内心情感活动的文学作品类型。抒情性作品可分为三个主要的结构要素，即声音、画面和情感经验。在大多数情况下，这三个要素相互融合而形成抒情性作品的意义。由于抒情性作品的情感经验总要投射到声音或画面上，形成声情并茂、情景交融的象征表现，所以，三个要素的关系又可以从两个方面的关系来分析，即声与情的关系和景与情的关系。

8. 文学风格

目前关于风格主要有这样几种观点：风格是独特的言语形式；风格是作家的创作个性在作品中的自然流露；风格是主体与对象、内容与形式相契合时呈现的特色；风格是读者辨认出的一个格调。可见，风格的概念比较模糊。在文学活动中，风格通常指作家在作品中表现出来的独特的创作个性，以及一定的时代、民族、地域、流派等，在文学创作上也往往表现出某种共同的特点，因而文学风格也包括文学的时代风格、民族风格、地域风格、流派风格等内容。具体来说，文学风格是指作家的创作个性在文学作品的有机整体中通过言语结构所显示出来的、能引起读者持久审美享受的艺术独创性。其要点是：创作个性是风格形成的内在根据；主体与对象、内容与形式的统一是风格存在的基本条件；文体和语言组织是风格呈现的外部特征。

9. 文学消费

文学活动并不只是单纯的作家创作活动，它还是作品的传播、消费与接受的活动。文学文本只有经过传播、消费与接受活动，才能成为现实的审美对象。我们通常所说的文学生产是指以作家内在心理意象形式存在的观念形态的文本创造和出版家通过一定的物质载体将作家观念形态的文学文本变为文学读物的物态化生产，是狭义的文学生产。

10. 文学接受过程

文学活动既包括文学创造，也包括文学消费。在文学创造阶段文学活动的主体是作家；在接受阶段，文学活动的主体已转变成为读者。与其他艺术门类不同，呈现在读者面前的文学作品只是符号的系列组合，只有经过读者的接受，才能形成审美对象并实现作品的价值。文学接受的发生，虽然集中体现为读者对文本的阅读，但这种发生，又是读者在特定阅读经验期待视野的基础上，在特定接受动机的支配下，在特定接受心境的影响下展开的。文学接受的过程实际上，也就意味着文本中隐含的读者开始向现实的读者的转化。读者的文学接受过程，大致可分为发生、发展与高潮三个阶段。文学接受的发展是指文学作品的具体阅读阶段。在这个过程中，读者以自己的期待视野为基础，对作品中的文本符号进行着富于个性色彩的解读与填空、交流与对话。这是文学作品由“第一文本”转化为“第二文本”并由现实的读者实现文学接受的过程。

11. 文学批评

文学批评是批评主体按照一定的理论思想和批评标准，对批评对象进行分析、鉴别、阐释、判断的理性活动，表达着批评主体的立场观点和价值取向。文学批评的实践的主要操作原则为：了解对象，选点切入，确定要旨，布局安排，力求创见。

案例

模拟练习

1.《十五从军征》选自《乐府诗集》，描述了一个老兵归来后家中无人的凄凉景象，中学语文教材中有很多篇目都是选自《乐府诗集》，让学生了解这一古代经典非常有必要。下列是学生在上完课后，对《乐府诗集》的总结，其中有误的一项是（　　）。

A.《乐府诗集》是继《诗经·风》之后一部总括我国古代乐府歌辞的著名诗歌总集。

B. “乐府”本是掌管音乐的机关名称，最早设立于汉武帝时，南北朝也有乐府机关，其具体任务是制作乐谱，收集歌词和训练音乐人才。

C. 被称为“乐府双璧”的是《十五从军征》与《孔雀东南飞》。

D.《乐府》中歌词的来源有两种：一部分是文人专门作的，一部分是从民间收集的。

【参考答案】 C。

【答题解析】

本题考查对文学史、文学作品知识的了解。《乐府诗集》是一部总括我国古代乐府歌辞的著名诗歌总集。以上总结中，C 项有错误。被称为“乐府双璧”的是《木兰诗》与《孔雀东南飞》。这两首诗是汉代古乐府民歌（汉乐府）中最著名的两大代表作。《木兰诗》又名《木兰辞》，是北朝民歌；《孔雀东南飞》又名《古诗为焦仲卿妻作》，是汉代古乐府民歌杰作之一，也是现存下来的最早的一首长篇叙事诗。多个版本的初中教材都收录了《木兰诗》。

2.《骆驼祥子》讲述了旧社会老北京（北平）人力车夫的辛酸故事，也是老舍自己最钟爱的作品，每当他谈到祥子的时候，总好像不是他虚构的人物，而是他的一位至亲好友。下列关于这部小说的描述错误的是（　　）。

A. 祥子来到北平当人力车夫，苦干三年，凑足一百块钱，买了辆新车；最后连人带车被宪兵带走，他被抓去当壮丁。

B. 祥子卖骆驼，拼命拉车，省吃俭用攒钱准备买新车；在干包月时，祥子辛苦攒的钱也被孙侦探搜去。

C. 虎妞以低价给祥子买了邻居二强子的车，祥子又有车了；但虎妞因为难产而死，祥子为了置办丧事，又卖掉了车。

D. 虽然经历种种打击，但是祥子依然满怀信心，怀揣着有一辆自己的车的梦想。

【参考答案】 D。

【答题解析】

这道题考查对小说《骆驼祥子》情节和主题等的理解。《骆驼祥子》是老舍的代表作品，祥子的命运三部曲是“精进向上—不甘失败—自甘堕落”。祥子的见闻和经历将他磨砺成了另外一个人——与过去的祥子完全相反的人——他学会了所有的恶习，成了一个混日子的车夫。从祥子力图通过个人奋斗摆脱悲惨生活命运，最后失败直至堕落的故事，告诫人们，城市贫农要翻身做主人，单靠个人奋斗是不行的。由此可见，答案 D 项是错误的。

实训链接

选择题

1. 先秦典籍是我国文化瑰宝，某教师在教学完《生于忧患，死于安乐》后，给学生布置作业，让大家积累《孟子》中的名言，下列学生作业中所摘抄的名言，需要给予指正的是（　　）。

A. 得道者多助，失道者寡助。

B. 民为贵，社稷次之，君为轻。

C. 老吾老以及人之老，幼吾幼以及人之幼。

D. 己欲立而立人，己欲达而达人。

【参考答案】 D。

2. 为了让学生更好地理解《伊索寓言》，老师让大家课后去阅读书中的寓言故事，并在第二天的课前演讲中讲给其他同学听，下面是学生课前演讲中准备分享的一些故事，不符合教师要求的是（　　）。

A.《灰姑娘》。　　B.《农夫和蛇》。

C.《赫拉克勒斯与财神》。　　D.《狐狸和葡萄》。

【参考答案】 A。

3.《陈涉世家》选自《史记》，记述了中国历史上第一次农民起义，学生对《史记》都还比较陌生，所以老师提前让大家收集关于《史记》的资料，课前分享。下列资料收集不正确的是（　　）。

A.《史记》是我国第一部纪传体通史，也是我国第一部传记文学。

B. 这部书记载了上自秦始皇下至汉武帝的3000多年历史。

C. 全书包括12“本纪”、10“表”、8“书”、30“世家”、70“列传”。

D. 这本书的作者司马迁生于史官世家，10岁到长安学习，20岁起曾多次到南北各地游历，观察各地的风俗人情，采集传闻异说，为后来写作《史记》打下基础。

【参考答案】 B。

4. 导读《水浒传》后，教师让学生选择书中的一个情节，分组进行表演，下列不属于《水浒传》中情节的是（　　）。

A. 林冲风雪山神庙　　B. 吴用智取生辰纲

C. 孔明挥泪斩马谡　　D. 鲁达倒拔垂杨柳

【参考答案】 C。

第二节　文本阅读

考纲内容

能够针对不同文本的特点，运用分析文本的相关知识和策略，帮助学生提高筛选信息、解释推论、评价判断的能力。

考纲解读

文本阅读主要考查现代文综合阅读和不同文体文章的阅读（含文言文和古诗词）。现代文综合阅读重点考查对阅读材料的综合理解能力，包括整体感知文章内容、概括主旨和段落、揣摩词句含义、分析表达技巧、品味语言、体会情感等。不同文体文章的阅读重点考查文学类作品、社科类作品、文言文和古诗词的阅读。阅读文学类作品要了解文学样式的基本特征，能感受形象、体验情感、品味语言。阅读社科类作品要能把握文章的基本观点和材料，获取主要信息，做出解释推论和评价判断。阅读文言文和古诗词，要能理解古代汉语的语法特征、古今词义变化等。

基本知识

一、现代文综合阅读

1. 概括内容

概括内容一般考查文章主旨或者段意的概括。概括的形式，包括直接摘引原句、拈词组句、自行组织语言等。记叙性文章可以抓住主要事件，说明性文章抓住说明对象和特征，议论性文章抓住中心论点来概括。

2. 理解词句

词语理解主要考查词语的语境义，句子理解主要考查句子的语境义和表达作用。

理解词语和句子的语境义要联系文章的中心思想、人物形象、作者情感、上下文内容等，有时还需从修辞角度去考虑。答题方式一般为先答表层义，再答深层义。

句子在文中的表达作用要视句子的特征来回答。句有中心句、支撑句、结论句、过渡句、点题句等，解答时要瞻前顾后，看前后内容有无先总后分、承上启下、同语反复等关系。

文中常见的重要句子及其作用主要有：揭示中心、提挈全文，具有较强概括力，多居于段首的文眼句和主旨句；归纳和提示上下文，在结构上起启承转合作用的过渡句；概括总结段意、收束全文思想感情的常居于段尾或文尾的总结句；深化内容、升华主题的点睛句；巧用修辞、表意蕴藉的含蓄句子等。

3. 分析表达技巧

表达技巧一般考查分析评价文章表达技巧，分析表达方式的特点及其在文章中的具体作用，品评文章有关部分（如开头、结尾、过渡段等）或某种特殊表达技巧（如借景抒情、前后照应等）等。

表达技巧主要包括表达方式和表现手法。表达方式是指记叙、描写、抒情、议论、说明等。表现手法有很多术语，在记叙性文章中有倒叙、插叙、补叙，正面描写、侧面描写，直接抒情、间接抒情，托物言志，借景抒情，情景交融，详略得当，虚实相生，铺垫，照应，衬托，渲染，象征，对比，设置悬念，先抑后扬（欲扬先抑），以小见大等。

分析表达技巧可以从表达方式、表现手法的角度赏析，注意用好相关术语。基本模式为运用了什么技巧，有怎样的作用、效果、情感等。

4. 鉴赏语言

鉴赏语言一般考查分析文章整体（或局部）语言风格及其作用。语言风格根据文体特征而有其各自特点。记叙类作品语言一般形象、生动、传神；诗歌语言形象、生动、凝练、跳跃、含蓄；说明文语言准确、平实；议论文语言严密、逻辑性强等。

鉴赏语言先要明确鉴赏的角度（语言特征），再结合文章进行鉴赏分析。一般格式为语言有什么特征，运用这种风格的语言写出了什么，表达了怎样的情感等。

二、现代文文体阅读

1. 记叙文阅读要领

了解记叙类文章（含小说散文）的一般特征。掌握外貌描写、语言描写、动作描写、心理描写、细节描写、景物描写等描写方法及其作用，掌握顺叙、倒叙、插叙、补叙、平叙等叙事顺序；掌握记叙文中直接抒情、间接抒情等抒情方式及其作用，掌握记叙文中议论的作用；掌握散文中象征、联想、想象、衬托、渲染等常用表现手法的作用；能结合小说的故事情节和具体环境来分析人物形象（性格）。

2. 议论文阅读要领

能找出或者归纳中心论点，能辨识事实论据和理论论据，能分析论点和论据的关系，结合论点补充论据或者结合论据归纳论点。能具体分析例证法、引证法、对比法、喻证法、层进法、因果法、反证法、归谬法等常见论证方法及其作用。能分析议论文引论、本论、结论等结构特征和叙议式、总分式、并列式、对照式、层进式等论证思路。能结合观点谈感受、启示。

3. 说明文阅读要领

能分析说明文在内容上重视科学性、在结构上重视条理性、在语言的表达上重视准确性的基本特征。区分实物说明文、事理说明文、程序说明文。把握时间（包括程序）、空间、逻辑等常见说明顺序。能具体分析分类别、下定义、举例子、作比较、列数字、打比方、引用、列图表等常见说明方法及其作用。能把握说明文总分式和并列式（含层进式）等一般结构。能运用科学知识解决实际问题。

三、文言文阅读

文言文阅读主要考查常见文言实词的含义，常见文言虚词意义和用法，文言断句，翻译句子，归纳内容要点，分析概括作者的观点态度，分析评价文章的思想和语言等。

1. 文言实词

文言实词一般考查常见实词的基本义和有一词多义、古今异义、通假字和词类活用等特殊现象的词义。

常见实词的基本义需要平时多积累，很多时候可以根据现代汉语、文言语境、成语等判断其含义。

一词多义是文言文中最为常见的现象，需要大量积累，另外可以通过汉字字形、语法结构、句式特点、上下文意、联想等方法来推断。

古今异义是指词义在演变过程中大多数已发生变化，主要有词义扩大、词义缩小、词义转移、感情色彩变化、词义轻重变化等情况。

通假字是中国古书的用字现象之一。由于所用通假字在文中所表达的意义不是该字本身的意义，而是所通“本字”的意义，因而识别本子、明了其所通的原字，才能做出恰当的解释。通假一般有音同或音近的字替用本字（如“倍”通“背”）、声旁字代替形声字（如“责”通“债”）、形声字代替声旁字（如“指”通“旨”）、改换同声旁字的义符（形旁）来替代（如“被”同“披”）等现象。

词类活用是指文言词语与现代汉语的区别。词类活用的种类有名词活用为动词，名词的使动用法、意动用法，名词直接作状语；动词活用为名词，动词的使动用法、为动用法；形容词活用为一般动词和名词，形容词的意动用法、使动用法；形容词、代词、数词活用为一般动词等。

2. 文言虚词

与文言实词相比，文言虚词有下述几个特点：一是用法比实词灵活，往往一个字有好几种用法和解释，甚至分属好几类词。二是使用频率比实词高，许多常用的虚词，在一篇文章中会多次出现。三是语法功能比实词强，实词往往要靠虚词的组合、连接、辅助而成为完整的句子，体现不同的意思，抒发不同的感情，表达不同的语气。四是在汉语的发展历史中，变化比实词大。常见文言虚词有18个：而、何、乎、乃、其、且、若、所、为、焉、也、以、因、于、与、则、者、之。其中出现频率高更应重点掌握的是：之、其、而、以、于。

3. 文言句式

文言语句的结构方式与现代汉语基本相同，也有其特殊之处。文言语句特殊的结构方式我们称之为特殊句式。特殊句式有判断句、被动句、省略句、主谓倒装句、宾语前置句、定语后置句、介宾结构后置句等。每种特殊句式又有其不同的表现形式。

4. 文言翻译

文言文翻译的标准是“信”“达”“雅”，即译文要忠于原文，通顺畅达，优美自然。翻译的原则是直译为主，意译为辅。

文言文翻译常用方法有：对译法（把文言文中的单音词译成以该词为词素的合成词），替换法（用现代汉语里的词替换原文里的词），保留法（人名、地名、年号、国名、官职名、朝代名等，以及古今词义相同的词按原文保留不译），删略法（有些虚词，现代汉语没有对象的词来翻译，或者现代汉语在这个地方不用虚词，便可删略），补充法（补出原文省略而现代汉语又不能省略的某些词句），调整法（根据现代汉语的语言规律作调整），等等。

文言翻译要注意互文现象。互文，即“互文见义”，古文修辞方法之一，上下文义互相交错，互相渗透，互相补充来表达一个完整句子意思的修辞方法。这类句子句法关系特殊，文字上只交代一方，而意义彼此互见。我们理解它时，要瞻前顾后，不能偏执任何一端。例如《岳阳楼记》中的“不以物喜，不以己悲”，句中“悲”“喜”互文，意为“不因外物（的好坏）和自己（的得失）而或喜或悲”。

5. 文意理解

文言文阅读除了考查以上内容，还经常涉及信息筛选、要点归纳、作者观点态度的分析概括等，这些与现代汉语类似，不作详解。

四、古诗词阅读

古诗词阅读主要考查理解诗词中关键词句，理解诗词的主要内容，包括所写的意象、场景、思想感情和言外之意等，理解诗词的意境，品味诗词的形象、语言和表达技巧等。

古诗词包括古体诗、近体诗、词、曲等。近体诗包括律诗和绝句。律诗有四联，分别为首联、颔联、颈联、尾联。词(曲)一般有词(曲)牌名和题目之分。古诗词一般语言精练含蓄，意象鲜明，意境深远。

赏析古诗词，一般有再现情景、把握意象、分析意境、体会情感、品味语言、欣赏技巧等考查形式。

1. 再现情景

再现情景题一般要求概括或想象诗句描绘的情景或意境，可以采用将诗句转换成散文片段的形式描绘。

2. 把握意象

意象即诗中的形象，包括人、景和物，是诗人主观之“意”与客观之“象”的结合体。把握意象特点要抓住关键词语，理解意象含义要联系诗人生活经历及在诗中表达的情感。其基本答题模式用了什么手法，刻画了什么形象(意境)，表达了怎样的情感。

3. 分析意境

意境包括景、境、情三个方面。分析意境的基本步骤为：描绘诗中展现的图景画面；概括景物所营造的氛围特点，一般用两个双音节词即可，例如孤寂冷清、恬静优美、雄浑壮阔、萧瑟凄凉等，注意要能准确地体现景物的特点和情调；分析所表达的情感或主观意图。

4. 体验情感

体验情感可以抓住诗歌中直接或间接表露情感的词语，也可以抓住诗歌中主人公的情感倾向和所写之事来判断情感，还可以抓住有相对稳定的感情色彩和象征意义的意象来体会感情。

5. 品味语言

品味语言有几种形式：某个词语、某句诗、整首诗等。语言赏析基本答题模式为：句子特点(选取用词、写法、修辞、表达方式中的一个方面)；所起的作用(根据各类句子所起的作用来谈)；内容表达(结合文章内容和上下文说出产生的效果)。

6. 欣赏技巧

诗歌技巧有很多，可以从修辞方法、表达方式、表现手法的角度赏析，注意用好相关术语。其基本模式是运用了什么技巧，有怎样的作用、效果，表达了怎样的情感等。

案例

模拟练习

1. 请认真阅读人教版语文九年级上册课文毛泽东的《沁园春·雪》(略)。

(1) 单元导语。

对大自然的赞颂，是诗歌永恒的主题。诗人从自然中获得灵感，受到启示，用美妙的诗歌，弹奏出自然的乐音，抒写心中的情志。欣赏这些诗歌，可以唤起我们丰富的想象和情感的共鸣，使我们更好地体味自然的诗意、人生的情趣。

学习这些诗歌，要在反复诵读的基础上展开想象和联系，感受诗歌中的自然美景，理解诗人的思想情感，品味含蓄、精练、优美的诗歌语言。

(2) 课文导语。

在风雪弥漫的北国，一位伟人，登高望远，诗兴勃发。在那恢宏的气势里，在那壮美的意境中，你能感受到诗人怎样的情怀?

(3) 课后“研讨与练习”。

① 发挥想象，用自己的话描绘一下诗人笔下的北国雪景图，并谈谈你的感受。

② 仔细体会“俱往矣/数风流人物/还看今朝”的含义。

③ 毛泽东《减字木兰花·广昌路上》(略)的内容也与雪有关。请认真朗读这首词，说说它抒发了诗人怎样的感情，情与景是怎样交融的。如有条件，课外抄录或背诵毛泽东的其他诗词，与同学交流心得。

问题：请将《沁园春·雪》与《减字木兰花·广昌路上》进行比较分析。

【参考答案】

《沁园春·雪》与《减字木兰花·广昌路上》都描写了雪景，都有雄壮的气势、豪放的风格。前者借景抒情，赞美祖国河山的壮丽，抒发诗人作为革命领袖的豪情壮志；后者叙事抒情，描写一个行军的场景，表现工农红军一往无前的英雄气概。前者上片写景，下片议论；后者上片写景，下片叙事。前者写的是北国雪景，壮阔而美好，并有诗人的想象；后者写的是南国雪景，真实展现眼前实景。

【答题解析】

这是典型的对比阅读题。对比阅读要找到对比点。有的题目可能有从哪几个方面来对比的要求，但这道题没有要求，所以对比点比较灵活，只要言之成理即可，但是答题要有一定的条理性。这两首词可以从很多角度来比较，例如：内容、情感、写法等。从教材要求来看，“反复朗读这首词，说说它抒发了诗人怎样的感情，情与景是怎样交融的。”所以，对比点不能缺情感和情景交融的表达技巧。

2. 阅读人教版八年级下册课文《云南的歌会》第四段(略),阅读后回答问题。

问题:课文第四段,用许多笔墨描写由呈贡进城时一路的景色,写"开满杂花的小山坡","各种山鸟呼朋引伴",还有戴胜鸟和云雀的歌唱。这些内容和"赶马女孩子的歌唱"有什么关系?你觉得作者写这些有什么用意?

【参考答案】

"赶马女孩子的歌唱"是本段的主要内容,"由呈贡进城时一路的景色"是为主题服务的。

这些内容既是对"赶马女孩的歌唱"的真实写照,也是一种铺垫,又是一种烘托映衬。"赶马女孩的歌唱"是这一段的主题,但是作者并没有直奔主题来写这些内容。第一,这是一种写实:云南确实有着如此美丽的风光,也有如此动人的赶马女孩,作者此时所做的只是据实而录——他一笔一笔慢慢描绘,为读者画出了一幅充满自然情趣的山野风光,然后再自然而然地写到"赶马女孩的歌唱"。第二,为"赶马女孩的歌唱"创设了一个动人的场景:山花烂漫,山鸟齐唱,这又是何等的生机活泼,而生活在其间的"女孩"日日领略,潜移默化,在性格气质上早已渐染了如此美好的自然真趣。第三,山鸟或悠扬或质朴的鸣唱,与"赶马女孩的歌唱"交相应和,互为辉映,交织成一片动人的山野田园交响曲。

【答题解析】

首先要明白这道题是考查什么,再来分析作答。这道题考的是写作技巧问题,即表现手法的运用。从题目可以看出,文段的主题应该是"赶马女孩的歌唱",那么"由呈贡进城时一路的景色"应该是为主题服务的。从文段描写的详略来看,"由呈贡进城时一路的景色"写得详细,"赶马女孩的歌唱"写得简单。这样我们就要思考:目的是要写"赶马女孩的歌唱"而为什么不惜笔墨来写"一路的景色"呢?这就是写作上的一个表现手法——烘托映衬。烘托与映衬,概念类似,都是为了突出强化主要事物,用另外和它相似或相反的事物从旁陪衬,使主要事物更加鲜明地突出显现出来的修辞方式和表现手法。(回答"铺垫"也可以。铺垫是为主要人物出场或主要事件发生创造条件而着重描述渲染、进行陪衬衬托的一种表现手法)答题时先回答他们之间的关系,再围绕这个特征来简要分析即可。

3. "梳洗罢,独倚望江楼。过尽千帆皆不是,斜晖脉脉水悠悠。肠断白苹洲。"温庭筠的《望江南》写一女子登楼远眺、盼望归人的情景,表现了她从希望到失望以致最后的"肠断"的感情。从内容看,下列选项中的诗句,不适合作为对比阅读的一项是(　　)。

A. 千万恨，恨极在天涯。山月不知心里事，水风空落眼前花，摇曳碧云斜。

B. 晨起动征铎，客行悲故乡。鸡声茅店月，人迹板桥霜。

C. 懒拂鸳鸯枕，休缝翡翠裙。罗帐罢炉熏，近来心更切，为思君。

D. 梧桐树，三更雨，不道离情正苦。一叶叶，一声声，空阶滴到明。

【参考答案】 B。

【答题解析】

适不适合对比阅读，要看两首词联系的紧密度。要么相似度非常高，适合比较其相同处；要么相似度低，适合比较其不同处。但前提是，总有适合的对比点。选项中的四项均是温庭筠的作品，首先作者为同一人，可以比较阅读。但是如果从内容看，还是有不适合对比阅读的。A 项题目为《梦江南》，写思妇的离愁别恨，深夜不寐，望月怀人。C 项是《南歌子》，写女子对男子的相思，也是闺阁之情。D 项《更漏子》，写一个孤独的少妇，不梳理，少粉黛，在空空的房子里对雨难寐。三项都是塑造同一类人物：思妇闺情。只有 B 项《商山早行》诗，写的是一般旅人的某些共同感受，所以比较而言 B 项不适合对比阅读。

4. 学习《邹忌讽齐王纳谏》时，有学生提问，觉得“与坐谈”这句话很奇怪，似乎少了点什么。老师趁机讲解了文言文中省略句式的知识：“文言文中，普遍存在着省略成分的情况，有的会省略主语，有的会省略宾语。”这么一讲解，学生立刻就将“与坐谈”补充为“与(之)坐谈”，教师要求学生课下收集整理其他文言文省略句，下列选项中属于省略句的一项是(　　)。

A. 陈胜者，阳城人也。　　B. 此则岳阳楼之大观也。

C. 臣诚恐见欺于王。　　D. 皆以美于徐公。

【参考答案】 D。

【答题解析】

本题利用课堂教学情境考查文言文阅读的相关知识：文言特殊句式(省略句)。文言特殊句式有判断句、被动句、省略句等，本题中 A 项和 B 项属于判断句，其中 A 项勇“……者，……也”表判断，B 项用“则”表判断。C 项是被动句，用“见……于……”表被动。只有 D 项是省略句，补充完整就是“皆以(之，邹忌)美于徐公”。

实训链接

案例分析题

1. 阅读人教版语文七年级上册课文《秋天的怀念》(略)，回答问题。

问题： 下面是课文中描写母亲的动作、语言、神情、心理等的句子，表现了母爱的伟大。试结合上下文作具体分析。

(1) 母亲就悄悄地躲出去，在我看不见的地方偷偷地听着我的动静。

(2) 母亲扑过来抓住我的手，忍住哭声说："咱娘儿俩在一块儿，好好儿活，好好儿活……"

(3) 她憔悴的脸上现出央求般的神色。

(4) 还记得那回我带你去北海吗？你偏说那杨树花是毛毛虫，跑着，一脚踩扁一个……

(5) 她忽然不说了。对于"跑"和"踩"一类的字眼儿。她比我还敏感。

【参考答案及解析】设题意图是结合课文的具体语境，体会描写母亲的精彩语句，感受母亲对"我"的深沉母爱。

(1) 面对"我"的"暴怒无常"，母亲逆来顺受，表现出极大的理解、忍耐和宽容。"悄悄地""偷偷地"等词语，形象地表现出母亲的慈爱。

(2) 面对厌世自弃的"我"，母亲尽其所能地劝抚、安慰"我"。"扑""抓"等词语，表现了母亲反应的强烈；"忍住哭声"说出的话语，字字沉重，句句贴心，读之令人怆然。

(3) "憔悴的脸"表明母亲积劳成疾，"央求般的神色"表现出母亲的耐心、慈祥。即使是"暴怒无常"的"我"，也不由得为之感动了。

(4) 仅仅因为"我"勉强同意出游，母亲就"喜出望外"，展开话题，提起"我"儿时的趣闻逸事，她有些"忘情"，忘乎所以，暂时忘记了眼前的烦恼，直到她突然意识到犯了"禁忌"，才从"梦"中惊醒。

(5) 母亲"忽然不说了"，她意识到她说多了，因为现在的"我"，完全丧失了"跑"和"踩"的能力，母亲怕又勾起"我"的烦恼。"她比我还敏感"，说明她的内心比"我"还沉重。

2. 阅读《事物的正确答案不止一个》(人教版九年级上册，文略)，回答问题。

问题：本文主要论述什么问题？作者为什么从"事物的正确答案不止一个"谈起？关于创造性思维所必需的要素，为什么到篇末才给出全部答案？

【参考答案及解析】此题意在考查理解课文的内容，并了解课文结构上的特点，把握作者的思路。第一问：主要论述怎样才能拥有创造力的问题。第二问：因为"事物的正确答案不止一个"这个问题很具体，生动形象，又富于针对性，极易引起读者兴趣。第三问：关于创造性必需的三个要素，经过课文逐层论述，最后才给出答案，这合乎"分→总"这种思维规律，便于读者理解和把握。

第三节　汉语言基本知识

考纲内容

熟练掌握汉语言基本知识(如词汇、语法、修辞)，遵循初中生语言学习规律，帮助学生理解语言难点，提高学生的语言运用能力。

考纲解读

汉语言基本知识包括现代汉语语音、汉字、词汇、语法、修辞等，对于初中老师，重点考查的是词汇、语法和修辞。“课标”在附录3“语法修辞知识要点”中着重列举了“词的分类”“短语的结构”“单句的成分”“复句的类型”和“常见修辞格”等。根据“课标”要求，语音、文字、词汇、语法、修辞等知识内容，“在教学中应根据语文运用的实际需要，从所遇到的具体语言实例出发进行指导和点拨”，因此，本节内容重在考查运用这些基本知识解决实际教学问题的能力。

基本知识

一、语音

（一）普通话概念

1956年2月6日，国务院发出关于推广普通话的指示，把普通话的定义增补为“以北京语音为标准音，以北方话为基础方言、以典范的现代白话文著作为语法规范。”这个定义从语音、词汇、语法三个方面明确规定了普通话的标准。

（二）语音知识

(1) 语音是语言的声音，是语言符号系统的载体。

(2) 音素是最小的语言单位。包括10个元音和22个辅音。

(3) 音节是听觉上最容易分辨出来的语音单位，也是最自然的语音单位。一般而言，汉语的一个字就是一个音节,也可以说音素按照一定的方式组合起来就成为音节。

(4) 音节由声母、韵母和声调三个部分组成。声母处于音节的开头,普通话有 21 个辅音字母,还包括零声母(普通话里大部分音节都以辅音声母开头,但也有一些音节的开头不是辅音而是元音,这就叫作零声母)。

(三) 语言的四要素

语言有音色(音质)、音高、音强、音长等要素。

(四) 汉语拼音方案

汉语拼音方案包含有字母表、声母表、韵母表、声调符号、拼写规则和隔音符号等六个部分。要着重了解汉语拼音拼写规则。

二、汉字

(一) 汉字的起源

(1) 仓颉造字。《淮南子·本经训》云:“昔者仓颉作书而天雨粟,鬼夜哭。”意思是,仓颉创造文字,惊天地,天上落下了粟米,鬼也在夜里哭泣。

(2) 劳动中创造文字。“文字在人民间萌芽。”(鲁迅)

另有《北史·魏本纪》的“结绳记事”说和现代学者的图画说。

(二) 汉字的特点

文字是记录语言的书写符号系统,是最重要的辅助性交际工具。汉字是记录汉语言的书写符号系统。汉字是表意文字,具有音、形、义统一的特点,表现形式为方块字。

(三) 汉字的构造——六书

古代学者归纳汉字的造字方法时有所谓“六书”的说法,即六种条例。东汉许慎在《说文解字》中说,“六书”是象形、指事、会意、形声、转注、假借。(后两种为用字法)

(四) 汉字形体的演变

中国汉字的演变大致经过甲骨文→金文→大篆→小篆→隶书→楷书/草书/行书这样一个过程。

(五) 笔画和笔顺

1. 笔画的类型

1988 年当时的国家语委和新闻出版署公布《现代汉语通用字表》,规定了五种基本笔画,即:横、竖、撇、点、折。横包括横和提;点包括点和捺;折笔按照所包含的笔形又可以分为横、竖、撇、点、折、提、弯、勾等八类 25 种。

2. 笔顺的一般规则

笔顺的一般规则包括从上到下、从左到右、先横后竖、先撇后捺、从外到内、从外到内后封口、先中间后两边等。

（六）错别字的原因

别字的出现一般有形近出错、同音出错、义近出错等几种原因。写错字一般是多（少）笔画、笔画组合错误等。

三、词汇

（一）实词和虚词

按词性（用法）分，有实词和虚词。实词有名词、动词、形容词、数词、量词、代词，虚词有副词、借词、连词、助词、语气词、叹词等。

（二）单纯词和合成词

按构成分，有单纯词和合成词。

1. 单纯词

单纯词是由单个语素构成的词。单纯词有由一个音节构成的单音节单纯词，如山、水、天、地等；也有由两个或两个以上的音节构成的双音节或多音节单纯词，如仿佛、荡漾、蜈蚣、盘尼西林等。

双音节单纯词中有联绵词现象：第一种是声母相同的叫双声联绵词，简称双声词，如伶俐、鸳鸯、仓促等；第二种是韵母相同的叫叠韵联绵词，简称联绵词，如逍遥、从容、崔嵬、峥嵘等。第三种是两个音节既非双声、又非叠韵，简称非双声叠韵词，如嘀咕等。

2. 合成词

合成词是由两个或两个以上的语素结合一起而构成的词。根据语素组合的方式，可以分为并列式（如语言、开关等）、偏正式（电灯、火红等）、陈述式（也叫主谓式，如头痛、年轻等）、支配式（也叫动宾式，如司机、作文等）、补充式（动补式，如澄清、站稳等）、附加式（如小时、石头等）、名量式（如房间、船只等）、重叠式（如天天、漫漫等）。

（三）短语

词和词按照一定的规则可以组成短语，短语是词和词构成的比词大、比句子小的语法单位。汉语里有许多种短语，最基本的是下面六种。

并列式：由地位平等的词组成。如“白菜和芹菜”“调查研究”“聪明伶俐”等。

偏正式：由中心词和中心词前面的修饰语组成。如“大城市”（这是以名词为中心的偏正短语）；“努力工作”“十分优秀”（这是以动词、形容词为中心的偏正短语）。

主谓式：由陈述对象和陈述者构成，被陈述对象在前，陈述者在后。如“学校开学”、“山河壮丽”等。

动宾式：由动词和其后带着的宾语组成。如“写小说”“修理汽车”等。

补充式：由动词或形容词和其后带着的补充成分组成，如“坐下”“放在这里”等。

介宾式：介词在前，其他词语（主要是名词或者名词短语）在后组成。如“在中国”“向大家”“以这种方式”等。

（四）单义词与多义词

从一个词的义项来看，有的词只表示一个意义，如事物名称、科学术语、专有名称等，这就是单义词。但大多数词不止一个意义，那就是多义词。多义词有基本义、引申义和比喻义之分，要善于区分和辨别。

（五）褒义词、贬义词和中性词

词语有感情色彩。根据感情色彩的不同，可以分为褒义词、贬义词和中性词。带有赞许、肯定、喜悦等感情色彩的词是褒义词，带有贬斥、否定、厌恶等感情色彩的词是贬义词，不带褒贬色彩的词是中性词。

要注意词语感情色彩在语境中的变化，例如有“原褒今贬”“原贬今褒”和“贬词褒用”“褒词贬用”等现象。

（六）同义词和反义词

1. 同义词

同义词就是意义相同或相近的词。同义词的存在，为我们准确地反映客观事物、细致地表达思想感情提供了有利的条件。使用同义词，不仅要弄清这些词之间的相同点，更要弄清它们之间的不同点。辨别同义词，可以从下边这几个方面着眼：从词语的意义上看，词义轻重不同、范围大小不同；从用法上看，词的适用对象不同、搭配习惯不同；从感情色彩上看，有的词语褒贬色彩明显；从语体色彩看，有的同义词适合于口语或书面语等不同的语境。

2. 反义词

反义词就是意义相反或相对的词。恰当使用反义词，可以形成鲜明的对比，把事物的特点表达得更充分，给人留下深刻的印象。

（七）词语释义

要准确、鲜明、生动地使用词语，要准确理解文章内容，有必要掌握一点解释词语的方法。词语释义有语素分析法（将词拆开为语素，逐一解释，如沉勇，沉着而勇敢），难点突破法（突破其中一个较难的词语，如洞察，“洞”是透彻、清楚的意思，“洞察”就是清楚地知道），对释法（用反义词加“不”解释，如陌生，不熟悉），描述法（描写事物、概念的性状，说明词语的引申义、比喻义等，如忸怩，不好意思或不大方的样子)，定义法(用简练的语言对词语所包含的事物的本质特征作确切的叙说、解释，如学者，在学说上有一定成就的人)等。

在语境中，词语释义一定要将词语本义同其所处语言环境联系起来，揭示词语在特定的上下文中的临时意义。

四、句子

(一) 单句的成分

一般来说，单句有六个成分：主语、谓语、宾语、定语、状语、补语。

主语和谓语：主语是句子里被陈述的对象，谓语是用来陈述主语的；在一般情况下，主语在前，谓语在后。宾语和补语：宾语往往表示动作支配的对象，并且总是处在动词的后头；补语是动词形容词后面的补充成分。定语和状语：定语是名词性词语的修饰成分；状语是动词性、形容词性词语的修饰成分。

各成分的一般位置：(定)主+[状]谓〈补〉+(定)宾

示例：(我们)公司 | [最近] 研制 〈成功了〉(一款新)产品。

(二) 单句的类型

从结构上分，单句可以分为主谓句和非主谓句，主谓句依据谓语的性质又可以分为名词性谓语句、动词性谓语句、形容词性谓语句和主谓谓语句。动词性谓语句中又包括了结构比较特殊的几种句式：连动句、兼语句、存现句、“是”字句、“把”字句和“被”字句等。

从用途和语气上分，可以分为陈述句、疑问句、祈使句和感叹句。

(三) 复句的类型

复句是语言中的一种句法结构，一般是由两个或多个单句构成的，有的由单句直接组合而成，有的借助虚词组合而成。根据复句组合方式的不同，可以分为并列复句、递进复句、选择复句、转折复句、因果复句、假设复句、条件复句等。

(四) 句式变换

在实际运用中，为了收到更为理想的语言表达效果，经常要求句式有变化。句式变换有肯定句和否定句的变换，主动句与被动句的变换，长句与短句的变换，常式句和变式句的变换等。要注意的是，变换后的句子一定要保留原意。

(五) 病句修改

学习语法知识的目的就是用来解决语言难点，预防和修改病句就是语法知识的运用之一。病句一般有六种现象：语序不当、搭配不当、成分残缺或赘余、结构混乱、表意不明、不合逻辑等。

五、修辞

初中阶段需要掌握比喻、拟人、夸张、排比、对偶、反复、设问、反问八种常见的修辞手法(修辞格)及表达作用。其中比喻、拟人、夸张等修辞手法的主要作用是增强语言的形象性和生动性;设问、反问、排比等修辞手法的主要作用是增强语言气势。

六、标点符号

标点符号分点号和标号两大类16种,用法详见其他相关资料。标点符号的考查除了专门设题之外,主要放在写作中考查。标点符号的书写必须规范正确。标点符号要占格写,破折号两格,省略号每三点占一格;引号、括号、书名号前部分各占一格且不能分行书写;点号(逗号、顿号、分号、冒号、句号、问号、叹号)不能放在一行的开头;省略号、破折号不能分两截放在上行末尾和下行开头。

案例

模拟练习

1. 以下是一位学生习作中的一段话。

我们要善待挫折。漫长的人生中,谁也不可能一帆风顺,谁也难免要经历挫折和坎坷。被挫折历练后的人总是更顽强、更成熟、更勇敢,也就能看到近在咫尺的成功,也就是我们离成功更近一步。<u>不但遭受挫折可以使人生积累经验,而且可以使人生得到不断地升华。</u>所以我们更应该正视挫折,珍爱生命。

问题: 老师在批阅时发现画线句子是一个病句,并结合学生习作作了如下解释,其中不正确的一项是(　　)。

A. “不但……而且……”是一个表示递进关系的关联词,而从整个句子的意思来看,没有递进关系。

B. 原句“使人生得到不断地升华”的主语应该也是“遭受挫折”,所以“遭受挫折”应该放在“不但”之前做整句的主语。

C. 从原文表达来看,“遭受挫折”应该是两大作用,即使人生积累经验和使人生得到升华。而原句表达的是只有一个作用,即使人生积累经验。

D. 原句表达不明晰,“遭受挫折可以使人生积累经验”没错,那么什么“可以使人生得到不断地升华”呢?不清楚。所以后一分句缺主语。

【参考答案】 A。

【答题解析】

此题利用真实的教学情境考查病句分析。作为学生只需要能够辨析并修改病句就可以了，但作为老师，要能够分析错误的原因。分析原因，可以从文意（句意）理解的角度（选项C、D），也可以从语法逻辑的角度着手（选项A、B）。本题中A项有错误，“不但……而且……”是一个表示递进关系的关联词，整个句子确实也是一个递进关系复句。

2. 某教师在近一段时间的作文批改中，发现有不少同学爱使用成语，可是常常出现成语使用不当的现象。于是安排了一节语文活动课——“啄木鸟啄错题”，以下句子摘自学生作文，其中成语使用不当的一项是（　　）。

A. 他很有才华，但恃才傲物，同事们都不喜欢他。

B. 春节晚会丰富多彩的节目，在社会上引起了强烈反响，人们对之评头论足，大加赞赏。

C. 只有拥有了广博的阅历、丰富的语汇，我们创作作品才有可能一气呵成。

D. 张老师那幽默风趣的一席话，让全班同学忍俊不禁。

【参考答案】 B。

【答题解析】

词语（成语）运用，首先要对词语（成语）含义、搭配、语境等有了解，特别要辨析其细微之处。B项“评头品足”，原指轻浮地议论妇女的容貌，现也比喻任意挑剔，是一个贬义词。从整个句子来看，这里应该用一个褒义词。

3. 阅读下面的一段幽默对话，回答问题。

甲：奥运会期间，谁办事最马虎不认真？

乙：谁？

甲：射击运动员！他们总是“睁一只眼闭一只眼”。

甲：奥运会期间，谁最贪得无厌？

乙：谁？

甲：跳高运动员！他们总是得寸进尺。

问题：下列分析不正确的一项是（　　）。

A. 通过创造性地将成语（熟语）“还源”，达到幽默效果。

B. 通过增加成语（熟语）的引申义达到幽默效果。

C. 通过改变成语（熟语）的常规意义达到幽默效果。

D. 通过改变成语（熟语）感情色彩达到幽默效果。

【参考答案】 B。

【答题解析】

本题考查的是词语的意义，成语、俗语、歇后语均属于此范畴。熟语“睁一只眼闭一只眼”比喻对应该阻止的事情佯装没见，姑息纵容。“得寸进尺”比喻贪得无厌。但是这两个成语（熟语）用在这种语境中时，改变了词的常规义，“还源”到字面义，同时感情色彩也由贬义变为褒义。选项B增加引申义不正确。

4．阅读下面的学生习作。完成问题。

雨过天会晴

“阳光总在风雨后……”当风雨过去后，那片阳光一定会来的。

——题记

① 在四年级的时候，我参加了学校组织的“希望杯”数学竞赛。要想取得好成绩，我赛前这一个月就得辛苦了。

② 由于“希望杯”的题目都是特别难的奥数题，所以我必须做前几届的试题来熟悉题目类型。本以为只有几张试卷，几个晚上就做完了。不料老师不知从哪弄来一沓沓的试卷与习题，可以称得上是堆基如山。当看着那一座山似的试卷时，不禁感到头脑发晕，一时间差一点被吓晕了。可令我惊讶的还在后面，当拿到试卷，我忍不住惊呆了。试卷上的题目一道比一道难，还涉及了没学过的知识，看着那题目就像看天书。

③ 老师找的题目多，这可苦了我。每天课间要听着那嬉戏的同学发出的欢畅写题目，真是痛苦不刊。有时手还在稿纸上写着，心却早已飞到了操场，脑海中浮现出和同学一起打篮球的情景，心里就像被千百只老鼠抓着一样，难受啊！这种痛苦是别人无法体会的。我摇了摇头，又开始在本子上痛苦地计算。

④ 到了晚上，别的同学早已放学回家，我却要在教室里听老师讲“天书”。我强打着精神望着老师，眼巴巴地乞求他能快点讲完，可老师似乎读不懂我的眼神，依旧滔滔不绝地讲着。哎，乞求无望，只好拿起试卷听着老师讲的天书，并在心里疑惑：“老师，你就不累吗？快点放学！”

⑤ 经过了一个月的“急训”。终于开始考试了。我拿到卷子，把题目都审视了一遍，竟然发现大部分题型老师都讲过。我轻松地答完卷，一蹦一跳地出了考场。

⑥ 终于，我一个月的努力没有白费，取得了全国三等奖的好成绩。在享受着赞扬的同时，我也明白了“阳光总在风雨后”的道理。只有经过艰辛与努力，才会取得成功。若没有风雨，就不会有彩虹！

问题：

（1）请从全文中找出两处错别字，从第③段中找出一处病句，并分别改正。

（2）请给这篇作文写一段评语，肯定其优点，并指出存在的不足。

【参考答案】

（1）“堆基如山”改为“堆积如山”，“痛苦不刊”改为“痛苦不堪”。“每天课间都要听着那嬉戏的同学发出的欢畅写题目”改为“每天课间都要听着那嬉戏的同学发出的欢畅的声音写题目”。

（2）略。

【答题解析】

这是一道案例分析题。选用学生作文，通过作文评改的方式考查老师的基本功。第一题涉及汉语言基本知识，第二题涉及写作基础和技能。找错别字没有指出具体段落，因而显得比较费时。做这类题时，不要首先把找错别字当成主要任务，要通读全文，发现词语有问题时作一个标记，等到读完全文，再来辨别是否为错别字，这样就不会耽误时间了。病句比较好找，因为指明了段落。

实训链接

一、选择题

1. 依次填入下面一段文字横线处的词语，最恰当的一项是（　　）。

品茶，亦可谓品历史，品文化，一盏佳茗在手，盏中是清淡的龙井，鼻端____的茶香似有若无，思绪慢慢随着汤茶中的涟漪向悠远的中华文明____开来，细细地品，那浸泡在盏中的不是茶，而是滚滚红尘中偶尔____的一颗散淡的心。

A. 缭绕　荡漾　歇息　　　　B. 环绕　荡漾　栖息

C. 环绕　飘扬　歇息　　　　D. 缭绕　飘扬　栖息

【参考答案】 A。

2. 下列说法有误的一项是（　　）。

A. 古代称谓词很多，其中“令爱”指别人的妹妹，“高足”指自己有才华的学生，“泰山”指岳父。

B. “我读了以后才明白，天下兴亡，匹夫有责。”这个句子的谓语是一个动词，宾语是“天下兴亡，匹夫有责”。

C. “他担任初三班主任、科任以后瘦了八九斤，为啥？亚历山大呀！”“亚历山大”巧用谐音，突了工作压力之大。

D. “他对自己能否学好数学充满信心。”这是一个病句，去掉“否”字。

【参考答案】 A。

3. 下列各项对语法知识的判断与分析，正确的一项是（　　）。

A. “雄伟”“壮丽”“非常”“宁静”都属于形容词。

B. 短语“平民教育”“天堂美景”“北国风光”“中国武术”的结构都相同。

C. “通知要求我省中小学教师通过说课、讲课展示最基本的教学技能”，句子的主干是“教师展示技能”。

D. “我到了自家的房外，我的母亲早已迎着出来了，接着便飞出了八岁的侄儿宏儿”，这句中“飞出”运用比喻的修辞，生动地刻画出小孩活泼灵动的性格。

【参考答案】 B。

二、案例分析题

1. 阅读下面学生习作，按要求答题。

① 漫长的人生中，谁也不可能不一帆风顺，谁也都有可能经历挫折。②被挫折历练后的人总是更顽强、更成熟、更勇敢，正所谓“宝剑锋从磨砺出。”③遭受挫折不但可以积累经验，而且使人生得到升华，________ 我们更应该正视挫折。

(1) 第①句有语病，你将如何跟学生讲解？

____

(2) 第②句有一处标点符号使用错误，请将修改并说明理由。

____

(3) 第③句的空格处学生用的词语是“那么”，你觉得用词恰当吗？

____

【参考答案】

(1) 修改为“谁也不可能一帆风顺”，这是多重否定出现了错误，“不可能不”表示的是肯定语气，与“谁也”搭配不上。(2) 修改：将句号移到引号外。因为“宝剑锋从磨砺出”只是整个句子的一个部分，而不是一个独立的句子。(3) 不恰当，此处应该用一个表示因果关系的连词，因为最后一句是作结，是结论，用“所以”“因此”比较好。“那么”是一个表示假设关系的关联词，前面要有表示假设的条件，才能相应的结论。

2. 请给加点字注音，并根据拼音写出汉字。

危险裹挟（　　）生命呼 xiào（　　）而来，母性的天平容不得刹（　　）那摇摆。她挺身而出，接住生命，托住了幼吾幼以及人之幼的传统美德。她并不比我们高大，但那一刻，已经让我们 yǎng（　　）望。她，就是托举生命的最美妈妈吴菊萍。

——2011“感动中国”人物颁奖词

【参考答案】 xié 啸 chà 仰。

3. 阅读下面文字，补写一个与划横线的句子句式相同、修辞手法一致、语意连贯的句子。

善思则能“从无字处读书”。读沙漠，读出了它坦荡豪放的胸怀；读太阳，读出了它普照万物的无私；________，____________________。

【参考答案】 示例 1：读春雨，读出了它润物无声的柔情。示例 2：读大海，读出了它气势磅礴的豪情。示例 3：读石灰，读出了它粉身碎骨不变色的清白。

第四节 写作基础

考纲内容

具备较强的书面表达能力，熟悉写作教学的过程，能指导学生根据写作目的、内容及要求，具体明确、文从字顺地表述自己的意思。

考纲解读

本考点要求应试者具备两方面的能力，一是本身要具备较强的书面表达能力，能写一般文体的作文；二是要熟悉写作教学的过程，能指导学生写作。写作教学的过程一般是指写作指导、作文批改和作文讲评三个环节，其中写作指导主要包含搜集素材、构思立意、列纲起草、修改加工等环节。作文批改主要是明确批改的范围和内容，熟悉批改的方式方法等。作文讲评主要是熟悉讲评的方式方法。

基本知识

写作教学过程既要考虑到教师的“导”，又要考虑到学生的“写”。就具体一次的写作教学来说，这个过程一般包括写作指导、作文批改和作文讲评三个环节。

一、写作指导

“课标”在第四学段目标与内容中明确，要“注重写作过程中搜集素材、构思立意、列纲起草、修改加工等环节，提高独立写作的能力。”在教学建议中明确，“写作教学应抓住取材、构思、起草、加工等环节，指导学生在写作实践中学会写作。”写作指导包括搜集素材、构思立意、列纲起草、修改加工等环节的指导。

（一）指导搜集素材

“课标”在评价建议中指出，“写作材料准备过程的评价，不仅要具体考查学生占有材料的丰富性、真实性，也要考察他们获取材料的方法。要引导学生通过观察、调查、访谈、阅读等途径，运用多种方法搜集材料。”

写作素材搜集的途径不外乎两条：一是通过观察、调查和访谈等形式，积累写作的“原材料”；二是通过阅读，积累写作的语言、技巧等。

1. 在观察中积累素材

“课标”要求达到“多角度观察生活，发现生活的丰富多彩，能抓住事物的特征”的目标，为了实现这一目标，可以观察生活，把观察到的人（景）物描出来，把听到的故事录下来，把瞬间感受记下来，把生活感悟写下来，把蕴积的感情抒出来，从而达到积累素材的目的。

2. 从阅读中积累素材

初中生阅读的对象主要是课本和课外书。课本是学生容易忽视的对象。事实上，自然科学、文学历史、社会经济等各方面的事例在课本中均可找到，课本不仅指语文课本，还包含了数、外、理、化等各科中的名人轶事、成功事例等，要按道德、立志、友谊等不同主题进行分类积累，阅读课外读物时也可这样归纳积累。例如，把美文美句抄（剪）下来，把名篇名句背下来，把课内课外连起来，把得意之作装订起来等。

（二）指导构思立意

1. 指导审题

审题是写作的重要一环。审题的基本方法是分析法和比较法。分析法就是直接从分析题目的要求和特点入手，比较法就是与类似或近似题目入手。审题主要是解决写作的内容、范围、主题和体裁等问题。审题可以从以下几个角度考虑：审清“标志”，确定文章体裁；审清题目要求，确定文章范围；审清题目“题眼”，确定文章重点；审清题目因素，确定文章内容等。

2. 指导构思

构思就是打腹稿。它是根据题目要求，把自己已有的一些材料和认识，经过一番仔细思考，组成一篇文章的雏形的思维过程。指导构思首先要引导学生活跃思想，积极思维，从而使写作的素材源源不断地涌流出来。其次必须与启发学生的联想和想象结合起来。构思方法很多，包括由点到面、由面到点、由点到线、一线串珠、画面组合等。

3. 指导立意

立意，即确立文章的主题(亦称“主旨”“中心思想”)。主题是文章的灵魂和统帅。一篇文章写什么不写什么以及怎么个写法，都要以是否有利于表现主题为标准。主题首先要做到明确、集中；如有可能，要争取做到深刻、新颖。确定文章的主题，可以从题目中寻找主题：有些作文题目直接规定了主题；有些题目没有直接规定主题，但是规定了内容范围，就可以根据这个范围，想想可以写些什么内容，再由这个内容分析一下要表达什么思想感情。也可以从材料中归纳主题：当选择了一些作文材料而苦于没有中心思想的时候，就可以从材料中总结归纳中心思想。

（三）指导列纲起草

1. 指导列纲

布局谋篇是构建文章的关键环节，而列提纲是全面训练学生布局谋篇能力的最好办法。写提纲的过程，就是组织材料、安排层次、调整思路、深化主题的过程。训练学生列提纲，要教给学生列提纲的一般步骤和方法：拟提纲时，要先划分出文章的主要层次，再安排主要层次之下的小层次，还要注意各个层次之间的逻辑关系。提纲应当简要、明确，用一两句话把每个层次的意思概括出来。除了呈现文章的主要结构之外，准备运用哪些材料，详写哪些，略写哪些，也可以在提纲中注明。

2. 指导起草

起草是用书面语言将作者的构思物化为文章的过程，也就是动笔写作的过程。初中生写作文要尽量做到一气呵成。要依照事先拟好的提纲，按部就班，一路写下去，完成初稿之后，再回过头来进行推敲加工。对于在起草过程中突然出现的新问题、新想法，不妨先放一放，暂时在文中或提纲上做出标记，等初稿完成了，再来分析这些新问题、新想法。有用的就保留，否则，就毫不痛惜地抛弃，切不可中断原来的思路。起草要着重规划好题目、开头、结尾三个部分。在保证题目新颖、精炼的前提下，考虑是否采用修辞手法或直述其事，是否设置悬念或逆向思维等。开头、结尾在精炼、有文采、激发兴趣等要求下，要注重议论、抒情的运用，做到点题准确，扣题明确等。文章中间，凡思路转折、叙事更迭、人物转换、论题变化、总分起止以及表达手法转化等处，都要安排过渡。各个段落之间，要用过渡词语、过渡句子或过渡段落承上启下；恰当运用前后呼应、首尾照应勾连上下文，使整篇文章浑然一体。古人认为，好的文章应该是“凤头”“猪肚”“豹尾”，即开头要漂亮醒目，引人入胜；主体要内容充实，丰富饱满；结尾要短小精悍，刚劲有力，言有尽而意无穷。

（四）指导修改加工

指导学生修改加工作文，也是作文指导的重要一环。“课标”在教学建议中指出，“重视引导学生在自我修改和相互修改的过程中提高写作能力。”在评价建议中指出，“重视对作文修改的评价。要考查学生对作文内容、文字表达的修改，也要关注学生修改作文的态度、过程和方法。要引导学生通过自改和互改，取长补短，促进相互了解和合作，共同提高写作水平。”

1. 修改的态度

初稿成形，难免存在内容、语言、结构等方面的问题，初中生要端正修改态度，学会修改作文。要认识到修改对于写作的重要性，要做到及时修改、反复修改。

2. 修改的范围

作文修改加工可以从四个方面入手：作文所表达的意思或所要说明的问题是否明确突出；材料安排是否得当，叙述是否有一定的顺序；字、词、语句、标点符号运用是否正确；书写格式是否合乎要求等。

3. 修改的过程

修改是对初稿的再创作过程，应从全篇着眼，按先整体后局部，先内容后形式，先思想后材料的程序进行。具体说来，围绕主题，抓住题目要求；通读全文，找出毛病；认真分析，确定修改方案；对症下药，仔细修改。

4. 修改的方法

修改的基本方法有删、补、调、换等。删，即把作文中与主题意思无关的内容或重复多余的词句删去，要忍痛割爱。补，就是把作文中缺少的内容添加进去，或者添加修饰用的词句。调，为使作文入情入理和符合一定的语言习惯，可重新调整字、词、句、段的顺序。换，对使用不当的字、词、句、标点或不正确的语句、材料进行更换。另外，作文修改还要掌握基本的修改符号。

5. 修改的形式

修改和加工可以采用自改和互改的形式进行。“课标”在第四学段“目标和内容”中指出，“根据表达的需要，借助语感和语文常识，修改自己的作文，做到文从字顺。能与他人交流写作心得，互相评改作文，以分享感受，沟通见解。”

二、作文批改

这里讲的作文批改主要是针对教师而言，它既是写作指导的继续，也是作文讲评的基础。

（一）批改的范围

作文批改包括作文的内容和形式两个方面。从内容看，有思想观点的斟酌，材料的提炼、增删、更换等。从形式上看，有文章结构的调整，语言文字的推敲，标点符号的使用，行款格式和书写等。另外，也可以参照近年中考评分标准从主题、情感、内容、语言、条理、书写等角度来进行，还可以参照高考评分标准从基础等级和发展等级来进行。

（二）批改的方式方法

作文批改含有“批”和“改”两层意思。“批在筋节上，改在要害处。”作文批改完毕评价结果的呈现方式，“课标”的“评价建议”指出，“根据实际需要，可以是书面的，可以是口头的；可以用等级表示，也可以用评语表示；还可以采用展示、交流等多种方式。”

1. 眉批和尾批

眉批，是对作文的某一处或某一部分的具体批点，与原文一一对应。眉批着重解决作文中个别和局部的问题。尾批，也叫总批、总评，是对全文作总的评价或提示，着重解决全局和整体的问题。眉批和尾批要相互结合，相得益彰。

2. 全批全改和重点批改

全批全改就是针对每篇作文进行批改，全收、全改、全评分(等第)。重点批改有内容上和人数上的重点批改。内容上的重点批改就是根据每次作文的特定要求有所侧重地批改，着重看本次作文是否符合教材规定的“作文范围”和“作文要求”，是否符合本次作文的训练重点等，不面面俱到。人数上的重点批改就是每次抽取部分学生的作文作为重点批改，但要注意渐次轮换批改，使每个学生都有被重点批改的机会。

3. 书面批改和当面批改

书面批改是基本方式，书面批改的批语要具体明确，切忌抽象笼统。书面批改的优点是简明扼要、省时省力，缺点是对复杂问题不易讲清。

当面批改又叫面批，可以是单个学生面批，也可以选同类作文的学生集体面批。师生共同研究、讨论、修改，使学生直接受到启发。面批要注意多鼓励、少批评，要目的明确、有重点，但也要兼顾每位学生。

（三）作文批改注意的几个问题

1. 多就少改

所谓“多就”，就是就学生思路，就学生思想认识水平，就学生的生活实际，就学生的知识能力水平，不能以教师的思路代替学生的思路，以教师的思想水平要求学生。“多就少改”是说教师批改学生作文，要尊重学生的意愿，鼓励学生“我手写我心”，老师不必照着自己的意愿大改。否则，出力不讨好，甚至扼杀了学生写作的兴趣。

2. 激励为主

“课标”指出,“对学生语文学习的日常表现,应以表扬、鼓励等积极的评价为主,采用激励性的评语,从正面加以引导。”作文评改要处理好表扬和批评的关系,主张“恰当表扬,慎重批评”“激励为主,批评为辅”的原则。教师应该以赏识的眼光,发掘学生的闪光点,特别要关注学生的点滴进步,激发学生的写作兴趣。对其缺点要抓主要的,用恰当的语言或者其他方式予以指出,促其改正。

3. 尊重个性差异

“课标”指出,在评价时“要尊重学生的个体差异,有利于每个学生的健康发展”。教师对待学生作文应该实事求是,一方面要按照教学要求,以学生所应有的写作水平为标准来评价学生写作状况;另一方面,批改不同程度学生作文,应有不同的要求和重点,因材施教,区别对待。

(四)批语(总评)的写法

写批语,要尊重学生,以激励为主,对于毛病要分析病因,给出修改的途径和办法。具体可以从以下角度入手。

1. 紧扣写作(教学)的目的(目标)

写评语一定要顾及教学目标、训练目的,要重点围绕训练点进行评价。

2. 根据学生心理和水平层次有不同的要求

尊重个性差异,对于写作能力较弱的学生,要善于发现优点,肯定其进步;对于问题要给出解决办法,甚至示范如何进行修改。对于水平较高的学生,则可以帮助他们从立意上和章法上得到提高。

3. 整体批阅,宏观评价

要着眼于宏观,对整篇作文有个把握。写评语时先从大处着眼,看看它的审题是否正确,立意是否新颖,内容是否新鲜,语言有无特色等。

4. 抓住一点,不及其余

对于某些作文中的普遍性问题或者某个人的比较严重的问题,可以抓住这个问题进行评价,尽量不要涉及其余问题。明显的优点也是如此。

5. 善于发现亮点,启发诱导

对于问题性作文,也要善于捕捉作文中的闪光点,撰写鼓励性评语。对于问题,则要说穿说透,并提出修改建议。

写评语要尽可能的详细、具体、明确,不要笼统,尤其是一些废话、套话。对于优点和缺点,都要有简要、具体的阐述,优点在哪里,问题在哪里,都要说明白。

三、作文讲评

在指导和批改的基础上需要进行作文讲评。作文讲评就是“按照本次写作的目的和要求，对学生写作的优缺点和存在的问题进行综合分析，并引导到规律上来认识，以便帮助他们发扬成绩，克服缺点，不断提高”。

1. 讲评的一般步骤

作文讲评没有固定教学模式和步骤，一般说可以这样进行：先概括讲一讲本次作文总的情况和主要优缺点，然后重点讲评一两个问题（或一两篇作文），最后让学生修改订正或者写作文后记等。

2. 讲评的一般方式

作文讲评的方式很多，经常采用的有以下几种。

综合讲评：从思想内容和写作方法比较全面地对全班学生的作文加以总结，并结合有关写作知识进行讲评。综合讲评要注意点面结合，每次要有重点问题，以点带面；在解决普遍问题之后还要留出时间解决个别问题。

专题讲评：集中作文中的一两个主要问题，结合有关写作知识，进行深入的分析议论。

佳作讲评：选出一两篇优秀作文进行深入分析，用典型指导一般。这种讲评可以由老师讲评，也可以由学生讨论，或者师生共同分析。

对比讲评：通过比较显示文章的优劣。对比讲评是经常采用而容易收效的一种方式。其方式是多种多样的。一是同一题目优劣作文的对比，明确标准，分清优劣。二是同一题目，不同写法的优劣习作的对比。这种对比适用于学生感到难度大、思路不开阔、写法容易雷同的作文。它对激发想象、开拓思路很有作用。三是同一题目作文的原稿和修改稿的对比，着重弄清为什么要这样修改。

3. 讲评要注意问题

在进行作文讲评时要注意理论联系实际，要突出重点，要循序渐进，要让学生参与评价等。

案例

模拟练习

1. 下列对于作文讲评的说法**不**正确的一项是（　　）。

A. 作文讲评就是老师在批改作文后，对学生作文进行分析和评判。讲评过程以老师的讲授为主，学生不参与讲评；讲评之后学生再按照老师的意见作修改。

B. 在讲评课上，教师要把学生在写作实践中的优缺点，提到写作规律的高度来认识，因此讲评要结合写作知识来进行。

C. 教师要仔细研究、认真分析，要从实际出发，结合写作训练要求，确定讲评重点，集中解决一两个较为突出的比较具有普遍性的问题。

D. 作文讲评课要充分调动学生的积极性，让学生处于积极思维状态，以积极的态度认真找出自己文中的不足之处，并能达到举一反三、触类旁通。

【参考答案】 A。

【答题解析】

以上四个选项涉及作文讲评要注意的几个问题。A项涉及作文讲评课堂中师生关系问题。讲评不是老师满堂灌，学生不是被动接受，它是一个师生参与、互动的过程。既可以老师讲评，又可以由学生讲评，还可以师生共同就一篇文章讨论。因此，A项说法不准确；B项说的是理论联系实际，讲评不能仅仅是就文论文，要上升到规律性的东西；C项说的是讲评要有重点；D项说的是讲评中学生要积极参与。

2. 下列关于作文教学的说法不正确的一项是(　　)。

A. 评价学生写作材料的准备，不仅要具体考查学生占有材料的丰富性、真实性，也要考察他们获取材料的方法。

B. 列写作提纲除了呈现文章的主要结构之外，还要在提纲中注明准备运用哪些材料，详写哪些，略写哪些。

C. 对作文修改的评价，既要考查学生对作文内容、文字表达的修改，又要关注学生修改作文的态度、过程和方法。

D. 书面批改和当面批改都是作文批改很好的方式，书面批改可以清晰明了地解决作文中存在的复杂问题，当面批改可以有针对性地解决某个学生的具体问题。

【参考答案】 D。

【答题解析】

以上四个选项分别涉及写作素材的准备、列提纲的方法、作文修改和作文批改等要素。其中A项、C项节选或改编自“课标”，没什么问题；B项列提纲的方法表述也没问题；D项书面批改的优点是简明扼要、省时省力，缺点是对复杂问题不易讲清，因此D项错误。

3. 阅读下面的学生习作，完成文后题目。

送他人一朵花

眼帘里是尽态极妍的花儿，轻俯摘下三朵，倾情相赠。须臾间，芬芳氤氲布满心房。

送他人一朵花，赋予心灵启迪。

送自卑的人一朵桂花。

桂花喜好藏身于青叶之中，乳色的白，花朵又小，略显羞涩，它就像是一个自卑的孩子。但令人钟情的是那八月桂花的飘香，十里长亭外，香气依旧浓郁，敢于彰显自我。它懂得在处世的罅隙中发出自己独特的芬芳。赠自卑的人一朵桂花，即使有所顾忌，却依然不放弃那花的本质——要绽放。桂花之香便是一种坚定，以至于它香得透彻，香得恒远。

赠桂花，愿自卑之人寻得人生价值。

送自负的人一朵素莲。

周敦颐说莲“出淤泥而不染，濯清涟而不妖”，那莲定当赠予那些心傲自大，不可一世的人。莲的心是静的，它懂得缓慢地跃动，它会告诉人们真正的幸福所在，绝不是尘世间的功名利禄，钩心斗角。青莲居士说：“举杯邀明月，对影成三人”，他是真的悟到了莲的本心。回归于自然，让劳累的心放慢脚步，不去想世俗，让自己独得一番平静与安适。嗅一嗅泥土的芳香，却不沾染；耍一耍清水的涟漪，却不妖媚。

赠素莲，愿自负之人望见幸福真谛。

送自信的人一朵玫瑰。

火红般的奔放，是你永不止步的激昂。你热烈，充满斗志与信心。赠自信的人玫瑰，是推助他的顺风。自信的人见玫瑰，定信念倍增。这玫瑰又如同自信之人，虽布满长刺，却只是用来保护自己，顽强生长的助物而已。自信的人手持一朵玫瑰，如握利剑，迎向成功之风。

赠玫瑰，愿自信之人挂起成功长帆。

送他人一朵花，花儿也将引领你通向人生幸福之门。

问题：请给这篇作文写一段评语，肯定其优点，并指出存在的不足。

【参考答案】

结构精巧形式美

本文结构非常巧妙。以三个小段落（层次）组成相对独立的一个语义层，每个语义层的内部又是同样的结构（送什么人什么花—为什么送这样的花—祝愿语）。但这三个小段落的组合又不同于一般的“拼接式”作文，“拼接式”作文既没有中心事件，又看不出几件事或几个部分之间统一的线索，实际上等于是几篇文章的拼接。本文先是用“摘下三朵，倾情相赠”贯通全文，最后还不忘做个小结。关键是中间三个层次“自卑”“自负”“自信”意义关联、统一。你看，小作者将桂花、莲花和玫瑰花人格化，分别赠予三种不同类型的人，并且将三种花的品格及受赠人的特性一一对应起来，体现了小作者既有理性的思考，又有人文的关怀。

如果要说不足，一是感觉文章比较“虚”，没有令人信服的事例，显得不够厚实。二是“送自信的人一朵玫瑰”与前面两项不对等，送玫瑰是“推助他的顺风”，是顺作用力，而前面两种送“桂花”“素莲”都是一种反作用力。

【答题解析】

这道题考查作文批改中写评语的能力。作文评价包括内容和形式两个方面。内容又包括思想观点、材料等；形式有文章结构、语言文字、行款格式等。那么，到底从哪个角度来评价，评价些什么，要看具体文章了。针对以上例文，既可以是整体批阅，宏观评价；又可以是抓住一点，不及其余。以下参考示例用的就是抓住一点不及其余的写法。

4. 请给下面的作文题写一段 300～500 字的审题分析以指导学生写作。

题目：悄悄地提醒。

要求：(1) 写一篇 600 字左右的文章，(2) 不得透露个人相关信息，(3) 不得抄袭。

【参考答案】

该作文题目比较简洁，也非常清晰，题目很新颖。所谓的“要求”也几乎无要求，体裁自选，选材立意很自由，作文没有审题障碍。

从题目来看，要注意抓住以下两点。

一是抓住中心词“提醒”。作文的题眼是“提醒”，学生写作时，需要将重点放在“提醒”上，事要围绕“提醒”来写。这个“提醒”是一种提示、启迪、关爱，也是一份温馨；这个“提醒”可以指明方向，明辨是非；这个“提醒”，或鞭策，或警示，或激励。学生要遴选成长经历中与“提醒”有关的生活场景和事件，要写出自己的真实感受。

这可以是你提醒别人，也可以是别人提醒自己，写的面非常广，学生都有话可以写。如果学生写别人提醒自己，可以写出很多自身的感受，读起来比较亲切。

二是抓住限制语“悄悄地”。从短语结构角度分析，这是个偏正式短语，“悄悄地”修饰限定“提醒”。不要小看这个修饰词，“悄悄地”是一种行为方式，它更多地关注人物的心理感受。这种行为方式既可以是轻言细语的，又可以是此时无声胜有声的；既可以是一句暖人的良言，又可以是一剂苦口的良药；既可以是三言两语，又可以是一个微妙的眼神、一个细微的动作。总之，“悄悄地”讲求的是“提醒”的艺术性。

这道作文题目无论是写人还是叙事都离不开真情实感的抒发。写人，也要通过具体事件来表现。可以从双方的角度来写，他对我或者我对他的一个提醒；也可以从自我角度来写，自己给自己一个提醒。

【答题解析】

这道题考查审题能力。作为教师，指导学生审题从而指导写作是一种重要的能力。审题有分析法和比较法。“悄悄地提醒”适合于直接分析法，即直接从分析题目的要求和特点入手。审题有很多要素，如审清“标志”，确定文章体裁；审清题目要求，确定文章范围；审清题目“题眼”，确定文章重点；审清题目因素，确定文章内容等。“悄悄地提醒”几乎无特殊要求，体裁自选，选材立意很自由，作文几乎没有审题障碍，只要抓住“提醒”和“悄悄地”两个关键词作分析即可。

实训链接

一、选择题

1. 对于积累写作素材的“原材料”的途径，下列说法不正确的一项是（　　）。

A. 观察　　B. 调查　　C. 访谈　　D. 阅读

【参考答案】 D。

2. 对于下列作文题目，审题不正确的一项是（　　）。

A. “发生在身边的一件事”，题目中有“一件事”，要求写成一篇叙事的记叙文。

B. “难忘师恩”，题目要求写作的范围是发生在校园的师生之间的一些故事。

C. “这是一堂别开生面的语文课”，标题的题眼在“别开生面”，要写出不一般来。

D. “清晰的面孔”，偏正短语，要写“面孔”；“清晰”则要求有一定的细节描写。

【参考答案】 B。

3. 下列有关作文修改的说法不正确的一项是（　　）。

A. 老师的作文批改可以用学生之间的互相批改代替。

B. 修改和加工可以采用自改和互改的形式进行。

C. 修改的基本方法有删、补、调、换等。

D. 学生通过自改和互改，可以相互了解和合作，共同提高写作水平。

【参考答案】 A。

4. 作文评语的写法有很多种，下列说法不正确的一项是（　　）。

A. 写评语要顾及教学目标、训练目的，要重点围绕训练点进行评价。

B. 写评语要尊重个性差异，对于写作能力较弱的学生，要善于发现优点，肯定其进步；对于问题要给出解决办法，甚至示范修改。

C. 写评语要着眼于宏观，对整篇文章有个把握。写评语时先从大处着眼，看看它的审题是否正确，立意是否新颖，内容是否新鲜，语言有无特色等。

D. 对于问题性作文写评语也要善于捕捉作文中的闪光点，撰写鼓励性评语；对于问题，不要写在评语里来。

【参考答案】 D。

5. 在一堂关于“温暖”这个话题的作文讲评课中，一位教师先从全班同学的写作内容和写作方法进行了总结，然后在针对本次作文训练的重点提出一两个主要问题和大家探讨。后来教师还特地挑选出了几篇有亮点的文章，供大家分享。请问这节作文讲评课，这位教师没有运用哪种讲评方式（　　）。

A. 对比讲评　　B. 佳作讲评　　C. 专题讲评　　D. 综合讲评

【参考答案】 A。

二、案例分析题

1. 请给下面的作文题写一段 300～500 字的审题分析以指导学生写作。

林清玄说：“以清净心看世界，以欢喜心过生活，以平常心生情味，以柔软心除挂碍。”他这段话让你联想到哪些经历？引发了你怎样的思考？

请以“一颗____的心”为题写一篇文章，先把题目补充完整，再按要求作文。

要求：(1)不少于 600 字，(2)文中不得出现真实的地名、校名、人名，(3)不得抄袭，(4)文体(诗歌除外)自选。

【参考答案】

这是一道半命题作文，有着文字简约而意义深远的提示语，文题包含命题人的多重考虑。文题灵巧，“开放与限制”“陈与新”辩证统一，直探内心，试图唤醒与引导，鼓励考生创新思考，实践真写作。

写作要处理好“开放与限制”的关系。将题目补充完整的内容有很多，诸如“感恩”“执着”“坚强”等，这是开放。记叙文、议论文均可，这是开放。可以写人，可以写物(拟人化)，这是开放。但一定是有限制的。文章一定有淡淡的抒情味儿，从“一颗”中我们可以解读出“纯粹”，这是一种限制。文章最好或显或隐回答拥有一颗怎样的心与拥有一个怎样的世界之间的关系，这是一种限制，有这样的表达，文章就深刻了。

写作要处理好“陈与新”的关系。“宽容”“感恩”“诚信”等词，大家很熟悉，填入文题中，也是个不错的标题，若要选择他们，就要在形式上和选材上出新。也可选用比较有新意的词或短语将题目补充完整，如“高贵”“爱你(可指大自然、传统文化等)”等。

要体悟命题人的价值导向。在这个心理健康显得尤为重要的时代大背景下，命题人试图引导考生思考该拥有一颗怎样的“心”，希望阳光、积极、进取、谦虚、诗意等积极因素能作为基因一样植入广大考生的心，以使其一生过得有意义。这是命题人的良好愿景，考生应该在文章或显或隐表达自己这方面的思考。

2. 请给下面这篇作文从一个角度写一段评语，肯定其优点。

你的古朴，让我记住了你

我又做了一个悠长隽永的梦，梦里有黄土砌成的城墙，石子儿铺的小路，古铜色的笑脸。你知道吗？你的古朴，让我记住了你。

自然风光

斜晖映下，那名叫“沱江”的江面上，粼粼波光，泛着金黄。荡漾着，荡漾着，漾出了那千年老鳖的身影，摇曳出古老城门的遐想。想什么呢？想着千年前城门匾上两个繁体“凤凰”大字，想起千年前孤守的空城。郊荒野地，靓蓝的天空响彻牧笛声，诉说着那沉沉落落、古老的历史。山应当用一字形容：“素”。这绝不意味着山是白的，而正是这山绿得令人敬畏，绿得浑然，绿得干净，这便是“素”。“朴素”得连空气都变绿了、变干净了。

生活在大城市中的我们，当天天面对的红灯绿酒、繁弦急管纵然消逝，替换的是这般风景，能不被震撼吗？

你那自然风光的古朴，让我记住了你！

特色小吃

走进你，便被一股似桂花又似研台香的香味所吸引。抬头一看，竟是一座写着“陈氏姜糖”的古老作坊。身穿苗服的老师傅抖动着手里米黄色的姜丝，黝黑的脸上渗满了汗滴，却仍在卖力地“表演”。一颗颗，一粒粒，米黄色的小姜糖“蹦”进了特色包装袋。那淡淡的香味夹杂着小辛辣的姜味，古作坊的檀香，好似还有老师傅苗服上不知名的香料味。轻尝一颗，仿佛姜糖再次告诉了你这座小城的历史，淡淡的，甜甜的，有点小辣的……那正是我一直追求的纯天然古朴风味，那正是小城中弥漫的古朴香味！

生活在大城市的我们，当天天面对的大鱼大肉、野味海鲜纵然消失，替换的是这般滋味，能不被感化吗？

你那特色小吃的古朴，让我记住了你！

人文风俗

“二十五打粑粑，二十六哈哈嚓，二十七扫净屋……”听着当地人念着这些听不懂的“咒语”，虽不理解，但我仍能感受到年前的快乐！那是每个土家人、每个苗族人都遵循的年事歌！古朴的年事歌，让我再受“洗涤”。

你会看到清清沱江上，羞涩的阿妹也放声歌唱：“哥哥！你来推我过河嘛！”，壮实的阿哥赶忙回应：“当然可以咯！”一唱一和，方式古朴但饱含深情！

你会瞧见清晨苗家妇女背着小背篓，赤脚走在石板路上，弯弯的柳叶眉似乎在笑，对着每一个游客抱以暖暖笑容！

这与大城市中的钩心斗角，尔虞我诈全然不同，这是民风的淳朴、人文的古朴！我们能不被感动吗？

你就是这般的古朴，这就是古朴的你！

凤凰小城，因你的古朴，让我深深地、深深地记住了你！

【参考答案】

精巧的布局。三个小标题，层次渐进，不相交，不平行；相交则行文杂乱无章，平行则体现不出深度。三个小节内部又竟是如此地讲究对称：每小节都将凤凰的“古朴”与大城市的尘嚣对比。这个对比，实际上突出了“记住”的原因：大城市缺乏“古朴”因而向往“古朴”，向往因而能“记住”。

第五节 “课标”

考纲内容

正确理解《义务教育语文课程标准(2011 年版)》，能够在教学中体现其倡导的基本理念，落实其规定的课程目标。

考纲解读

“课标”国家课程纲领性文件，是国家对基础教育课程的基本规范和要求，“是教材编写、教学、评估和考试命题的依据，是国家管理和评价课程的基础。”(《基础教育课程改革纲要(试行)》)“课标”规定了语文学科的课程性质、基本理念、课程目标和内容、实施建议等。本内容主要考查对“课标”基本内容的理解，考查在教学中体现“课标”倡导的基本理念和落实课程目标的能力。

基本知识

一、语文课程性质

语文课程是一门学习语言文字运用的综合性、实践性课程。义务教育阶段的语文课程，应使学生初步学会运用祖国语言文字进行交流沟通，吸收古今中外优秀文化，提高思想文化修养，促进自身精神成长。工具性与人文性的统一，是语文课程的基本特点。

二、课程基本理念

1. 全面提高学生的语文素养

九年义务教育阶段的语文课程，必须面向全体学生，使学生获得基本的语文素养。

语文课程应激发和培育学生热爱祖国语文的思想感情，引导学生丰富语言积累，培养语感，发展思维，初步掌握学习语文的基本方法，养成良好的学习习惯，具有适应实际生活需要的识字写字能力、阅读能力、写作能力、口语交际能力，正确运用祖国语言文字。语文课程还应通过优秀文化的熏陶感染，促进学生和谐发展，使他们提高思想道德修养和审美情趣，逐步形成良好的个性和健全的人格。

2. 正确把握语文教育的特点

语文课程丰富的人文内涵对学生精神世界的影响是广泛而深刻的，学生对语文材料的感受和理解又往往是多元的。因此，应该重视语文课程对学生思想情感所起的熏陶感染作用，注意课程内容的价值取向，要继承和发扬中华优秀文化传统和革命传统，体现社会主义核心价值体系的引领作用，突出中国特色社会主义共同理想，弘扬以爱国主义为核心的民族精神和以改革创新为核心的时代精神，树立社会主义荣辱观，培养良好思想道德风尚，同时也要尊重学生在语文学习过程中的独特体验。

语文课程是实践性课程，应着重培养学生的语文实践能力，而培养这种能力的主要途径也应是语文实践。语文课程是学生学习运用祖国语言文字的课程，学习资源和实践机会无处不在，无时不有。因而，应该让学生多读多写，日积月累，在大量的语文实践中体会、把握运用语文的规律。

语文课程应特别关注汉语言文字的特点对学生识字写字、阅读、写作、口语交际和思维发展等方面的影响，在教学中尤其要重视培养良好的语感和整体把握的能力。

3. 积极倡导自主、合作、探究的学习方式

学生是学习的主体。语文课程必须根据学生身心发展和语文学习的特点，爱护学生的好奇心、求知欲，鼓励自主阅读、自由表达，充分激发他们的问题意识和进取精神，关注个体

差异和不同的学习需求，积极倡导自主、合作、探究的学习方式。教学内容的确定，教学方法的选择，评价方式的设计，都应有助于这种学习方式的形成。

语文学习应注重听说读写的相互联系，注重语文与生活的结合，注重知识与能力、过程与方法、情感态度与价值观的整体发展。综合性学习既符合语文教育的传统，又具有现代社会的学习特征，有利于学生在感兴趣的自主活动中全面提高语文素养，有利于培养学生主动探究、团结合作、勇于创新的精神，应该积极提倡。

4. 努力建设开放而有活力的语文课程

语文课程的建设应继承我国语文教育的优良传统，注重读书、积累和感悟，注重整体把握和熏陶感染；同时应密切关注现代社会发展的需要。拓宽语文学习和运用的领域，注重跨学科的学习和现代科技手段的运用，使学生在不同内容和方法的相互交叉、渗透和整合中开阔视野，提高学习效率，初步养成现代社会所需要的语文素养。

语文课程应该是开放而富有创新活力的，要尽可能满足不同地区、不同学校、不同学生的需求，确立适应时代需要的课程目标，开发与之相适应的课程资源，形成相对稳定而又灵活的实施机制，不断地自我调节、更新发展。

三、课程设计思路

九年义务教育语文课程，应以邓小平理论和“三个代表”重要思想为指导，深入贯彻落实科学发展观，坚持以人为本，继承我国语文教育的优良传统，汲取当代语文教育科学理论的精髓，借鉴国外母语教育改革的经验，遵循语文教育的规律，努力提高学生的语文素养，为弘扬民族精神、增强民族创造力和凝聚力、培养德智体美全面发展的社会主义建设者和接班人，发挥积极的作用，为学生的终身发展奠定基础。

语文课程应注重引导学生多读书、多积累，重视语言文字运用的实践，在实践中领悟文化内涵和语文应用规律。

课程目标九年一贯整体设计。“课标”在“总目标”之下，按 1—2 年级、3—4 年级、5—6 年级、7—9 年级四个学段，分别提出“学段目标与内容”，体现语文课程的整体性和阶段性。各个学段相互联系，螺旋上升，最终全面达成总目标。

学段目标与内容从“识字与写字”“阅读”“写作”（第一学段为“写话”，第二学段、第三学段为“习作”）、“口语交际”四个方面提出要求。“课标”还提出了“综合性学习”的要求，以加强语文课程内部诸多方面的联系，加强与其他课程以及与生活的联系，促进学生语文素养全面协调地发展。

“课标”的“实施建议”部分，对教学、评价、教材编写，以及课程资源的开发与利用等提出了实施的原则、方法和策略，也为具体实施留有创造的空间。

四、课程总体目标与内容

课程目标从知识与能力、过程与方法、情感态度与价值观三个方面设计。三者相互渗透,融为一体。目标的设计着眼于语文素养的整体提高。

(1)在语文学习过程中,培养爱国主义、集体主义、社会主义思想道德和健康的审美情趣,发展个性,培养创新精神和合作精神,逐步形成积极的人生态度和正确的世界观、价值观。

(2)认识中华文化的丰厚博大,汲取民族文化智慧。关心当代文化生活,尊重多样文化,吸收人类优秀文化的营养,提高文化品位。

(3)培育热爱祖国语言文字的情感,增强学习语文的自信心,养成良好的语文学习习惯,初步掌握学习语文的基本方法。

(4)在发展语言能力的同时,发展思维能力,学习科学的思想方法,逐步养成实事求是、崇尚真知的科学态度。

(5)能主动进行探究性学习,激发想象力和创造潜能,在实践中学习和运用语文。

(6)学会汉语拼音。能说普通话。认识3500个左右常用汉字。能正确工整地书写汉字,并有一定的速度。

(7)具有独立阅读的能力,学会运用多种阅读方法。有较为丰富的积累和良好的语感,注重情感体验,发展感受和理解的能力。能阅读日常的书报杂志,能初步鉴赏文学作品,丰富自己的精神世界。能借助工具书阅读浅易文言文。背诵优秀诗文240篇(段)。九年课外阅读总量应在400万字以上。

(8)能具体明确、文从字顺地表达自己的见闻、体验和想法。能根据需要,运用常见的表达方式写作,发展书面语言运用能力。

(9)具有日常口语交际的基本能力,学会倾听、表达与交流,初步学会运用口头语言文明地进行人际沟通和社会交往。

(10)学会使用常用的语文工具书。初步具备搜集和处理信息的能力,积极尝试运用新技术和多种媒体学习语文。

五、第四学段(7—9年级)目标与内容

(一)识字与写字

(1)能熟练地使用字典、词典独立识字,会用多种检字方法。累计认识常用汉字3500个左右。

(2) 在使用硬笔熟练地书写正楷字的基础上，学写规范、通行的行楷字，提高书写的速度。

(3) 临摹名家书法，体会书法的审美价值。

(4) 写字姿势正确，有良好的书写习惯。

（二）阅读

(1) 能用普通话正确、流利、有感情地朗读。

(2) 养成默读习惯，有一定的速度，阅读一般的现代文，每分钟不少于 500 字。能较熟练地运用略读和浏览的方法，扩大阅读范围。

(3) 在通读课文的基础上，理清思路，理解、分析主要内容，体味和推敲重要词句在语言环境中的意义和作用。

(4) 对课文的内容和表达有自己的心得，能提出自己的看法，并能运用合作的方式，共同探讨、分析、解决疑难问题。

(5) 在阅读中了解叙述、描写、说明、议论、抒情等表达方式。

(6) 能够区分写实作品与虚构作品，了解诗歌、散文、小说、戏剧等文学样式。

(7) 欣赏文学作品，有自己的情感体验，初步领悟作品的内涵，从中获得对自然、社会、人生的有益启示。对作品中感人的情境和形象，能说出自己的体验；品味作品中富于表现力的语言。

(8) 阅读简单的议论文，区分观点与材料（道理、事实、数据、图表等），发现观点与材料之间的联系，并通过自己的思考，作出判断。阅读新闻和说明性文章，能把握文章的基本观点，获取主要信息。阅读科技作品，还应注意领会作品中所体现的科学精神和科学思想方法。阅读由多种材料组合、较为复杂的非连续性文本，能领会文本的意思，得出有意义的结论。

(9) 诵读古代诗词，阅读浅易文言文，能借助注释和工具书理解基本内容。注重积累、感悟和运用，提高自己的欣赏品位。

(10) 随文学习基本的词汇、语法知识，用来帮助理解课文中的语言难点；了解常用的修辞方法，体会它们在课文中的表达效果。了解课文涉及的重要作家作品知识和文化常识。

(11) 能利用图书馆、网络搜集自己需要的信息和资料，帮助阅读。

(12) 学会制订自己的阅读计划，广泛阅读各种类型的读物，课外阅读总量不少于 260 万字，每学年阅读两三部名著。背诵优秀诗文 80 篇（段）。

（三）写作

(1) 写作要有真情实感，力求表达自己对自然、社会、人生的感受、体验和思考。

（2）多角度观察生活，发现生活的丰富多彩，能抓住事物的特征，有自己的感受和认识，表达力求有创意。

（3）注重写作过程中搜集素材、构思立意、列纲起草、修改加工等环节，提高独立写作的能力。

（4）写作时考虑不同的目的和对象。根据表达的需要，围绕表达中心，选择恰当的表达方式。合理安排内容的先后和详略，条理清楚地表达自己的意思。运用联想和想象，丰富表达的内容。正确使用常用的标点符号。

（5）写记叙性文章，表达意图明确，内容具体充实；写简单的说明性文章，做到明白清楚；写简单的议论性文章，做到观点明确，有理有据；根据生活需要，写常见应用文。

（6）能从文章中提取主要信息，进行缩写；能根据文章的基本内容和自己的合理想象，进行扩写；能变换文章的文体或表达方式等，进行改写。

（7）根据表达的需要，借助语感和语文常识，修改自己的作文，做到文从字顺。能与他人交流写作心得，互相评改作文，以分享感受，沟通见解。

（8）作文每学年一般不少于 14 次，其他练笔不少于 1 万字，45 分钟能完成不少于 500 字的习作。

（四）口语交际

（1）注意对象和场合，学习文明得体地交流。

（2）耐心专注地倾听，能根据对方的话语、表情、手势等，理解对方的观点和意图。

（3）自信、负责地表达自己的观点，做到清楚、连贯、不偏离话题。

（4）注意表情和语气，根据需要调整自己的表达内容和方式，不断提高应对能力，增强感染力和说服力。

（5）讲述见闻，内容具体、语言生动。复述转述，完整准确、突出要点。能就适当的话题作即席讲话和有准备的主题演讲，有自己的观点，有一定说服力。

（6）讨论问题，能积极发表自己的看法，有中心、有根据、有条理。能听出讨论的焦点，并能有针对性地发表意见。

（五）综合性学习

（1）自主组织文学活动，在办刊、演出、讨论等活动过程中，体验合作与成功的喜悦。

（2）能提出学习和生活中感兴趣的问题，共同讨论，选出研究主题，制订简单的研究计划。能从书刊或其他媒体中获取有关资料，讨论分析问题，独立或合作写出简单的研究报告。

（3）关心学校、本地区和国内外大事，就共同关注的热点问题，搜集资料，调查访问，相互讨论，能用文字、图表、图画、照片等展示学习成果。

（4）掌握查找资料、引用资料的基本方法，分清原始资料与间接资料的主要差别，学会注明所援引资料的出处。

案例

模拟练习

1. 下列各项对《义务教育语文课程标准（2011 年版）》中对 7—9 年级的学习内容和要求的表述，其中不准确的一项是（　　）。

A. 在使用硬笔熟练书写正楷字的基础上，学写规范、通行的行楷字，提高书写的速度。

B. 在通读课文的基础上，理清思路，理解、分析主要内容，体味和推敲重要词句在语言环境中的意义和作用。

C. 随文学习基本的词汇、语法知识，用来帮助理解课文中的语言难点；了解常用的修辞方法，体会它们在课文中的表达效果。

D. 作文每学年一般不少于 14 次，其他练笔不少于 1 万字，45 分钟能完成不少于 800 字的习作。

【参考答案】 D。

【答题解析】

本题考查对“课标”的理解。第四学段（7—9 年级）的学习目标和内容对识字与写字、阅读、写作等均有要求，上述四个选项中，D 项中的“45 分钟能完成不少于 800 字的习作”不正确，初中阶段学生只要求“45 分钟能完成不少于 500 字的习作”。对于“课标”，一是要能够记住一些关键要求，二是要能理解。

2.《义务教育语文课程标准（2011 年版）》第四学段（7—9 年级）在“目标与内容”中指出，口语交际“复述转述，完整准确、突出要点”。下列转述不准确的一项是（　　）。

A. 爸爸对我说：“我今天加班，晚上要晚些回来。”——我对妈妈转述：爸爸说，他今天加班，晚上要晚些回来。

B. 一位台湾同胞对我说：“我是中国人，我也爱中国。”——我转述给我的同学：一位台湾同胞说，他是中国人，他也爱中国。

C. 贝多芬问盲姑娘：“您爱听吗？我再给您弹一首曲子吧。”——盲姑娘对她的妈妈转述：贝多芬问您是不是爱听，他要再给您弹一支曲子。

D. 王强对李浩说：“少年宫通知我后天去参加演唱比赛，后天上午学校的植树活动我就不参加了，请你代我向陈老师请假。”——李浩对陈老师转述：“陈校长，少年宫通知王强后天去参加演唱比赛，后天上午学校的植树活动他就不参加了，他要我向您请假。”

【参考答案】 C。

【答题解析】

转述是指转达别人说的语言或表述，也就是把别人说的话说给另外的人听。这是口语交际的一个重要能力。转述要清楚要准确，不要对原话理解有错误、转述出歧义。转述的一般形式是直接叙述改为间接叙述，转述要注意人称的改变，转述语与原话在词语顺序、词义轻重、感情色彩等变化。以上选项中 C 项转述有错误。转述者（盲姑娘）错误地理解了“您”的含义，在这里“您”就是指盲姑娘自己，所以转述时应该用“我”来表述。正确的是：贝多芬问我是不是爱听，他要再给我弹一支曲子。

实训链接

选择题

1. 语文是实践性很强的课程，应该让学生更多地直接接触（　　），在大量的语文实践中掌握运用语文的规律。

A. 实际生活　　B. 语文材料

C. 自然社会　　D. 人类

【参考答案】 A。

2. 关于语文课程的基本特点，《义务教育语文课程标准（2011 年版）》的观点是（　　）。

A. 工具性　　B. 人文性

C. 工具性与人文性的统一　　D. 工具性、思想性与人文性的统一

【参考答案】 C。

3. 下列属于语文课程资源的一组是（　　）。

① 工具书及报刊　② 电影、电视、广播及网络　③ 报告会、演讲会、辩论会及研讨会　④ 图书馆、博物馆、纪念馆及展览馆　⑤ 布告栏、报廊及各种标牌广告　⑥ 自然风光、文物古迹、风俗民情及国内外的重要事件

A. ①②③④　　B. ①②③④⑤

C. ①②③④⑤⑥　　D. ①②③④⑥

【参考答案】 C。

4.《义务教育语文课程标准(2011 年版)》指出，阅读教学的重点是(　　)。

A. 培养学生自读能力

B. 归纳段落大意和中心思想

C. 理解课文

D. 培养学生具有感受、理解、欣赏和评价的能力

【参考答案】 D。

5. 义务教育阶段的语文课程应培育学生热爱祖国语言文字的思想感情，指导学生正确地理解和运用祖国的语言文字，丰富语言的积累，培养语感，发展思维，使他们具有适应实际需要的(　　)、阅读能力、写作能力、口语交际能力。

A. 拼音认读能力　　B. 识字写字能力

C. 字认读能力　　D. 汉字书写能力

【参考答案】 B。

6.《义务教育语文课程标准(2011 年版)》在总目标中提出，九年课外阅读总量应在(　　)以上。

A. 400 万字　　B. 300 万字　　C. 240 万字　　D. 450 万字

【参考答案】 A。

7. 语文课程目标不包括下列哪一目标(　　)。

A. 识字与写字目标　　B. 阅读目标

C. 写作目标　　D. 语法目标

【参考答案】 D。

8. 下列对“课标”规定的“朗读评价”的总要求陈述正确的一项是(　　)。

A. 能用普通话正确、流利地朗读课文。

B. 能用普通话正确、有感情地朗读课文。

C. 能用普通话流利、有感情地朗读课文

D. 能用普通话正确、流利、有感情地朗读课文。

【参考答案】 D。

9.《义务教育语文课程标准(2011 年版)》根据知识和能力、过程和方法、情感态度和价值观三个维度设计，三个方面相互渗透，融为一体，注重(　　)的整体提高。

A. 语文知识　　B. 语文能力　　C. 语文素养　　D. 人文素养

【参考答案】 C。

10. 对于“课标”倡导的语文课程的基本理念，以下理解正确的是（　　）。

① 正确把握语文教育的特点

② 全面提高学生的语文素养

③ 语文课程是实践性课程

④ 积极倡导合作、自主、探究的学习方式

⑤ 努力建设开放有活力的语文课程

⑥ 语文课程致力于培养学生的语言文字运用能力

A. ①②③⑥　　B. ①②④⑤

C. ①②⑤⑥　　D. ②③④⑤

【参考答案】 B。

第六节　教　　材

考纲内容

熟悉现行通用初中语文教材的编写理念、结构方式、选文特点，能够根据学生的学习需求使用教材。

考纲解读

由于国家实行“基本要求指导下的教材多样化政策”（《基础教育课程改革纲要（试行）》），教材编写出现了百家争鸣的局面。《义务教育语文课程标准（2011 年版）》在“教材编写建议”中强调了“教材的体例和呈现方式应灵活多样，避免模式化”“教材编写应努力追求设计的创新和编写的特色”，因此，了解和熟悉各种版本教材特点，是实施教学的前提。本内容主要考查的是熟悉现行通用教材的编写理念、结构方式、选文特点，并根据教材特点和学生学习需求灵活使用教材的能力。现行通用的初中语文教材比较多，这里主要介绍人教版、语文版和苏教版三种教材的特点。

基本知识

一、关于"教材编写建议"

《义务教育语文课程标准(2011年版)》提出了如下编写建议。

(1) 教材编写应依据"课标",全面有序地安排教学内容,设计教学活动,并注意体现基础性和阶段性,关注各学段之间的衔接。

(2) 教材应体现时代特点和现代意识,关注现实,关注人类,关注自然,理解和尊重多样文化,有助于学生树立正确的世界观、人生观、价值观。

(3) 教材要注重继承与弘扬中华民族优秀文化和革命传统,有助于增强学生的民族自尊心和爱国主义感情。

(4) 教材应符合学生的身心发展特点,适应学生的认知水平,密切联系学生的经验世界和想象世界,有助于激发学生的学习兴趣和创新精神。

(5) 教材选文要文质兼美,具有典范性,富有文化内涵和时代气息,题材、体裁、风格丰富多样,各种类别配置适当,难易适度,适合学生学习。要重视开发高质量的新课文。

(6) 教材应注意引导学生掌握语文学习的方法,养成良好的学习习惯。课文注释和练习等应少而精,具有启发性,有利于学生在探究中学会学习。

(7) 教材内容的安排要避免烦琐,简化头绪,突出重点,加强整合,注重情感态度、知识能力之间的联系,致力于学生语文素养的整体提高。

(8) 教材的体例和呈现方式应灵活多样,避免模式化。设计的体验性活动和研究性专题要体现语文特点,内容适量,便于实施。

(9) 教材要有开放性和弹性。在合理安排基本课程内容的基础上,给地方、学校和教师留有开发、选择的空间,也为学生留出选择和拓展的空间,以满足不同学生学习和发展的需要。

(10) 教材编写应努力追求设计的创新和编写的特色。要重视现代教育技术在语文课程中的运用。编写语言应准确、规范。

二、人教版初中语文教科书的特点

这套教科书是遵照国家教育方针和"三个面向"的指示,根据教育部制定的《基础教育课程改革纲要(试行)》和《义务教育语文课程标准(实验稿)》的精神编写的。

这套教科书力图构建语文的综合实践体系,贯彻工具性与人文性相统一的精神,以利于全面提高学生的语文素养;改变过于强调接受学习、机械训练的现状,积极倡导自主、合作、探究的语文学习方式，注重培养学生的创新精神；遵循语文教育规律，不刻意追求语文知识的系统性和完整性，突出学生的语文实践活动，使学生在实践中学习语文；力求富于开放性和弹性，给地方、学校和师生留有广阔的活动空间。

这套教科书以语文与生活的联系为线索，按人与自我、人与自然、人与社会三大板块组织单元。每个单元包括“阅读”与“写作/综合性学习”两部分。

(1) 每个单元的主题，都具有丰富的人文内涵，便于在教学中达到工具性与人文性的统一。整套教科书共36个单元，有36个主题。这些主题，是从“人与自然”“人与社会”“人与自我”三大母题中，选取的一些基本的生命命题或精神命题。例如，七年级上册的六个主题为感悟人生、理想信念、自然景物、科学世界、人间亲情、想象世界。

(2) 选文以经典为主，使学生打破时空的界限，与文学大师、思想大师进行心灵的沟通、生命的对话，以便学生在生命与语文学习的起点就占据精神和语文的制高点，为终身发展奠定牢固的基础。

(3) 单元、课文前的提示和课文后的“研讨与练习”，尽可能兼顾知识和能力、过程和方法、情感态度和价值观三个方面。单元提示一般先从情感态度和价值观方面，然后从过程和方法、知识和能力两方面，激发阅读兴趣，指点阅读门径，提出阅读要求。课文后的“研讨与练习”，同样十分注意兼顾三个维度。练习题量适当，教读课文一般三道题，自读课文一般两道题。这两三道题，一般包括整体感知、文笔精华和拓展延伸三方面内容。

(4) “写作/综合性学习”独立成章。每个单元设立了“写作”内容，写作有鲜明的训练重点，形成了写作系列教程。每两个单元设立了贴近学生生活的“综合性学习”内容。口语交际训练综合到“阅读”和“综合性学习”中，没有单独设立。

三、语文版初中语文教科书的特点

语文版“课标”《语文》教科书（7—9年级）以《义务教育语文课程标准（实验稿）》为依据，广泛吸收国内外母语教学和母语教材编写的成功经验，遵循以学生为主体的原则，遵循发展的原则、开放的原则、有机统一的原则、螺旋上升的原则，切实体现语文课程的基础性、实践性、时代性和开放性的特征，形成了自己的特点。

1. 编写体例清晰，充分注意教学内容之间的内在联系，梯度安排合理

教科书按单元编排，单元则按文体组织。每册7个单元，其中包括5个现代文单元，2个文言诗文单元。单元内部包括单元说明、阅读、口语交际、写作、写字、综合性学习等内容。单元说明或介绍本单元学习的内容，或提示学习的要点、学习方法等。阅读由课文、注释、课后“思考与练习”组成。口语交际、写作、综合性学习、写字的内容尽可能围绕阅读展开，其中口语交际每册安排7次，写作每册安排7次，写字每册安排2次，综合性学习每册安排3次。

教科书充分注意了听说读写之间的内在联系，尤其是读写之间的内在联系。比如，七年级(上)第五单元阅读安排童话和科幻故事，写作安排“编写童话或科幻故事”，口语交际安排“讲故事和评故事”，综合性学习则设计了研究性课题“现代科技给我们带来了什么”。这样的编排，有利于学生阅读能力和写作能力的互相转化、互相迁移、互相渗透，有利于学生读写能力和听说能力的互相转化、互相迁移、互相渗透。一句话，有利于学生读写听说能力之间互相促进、共同提高，有利于学生全面提高语文综合素养。

教科书按文体组织单元，并主要依据各类文体的特点划分、安排教学梯度。比如，七年级(上)在阅读梯度上，第一单元安排了记事的记叙文，第二单元则安排了记人的记叙文，第三单元安排了写景的记叙文，第四单元安排了小说……在写作的梯度上，第一单元安排的是“记一件事”，第二单元安排的是“写一个人”，第三单元安排的是“描写景物”，第四单元安排的是“写童年的故事”……在“口语交际”推进上，第一单元安排的是“自我介绍与提问”，第二单元安排的是“采访任课老师”，第三单元安排的是“说家乡”，第四单元安排的是“说特征，猜同学”……在写字梯度上，第一次安排的是“楷字与行楷”，第二次安排的是“行楷字的笔画组合”。

教科书在读写听说内部也注意整体推进、螺旋上升。比如，每次阅读训练都从整体把握、理清思路、提炼要点、品味语言、开放拓展等方面着手设计，整体推进学生的理解、欣赏、评价等各种阅读能力。在推进的过程中，又通过设置开放性练习等措施，逐步渗透下一阶段的目标要求，从而形成螺旋形的阶梯，引导学生提高阅读能力。

2. 选文力求新、精、美，力求文化内涵丰富

积极开发新课文，一扫陈陈相因的旧习。比如，七年级(上)60%的课文首次见于7—9年级的语文教科书，其中现代文课文更是80%首次见于7—9年级语文教科书。

选文文质兼美，富于文化内涵和时代生活气息，既注意选取名家名篇，又注意选取新人佳作，充分注意了题材、体裁、风格的多样性，可读性强。

选文重视体现文化的多样性，重视吸收人类文明的成果。教科书选取了一定量的外国名人名作，这些作品体现了世界文化的多样性；同时这些选文均富于文化内涵和时代气息，难易适度，可读性强，我们的学生很有必要接触和学习，从而培养尊重多样文化、接纳多样文化的态度和意识。

重视从现实意义的角度，选取体现民族精神和优秀传统文化的、难易适度的新文言文课文。比如，《期行》《乘船》倡导诚信，《戴震难师》鼓励怀疑、探索，《包拯》倡导廉洁，《董宣执法》提倡公正执法；即使是老课文，也注意从现代的角度重新进行诠释，赋予新的内涵，如《卖油翁》，除从“熟能生巧”这个角度进行解读外，还试图从如何对待自己的长处进行解读，赋予课文新的内涵。

3.“思考与练习”设计精巧，注重激活学生的思维，同时也重视语言训练，充分注意基础与开放的有机统一

重视设计开放半开放习题，激活学生的思维，培养学生的创新思维。重视语言训练，注意设计封闭的基础题，引导学生形成基本的阅读能力。

四、苏教版初中语文教科书的特点

1. 教材编写的六个基本理念

一是以人的发展为本，面向全体学生，全面提高学生语文素养，为学生终身学习、发展奠定基础。二是尊重语文教育的客观规律，体现民族语文的特点。三是坚持工具性与人文性的统一，既注重丰富语文教材的人文内涵，重视对学生精神领域的深广影响，又注重科学而严格的读、听、写、说语文基本技能训练。四是加强整合优化，将知识技能、情感态度、价值观融为一体，不断提高学生语文素养，构建全方位开放的语文综合实践系统。五是确认学生是学习和发展的主体，教材设计要能激发学生学习语文的主动意识，有助于学生自主独立学习，在自我构建的过程中获得能力。六是压缩课本体积，扩大教材容量，开拓语文学习资源，既要减轻过重学习负担，又要提高教学质量和效果。

2. 教材编写基本结构

在编写体例上，苏教版以主题形式组织单元，每个单元有一个主题名称，如七年级上册设“亲近文学”“金色年华”“民俗风情”“多彩四季”“走进科学”“奇思妙想”等。

在结构上，围绕单元主题，把听说读写、综合活动和专题等加以优化整合，以获取整体综合语文教学效应。每册书设 6 个合成单元，1～2 个“名著推荐与阅读”和 2～3 个“专题。”每单元课文 4 篇，全书没有区分精读和略读，教师可根据“课标”要求和教学实际，自行安排精读、略读的篇日和比例；另编 1～2 篇“诵读欣赏”课文，让学生在大体理解文意的基础上熟读成诵。

3. 教材选文基本特点

内容上，充分体现中华传统优秀文化和人类进步文化的融合，注重人文精神和科学精神的统一。范文和读写听说、综合活动、“探究・练习”和编者语，都力求具有丰富的文化内涵和时代色彩，都注意培养学生积极的人生态度、正确的价值观和爱国主义精神以及热爱祖国语言的情感。

苏教版的范文，从主题思想看，有关注社会、关注人生的，也有关注自然、关注科学的；从选材范围看，每册书 24～26 篇课文涉及古今中外，其中现代作品占 83%，外国作品占 25%，文学作品占 66% ，科学作品占 34%（统计有交叉），推荐诵读欣赏的古诗文全是名家名篇；从课文体裁式样看，有诗歌、散文、小说、剧本、戏剧文学，也有实用文；从作品风格、类型看，

既有高雅的精品佳作，又有反映民俗风情的通俗而富有理趣的小品和民俗对联；从作者看，90%为名家，也有杰出的教师和出类拔萃的学生。教材内容的优化，体现了弘扬民族优秀传统文化的要求，反映了教材改革的时代精神，从而保证了学生语文素质的全面提高。

案例

模拟练习

1. 李老师教学《从百草园到三味书屋》之前，教师让学生先看看这个单元的单元导语以及这篇课文开头的阅读提示，以了解本文的相关背景知识。这是利用语文教材中哪一个系统来促进教学？（　　）。

A. 知识系统　　B. 范文系统

C. 作业系统　　D. 导学系统

【参考答案】 D。

【答题解析】

我国当代语文教育家顾黄初先生在《语文教学研究的多向探索》中就提出：“语文教材中包含着四个系统，即知识系统、范文系统、作业系统和导学系统。”导学系统又称“助读系统”“导读系统”等，指的是教材为帮助学生阅读课文，培养和提高学生自读能力而提供的一系列材料，包括学习目标，学习重点、难点，课文提示、注释，题解、作者介绍等。以上案例中李老师的做法是利用了教材的导学系统进行教学。

2. 人教版初中语文七年级上册第一单元的单元提示中有这样的话：“学习本单元，要准确流畅地朗读课文，整体把握文章内容。要结合阅读提示和课后练习，抓住重点难点问题，深化理解；也要结合自己的生活经验和情感体验，体会课文所表达的丰富多样的情感。”如果要你从中概括出本单元的教学重点，下列不符合的一项是（　　）。

A. 从阅读方式来看，应该以朗读为主。

B. 从教法上来看，应该以课后练习的训练和分析为主。

C. 从理解内容来看，应该从整体上把握主要内容，深化理解重点内容。

D. 从体验情感来看，应该在理解的基础上结合自己的生活经验。

【参考答案】 B。

【答题解析】

这道题考查对“单元提示”的理解与运用。无论哪套教材，一般都在单元前设置了

"单元提示"（一般没有专门命名，或者不叫"单元提示"）这个板块。人教版在这个板块上主要包含两个方面的内容：一是从情感态度和价值观方面，二是从过程和方法、知识和能力方面。案例中的这段话就是从过程和方法、知识和能力方面指点阅读门径、提出阅读要求的。从中我们可以概括出这样几个关键词：朗读课文、整体把握、理解内容、体会情感。至于"要结合阅读提示和课后练习"，这是提示我们内容理解的突破角度（结合课后练习）。而且，人教版教材的课后练习即"研讨与练习"一般这样分布，"包括整体感知、文笔精华和拓展延伸三方面内容"，对教学起辅助作用，其目的还是从整体把握、局部理解和延伸探究等角度加深对课文的理解，减少练习量、减轻师生负担，因此，教法上不能以训练和分析代替学生的阅读实践。

实训链接

一、选择题

1. 语文版教材八年级下册第四单元说明有这样一段话："阅读演讲词，首先要注意演讲词的主旨，感受其中洋溢的感情，品味其平实严谨的语言。朗读演讲词，要注意感情的计调、节奏的变化。"

如果要你用几个关键词来概括本单元阅读的教学内容，下列不符合的一项是（　　）。

A. 主旨　　B. 语言

C. 情感　　D. 朗读

【参考答案】 D。

2. 针对学习者的接受能力，按照繁简、深浅、难易的程度，使一科教材内容的某些基本原理重复出现，逐步扩展、上升的教材编排方式叫作（　　）。

A. 直线式排列　　B. 螺旋式排列

C. 分支平行式　　D. 综合式编排

【参考答案】 B。

3. 下列对于教学中教师要创造性地使用教材的阐述，不正确的一项是（　　）。

A. 要尊重教材，但不局限于教材；根据学校、学生实际情况对教材进行创造性地使用。

B. 根据学生的实际情况增补某些需要的内容，删减某些学生已经掌握的某些内容。

C. 不唯书不唯本，教师"用教材去教"，而不是"教教材"。

D. 不局限教材提供的文本，要扩大阅读面；不局限教材提供的题目，要多做课外习题。

【参考答案】 D。

4. 下列对于语文教材编写的阐述，不符合“课标”要求的一项是(　　)。

A. 教材编写应依据“课标”和考试说明，有利于培养学生的语文素养和应试能力。

B. 教材选文要文质兼美，要重视开发高质量的新课文。

C. 教材应注意引导学生掌握语文学习的方法，养成良好的学习习惯。

D. 课文注释和练习等应少而精，具有启发性，有利于学生在探究中学会学习。

【参考答案】 A。

二、案例分析题

人教版语文教材七年级上册《春》的“研讨与练习”第一题：“用抑扬顿挫的声调，有感情地反复朗读课文，直至背下来，并细心品味课文中描写的江南春景。”

问题：请简要分析教材设题意图，并提出朗读建议。

【参考答案】

设题意图：通过朗读课文，感受课文内容；在反复朗读的过程中培养学生的语感；要求有感情地朗读，让学生深入到作品的意境之中，细心品味，入情入境。

朗读指导：(1) 读准字音，读清句读，熟悉课文，这是朗读好的前提。(2) 细心体会，理解课文，建立与课文内容相吻合的内心视像，这是朗读好的基础。(3) 以情带声，随课文思想内容与作者情感轨迹，读出抑扬顿挫，读出轻重缓急，读出作品的美感。

第七节　教学法知识

考纲内容

掌握识字与写字、阅读、写作、口语交际、综合性学习教学的一般思路和方法，能根据教学需要选择使用。

考纲解读

本考点着重于教学法知识。教学法的“法”有两层含义：一是方法论的含义，即我们对语文教学规律的认识和研究；二是语文教学的具体的方法、方式、技能和技巧。本节简述的是后者，即关于识字与写字、阅读、写作、口语交际、综合性学习教学的一般思路和方法。

基本知识

一、识字与写字

（一）“课标”关于识字与写字的教学目标及教学建议

识字、写字是阅读和写作的基础，是贯串整个义务教育阶段的重要教学内容。

“课标”在“总目标”中提出：学会汉语拼音。能说普通话。认识3500个左右常用汉字。能正确工整地书写汉字，并有一定的速度。

在“第四学段目标”中指出：能熟练地使用字典、词典独立识字，会用多种检字方法。累计认识常用汉字3500个左右。在使用硬笔熟练地书写正楷字的基础上，学写规范、通行的行楷字，提高书写的速度。临摹名家书法，体会书法的审美价值。写字姿势正确，有良好的书写习惯。

在“教学建议”中指出：按照规范要求认真写好汉字是教学的基本要求，练字的过程也是学生性情、态度、审美趣味养成的过程。每个学段都要指导学生写好汉字。要求学生写字姿势正确，指导学生掌握基本的书写技能，养成良好的书写习惯，提高书写质量。

（二）第四学段识字与写字的一般教学方法

1. 心中有字表

“课标”新增了“义务教育语文课程常用字表”，共收常用汉字3500个，其中字表一共收常用汉字2500个，字表二共收常用汉字1000个。并且指出，“字表一”可作为第三学段识字、写字教学评价的依据。那么，第四学段的识字教学任务就应该是在夯实“字表一”的基础上，重点指导学生认识和书写“字表二”的1000个生字。

2. 独立识字与随文识字

“独立识字”是第四学段的要求，而字典、词典是学生独立识字的重要学习工具。学生要常备字典、词典，能够熟练使用音序查字法和部首查字法来查字，养成随手使用工具书的习惯。第四学段识字要和词语教学、阅读教学结合起来，随文识字。要凭借语境，理解词语和句子，在词语和句子的理解中强化识字，一般不开设专门的识字写字课。一般的教学程序是：课前预习，利用工具书解决识字难点；在课堂上随文识字，解决识字和词义的问题。

3. 规范书写，提高速度

《教育部关于在中小学加强写字教学的若干意见（2002）》明确指出："规范、端正、整洁地书写汉字是有效进行书面交流的基本保证，是学生学习语文和其他课程，形成终身学习能力的基础。""继承和弘扬中华民族优秀文化，写字教学应该加强，不应削弱。"第四学段要求，"在使用硬笔熟练地书写正楷字的基础上，学写规范、通行的行楷字。"行楷是楷书的直接快写体，笔道流畅、行笔巧妙，较之正楷，书写速度更快，在日常工作学习中应用得最为广泛。

4. 姿势正确，培养习惯

第四学段不是学习写字姿势，而是对那些错误的写字姿势、执笔方法一定要下决心纠正过来，不留死角。要养成认真读帖临摹的习惯。读帖是指临摹者在书写前对字帖静观默察，细细体味，对范字形成清晰的印象，以做到成"字"在胸，意在笔先。要养成提笔即练字的习惯，不要将写作业与练字割裂开来。

二、阅读

《义务教育语文课程标准（2011 年版）》指出："阅读是运用语言文字获取信息、认识世界、发展思维、获得审美体验的重要途径。阅读教学是学生、教师、教科书编者、文本之间对话的过程。"对于阅读教学，我们可以从教学建议、教学过程和方法上来理解。

（一）"课标"对阅读的教学建议

阅读是学生的个性化行为。阅读教学应引导学生钻研文本，在主动积极的思维和情感活动中，加深理解和体验，有所感悟和思考，受到情感熏陶，获得思想启迪，享受审美乐趣。要珍视学生独特的感受、体验和理解。教师应加强对学生阅读的指导、引领和点拨，但不应以教师的分析来代替学生的阅读实践，不应以模式化的解读来代替学生的体验和思考；要善于通过合作学习解决阅读中的问题，但也要防止用集体讨论来代替个人阅读。

阅读教学应注重培养学生感受、理解、欣赏和评价的能力。这种综合能力的培养，各学段可以有所侧重，但不应把它们机械地割裂开来。

在理解课文的基础上，提倡多角度、有创意的阅读，利用阅读期待、阅读反思和批判等环节，拓展思维空间，提高阅读质量。但要防止逐字逐句的过深分析和远离文本的过度发挥。

各个学段的阅读教学都要重视朗读和默读。各学段关于朗读的目标中都要求“有感情地朗读”，这是指，要让学生在朗读中通过品味语言，体会作者及作品中的情感态度，学习用恰当的语气语调朗读，表现自己对作者及其作品情感态度的理解。朗读要提倡自然，要摒弃矫情做作的腔调。

应加强对阅读方法的指导，让学生逐步学会精读、略读和浏览。有些诗文应要求学生诵读，以利于丰富积累、增强体验，培养语感。

在阅读教学中，为了帮助理解课文，可以引导学生随文学习必要的语文知识，但不能脱离语文运用的实际去进行“系统”的讲授和操练，更不应要求学生死记硬背概念和定义。

要重视培养学生广泛的阅读兴趣，扩大阅读面，增加阅读量，提高阅读品位。提倡少做题，多读书，好读书，读好书，读整本的书。关注学生通过多种媒介的阅读，鼓励学生自主选择优秀的阅读材料。加强对课外阅读的指导，开展各种课外阅读活动，创造展示与交流的机会，营造人人爱读书的良好氛围。

（二）阅读教学的一般过程

下面从研究“课标”、研究教材、研究学生、设计教学、实施教学几个阶段来研究阅读教学的一般过程。

1. 研究“课标”

《基础教育课程改革纲要（试行）》明确指出：“课标”是教材编写、教学、评估和考试命题的依据，是国家管理和评价课程的基础。阅读教学要研究“课标”，要明确课程目标的具体内容，要将课程目标充分细化和落实。

2. 研究教材

这里的教材主要是指教科书。教科书也称“课本”，是根据“课标”编定的系统反映学科内容的教学用书，是“课标”的具体化。研究教材要了解本学科教材编排特点，理解单元在整册中的地位，理解本课在单元中的地位，准确解读所教的教学内容。

具体到每篇课文，一般操作过程是：默读或朗读课文，解决生字词；研究句意段意，概括内容；做做课后练习；确定重点难点，找出突破的途径等。

3. 研究学生

“课标”明确指出，“阅读教学是学生、教师、教科书编者、文本之间对话的过程。”因此研究学生是阅读教学的必要过程，对学生年龄特点和实际学习能力必须予以充分考虑。一是要研究该年龄阶段的学生实际（知识结构和心理特征），二是研究大多数学生的实际情况和少部分人的特殊情况，三是通过发现学生在预习中遇到的或课堂中提出的问题来研究学生。

设计教学和实施教学在第二三章有阐述，本章略。

（三）阅读教学的一般方法

“课标”指出：“应加强对阅读方法的指导，让学生逐步学会精读、略读和浏览。有些诗文应要求学生诵读，以利于丰富积累、增强体验，培养语感。”这里介绍几种阅读教学的一般方法。

1. 朗读和默读

“课标”指出：“各个学段的阅读教学都要重视朗读和默读。”朗读，是一种出声的阅读方式，是把文字转化为有声语言的一种创造性活动。朗读的目标要求的核心都是“正确、流利、有感情”。好的朗读指导可以比较有效地提高学生对课文理解的程度并受到情感熏陶，尤其是文学作品的阅读。默读，即不发声的读。速度快，不互相影响，便于更集中地思考、理解读物的内容。“课标”还指出“能用普通话正确、流利、有感情地朗读课文，是朗读评价的总要求”“默读的评价，应从学生默读的方法、速度、效果和习惯等方面进行综合考查。”阅读教学中要根据学习的需要，灵活运用朗读和默读，做到相辅相成，相得益彰。

2. 精读

精读就是对文本进行认真仔细的研读。精读需要对文本的用词造句、段落层次、篇章结构、表达方法等方面进行揣摩品味，细读探究，有时甚至要调动学生已有的阅读和生活经验咬文嚼字，结合联想和想象，加深对文本的理解和感悟，进而形成自己对文本的判断和评价。

精读的评价，重点评价学生对阅读材料的综合理解能力，要重视评价学生的情感体验和创造性的理解。第四学段侧重考察理清思路、概括要点、探究内容等方面的情况，以及读懂不同文体文章的能力。

3. 略读和浏览

略读就是大致地读，其目的在于粗知文本大致内容，优势在于发挥人的直觉思维的作用，整体把握文本的内容，快速捕捉关键信息。浏览就是大略地看，一目十行地读，其意在查找和提取信息，可以采用扫描和跳读的方式。“课标”指出，略读的评价，重在考查学生能否把握阅读材料的大意。浏览的评价，重在考查学生能否从阅读材料中捕捉有用信息。

4. 诵读

“课标”还特意提出了诵读方法，而且在这方面规定得很具体。对于第四学段，诵读古代诗词，阅读浅易文言文，能借助注释和工具书理解基本内容。

诵读就是反复吟读，自然成诵。诵读是我国语文教育优秀传统中一种有益于积累、有效提高语文能力的好方法。一些抒情诗文、文言文就比较适合诵读。诵读更加有助于读者从声韵气律角度把握作品的思想内容和情感，体会其中的丰富内涵和情感。“课标”指出，诵读的评价，“重在提高学生的诵读兴趣，增加积累，发展语感，加深体验和领悟。在不同学段，可在诵读材料的内容、范围、数量、篇幅、类型等方面逐渐增加难度。”

三、写作

常见的写作训练方式有以下几种。

1. 单项训练

单项训练又称为片段训练，它是根据对写作能力的分析，针对某一写作要素进行的训练，这是写作教学中的基本功训练。按照表达方式分，有叙述（顺叙、倒叙、插叙等）训练、描写（语言、动作、神态、肖像、心理、细节、环境等）训练、抒情（直接抒情、借景抒情、借物抒情等）训练、说明训练、议论训练等。按照写作过程分，有审题训练、立意训练、选材训练、修改训练等。此外，还有其他的分类训练方式。

2. 文体训练

“课标”第四学段对记叙文、说明文、议论文和应用文写作提出了明确要求。“写记叙性文章，表达意图明确，内容具体充实；写简单的说明性文章，做到明白清楚；写简单的议论性文章，做到观点明确，有理有据；根据生活需要，写常见应用文。”同时也对缩写、扩写、改写等写作练习提出了要求，“能从文章中提取主要信息，进行缩写；能根据文章的基本内容和自己的合理想象，进行扩写；能变换文章的文体或表达方式等，进行改写。”这些文体的训练，需要从了解和掌握常见文体的基本格式和要求开始，重视写作的基本规律。

3. 题型训练

“课标”在作文的教学建议中提出，为学生的自主写作提供有利条件和广阔空间，减少对学生写作的束缚，鼓励自由表达和有创意的表达。鼓励写想象中的事物，加强平时练笔指导，改进作文命题方式，提倡学生自主选题。按照训练时不同的命题方式，一般有命题作文、半命题作文、话题作文、材料作文和自主选题等。

(1) 命题作文训练。命题作文是一种传统的作文命题方式，它的特点是给出了完整的确定的题目，学生必须在同一题目下进行写作。命题作文有利于考查学生审题和选材的能力，也有利于体现教师的训练意图。命题作文的局限性是不一定正好切合学生写作兴趣和实际，同时限定性也比较强，学生积极思维和创造力难以发挥出来。指导命题作文重在指导审题。

(2) 半命题作文训练。半命题作文也叫“补题作文”，由于其处在“命”与“非命”，“限制”与“非限制”之间，学生对题目还具有“一半”，甚至是“一多半”的自主选择权，自主发挥、自由驰骋的空间还相当大。这种题目从本质特点上讲，只是划定了一个写作范围，而把选材，立意的自由留给了作者，因此这种命题既有较大的选择性，又有一定的限制性。写好这类题，关键是“补题”。

(3) 话题作文训练。话题作文是提供思考的起点和写作范围以及必要的背景或情境，而不提出既定的观点和明确主题的一种作文训练类型。话题作文具有很大的开放性，又有必要的限制性，一般需要自主命题，文体上无明确要求。话题作文一般由四个部分组成：材料和提示语、话题、写作要求。这四个部分，材料和提示语可有可无，但话题和要求是不可少的。其中，话题是中心，是审题立意的对象；材料的作用主要是引出话题，同时对话题起注释和说明作用；提示语的作用主要是启发审题、立意，打开写作思路；写作要求则是写作时的注意事项，更要仔细审读。话题作文的构思过程一般可以分为四个步骤：① 发散思维，打开思路；② 集中思路，确立主题；③ 选择合适的文体；④ 选取适用且新鲜的素材。

(4) 材料作文训练。材料作文是提供与作文有关的材料，要求学生依据材料所提供的信息，按照提示和要求进行写作的命题方式。一般需要自主命题，文体上也无明确要求。所给的材料，有文字材料、图画材料、表格材料等形式。写好材料作文，关键是处理材料。第一步是“细”读：读提示，明确写作范围，了解写作要求；读材料，全面把握材料提供的信息。第二步是“深”思：深入分析材料，理解材料内容所反映的本质或道理，提炼主题；展开联想，在现实生活中寻找相关材料。第三步是“巧”选：结合自己的生活体验，选择感受最深的方面去发挥。第四步是立“新”：要善于依据所给材料选择新的角度。第五步是防“失误”：不能脱离材料，另起炉灶，不能以偏概全，片面绝对。

(5) 自主选题训练。教师根据训练计划提供几个作文题或者只规定作文范围，让学生自主选题或者自由命题。这类作文训练开放度最大，对学生束缚最小，易于激发学生写作兴趣，表达真情实感。

四、口语交际

(一) 口语交际的教学内容

现行多套初中语文教材均把口语交际纳入教学目标，讲述了相关知识，设计了一些活动，有的单设“口语交际”栏目，有的放进“综合性学习”里面。粗作归纳，大致有以下内容：诉说、对话、讲述、讨论、辩论、演讲、采访与介绍、招聘与应聘等。

(二) “课标”关于口语交际的教学建议

关于口语交际教学，“课标”作了如下建议。

口语交际能力是现代公民的必备能力。应培养学生倾听、表达和应对的能力，使学生具有文明和谐地进行人际交流的素养。

口语交际是听与说双方的互动过程。教学活动主要应在具体的交际情境中进行，不宜采用大量讲授口语交际原则、要领的方式。应努力选择贴近生活的话题，采用灵活的形式组织教学。

重视在语文课堂教学中培养口语交际的能力，鼓励学生在各科教学活动以及日常生活中锻炼口语交际能力。

（三）口语交际教学的一般方法

1. 在具体的交际情境中进行

教学中，可以采用多种教学方法构建创设情境：情景再现法、模拟表演法、情境描述法、即时情境法、游戏激趣法、实物展示法、媒体渲染法等。也可以从多渠道创设口语交际情境，例如：结合课文内容、利用校园生活、利用家庭生活等创设口语交际情境。口语交际情境教学模式一般为：创设情境—激发兴趣—进入角色—体验沟通。

2. 选择贴近生活的话题

一要设置学生感兴趣的话题，让学生有话可说；二要有一定的难度，学生“跳一跳”可以完成；三要体现语文学习特色，为学生发展口语交际能力服务。

3. 采用灵活的形式组织教学

“课标”明确提出“不宜采用大量讲授口语交际原则、要领的方式”除了讲授法，还可以采用故事会、主题班会、演讲会、辩论会等形式，让学生在实战中学习交际。

4. 在语文课堂教学中培养口语交际的能力

语文课是培养口语交际的主阵地。首先，教师要有平等对话的态度，尊重和理解学生的表达。可以采用朗读（听话说话教学的基础）、复述、谈话、讨论、即兴演讲等教学形式培养学生交际能力。

5. 在各科教学活动以及日常生活中锻炼口语交际能力

不仅语文课堂，其他学科课堂同样可以训练口语交际能力，特别重要的是要让学生在社会生活中锻炼口语交际能力。例如鼓励学生参加各种辩论比赛、演讲比赛，在比赛中培养口语能力。也可以安排学生模拟对话主持节目、采访先进人物等活动。同时，也可以在一些特殊的节日即将要到来的时候，展开话题，给学生提供锻炼口语交际的机会，例如清明、端午、新年等。

五、综合性学习

语文综合性学习是全面提高语文素养，特别是培养创新精神和实践能力的重要途径。综合性学习与识字写字、阅读、写作、口语交际一起，构成了语文教学的五个方面内容，但它又是一个特殊的学习领域，不具备单一的内容目标，其综合性主要体现为语文知识的综合运用、听说读写能力的整体发展、语文课程与其他课程的沟通、书本学习与生活实践的紧密结合。

（一）“课标”关于综合性学习的教学建议

综合性学习应贴近现实生活。联系生活中的实际问题开展学习活动，在实现语文学习目标的同时，提高对自然、社会现象与问题的认识，追求积极、健康、和谐的生活方式，增强抵御风险和侵害的意识，增强在与自然、社会和他人互动中的应对能力。

综合性学习应突出学生的自主性，重视学生主动积极的参与精神，主要由学生自行设计和组织活动，特别注重探索和研究的过程，要加强教师在各环节中的指导作用。

综合性学习应强调合作精神，注意培养学生策划、组织、协调和实施的能力。

综合性学习的设计应开放、多元，提倡与其他课程相结合，开展跨领域学习。跨学科学习，也应以提高学生语文素养为目的。

积极构建网络环境下的学习平台，拓展学生学习和创造的空间，支持和丰富语文综合性学习。

（二）综合性学习教学的一般过程

综合性学习的教学过程和方法，大致有以下几个方面。

1. 制订方案

根据专题确定综合性学习的组织方式、活动时间，还可根据实际情况灵活处理或自主开发课程资源，以顺利完成本次综合性学习，达到预期目标。同时，教师应做好知识的准备、资料准备、校外活动有关事宜的联系等工作。

2. 发动布置

公布本次综合性学习的专题、说明开展本次综合性学习的意义和目的、时间安排，提出要求和建议等。

3. 督促指导

根据反馈信息有效调控综合性学习的进程，采取讲座或个别辅导等不同形式对学生的学习给予指导，对学生的学习活动提出建设性意见。这也是在了解学生学习活动的进展情况，为成果展示做准备。

4. 成果展示

采取适当的形式展示有代表性的学生作品，交流学习成果，相互启发，激发下一步学习的动力，加深学生之间的相互了解，为学生间的互评做准备。

5. 评价总结

学生自评与互评相结合，书面与口语评价相结合。

案例

模拟练习

1. 下列对于初中生识字与写字教学的解说不正确的一项是（　　）。

A. 在熟练地书写正楷字的基础上，学写规范、通行的行楷字。

B. 临摹名家书法，重点练习毛笔书法，学写草书，并体会其艺术价值。

C. 要求学生写字姿势正确，指导学生掌握基本的书写技能，养成良好的书写习惯。

D. 每个学段都要指导学生写好汉字，初中生要提高书写的速度和书写质量。

【参考答案】 B。

【答题解析】

学写行楷字，临摹名家书法，掌握书写技能，提高书写的速度和书写质量，这些都是初中阶段对于识字与写字教学的新要求。以上四项中，ACD 三项表述准确，只有 B 项有问题。临摹名家书法的目的不是要学习用毛笔写字，更不是要学写草书，而是要“体会书法的审美价值”，进行情意方面的感染。

2. 关于口语交际教学，下列说法不正确的是（　　）。

A. 口语交际教学应着重培养学生倾听、表达和应对的能力。

B. 教师应该鼓励学生在各科教学活动以及日常生活中锻炼口语交际能力。

C. 不要孤立地进行口语交际教学，要重视在语文课堂教学中培养口语交际的能力。

D. 口语交际教学宜采用大量讲授口语交际原则、要领的方式，以提高学生的交际技能。

【参考答案】 D。

【答题解析】

以上四项是对于口语交际教学的阐述，其中 ABC 三项表述准确，D 项有问题。“课标”明确要求，“教学活动主要应在具体的交际情境中进行，不宜采用大量讲授口语交际原则、要领的方式。”

3. 教学设计题。

博大精深的中华优秀传统文化蕴含着人生智慧、价值观念、道德理想、人生追求等，作为优秀传统文化之一的传统节日以其丰富的思想文化内涵滋养着民族的心灵。为了让传统节日文化更广泛地走进学生的日常生活，某班将组织开展“我与传统节日”的语文综合实践活动：

(1) 请你设计出组织同学们参加的三项活动，要求写出活动名称，并简要说明操作过程。

（2）活动结束后，你将采取哪些方式对学生在活动中的表现进行评价？

【参考答案】

（1）① 了解节日习俗：通过上网查询、民间走访、图书馆查阅相关资料等途径进行。② 讲述节日故事：课堂上采取小组派代表的方式在班上讲故事，全班交流，并评选出故事之星。③ 出一期传统节日墙报。每个小组编辑、出版一期我与传统节日的墙报，并评选出等第。

（2）提示：学生自评与互评相结合，书面与口语评价相结合。

【答题解析】

本题作为案例题，考查综合性学习教学中的两个环节，一是制订计划环节，二是评价总结环节。计划中应该包含有很多要素，其中开展哪些活动是主要内容，教师要有根据实际综合设计的能力。活动结束后，应该有一个评价总结环节，做到有始有终，总结提升，激励鼓舞。本题是一道主观性很强的题目。

实训链接

一、选择题

1. 下面关于阅读教学的解说，不正确的一项是（　　）。

   A. 阅读教学是学生、教师、教科书编者、文本之间对话的过程。

   B. 教师应加强对学生阅读的指导、引领和点拨，加强教师的分析和讲解。

   C. 在理解课文的基础上，提倡多角度、有创意的阅读。

   D. 应加强对阅读方法的指导，让学生逐步学会精读、略读和浏览。

   【参考答案】 B。

2. 下列关于写作教学的解说，正确的一项是（　　）。

   A. 要求学生说真话、实话、心里话，就是要求学生想到什么些什么。

   B. 为学生的自主写作提供有利条件和广阔空间，就是在内容和体裁上不要任何限制。

   C. 改进作文命题方式，不要局限写命题作文，要提倡学生自主命题和选题。

   D. 要关注作文的书写质量，但不要让学生把作文的书写当作练字的过程。

   【参考答案】 C。

3. 语文综合性学习是全面提高语文素养，特别是培养创新精神和实践能力的重要途径。其综合性主要体现在（　　）。

   ① 语文课程与其他课程的沟通　　② 听说读写能力的整体发展

③ 阅读能力的协调发展　　④ 写作水平的整体提升

⑤ 语文知识的综合运用　　⑥书本学习与生活实践的紧密结合

A. ①②⑤⑥　　B. ①③④⑤

C. ②③⑤⑥　　D. ①②③④

【参考答案】 A。

4. 口语交际教学应该在具体的交际情境中进行。教学中可以从多渠道创设口语交际情境。下面说法不正确的一项是（　　）。

A. 可以结合课文内容创设口语交际情境。

B. 可以利用校园生活创设口语交际情境。

C. 可以利用家庭生活等创设口语交际情境。

D. 可以利用网络空间创设口语交际情境。

【参考答案】 D。

二、案例分析题

以下是一位老师在教学后记中记录的一个教学案例，阅读后回答问题。。

“天上人间”辩论会

一节语文公开课，我上的是苏轼的《水调歌头·明月几时有》。全部内容上完后，我问同学们，“你们还有什么问题？”

这时一位同学站起来问：“老师，‘起舞弄清影，何似在人间’到底是人在人间起舞，还是在天上起舞？”

是呀，到底是在人间起舞，还是在天上起舞呢？我当时被他问住了。教了将近上十年的书，这个问题我在备课时从未思考过，教学参考书上也从未提过。怎么办？

思考片刻之后，首先我对刚才那个发问的同学提出表扬，表扬他能深钻教材，且善于发问。接着我便顺水推舟，又把这个问题抛给了同学们，让同学们展开一个“天上人间”的大讨论。同学们兴致很高，双方争执不下，公说公有理，婆说婆有理，最后还是没有一个定论，谁也说服不了谁。这时下课的铃声响了，同学们都眼睁睁地望着我，似乎在等待我的裁决。其实在听了他们的辩论后，我也“找不着北”了。没有充分理由不能随便作结论，这是我一贯的原则。最后我跟同学们是这样做结的：“今天的这个问题我们课后再进行讨论，同学们暂时保留各自的意见，老师也会去查资料，进一步去探讨这个‘天上人间’的问题。”

课后，我确实查了很多资料，但都没有找到那个“天上人间”问题的答案，这个问题还等待着同人大师们的探讨。

问题： 请简要评析案例中阅读教学反映出的教学策略。

【参考答案】

(1) 教学资源的挖掘和利用策略。"天上人间"的问题成了本堂课开发出来的新的课程资源，教师适时抓住这一资源并合理利用。(2) 学习方式的变革与创新策略。"天上人间"的大讨论，保护了学生的好奇心、求知欲，鼓励了自主阅读和自由表达，使自主、合作、探究的学习方式得到充分利用。(3) 教学中师生平等对话。(或者体现学生主体地位)阅读是学生的个性化行为，要珍视学生独特的感受、体验和理解。不轻易对学生生成的东西进行简单的是非评价，尊重了学生在阅读过程中的独特感受。(4) 预设与生成的处理策略。这堂课后半部分让学生质疑，这是教师在预设时有意识给学生的生成留下足够的时间和空间，让学生讨论并延伸至课外，有利于更多、更好的动态生成。(5) 教师驾驭课堂的策略。(教学智慧)对于非预设性的生成，很大程度上需要的是教师驾驭课堂教学的智慧。处理得当，能"化腐朽为神奇"，变"尴尬处"为"生长点"。

第二章　教学设计

考点综述

语文教学设计是指语文教师运用系统方法，按照一定的教学目标和要求，针对具体教学对象，对语文教学的整个程序及其具体环节所做出的行之有效的策划。其目的是优化语文教学效果，以达到预期的语文教学设想。有效的教学设计既要依据“课标”的要求，又要遵循语文知识内在的规律，还要符合学生语文学习认知规律和心理发展规律等。

进行语文教学设计要能有效整合教学目标、教学内容、教学方法与手段、教学资源、教学环境等语文教学的诸多要素，根据新课程理念，突出“学情核心”。

考生通过对本章内容的学习，要能够根据“课标”规定的课程目标，把握语文学科特点，针对初中生的认知特征、知识水平及学习需求选择合适的教学内容；能根据教学内容的特点、学生个体差异确定教学目标、教学重点和教学难点；能准确表述教学目标，科学设计教学流程，恰当选择教学方法和策略，合理开发、选择和利用教学资源，设计多样的教学活动，促进学生积极参与学习过程，发挥学生的主体性；能在规定时间内完成所选教学内容的方案设计等。本考点涉及的题型有：单项选择题、教学设计题、案例分析题。其中，教学设计题型是主要考试形式。

第一节　初中生认知特征分析

考纲内容

能够根据语文学科特点及初中生的认知特征，分析学生在语文学习方面的个体差异。

考纲解读

本考点考查考生在理解和把握语文学科特点及知识、规律的前提下，了解初中生语文学习的认知特征，分析学生在语文学习方面个体差异的能力。考生在进行教学设计时，能够关注学生的行为表现、情绪体验、过程参与、知识获得以及合作交流等方面的不同特征，以激发学生的主动意识、保护学生的积极性，尊重学生的个体体验。考试方式以单项选择题和案例分析题为主。选择题考查考生对初中生语文学习认知发展的特征的理论知识的了解、判定、运用，案例分析题考查考生结合实际，分析学生语文学习特点。

基本知识

“一切为了学生的发展”是基础教育课程改革的核心理念。学生是语文教学活动主体，发挥学生的主体性，是教学设计的出发点。学生的认知和身心发展水平，包括语文学习水平，直接制约和影响着学生语文学习的效果。所谓熟悉和了解学生，分析和掌握学情，本质上就是要熟悉和了解学生的认知发展的特征。

一、初中生认知发展的一般特征

1. 认知发展

认知是个体对客观世界的认识。人的认知主要包括他的高级的、属于智力性质的心理过程，诸如思维、想象、创造、智力、推理、概念化、符号化、计划和策略的制订、问题解决等。较广义地讲，它也包括注意、记忆、学习、知觉以及有组织的运动；还可以把人在社会交往中和个体的认知活动中所使用的语言也包括在内。而且，认知又不局限于它们中的某一种或某几种，在人的实际活动中，它们总是交织在一起，构成一个统一的有机整体。由此，认知发展所涉及的问题也很广泛和复杂，诸如人的整个认知以及它所包含的各种过程如何发生，如何随个体的成长而变化，制约认知发展的客观条件，认知在个体成长的每个阶段上的特点，认知发生和发展的内在规律性，认知的发生和发展过程中的量变与质变等。

2. 初中生认知发展的一般特征

初中生是指十一二岁到十四五岁的儿童。初中阶段又可称为少年期、青春期或学龄中期。青少年期生理发生迅猛的变化，正处于生理发育的第二个高峰期。

(1) 初中生感知觉的发展。

在知觉方面，初中生的知觉出现了许多新的特点。首先，知觉的有意性和目的性有了较大提高，能自觉地根据教学要求去知觉有关事物。其次，知觉的精确性、概括性有了更快发展。出现了逻辑性知觉。在空间知觉上，带有更大的抽象性。比较熟练地掌握三维的空间关系。在时间知觉上，可以更精确地理解较短的单位，如，月、周、时、分等，而对“世纪”“年代”这样的历史时间单位，虽然也可以开始理解，但常常不太精确。在观察力发展上，初中生观察的目的性、持久性、精确性和概括性都比小学生有了显著的发展。初中二年级是观察力概括性发展的一个转折点。在观察中，他们观察细节的感受力、辨别事物差异的准确率、理解事物的抽象程序均在不断地发展。

(2) 初中生记忆和注意的发展。

初中生识记的有意性更加发展起来。初一年级学生的无意识记常常表现得很明显，对有兴趣材料记得比较好，对一些困难材料记得比较差。随着教学的要求，学生逐步学会使记忆服从于识记的任务和教材的性质，因而有意识记日益占主导地位。从识记方法上，初中生的有意识记能力更加发展起来。初中一年级学生机械识记方法还起着很大的作用。从识记内容看，初中生的形象识记和抽象识记都在发展。抽象识记从初一年级开始加快了发展速度。

在注意发展方面，初中生有意注意有了进一步发展。注意比较稳定和集中。在注意的分配和转换品质上，初中生都有一定的发展。他们可以边听老师讲课、边记笔记。绝大多数学生具有一定的注意分配的能力。

(3) 初中生思维的发展。

中学生的抽象逻辑思维从总体上讲处于优势地位。但初中生的抽象逻辑思维，在很大程度上，还属于经验型。从初中二年级开始，中学生的抽象逻辑思维开始由“经验型”向“理论型”转化。这种转化大约到高中二年级初步完成。

从形式逻辑思维看，初中一年级已开始占优势。初中二、三年级开始能理解抽象概念的本质属性。就辩证思维发展来讲，初中一年级学生已经开始掌握这种思维的各种形式，但水平还不高。初中三年级学生的辩证逻辑思维处于迅速发展的转折期，但是辩证逻辑思维尚未处于优势地位。同时，初中生思维的品质尤其是独立性和批判性有了很大的发展，但是很容易产生片面性和表面性的缺点。

(4) 初中生想象的发展。

初中生有意想象迅速增长。初中二年级到初中三年级是学生空间想象力发展的加速期和关键期。初中生想象的创造性成分在不断增加，初中生想象的现实性在不断发展，想象的内容比较符合现实，富有逻辑性。初中生的幻想具有现实性、兴趣性，有时也带有虚构的特点。而要达到理性的想象一般要到高中阶段。

(5) 初中生的认知教育。

初中阶段是人的一生中的一个重要阶段，在认知发展上处于一种既懂事又不完全清楚的状态中，即各种认知过程都在发展而又都发展得不完善。因而，在教育中，我们既要向他们提出具体的、可行的要求，又不能奢望过高。由于他们已能理解一些抽象的概念，因此对他们的教育内容可以具有一定的理论性、抽象性。具体做法可以依据初中生的不同认知风格，有针对性地开展适宜的教育。场依存和场独立是认知风格的核心。这两种类型的学生在语文学习中的表现是不一样的，如对语文文本的理解，场依存型学生容易把握文本框架，但对细节把握不清；场独立型学生擅长分析细节，但往往把握不住主题。有调查显示，只有极少数初中生偏向于场独立型认知风格，大多数初中生属于场依存型认知风格，说明初中生在认知能力上还表现出相当的不成熟，容易受外界的影响和干扰；还有部分初中生的认知风格不明显，说明初中生的认知风格还没有完全定型，认知方式和学习能力随着年龄的增长还有待进一步完善和提高。

二、初中生语文学习的个体差异

“课标”中指出：“语文教学应激发学生的学习兴趣，培养学生自主学习的意识和习惯，引导学生掌握语文学习的方法，为学生创设有利于自主、合作、探究学习的环境。应尊重学生的个体差异，鼓励学生选择适合自己的学习方式。”学生的个体差异，是指个体之间的身心发展以及个体身心发展的不同方面之间，存在着发展程度和速度的不同。人的先天素质、环境、教育以及自身的主观能动性的不同，决定了人的身心发展存在着个别差异。初中生语文学习的个体差异主要表现在以下几个方面。

1. 性别差异

男女两性在相同的年龄阶段，生理发展速度不平衡。与小学生和高中生相比，初中生的性别差异性表现尤为明显。初中男生生理发展比女生稍迟，影响其认知思维能力以及语言的发展，进而影响到男生在语文等语言学科上的学习。在这个时期，女生较擅长于运用具体形象的方式去分析和处理对某一事物的记忆和思维，男生则擅长于以一种综合的方式去概括和处理。在言语能力方面，女生比男生占有总体的优势，而在创造能力方面，无论是创造意识，还是创造思维或是创造的行为活动，男生总体水平优于女生。

2. 智力因素的差异

智力因素是一个多因素结构的概念，具体表现为观察力、记忆力、想象力、思维力、注意力、创造力等各种能力。智力因素的差异影响着初中生的语文学习。

(1) 记忆力差异与语文学习。

记忆力差异是影响语文学习的重要因素，语文学习与记忆有着密切关系。没有记忆，就没有字词句等语文知识的积累，也不会有语感的积累和一般知识经验的积累。一句话，没有记忆，就不能积累大量的语文素材，就不可能学好语文。不可否认，在语文学习中，一部分内容是需要机械记忆帮助的。如汉字结构的记忆，主要就是靠机械记忆完成的。此外，课文中某些艰深难懂的词语、少数深奥的语句，学生起初只能进行浅层次的认知和理解，学习时就需要利用机械记忆初步感知，以后再慢慢理解、消化。此外，课文中涉及的一些文学常识以及一般的知识经验，也都需要一定程度的机械记忆的参与才能更好地识记。

（2）思维力的差异与语文学习。

语文是形象性比较强的学科，语文教材是以文学作品为主体组成的。而文学作品的重要特征之一就是具有较强的形象性，诗歌、戏剧、小说、散文等文学艺术要通过形象反映生活，表达感情，当然离不开形象思维的参与。汉语具有结构匀称，富有节奏感，语汇丰富，表现力强等特点，在运用的过程中能给人以美感，能够激发联想和想象。与其他学科相比，语文学科更注重于形象思维。因而相对于数理化来说，语文学习更多地要求形象思维的参与。这对于形象思维较强的学生来说，尤其是女生，无疑是一种优势。

（3）想象力的差异与语文学习。

初中生有意想象力的迅速增长，想象力的发展程度不同、想象内容的不同使得初中生的想象力及特征不同，对语文学习产生了重大的影响。一种是原有表象材料比较偏重于人与人之间的关系，言语活动带有浓厚的感情色彩，更偏向于形象思维，因而想象常带有形象性特点；另一种是原有表象材料比较偏重于物与物之间的关系，言语活动更重视逻辑规则，更倾向于抽象思维，因而想象常带有抽象性特点。前者更具有情感性和形象性，读来让人为之动容；后者就较为直白，缺乏一定的形象，也不容易引起读者的共鸣。文学作品要通过具体的形象来表达感情，达到反映社会生活的目的，且文学作品的形象只能借助于语言作为媒介，由欣赏者自己运用丰富的联想和想象，去感受和再现作品中所描绘的形象。

3. 非智力因素的差异

非智力因素是制约学生语文学习的另一个重要的内部因素，它包括动机、兴趣、情感、意志、性格等因素。概括来说，非智力因素对学生的语文学习有以下三个作用。

（1）动力作用。学好语文，学生必须要有明确的学习动机，才能收到较好的学习效果。

（2）指导作用。从动机走向目标，学生必须对语文产生学习兴趣、学习情感以及坚韧不拔的意志，才能获得学业的成功。

（3）强化作用。在语文学习过程中，由于主客观原因，学生会有松懈疲倦、情绪低落、不思进取等现象，这就有赖于非智力因素的强化作用予以克服。

4. 学习风格的差异

学习风格是指学生一贯带有个性特征的学习方式，决定着学生对学习活动的偏好，是当下语文课程改革中有效教学不可忽视的新视野。通常情况下，人们根据学生的感觉通道、认知方式的不同，把学生分成了听觉型、视觉型和动觉型三种类型。听觉型学生善于接受听觉刺激，口头表达能力强，教师可采用他们所喜欢的讲授、讨论等教学方法来促进学生学习，同时还要通过记笔记和阅读来弥补他们的不足。根据视觉型学生喜欢接受视觉刺激的特点，对他们多采取阅读、实验演示、幻灯放映等学习形式。同时，教师还要引导他们多动手，多讨论，来弥补不足。动觉型学生运动感强，喜欢动手做，教师可以引导他们记笔记，做实验，还可以采取角色扮演，增强他们学习的乐趣。同时，还须锻炼他们认真读和认真听。有研究表明：学生能记住所读的10%，所听的26%，所见的30%，所听所见的50%，所说的70%，边说边做的90%。由此可知，学生学习时调动的感官越多，学生学得越好。教师在授课时要综合运用多种教学方法，多种形式的传递信息。

第二节　初中语文教学内容的选择

考纲内容

1. 能够根据所选教学内容和学生已有知识水平，分析学生的学习要求。

2. 能够根据学生的学习需求和已有知识水平，诊断并确定学生的学习起点。

3. 能够根据学生的学习起点，明确教学内容与学生已有知识之间的关系。

4. 能够把握所选教学内容及其特点，准确分析教学任务，确定教学内容的相互关系和呈现顺序。

考纲解读

在教学过程中，教学内容的选择是有效教学设计的基础。教师必须首先决定要教什么，教学内容的选择需要考虑多方面的因素，既要考虑老师的“教”又要考虑学生的“学”。所以，在选择教学内容时，要了解学生已有知识水平，分析其学习需求，找准学习起点，把握两者之间的关系和所选教学内容的特点，预先对教学内容间的相互关系和呈现顺序进行任务分析。这个考点的考核，要注意多因素结合来选择教学内容，符合适宜性和多样性，考虑学生能力和兴趣，根据学生阅读的实际情况，来选择适合学生学情的，对学生读不懂、读不好的情况有切实帮助的教学内容，而不只是针对课程和教材内容。题型以案例分析题为主。

基本知识

语文教学设计要给“学情”留出足够的空间。教师应依据学生原有的知识、经验、态度、习惯、学习方式等基础状况，预测在课堂上可能发生的学习情境。哪个问题可能会有争议，哪个问题可能对学生形成困惑等，来确定学习的起点和选择教学的内容。

一、学生学习需求分析

教学设计通常会有“学情分析”的环节，这一环节重点需要了解学生的学习需求，诊断其学习的起点。做好这两点，应该关注以下几个方面：一要认清学生原有知识基础，由此出发找准学习的新起点。二要了解学生的生活经验，由此找准学习的兴趣点。教师可以以课本为源头，结合学生的生活经验，捕捉身边的最新教学资源，将两者进行优化与统整，从而设计出有“悬念”、具“挑战性”的问题，这样就能激发学生强烈的学习兴趣和学习欲望。三要分析学习新旧知识的联系，由此找准新知识的生长点。

进行科学合理的学习需求分析可以采用以下几种策略：一是根据平时对学生的了解进行“面”上的分析，可以掌握共性的集中需突破的问题。二是用表格的形式对学情进行详细深入的数据记录，然后进行相关分析。这样掌握的学情资料会科学而有很强的针对性。三是检查预习作业，要求在预习环节提出问题。作业情况的了解可以掌握学生对本节课的初步掌握程度，预习环节的提问往往可以作为教者确定教学重点难点的重要依据。四是在授课过程中随时关注学生的反馈，技术调控教学进度和内容。

总之，语文教学要了解学生的学习需求，就是要做到对学生学习的关注。关注学生的自学，靠近学生，“俯身侧耳”；关注学生的互动，充当伙伴，参与其中；关注学生的读书，善于发现，相机指导；关注学生的发言，把握学路，调整教路。

二、学生学习起点的确定

学生在进行语文课堂学习时的基础、需要与准备，是课堂教学的起点，也称之为“学习起点”，它是影响学生学习新知识的重要因素。在考虑学生的学习起点行为时需要思考两个关键的问题：第一，为了进入学习系统，学生必须知道什么？即寻找教学的起点。第二，学生已经知道或者说拥有了什么？即寻找学生的起点。如何寻找教学的起点？在教学设计时，首先需要弄清学生必须达成的终点能力，然后从这里开始思考：学生要达成这个目标，预先必须具备哪些知识和能力？从而一步一步揭示出要达到这一目标的必要条件，一直追问到学生的起点状态，从而确定教学的起点。对创设有效的教学来说，真正确定教学开始前学生必须掌握的技能和态度是什么，这一点至关重要。

如何寻找学生的起点？事实是，教师很难再凭主观的分析或解释去代替学生真实的情况，因为学生获取知识信息的渠道很多，他们的学习状态已经远远超出教师经验的想象，而且每个孩子的学习方式和特点不一样，必须采用科学的方法进行认定。在教学前对学生进行前测是了解其起点状态的好方法。如果前测调查的结果显示班上大部分同学已经掌握了先决知识技能和态度，那么既定教学起点就可以不作修订。如果分析表明学生缺乏必要的或者超出了预期的先决条件，就需要调整教学目标，或者增加教授相应的知识和技能，或者安排适宜的教学活动，做好相关铺垫，搭好台阶，使学生尽快从“现实的状态”到达“应该的状态”。因为知识或技能往往呈现出较为严格的先后层次关系，即高一级知识或技能的学习常常以较低一级知识或技能的学习为基础。在进入新的学习单元或新的学习课题时，学生原有的学习习惯、学习方法、相关知识和技能对新知识的学习起着决定性作用。

在教学前进行前测的方法很多，比如布置预习作业就是一个惯用的方法。“预习作业”可以设计“预习所得”，这是学生在其认知能力基础上对文本理解的“原始”收获；还可设计“质疑问难”，这是重点，即学生在预习时发现的问题——不知不解处见疑，似知似解处有疑，已知已解处生疑，甚至大胆质疑文本的缺陷和错误。教师通过“预习所得”和“质疑问难”两个板块能准确把握学生的认知起点，这个起点是最重要、最有价值的“学情”依据，也将作为教师安排教学设计的最重要的逻辑起点。

三、教学内容的特点

讨论语文教学内容问题，站在课程论的角度，必须与语文教材联系在一起。而讨论语文教学内容与语文教材，先得辨清四个概念，即语文课程目标、语文课程内容、语文教材内容、语文教学内容。语文课程目标是“课标”层面的概念，它需要教师明白国家期望学生具备的语文素养“是什么”。语文课程内容是语文课程具体形态层面的概念，它主要面对“教什么”的问题——为了有效地达成“语标”所提出的语文素养目标，语文课程研制者建议“一般应该教什么”，指明方向和目标。语文教材内容是语文教材具体形态层面的概念，它主要面对“用什么去教”的问题——为了使广大的学生较好地掌握既定的课程内容，语文教材编制者提供了“通常可以用什么去教”的建议。理想的情况是语文教材内容应该做到“课程内容教材化”和“教材内容教学化”。

语文教学内容是语文教学层面的概念，它同时面对两个问题：一是针对具体教学情境中的教学对象，为使他们或他（她）更有效地达成既定的课程目标，“实际上需要教什么”。二是为使具体教学情境中的教学对象能更好地掌握既定的课程内容，“实际上最好用什么去教”。语文教学内容既包括在教学中对现成教材内容的使用，也包括教师对教材内容的“重构”——处理、加工，乃至更换；既包括对课程内容的执行，也包括在课程实施中教师对课程内容的创生。教学内容在教学过程中不断创造和增生，它体现着教师参与课程研制、用教材教和教学为学生服务等理念。就一堂具体的课来说，语文教学内容，也就是对“教什么”的回答。“教什么”可分出三个层面，相应地转化为以下三个问题：第一，想教什么？第二，教师在这堂课里实际在教什么，教了什么？第三，学生在这堂课里实际在学什么，学了什么？据此，语文教学内容呈现出以下两个特征。

1. 静态预设内容

针对具体情境中的教学对象，为使他们或他（她）更有效地达成既定的课程目标，“实际上需要教什么”，这个“什么”是可以提前预设的，是静态的教学内容。“课标”在“知识与能力、过程与方法、情感态度与价值观”三维目标之下提出了“学段目标与内容”，对初中语文教学内容从“识字与写字”“阅读”“写作”“口语交际”“综合性学习”等五个方面分别提出了具体的要求。教师根据“课标”的要求和学生学习的实际需要，在备课时预先对教材内容进行选择、加工和设计，确定静态预设的教学内容，包括语文教学的重点内容、难点内容和疑点内容等。

2. 动态生成内容

课堂是流动的，是动态生成的，课堂教学具有“不确定性”。一方面，课堂立体多维，教学所形成的时空、人、物各不相同；另一方面，课程标准、教材系统、单元、课文组合、教材内容、教学方法等都是影响语文教学的重要因素，与教学内容紧密相关的教材指向多元，文本、文本的教学价值、文本的教学意义会因势而变。又由于语文教学的过程是将“普遍知识”转化为“个人知识”的过程，在这个转化过程中教师将“普遍知识”和学生的个人语文知识进行协调，引导学生自我反思，最终实现对个人语文知识的修改、补充和完善。这样，无论是从课前到课后的全过程，还是教师引领学生思维、与学生之间互动互促所形成的整个活动，在普遍的教学规范和要求下，教师与学生共同参与、构建课堂，课堂呈现为“动态”的“不确定性”。因此，教师在备课时要多给学生留有思考的余地，以便在教学过程中根据学生的实际情况调整教学设计，应生而动，应学情的变化而变化，随时捕捉稍纵即逝的教育契机，让教学设计灵动起来，不是僵化而一成不变的。教学内容得以不断补充，不断生成，不断完善，使教学更具针对性和实效性。

教师每教一篇课文，不一定是在规定的时间内完成相应的任务，因为课堂是动态的，充满着变数，而且，教师的理想期望和学生对文本的理解有可能存在着差距，教师在时间的支配上有着较大的、灵活的处理空间。通过课堂上适时的学情评估，教师能更准确地了解处理教材的定位及达成的效果，以提高处理教材和落实教学目标的有效性。学生在学习过程中表现出来的“兴奋点”和种种问题，是最基本、最重要、最宝贵的教学资源。如果教师能够适时巧妙地调整一下教学，就可能收到“点石成金”的效果。真正的驾驭课堂是驾驭学生的思维动态，驾驭学生在课堂上所表现出来的学习状况，也就是说，驾驭学情。教学必须十分关注建构过程中呈现出来的鲜活学情，即循着学生认知的曲径、思维的走向和情感的波澜，做随堂的应变处理，或取舍教学内容，或增删教学环节，或调整教学节奏，或改变教学方法。如此，方能实现以学为主，有效地促进学生的发展。

四、教学内容的选择与确定

显然，语文课程内容、教材内容并不等同于语文教学内容，一方面，希望一堂课面面俱到，解决所有课程问题是不现实的。另一方面，一篇课文包含着诸多信息（知识），但试图将教材（文本）所涉及的所有内容一网打尽同样不切实际。语文教师实施教学的过程，是一个从发现课文教学价值到呈现课堂教学的过程，最终实施教学必然有一个确定的内容，而“发现”的空间广阔而深邃，“呈现”的方式巧妙而灵活，“发现”与“呈现”之间，教师精心选择并确定最适合的教学内容就是桥梁。

那么，如何架设这座“桥梁”呢？

首先，确定教学内容的过程，是确定“度”的过程。即教师要尽可能多深究多钻研，充分认识文本，发现文本的价值，直抵文本核心，努力发现并挖掘实施课堂教学最有价值的材料，这是教学的重要基础和前提。为此，教师需要把握好三个“度”：一是广度，要提高对课文文本的研读能力和水平，善于通过不同途径和多种方法理解文本，且能触类旁通，相互联系。二是深度，要提高教学价值的发现和捕捉能力，善于深入文本、领会课文内涵，深究探寻其特色和价值。三是难度，要提高发现教学真问题和解决问题的能力，善于把握教材、学生和课堂的实际，根据真问题和实际情况量力而行。

其次，确定教学内容的过程，是确定“界”的过程。即在语文课堂上落实知识要有层次的要求，应当立足教材和学情，明确重点要教给学生什么知识，课堂要解决什么问题。教师要追求“道而弗牵、强而弗抑、开而弗达”的境界。精讲少教能帮助学生增进记忆；清晰简教能帮助学生增进理解、加强实践；深入浅出、化难为易地教能帮助学生透彻理解并促使其创新，对知识的处理能够循序渐进、举一反三。这个过程实际上是寻找教学边界并予以清晰界定的过程。

最后，确定教学内容的过程，是确定“法”的过程。即教师要尽可能巧妙地进行教学设计，科学把握教学的方法，启迪学生思考，激发学生情感。要注意以下三个问题：一是从设计到实施注意合理安排、巧妙呈现，适时地切入并推进教学活动；二是在呈现教学内容的过程中做到举一反三、巧妙勾连，适当地拓展联系，促进学生的理解领会；三是从课堂实际出发，量力而行、适可而止，使教学成为循序渐进的整体。这样，确定教学内容的过程就是寻找有效教学的路径与方法的过程，如果说“发现”教学价值需要教师“放”，放开视野放宽角度；那么，“呈现”教学内容就需要教师“收”，有目的有原则有条件的“收”。收放自如方可将教材、教师、学生连为一体，课堂也必然是和谐有序的。如下面的例子。

案例

【例 2-1】

《散步》片段教学设计

余映潮老师曾设计三个环节执教《散步》一文。第一步是让学生试着给文章再拟一个标题，并说明标题能够表示你读出了课文的味道。学生自拟的标题有“生活之美”“小路亲情”“情满小路”“春天的步伐”……余老师在对学生拟的标题作一番评价之后，列举了自己拟写的标题，如：“幸福的家庭”“亲情无边”“小事情深”“分歧”“大路小路”“责任”、“背起整个世界春意”“呵护”“选择”“生命，生命”等。第二步要求学生中速、深情地朗读课文，读出速度感，情节感，重音感，意味感。第三步以“字、词、句、段对人物的表现作用”为话题，自选文句并联系上下文用简洁的语言进行评点。

评析：

《散步》这篇清新优美的散文主要写了春景、亲情、责任、生命，其构思精巧，遣词独特，内涵丰富，令人叹服，尤其在情理交融上，浑然一体，读者往往被作者蕴含其间的意境和哲理所深深地感动。文章在朴素的文字中，洋溢着温情、关爱、和谐，蕴蓄着眷念、呼唤、祈愿，饱含着贤良、孝敬、责任；一滴水中见乾坤，流淌着真情，闪烁着理性，抒发着感悟。这样一篇趣、情、理丰富的作品，出现在人教版语文七年级教材中，我们该教什么呢？

从余老师的设计第一步我们看出余老师其实就是引导学生对文意的理解。那么七年级的学生读出了什么呢？从学生自拟的标题我们了解到这些学生对文本的整体感知大体扣住了散文之本——“情”。而余老师通过自拟标题的设计则可看出教师是在学生“已知”的基础上，引导学生进一步的感知文章的深意，之后再次回到本文标题“散步”思考其作用：“简明，准确，含蓄，有情致，有画面感，有故事味。”这样从学情出发，层层深入，将学生对文本的理解落到了实处。

从以上的教学内容和环节设计中，我们能够明确余老师所选择的教学内容，即理解文意、朗读课文、品味语言。从内容来看，余老师看到了“这一篇”对七年级学生来说的独特价值：对文章整体的感受。在这点上，余老师在学生“最近发展区”上用了心思，没有仅仅停留在学生原有认识基础上，否则就是“教了与没教一个样”。在朗读环节，有重点的予以引导，余老师抓住了这样情理丰富的文章，不单单要体会其中的“情”，还在通过朗读的方式体现“理”，我们知道朗读的过程是感受的过程、体悟的过程，也是将自己的理解呈现的过程。而且在朗读过程中，又侧重最后一段，这是作者对生活感悟的喷发，也是能够集中体现学生对文本理解程度的检验。在品味语言上，余老师为了不让学生在“原地转圈”，先给出了范例，引导学生向文本更深处“漫溯”，体现了对作者“言说智慧”的体悟。在这篇课文中，作者对一家三口“散步”这件小事的独特感悟固然重要，更为重要的是作者个性化的语言表达，所以引导学生在朗读、品味中揣摩与学习其中的语言成了本文的教学内容。

基于这样的思考，我们确定教学内容大体上有如下原则：第一，教学内容与课文紧密相关，适合教学落实，易于学生把握。第二，教师对教学内容的掌握程度一定要大于学生的掌握程度，教学过程中一定不是简单的概念“传授”。第三，对课文的理解、把握一定是贯穿教学的，彰显“以学情为主的核心价值”的过程一定是主要的，而促进学生在课文的理解中“感知”“了解”“体会”“领悟”乃至“举一反三”“融会贯通”更是最重要的。总之，对教育来说，不论是“怎么教”，还是“教什么”，寻求的其实是教学效率。

第三节　确定适当的教学目标、教学重难点

考纲内容

能够根据《义务教育语文课程标准(2011 年版)》规定的课程目标，所选教学内容及学生语文学习特点，确定教学目标、教学重点和教学难点。

考纲解读

本考点要求考生深刻理解《义务教育语文课程标准(2011 版)》规定的课程目标，并能够根据课程理念以及相应的语文教材，结合学生实际情况来制定具体明确的教学目标，找准教学的重点和难点，从而为切实提高课堂教学实效打好坚实的行动基础。

从操作层面来看，考生须要联系教材，活用本章知识要点，将抽象的理论知识变成具体的实践能力。通过具体的案例分析或教学设计来展示自己的理论水平和操作能力。

根据考生实际需求，结合当前语文教学改革与发展形势的要求，本节内容拟定以如下知识能力要点呈现，其中尤以教学目标的规范表述以及难点突破为重点。

基本知识

一、语文教学目标的确定与规范表述

（一）教学目标的含义

什么是教学目标？克拉克认为，教学目标是“目前达不到的事物，是努力争取的、向前的、将要产生的事物”。教学目标是教学活动的方向，也是衡量每一个教学活动或每一节课的有效依据。实际上，教学目标是人们对教学活动结果的一种主观上的愿望，是对教学活动完成后，学生应达到的行为状态的详细描述。

值得提醒的是，在教学专业术语中，“教学目标”与“教学目的”常常混用。近年来，教育研究者开始注意到，无区别地使用“目的”“目标”这两个同义词，有时会引起概念的泛化和混乱。例如，在讨论语文教学问题时，常有人混淆远期的、宏观的目的和近期的、具体的目标，引起了不少争论。现在已经有区别地使用这两个术语，比较明确地赋予它们不同的意义。因此，出现了“教育目的”“培养目标”“课程目标”“教学目标”等几个层次的概念和不同表达。在这里，我们主要讨论的是针对课堂教学的教学目标。

（二）教学目标的作用

有效的课堂教学始于教师能够准确地指导学生达到希望的目标。如果不会确定目标，课堂教学就会带上主观随意性，从而导致教学内容混乱，教学方法单一，学生学习热情也因此受到严重影响。因此，只有认识课堂教学目标的作用，才能提高课堂目标教学的自觉性。

1. 导向与激励的作用

课堂教学目标是语文教学总目标中的一个有机部分。忽略了课堂教学目标，或目标模糊，就会导致总目标无法实现。因此，每节课的课堂教学目标是最基础的目标，也是最重要的目标。有了明确的目标，教师在课堂教学的起始阶段就向学生明确地陈述教学目标，学生也就可以知道在一定的时间内应完成的学习任务，并且根据自己的个性特征做好相应的准备；于是师生的教与学生的学就有了共同奋斗的方向，同时也在相互激励中获得了动力，从而也就避免了教学的随意性和盲目性，为提高课堂教学效率奠定了基础。

2. 反馈与调节的作用

课堂教学目标大多具有行为表现的特征，因此，教师可以根据学生的行为表现随时监测目标达成的进度，从而及时调整自己的教学行为，同时学生也能在教师的影响下调整自己的学习行为。

3. 评价与促进的作用

语文课堂教学目标既是师生双方进行教学活动的依据，又是衡量教学成果的尺度。制

订教学方案时，教师根据教学目标安排教学流程，选择教学方法；课堂上，教师根据教学目标评价学生的学习状况，促进学生更好地学习，促进教师自己更好地组织教学活动，教学目标得到进一步强化；课后，教师根据教学目标检测一堂课的教学效果，并依此反思自己的教学水平，总结经验和教训，促进教师自身专业水平的提升。

此外，如果评价语文教学质量以教学目标体系为客观依据，就能避免语文考核中的主观性，使教学评估更加科学化。

（三）确定教学目标的原则

因为课堂教学目标是语文教学总目标的有机部分，是总目标得以实现的最基本保证，所以，课堂教学目标的确定自然要受到国家教育部统一规定的教学总目标制约，然而，在具体的教学情境里，教学目标却又因为情境因素的区别而各有特色。但是，每一个教师都必须遵循教学目标制定的一般原则，把自己的教学行为规范在教学整体目标允许的范围里。

1. 科学性原则

制定语文课堂教学目标，必须符合语文学科的性质。在现阶段，必须符合《义务教育语文课程标准(2011 年版)》的要求，使总目标在每一个具体的小目标中得到体现。在语言表述上，应准确地运用说明性语言，切忌笼统空乏，也不必做刻意的描述修饰或重复啰唆。

2. 具体化原则

课堂教学目标应尽可能地具体化、细节化，尽量覆盖教学内容。应把语文目标体系中规定的训练点分解成每一课时的具体教学目标。

3. 层进性原则

课堂教学目标的层进性主要体现在知识与能力目标的关系上，应遵循学生的认知规律，按照由易到难，由浅入深，由感性到理性的逻辑顺序来分条排列和描述教学目标。

4. 动态化原则

虽然教学目标有一定的指向性，但课堂教学本身是一种创造性的活动，师生双方都不应被禁锢在教学目标的模式里而使得个性得不到正方向发展。在教学实践中，教师完全可以综合多种生成性因素，灵活地、创造性地实现教学目标，让教学目标成为一个很有张力的驱动程序。

5. 可测性原则

课堂教学目标就是教学的预设教学效果。预设学生通过学习活动在某些方面应该发生的变化，由“不能”变成了“能够”。所以，目标是否实现是应该能够检测得到的。比如，“能说出……”“能感受到……”“理解……”等，这些效果是能够通过目测、提问、讨论、练习题、考试、问卷调查、个别谈话等方式检测出来的。

（四）确定教学目标的依据

1. 依据基础教育课程改革的要求

基础教育课程改革要求语文教学构建素质教育的目标体系，《义务教育语文课程标准

（2011 年版）》从知识与能力、过程与方法、情感态度与价值观三个方面设计。三者相互渗透，融为一体。目标的设计着眼于语文素养的整体提高，要求语文课程必须面向全体学生，使学生获得基本的语文素养。在识字写字、阅读、写作、口语交际、综合性学习等各种具体教学活动中，通过知识与技能、过程与方法以及情感态度价值观三个方面的整合，也就是所谓的三维目标，体现了基础教育新课程的价值追求。

拓展链接

新课程三维目标的内涵

知识与能力：主要包括人类生存所不可或缺的核心知识和学科基本知识。基本能力——获取、收集、处理、运用信息的能力、创新精神和实践能力、终身学习的愿望和能力。

过程与方法：主要包括人类生存所不可或缺的过程与方法。过程——指应答性学习环境和交往、体验。方法——包括基本的学习方式（自主学习、合作学习、探究学习）和具体的学习方式（发现式学习、小组式学习、交往式学习……）。

情感态度与价值观，其中，情感不仅指学习兴趣、学习责任，更重要的是乐观的生活态度、求实的科学态度、宽容的人生态度。价值观不仅强调个人的价值，更强调个人价值和社会价值的统一；不仅强调科学的价值，更强调科学的价值和人文价值的统一；不仅强调人类价值，更强调人类价值和自然价值的统一，从而使学生内心确立起对真、善、美的价值追求以及人与自然和谐和可持续发展的理念。

三维的课程目标应是一个整体，是知识与技能、过程与方法、情感态度与价值观三个方面互相联系，融为一体。在教学中，既没有离开情感态度与价值观、过程与方法的知识与技能的学习，也没有脱离了“知识与技能”“过程与方法”的“情感态度与价值观”。

一位教师在讲授朱自清先生的《春》时，教学目标设置为：通过体验活动，培养学生热爱春天、热爱生活的激情。目标的达成是通过下列程序来完成的：首先让学生阅读课文，然后活动体验。先让学生通过图画描绘出自己心中的春天，再让学生唱春天的歌谣，最后让学生赞美春天。整个课堂生动活泼，五彩缤纷。可惜的是，整节课没有回到课文中品味美的语言上来。传统教学中过分侧重于知识与能力的培养，新课程强调活动体验式的探究性学习。其实，阅读教学中的三维目标中，知识与能力始终应是第一位的，因为提高语文素养首先是提高语文能力。

2. 依据“课标”规定的课程目标

《义务教育语文课程标准（2011 年版）》中的语文课程总目标和阶段目标、语文教科书中的单元目标是确定语文教学目标的重要依据。语文教学目标是特定目标，特定目标是一般目标的具体化。也就是说，一节课的教学目标要依据一篇课文的教学目标，一篇课文的教学目标要依据一个单元的教学目标，一个单元的教学目标要依据一学期（或者是一本教材）的教学目标，一学期（或者是一本教材）的教学目标要依据一学年的教学目标，一学年的教学目标要依据学段教学目标，一学段的教学目标要依据“课标”规定的总目标。

3. 依据学生的认知状况

不同的学习内容，学生会有不同的学习兴趣；不同的学生，对于相同的学习内容也会有不同的反应。就如本章第一节《初中学生认知特征分析》所述，学生的差异是多方面的，除了兴趣差异，性别差异，还有成长背景的差别，基础水平的差别，认知能力的差别，等等。学生的个体差异以及教学班级的整体认知状况是确定教学目标的一个重要因素。目标的实现需要从起点出发。教学目标定得过高，脱离实际，无法实现；教学目标定得过低，不能引起学生的学习兴趣，影响学生的发展。

此外，确定教学目标时，还要考虑到相关的教学环境、条件、手段等因素，比如教室场地、环境、多媒体器材，等等。在一定的环境条件下，充分地、有效地利用资源会更有助于教学目标的实现。

4. 依据语文教学的实际水平

语文教师的学识水平对教学目标的确定会有很大的影响。语文教师对语文教学的性质和规律认识出现偏差，教学目标就会出现偏差，从而导致语文教学难以收到效果；语文教师对教学内容的掌握程度不够，教学目标也难以明确，更难以实现。一个优秀的语文教师会深谙素质教育核心，明确“课标”的精神实质，同时也能全面深刻地领会教材的意义，从而准确判定语文教学方向。所以，语文师资水平也是确定语文教学目标不可忽视的一个依据。

（五）确定教学目标的要求

1. 适应社会生活需要

语文教学必须与社会前进的步伐合拍，经济、科技发展极大地增加了整个社会的信息量。传播媒体的多样化要求人们提高吸收和处理信息的能力，促进人与社会、人与自然、科学与人文的和谐。

2. 体现语文学科的性质和特点

语文教学的各项具体目标，都要为全面提高学生的语文素养服务，包括，热爱祖国语言文字的思想感情，正确理解和运用祖国语言文字，丰富语言积累，培养语感，发展思维，具有适应社会生活需要的识字与写字、阅读能力、写作能力、口语交际能力，等等；同时要提高学生的品德修养和审美情趣，逐步形成良好的个性和健全的人格。

3. 促进学生有个性地发展

现代教育理念要求语文教学目标不应该只从培养语文能力着眼，而应该使每个学生的个性得到全面发展。每一个学生的才能、气质、理想、信念、思想、情操、意志等，都应该得到培养和发展。

（六）语文教学目标的规范表述

在语文教学设计中，目标表述是非常重要的。它不仅涉及把握语文教学规律、树立语文课程新理念等问题，而且涉及语言的运用问题。语文教学目标的表述需注意以下面几个问题。

1. 注意目标表述的基本要素

目标表述通常有四个基本要素：行为主体、行为动词、行为条件、表现程度。

例如，“课标”中关于课外阅读的目标“7—9年级学生阅读名著每学年不低于两部”。其中“7—9年级学生”是行为主体，“阅读”是行为动词，“名著”是行为条件，“每学年不低于两部”是表现程度。

2. 行为主体应是学生，而不是教师

教学成功与否，教学效果如何，判断教学价值的直接依据是学生有无具体的进步，而不是教师是否走完教学流程。学生是学习的主体，教师是否完成教学任务，要从学生的行为表现判断，因此，语文教学目标的表述必须从学生发展的角度出发，具体描述教学活动结束以后学生的表现。描述的行为主体必须是学生而不是教师。尽管有时“学生”两字并未出现，但必须隐含着学生是行为主体。比如，“结合上下文（行为条件）理解（行为动词）关键词语的含义（表现程度）”。

3. 行为动词应便于教学中把握和评价使用

行为动词尽可能是可测量，可评价，可理解的，应具有质和量的具体规定性，以便于教学中把握和评价使用。如有位教师这样表述《谈骨气》的教学目标：“培养学生的革命骨气，提高学生写议论文的水平。”这样的写法不仅行为主体不对，而且“革命的骨气”和“写议论文的水平”也缺乏质和量的具体规定，教学中不易把握，也无法测量和评价。

“课标”全面体现“知识与技能、过程与方法以及情感态度与价值观”三位一体的课程功能，用尽可能清晰的行为动词从这三方面对学生的学习成果进行描述。使素质教育理念切实体现到日常教育教学过程中。

4. 行为目标的两类基本方式

一般情况下，目标表述的基本方式有两类：结果性目标陈述，体验性或表现性目标陈述。结果性目标陈述方式明确指出学生的学习结果是什么，采用的行为动词要求明确、可测量、可评价。常使用的行为动词有：了解、理解、应用、模仿、操作、迁移。体验性或者表现性目标陈述方式描述学生自己的心理感受、体验，所采用的行为动词往往是体验性、过程性的，这种方式指向不需结果化的或者难以结果化的目标，要适当安排学生表现的机会。

5. 必要时附上产生目标指向的结果行为条件

行为条件是影响学生产生学习结果的特定的限制或范围，为评价提供参照的依据。如"借助汉语拼音……""45 分钟能写出……""课堂讨论时能够……"

6. 要有具体的表现程度

表现程度指学生在学习之后能够预期达到的最低表现水准，用以评价学习表现或学习效果所达到的程度。如"45 分钟能完成不少于 500 字的习作。"

拓展链接

教学目标表述一般用语表

目标		一般要求	表述动词
认知领域	(1)知道	知道是什么	列出、告诉、界定、识别、标出、定位、区分、描述、匹配、命名、画线、再现、陈述
	(2)领会	理解	说明、阐述、举例说明、描述、提示、总结、详述、转换、测查、辩护、解释、重写、领会、理解
	(3)应用	使用知识并进行理解	展示、应用、使用、解决、选择适宜程序、更改、操作、准备、产生、构建、重构、分类
	(4)分析	分解	分析、争论、区别、归纳推导、组织、分解、用图显示、分开、细分、联系、比较、检测、推演
	(5)综合	整合、创建	创建、整合、计划、设计、产生、编辑、发展、组成、发明、更改、组织、重建、重组、推理
	(6)评价	评价	评价、判断、讨论、推断、认为、比较、制定标准、批评、支持、决定
情感领域	(1)接受	乐意关注和接受信息	倾听、意识、观察、知觉、认可、认识、宽容、分享、积累、接受、结合、控制
	(2)反应	乐意做出反应	反应、合作、欣赏、发现乐趣、遵守、讨论、赞同、赞扬、警告、争议
	(3)形成价值观	发展态度和观念	重视、认可、评价、评估、肯定、相信、品评
	(4)组织价值观念系统	表现出价值	讨论、抽象、推理、比较、展示、表现、行动、投入、支持、定义、公式化
	(5)价值体系个性化	形成个性化价值观念	努力、计划、方法、行动、道德、人道、忠诚、成熟、冲突、欣赏
动作技能	(1)知觉	注意、感觉	注意、感觉、觉察、发现
	(2)模仿	做好了尝试准备	准备进行、准备就绪、采取步骤、进行准备、意愿
	(3)操作	尝试	尝试、表现、实践
	(4)准确	提高	逐渐熟练、改变、增强、减少
	(5)连贯	掌握	掌握、达到完美水平
	(6)习惯化	适应	适应、调整、调节、改变、调制

二、教学重点、难点的确定

（一）确定教学重点、难点的意义

教学内容对于学生而言一定有轻重、难易之分。一般而言，那些最主要的、最基本的带规律性的知识，对学生持续发展起关键性作用的知识就是教学重点，它是学生获取更多知识必经的要塞，它在教学中占据着核心地位。所谓难点，就是在探索新知的过程中，学生感到困难、产生疑惑的地方。

教材是课堂教学的凭借，是例子。语文教学要追求高效率，就应该把握教学的重点和难点，让学生在例子中获得知识与能力。在课堂教学中把握了重点、难点了就是抓住了教学的加油阀：可以让学生快捷地获得知识与技能并达到举一反三、融会贯通的境界；同时使学生获得快乐，获得信心和进一步探究新知的动力；可以节省时间，提高效率，同时减轻教师和学生的精神压力。

（二）教学重点、难点形成的原因

教学中，重点和难点的确定不是教师或学生随意指定的内容，而是客观存在的状况。教学重点的形成主要有以下三个方面：从学科知识系统而言，重点是指那些与前面知识联系紧密，对后续学习具有重大影响的知识、技能，即重点是指在学科知识体系中具有重要地位和作用的学科知识、技能；从文化教育功能而言，重点是指那些对学生有深远教育意义和功能的内容，主要是指对学生终身受益的学科思想、精神和方法；从学生的学习需要而言，重点是指学生学习遇到困难需要及时得到帮助解决的疑难问题。

教学难点形成主要有以下原因：一是知识远离学生的生活实际，学生没有相应的感性知识；二是知识较为抽象，学生难于理解；三是该知识包含多个知识点，知识点过于集中；四是新知识与旧知识联系不大，或者旧知识掌握不牢，又或者因大多数学生对与之联系的旧知识遗忘所致；五是学习新知识所需要的思维方式与学生固有的定向思维不一致。

（三）教学重点与难点的区别与联系

教学重点与难点有不同的性质：难点拥有暂时性和相对性。教学难点一旦经过教学使学生理解和解决了，难点就不复存在了，这就是教学难点的暂时性。同一知识与方法对一些学生（班级、学校）可能是难点，而对另一些学生（班级、学校）就可能不是难点，这就是其相对性。而重点一般有一定的稳定性和长期性，它并不因为学生的理解和掌握就不存在了，而是在一定的教学阶段它会贯穿教学的始终，如初中语文课程目标中的“培养学生的语感”，这就是语文教学中贯穿各个阶段的一个重点。

教学重点与难点的联系：重点和难点对于同一个教学内容来说可以是相同的，也可以是交叉的和不同的。也就是说，有的内容是重点又是难点，有的内容是重点但不一定形成难点，还有的内容是难点但不一定是重点。

在教学中，教学重点与难点就像师生行进途中的关键路段或学生可能遇到的障碍。教师必须做的事就是预测路途中的情况，并帮助学生把握要领，克服困难，顺利到达目的地。

（四）确定教学重点、难点的依据和原则

（1）以“课标”为准绳，按规执行。“课标”规定的九年义务教育阶段总目标以及各学段语文教学的三维目标和要求是教师确定课堂教学目标的重要依据，也是确定教学重点的重要依据。比如，“课标”建议：关于语法修辞知识“在教学中应根据语文运用的实际需要，从所遇到的具体语言实例出发进行指导和点拨”“而不在于对知识系统的记忆”，若是脱离实际运用，围绕相关知识的概念、定义进行“系统、完整”的讲授与操练那就有背“课标”精神了。

抓住教学重点是实现教学目标的关键因素。教师应该深刻领会“课标”的内涵，在确定教学重点时把全面培养学生的语文素养放在首位。

（2）以知识结构为网络，合理安排。知识结构系统化、网络化是确定教学重点的重要条件，任何学科的知识都有自身的体系，知识点之间都有内在联系，而这些联系往往具有有序性。正是这个特点决定了我们教学中必须遵循“循序渐进”的原则，所以在确定教学重点时，必须考虑知识结构的有序性，从而合理安排重难点教学。

语文教材在编排上始终遵循着循序渐进的原则，主张在学生原有认知的基础上逐步扩展、加深，引出新知识。而新旧知识之间总是存在着诸多差异点，教师须找出这些差异点并把“学会、掌握新知识，形成新的技能”作为当前课堂教学的重点。

每一册语文教材由一定数量的单元组成，每一个单元都有相对独立的训练主题。在准备某一节课的教学方案时，可先从文章所在的单元去研究、揣摩编者的意图以及文本对学生的价值所在，然后根据单元重点确定一篇教材、一节课的重点。

（3）以学生实际为参数，酌情处理。要做到“合情”，就必须深入了解学生，这包括学生的认识能力、知识水平、生活阅历、求知欲等个体因素，也包括各层次学生的比例和他们的能力差别等总体情况。反复权衡这些因素后，才能正确确定教学重点。

在信息化高度发展的今天，学生掌握的信息量以及获取信息的能力有时超出了一般的成年人，有可能教师认为学生容易掌握的内容恰好学生不能理解，教师认为学生不能理解的内容，学生反而大都已经掌握了。而绝大多数学生已经掌握的或极易掌握的内容，即使是“课标”规定的重点内容，也须在教学中灵活处理。

较之于教学重点，教学难点的确定需要教师花费更多的心思。因为教学难点大多要根据学生的实际水平来定，所以，教师要在全面了解学生的基础上，做出预见，预见学生在接受新知识时可能遇到的困难，可能产生的问题，从而确定好自己的课堂教学难点。

一些有经验的教师常常对教材重点、难点加以修正，在不违背“课标”的前提下重新确定自己课堂上的教学重点和难点，教学效果会更加突出。其原因是统编教材是面向全体学生的，它所确定的重点是带有共性的问题。而作为教师，则要对自己现在所教的学生负责，而这些学生很可能有自己的个性问题。

案例

模拟练习

小李老师给三篇课文分别制定了教学目标，你觉得哪一课的目标判定得最好？

A.《回忆我的母亲》第一课时教学目标：① 进行了解性阅读，把握作者思路；② 进行理解性阅读，理解课文第一部分和第二部分第一层。

B.《中国石拱桥》第一课时教学目标：① 学习生字词，理解部分词语的含义和作用；② 初步感知课文的大概内容；③ 了解石拱桥的一般特点，把握赵州桥的特点。

C.《看云识天气》第一课时教学目标：① 说出本文准确运用比喻、拟人、引用等修辞方法以及动态描写的方法来说明事物特征的语言特色；② 学生观察自然的兴趣和热爱大自然的情感有所增长；③ 能够准确地运用比喻、拟人等修辞手法以及动作描写的方法来说明事物特征。

【参考答案】 C。

【答题解析】

目标A与其说是课堂教学目标，倒不如说是课文教学内容的课时安排。“了解性阅读”要通过阅读使学生了解什么？记住什么？目标里没有具体描述出来，这就无从检测目标的达成度；“理解性阅读”要让学生理解什么？分析什么？也没有具体指明。整个目标内容没有对学生学习结果的描述，当然也就没有检测学习效果的依据了。因此，这一教学目标是空洞的、模糊的。按照这样的“目标”来教学，教师只需在第一节让学生读完第二部分第一节就算走完了教学流程，至于学生能获得什么，获得了多少就只能完全依靠学生的自觉意愿了。

目标B基本上体现了语文教学总目标和语文教材的要求，抓住了说明文的特点，指明了课堂教学的方向和结果。不过，这个目标所表述的只是教师的主观愿望，主要考虑的是教师怎样教，而忽略了学生怎样学。语言表述仍然比较笼统、抽象，检测和评价的标准不够具体和明确，这就仍然存在课堂教学随意性和低效性的可能。

目标C是最出色的语文课堂教学目标。首先，它结合教材内容特点，从知识与技能、过程与方法、情感与态度三个维度确定了教学目标，充分体现了素质教育引领学生全面和谐发展的要求；其次，它表述了明确的教学结果，使用了“说出”“增强”“运用”等外显行为动词，具体准确，为检测学生的行为水平提供了依据；另外，它符合课堂教学目标确定的原则，把科学性、具体性、层进性紧密结合在一起，又具备了可操作性和可检测性。

第四节　设计合理的教学流程

考纲内容

能够设计合理的教学流程，选择恰当的教学方法，突出与教学重点、难点相关的教学环节。

考纲解读

这一考点包含了两个核心要素：一是设计教学流程，二是选择教学方法。教学流程包含的是教学活动进行的先后次序，教学方法包含的是教学活动的设计以及具体步骤的操作要领。这两个核心要素既有相对的独立性又有一定的关联性，它们都是实现教学目标的重要保证。随着教育教学改革的推进，传统的教学模式在创新中不断地被完善，语文课堂也因此逐渐变得多姿多彩。因此，考生必须在了解传统的教学流程模式的基础上，根据“课标”精神设计合理的教学流程，并能根据教学的实际情况在流程的各个环节选择恰当的教学方法，从而顺利地达成教学目标。

本小节结合当前语文教学改革形势发展的要求，编撰了教学流程设计以及教学方法选择的基本理论知识并穿插了相关案例分析，以帮助考生获得相应的知识与能力。

基本知识

一、教学流程的设计

教学流程就是教学活动的程序、步骤,也称教学过程。教学怎样开头,怎样发展,怎样结束,都属于教学流程设计的内容。

教学流程是教师实施教学活动的蓝图,若用示意图表现出来,它可以直观地显示整个课堂活动中各个要素之间的关系、比重;教学中的重点和难点部分也可以简洁地呈现出来。因此,一个好的教学流程会让课堂教学更加有序而有效。

(一)教学流程的模式

早在17世纪和18世纪,捷克的大教育家夸美纽斯和裴斯泰洛齐就先后提出了要"从直观开始,以练习结束"的教学程序主张。德国的心理学家和教育家赫尔巴特通过对儿童心理活动规律的探索和研究,得出了教学过程要经过"明了—联想—系统—行动"四个阶段的结论。这算是教育史上第一个比较完整的教学程序,它风行于欧洲50余年。

对我国当代的语文教学乃至各科教学产生过广泛而深远影响的是苏联著名教育家凯洛夫的课堂教学"五个环节",即:组织教学—复习旧课—讲授新课—巩固新课—布置作业。这五个环节基本上符合传授系统知识,培养技能技巧的教学规律。但这种教学模式是以教师的工作程序来取代教学过程,属于外部灌输性质,没有反映学生在学习中的主体地位,因此这一教学模式正在不断优化中。

就语文教学流程而言,语文教育工作者在综合我国传统教育理论,吸收外国教学程序方案的基础上,经过反复实践和研究,总结出了许多行之有效的教学模式,概括起来有"常式"和"变式"两大类。

所谓"常式",就是常规课堂结构模式。从课文讲析角度来看,教学流程大致由如下八个步骤组成:解题—了解背景—了解作者—正音正字—划分层次—分析课文—归纳中心—概括写法;从阅读认知的角度来看,教学流程由如下四个步骤组成:感知性预习—探究性阅读—应用性练习—巩固性复习。

常式流程之所以成为"常式",是因为它反映了由形式到内容的文章构成规律和由感知到理解的阅读认知规律,而且程序清楚,便于操作。但是,久而久之,单一的模式会让学生感到单调乏味,语文学习的兴趣和效果自然也会因此大打折扣。于是,广大语文教育工作者不断实践和探索,寻找新的课堂教学流程模式,在常式的基础上推陈出新,产生了许多卓有成效的新模式。如魏书生的"六步教学法",钱梦龙的"导读四式",黎世法的"六因素教学法",

上海育才中学的“八字教学法”，湖南株洲景弘中学的“一三六”模式，等等，都可视为语文教学变式流程的代表。

值得提醒的是，在语文课堂教学中，无论采取何种新的教学模式，有几个共同点是必须注意的：(1) 教学目标贯穿始终；(2) 注重启发诱导，注重学生的主体地位；(3) 突出重点难点；(4) 重视能力培养，确保学生获得相应的语文素养。

拓展链接

教学流程模式的渊源

在我国，对于教学流程的认识，始于春秋战国时期，当时的大儒们先后提出并发展了“学而知之”的学说。孔子主张“学”“思”“习”“行”四者相结合，孟子提倡“自得”“自求”的内心反省，荀子把学习看作是“闻”“见”“知”“行”的统一过程。《中庸》明确提出：“博学之，审问之，慎思之，明辨之，笃行之。”这一理论被南宋的朱熹定为《书院学案》。这些概括，是我国古代教育家对于教学流程理论的贡献。

(二) 设计教学流程的基本方法

教学流程的设计一定要符合学生的认知规律，要考虑教学内容的实际，还要发挥教师已有的优势或特长，引起、维持、促进学生学习，尽力做到教师与学生的互动，从而更好地达成教学目标。

1. 从学生认知规律的实际出发安排教学流程

从学生的认知规律实际出发，是指在教学过程中，教师要“顺着学生的思路走”，注意引导学生达到认识、领悟的目的，而不是教师只按照自己的思路教学，不管学生的状况。在教学准备阶段，教师由于有了备课、研究的过程，对课文内容、语言特点、写作方法等都心中有数，而学生对这些却还很陌生，他们需要在教师的引导下，通过一系列学习活动，不断修正、充实自己的认识，利用已知过渡到未知领域。所以，设计教学流程时，要充分考虑学生的认知规律，不能忽视学生需要从认识的“不明了”到“明了”的过程，尤其不能用自己的感受或结论来代替学生所需要的体验、思考的过程。

2. 从教学内容的实际出发安排教学流程

从教学内容的实际出发，要求教师能够在深入钻研教材的基础上，准确把握教材本身所提供的便于发展学生的“点”。例如，文字比较浅显的课文，学生读一遍就大致明白了，如果千篇一律都要划分段落，要一句句“分析”就失去了教材的“特点”，学生也没有兴趣，这就浪费了时间，也不见得有什么效果。如果根据教材内容浅显这一特点，结合本册或本单元教学目标，或训练概括能力，或训练复述能力，或挖掘文章内涵，或拓展引申，这样的话，教学力度可能就强得多，学生也会在这样的创造性劳动中产生“成就感”，从而加深对于语文学习的兴趣。

当然，这样的设计需要教师对教材的内涵与意图、对学生的认知基础有非常准确的把握。在这样的前提下，才能进行大胆取舍并设计出有意义的教学流程。

3. 从教师自身的实际出发安排教学流程

教学之初，大多青年教师都映射着其他教师的影子，也就是说大多教师是从模仿开始的。一个教师从说别人的话到把别人的话变成自己的话说出来，这是一个不小的飞跃。因此，在教学设计时，不论什么“法”，如果不适合自己使用，就不能勉强。要努力把自己与学生、教材和谐地统一起来。

比较而言，教龄较长的教师大多讲求落实和严密，更多求稳重，而青年教师则有青年教师特有的热情和活力。两者各有所长，关键是教师自己能对自己的特点有所认识并发挥自身的特点。这也是一种资源意识的体现。

4. 运用现代教育技术完善教学流程

语文教学过程中，并不是每节课都必须使用现代教育技术，也不是某一次教学没有这种手段就一定不是好课，但现代教育技术是创设学习情境，帮助学生有效达成目标的工具和手段，它对提高课堂教学效率具有一定的辅助作用。具体说来，现代教育技术在语文教学中有如下作用：一是促进综合效应；二是拓展选择空间；三是提供便捷手段；四是改善参与条件；五是扩大共享范围。因此，在设计教学流程时应充分运用已有条件来完善整个教学流程。

现代教育技术在语文教学流程中的运用应遵循如下基本原则。

一是科学性原则。现代教育技术在语文教学中的应用必须以最先进的教育理论为基础，教育理论这里主要指当代的学习理论和语文学科的基本理论。现代教育技术运用的科学性原则还包括课件设计制作的科学性，也就是说，设计和制作要符合学生的认知规律，做到结构合理，操作便捷。

二是适用性原则。适用性原则包括教育技术的适用性和教学过程中的适用性两方面。所谓教育技术的适用性是指根据不同的教学目的、教学内容选择不同的技术手段、呈现方式，还要根据教育资源的实际条件，因地制宜。所谓教学过程中的适用性，主要指多媒体的选用和课件使用的时机设计，等等。

随着现代信息技术在教学中的应用，基于建构主义的学习理论，形成了许多新的教学形式。如项目研究学习、探究式学习、协作学习，等等。这些教学形式一般围绕某一个研究项目或学习主题，学生从广泛的信息资源特别是网上资源独立获取自己所需要的信息，然后按照任务需求或学习要求，利用信息工具分析处理这些信息，最终通过协作、交流、讨论来解决问题，完成学习任务。设计这样的流程时，教师要始终让学生处于主动探索、主动思考、主动选择和运用信息工具、应用信息资源以及主动建构知识意义的主体地位，教师自己只是项目或主题、学习目标、学习情境的设计者，是学生达成学习目标过程中的指导者、帮助者、组织者。

（三）教学流程的阶段安排

语文教学的流程是阶段性和连续性的统一。所谓阶段性，是指语文教学目标的实现要循序渐进。所谓连续性是指语文教学的流程是一个连续性的程序，不容许中断、跳跃和颠倒。无论教师如何致力于课程结构和流程的创新，万变不离其宗的是，教学流程必须是一个信息多向传递和及时反馈的系统过程。从学生获得知识的方式来看，这个流程大致可分为自学、导读、训练三个阶段，每一个阶段又包含若干个具体的教学环节。

1. 自学阶段

这个自学不同于一般的课外预习，是指在课内，学生在教师的精心指导下有目的的重点学习，它所关注的是学生自己获取知识的能力培养。在这一阶段，教师的主导作用体现在教给学生自学的方法。这个阶段一般包括这几个基本环节：激发兴趣、明确目标、提示学法、异步自学。所谓“异步自学”就是让学生朝着统一的目标，用各自的学力来学习。教师巡视课堂，对个别学生的特殊问题做单独辅导，同时收集典型的问题作为下一阶段教学活动的重点内容。

2. 导读阶段

这一阶段是教学流程的主要阶段。教师在这个阶段的主导作用是针对共性问题组织学生深入探讨，多方设法激发学生的学习热情和创新思维。这一阶段的小环节主要是：提出疑问、讨论交流、启发点拨、小结归纳。

在这个阶段，“问题”是引子，是火种，是“牵一发而动全身”的枢纽。教师要根据教材的特点，结合学情信息，才能提出有价值的问题。讨论交流的目的是形成信息的多向传递，充分发挥思维的“共振效应”，让学生互相促进，共同提高。启发点拨的作用是把讨论所得引导到一定的深度，并根据需要不时穿插读议讲练，从而突破教学重点和难点。教师在讨论交流和启发点拨之后做小结归纳，使学生将新旧知识联系起来，形成新概念，完善和巩固认知结构。

3. 训练阶段

通过这一阶段的综合练习，学生再一次得到实践机会，从而实现知识向能力的迁移。同时，教师也可以通过学生的练习，运用反馈调节的原理。检验自己的教学效果。教师在这一阶段的主导作用表现为对训练形式和内容的设计以及对练习方法的指导。这一阶段，基本的环节是：咨询解惑、巩固迁移、反馈调节、拓展延伸。

（四）导入和结束环节的设计

1. 导入的设计

这里的导入是指教学活动开始时，教师用来引导、感染、激励学生参与教学活动的语言或其他活动形式。导入环节非同小可。著名教育家于漪曾说，在课堂教学中，要培养学生的兴趣，首先要专注导入环节，一开课就能把学生牢牢地吸引住。课的开始好比提琴家上弦，歌唱家定调，第一个音定准了，就为演奏和歌唱奠定了基础。上课也是如此，第一槌就应敲在学生的心灵上，像磁石一样把学生牢牢地吸引住。导入环节设计得巧妙，就能起到拨动学生心弦，激发学生兴趣的功效。

从形式上看，导入环节的设计主要有五种方法。一是以讲导入（讲述、讲解、讲习），二是以读导入（吟诵、背诵、范读、默读等），三是以议导入（提问设疑），四是以练导入（相关的小型习题），五是以看导入（观看图画、模型、实物、视频等）。

在语文教学实践中，教师常用的导入方法有如下几种。

（1）开门见山。教师的开场白直接点题，用准确精练的语言，主动提出一堂课的教学内容，告诉学生学习目标，给学生一个整体感受。

（2）设置情境。教师用生动的语言，直接描绘或者巧妙地运用多媒体教学工具，通过欣赏音乐、观看电视、录像、电影等方式，激活学生的思维，提高学生的学习兴趣。

（3）故事引路。教师可通过各种故事导入学习内容。运用这一方法的关键是故事内容一定要与教学内容有相关性，不然，不仅起不到“导入”的作用，反而分散了学生的注意力，影响了下一环节的进行。

（4）制造悬念。悬念一般是出人意料的，或展示让人迷惑不解的问题。利用悬念激起学生的好奇心，诱发学生自主思索，往往能收到事半功倍的效果。在课堂教学的导入环节，悬念常常能造成学生心理上的焦虑、渴望和兴奋，大有不追究竟不会罢休的思想势态。这就为后续环节的进行奠定了良好的思想基础。不过，教师一定要把握好“悬念”的度，太悬或不悬的悬念都会降低学生的主动性。只有思而可得才能使学生兴趣高涨，收到引人入胜的效果。

（5）质疑导向。特级教师钱梦龙在教学《岳阳楼记》时是这样导入的：“范仲淹的《岳阳楼记》历代都作为散文名篇收入各种选本，从南宋的《宁文鉴》开始，到当代的各类散文集，都选有这篇文章。那么，这篇文章究竟有哪些独到之处能成为千古传诵的名篇呢？请同学们认真学习《岳阳楼记》，找到其中的道理。”这样的设疑导入，极大地诱发了学生的求知欲，一下子就把学生的注意力、兴趣、思维吸引到核心问题上来，并促使学生围绕核心问题积极地阅读、思考。

（6）从探讨课题入手。上课伊始，教师先板书课题，然后从探讨课题入手，引导学生分析课题来导入新课。可根据题眼讨论，发动学生根据题目揣摩文章内容或中心，也可让学生根据课文题目以及预习所得初步预设学习目标，等等。从探讨课题入手的关键是教师要善于针对教材，围绕课题精心设计一系列问题，然后循循善诱，使学生的思维迅速定向，很快进入对中心问题的探讨中。

（7）由人到文。先将比较著名的作者，或者在经历、个性等方面有特点的作者介绍给学生，让作者在学生心里有个美好的印象，然后接触该作者的作品，学生会觉得很亲切，有兴趣。

（8）激情诵读。根据教学内容，选择相关的诗文，激情朗诵，把学生引入到诗文的美妙意境中，然后利用诗文与学习内容的相关性顺利过渡到教学内容。

以上只是语文教师们常用的导入方法。在教学实践中，还有很多富有新意的导入形式有待我们发现、创造。

2. 结束环节的设计

在课堂教学中，想让一节课成为学生回味无穷，终生难忘的课，除了中心环节的教学活动可以给学生深刻印象之外，结尾环节，尤其结尾语有很大的影响作用。当然，就像导入语一样，设计课堂结束语，不可随意而为。导入要为下面的环节做铺垫，而结束环节就要以前面的环节为基础，要根据不同的教学内容，不同的教学目标和学生的课堂表现，用凝练生动的语言留给学生一个完整深刻的印象。

常见的结束语有如下几种。

（1）归纳式。教师总结本节课所学的内容和学生学习的情况，再提出一定的要求和希望。

（2）开放式。教师提出一个有争论性的问题，留给学生思考的空间，让学生课后去思考和讨论。或者布置一些资料，以拓宽教学内容。当然，在留下问题的同时还要有一个收集信息的后续安排，不然这样的结语也只是一个形式。

（3）点睛式。有些内容，学生往往只是停留在表面的感性认识上，缺少理性的升华。教师精妙的结束语能起到画龙点睛的作用，便于学生更好地巩固学习效果。

（4）激情式。创设一种具有诗情的意境，激发学生的情感，撞击学生的心灵，引起学生高度的注意力和进一步思考。这样的激情式结束语一般能收到余味无穷的效果。

（5）活动式。一堂课上完了，可以根据本节课内容适当地开展活动，既能缓解课堂教学的沉闷，放松学生紧张的情绪，也能培养学生的学习兴趣和实践能力。

（五）教学流程中环节衔接与过渡

课堂教学的不同阶段和各阶段中的小环节，各有其独立的内容和任务，但是，各阶段以及各阶段的小环节之间存在着一定的逻辑层次关系。只有做好了衔接和过渡，才能使课堂教学的过程成为一个有机的整体。在教学实践中，常见这样几种失误：一是教师没有揭示上下两个环节之间的内在联系导致学生丈二和尚摸不着头脑；二是教学时在过渡环节短话长说，拖泥带水，打乱了上下环节之间的逻辑关系，使学生不可理解；三是过渡语言生硬、单调，不利于激发学生进一步探究新知的欲望。

课堂教学过程中的环节衔接和过渡是一项高超的艺术，它要求教师对教学阶段的教学内容以及前后联系有透彻的了解，要求教师能运用心理学的知识抓住学生的兴趣点，将学生的思维从一个环节向另一个环节巧妙引导，要求教师善于运用教学语言实践环节之间的自然过渡。

1. 演绎式过渡

演绎式过渡法一般适用于议论文教学。如上《继续保持艰苦奋斗的作风》一文，让学生认识作者对形势的分析之后，就可用演绎法过渡："中国革命胜利的意义是伟大的，但是创业难，守业更难。一个政权的巩固，一个国家的繁荣昌盛需要我们花费更大的努力同敌人、同自己队伍里的意志薄弱者进行斗争。那么，在革命胜利之后，革命队伍面临着怎样的实际问题呢?"这一过渡语就可把学生引向新问题的探讨。

2. 归纳式过渡

归纳式过渡法是运用归纳推理的形式小结上一环节的教学内容，让学生在掌握这一内容的基础上再用提示的方法讲授下一阶段内容。

归纳式过渡法一般用于一个教学阶段的小结或一堂课的收尾，它能使学生对所学知识形成一种完整的认识。如《眼睛与仿生学》的教学过渡语："我们从课文中知道了各种各样的昆虫眼睛，在高倍显微镜下可以看到蚊虫的一只眼睛中有五十只小眼，像蝇的一只眼睛中有四千只小眼……天蛾的一只复眼中甚至有二万七千只小眼。小眼这么多，合起来的眼睛当然比较大。上面所列举的例子都是昆虫，所以说昆虫的眼睛一般都很大(归纳)。那么，我们为什么要研究昆虫的眼睛呢？这就是我们下面要讨论的问题。"

3. 层进式过渡

层进式过渡法主要用于前后环节的教学内容在逻辑上是层次深化关系的衔接。比如《白杨礼赞》的环节衔接："赞美白杨树的'不平凡'是《白杨礼赞》一文的抒情线索，作者在第五自然段从白杨树的形象、气魄上描绘出了白杨树旺盛、坚强的风貌。我们知道，作者赞树的目的是为了赞人。但是，作者没有直说，而是通过对白杨树抒情性的评价，把白杨树进一步人格化了。白杨树和其他树相比，美不美呢？白杨树的美表现在哪些方面呢？白杨树有何象征意义呢？让我们带着这些问题研读文章的第七段。”

从赞树到赞人，在逻辑上就是一个层进关系。从这一段过渡语中我们可以看出，设计者先是引导学生回顾已经学过的内容，在此基础上引导学生直接奔向本节课的重难点——象征意义的理解。在运用层进式过渡这一方法时，要让学生明确前一教学环节教学内容的基本思想和含义，同时用简要的语言揭示该环节的发展方向，让学生为此做好充分的准备。也就是说，只有在过渡语的设计和课文内容的层进以及学生认识的逐步推进完全一直时，教学环节才会显得紧凑自然。

4. 类比式过渡

在语文课堂教学中，采用比较阅读是培养理解能力、分析能力的一种行之有效的方法，也是教学环节衔接和过渡的一种方法。这种方法适用于前后环节的教学内容虽然性质不同，但是具有类比关系。运用这种方法主要是让学生顺着教师所指引的联系比较思路，由一个教学内容进入另一个教学内容。

例如：“影子，是人人都很熟悉的，影子的知识在生产、生活和科研上有着广泛的应用。借助影子的知识，工程师发明了奇妙的无影灯，解决了外科医生手术操作的一大难题。影子的知识在其他方面还有哪些运用价值呢？其他方面运用影子的知识时，各自又是根据影子的哪方面原理呢？这就是接下来我们所要学习的另外三个关于影子的故事。”这一过渡语紧承上文而来，引导学生根据影子的知识及其运用价值和原理来比同求异。有这样的过渡语来衔接，学生自然兴趣盎然了。

总之。环节衔接过渡的作用主要是承上启下，实现教学阶段和环节之间的自然联系。成功的过渡是实现学生的阶段思维到完整思维之间的桥梁和纽带。这种承接和过渡没有固定的模式，没有可供借用的现存“套话”，全靠教师灵活把握、科学运用。

二、教学方法选择

（一）教学方法的分类

教学方法与教学策略，两个概念紧密相关但又有所区别。教学策略包括对教学方法的选择、组合，还包括对教学组织形式、教学媒体的选择等内容，而教学方法常被看作是教学策略的集中体现和行为表现。教学策略的运用离不开教学方法以及对教学方法的选择、组合。教学方法分类多种多样，比较常见的是依据学生获取信息的途径划分的以下四类。

1. 语言类方法

语言类的方法包括讲授法（讲述法、讲解法、讲读法、讲演法）、谈话法（启发谈话、问答谈话、指导性谈话）。

2. 直观类方法

直观类的方法包括演示法、参观法（准备性参观、并行性参观、总结性参观）。

3. 实践类方法

实践类的方法包括练习法（口头练习、书面练习、操作练习）、实验法（准备性实验、验证性实验、巩固性实验）、实习作业法。

4. 自学类方法

自学类的方法包括读书指导法（讲读、半独立性阅读、独立阅读）、讨论法。

具体的教学方法还有很多，如发现法、比较法、愉快教学法、分步教学法、暗示教学法等。随着新课程改革的推进，还会创生出更多的深受学生喜爱的教学新方法与策略。

（二）选择教学方法的依据

为了达到语文教学的目标，必须科学地设计和运用教学方法。广大语文教育工作者在教育教学实践中积累的大量经验为后来者提供了选择语文教学方法的依据。

1. 依据教学目标和任务

每一节课都有具体的教学目标。方法选对了，目标就能顺利实现。根据目标选择方法就像爬山和过河一样，去山那边就不适合乘船过去；即使会游泳的人，想要尽快到达河对岸，还是乘坐便捷的水上交通工具比较高效一些。

2. 依据教学内容

教学方法的选择和组合，必须依据教材的性质和具体内容特点来决定。如前文《春》的教学案例中，就是结合文本语言优美，富有节奏感的特点选择了半独立阅读法，通过四个层次的“读”，逐渐达成理解内容，培养语感的教学目标。

3. 依据教学规律和教学原则

教学规律是不以人的主观意志为转移的客观存在，教学原则是教学规律的客观反映，是教学系统诸要素内在联系的理论概括。教学方法的选择和配合必须遵循教学规律和教学原则。

4. 依据教师素质

任何教学方法都必须通过教师的具体操作来实现。教师的素质结构包括知识结构、能力结构、心理结构、品德结构等。只有适应教师素养、能力的方法才能发挥作用。如，在整体感知课文的环节，朗读水平很好的教师可选择教师范读，若不然，就选择媒体辅助范读，这样才能起到示范与激励的作用。

5. 依据学生特点

教学方法的选择必须适应学生的基础条件和个性特征。

6. 依据教学环境条件

在选择教学方法时，还得考虑到教学的组织形式、教学的时间、教学设备等客观条件。

（三）选择教学方法的原则

1. 多样性原则

各种教学方法有各自的适用范围，又有各自的局限性，同时，教学内容、教学对象、教学环境总是千差万别，所以，必须综合多种教学方法才能取得最佳效果。

2. 灵活性原则

教学方法的多样性和教学活动的多变性，决定了教学方法选择的灵活性。

3. 优化组合原则

对行之有效的教学方法进行优化组合，强化各自的积极方面，弥补各自的消极方面，是教学实践中最机智的做法。

4. 教法与学法统一的原则

陶行知的“事怎样做就怎样学，怎样学就怎样教”，还有当前推行的“以学定教”主张也在提示我们：学法是教法的依据，教法是学法的示范。

5. 创造性原则

在教学中，继承传统教学方法的同时结合教学实际推陈出新。发掘并应用自己擅长的技巧，通过各种途径，让教学活动发挥最大效益。

案例

模拟练习

1. 阅读下列教学案例，分析案例中教学流程设计是否顺应了学生的认知规律并达成教学目标。

《从三到万》是一篇自读课文，一上课，教师讲起了故事：“从前有个财主请了个老师来教他的儿子识字和写字。老师写了一横，教那孩子这是‘一’字；写了两横，就说这是‘二’字；写了三横，又说这是‘三’字。孩子高兴得把笔一扔，跑去对财主说：‘爹，我懂了！我全懂了！’财主也十分高兴，就把老师辞退了。过了些时候，财主准备请一位姓‘万’的亲戚来喝酒，就叫儿子去写请帖，可是等了老半天还不见他写好，就去看看究竟是怎么回事……你们猜，财主看到了什么？”

学生对这个故事并不陌生，很快就“猜”到了财主的那个傻儿子闹的笑话。于是，教师让学生看课本的目录，猜一猜今天语文课内容要读哪篇课文，学生一下子指出了《从三到万》。

接着，教师告诉学生，这是著名学者马南邨写的一篇短文，文章里就讲了这个傻儿子学识字的故事，并从这个故事中引出了一些关于学习方面的道理。这时，教师又让学生揣测一下作者可能讲些什么道理，然后要求学生把自己的揣测和文章的内容对照、比较。

这个故事的道理并不深奥，因此学生的“命中率”很高。展示交流时，教师规定学生的发言不能重复别人的，说了道理以后，还要写出一个成语或一句格言。不多一会儿，成语、格言写满了黑板。除了文章里用到的“自命不凡”“循序渐进”等成语外，学生还写出了“自以为是”“浅尝辄止”“学海无涯”“尊师重教”“谦虚使人进步，骄傲使人落后”“知之为知之，不知为不知”等成语、格言，有一个学生甚至说出了“自以为是比无知离真理更远”这样的警句。

当教师请学生打开课本的时候，学生惊喜地发现，他们从这个故事中引出的观点跟文章中的议论竟是那样合拍，而不同的仅仅是表述的语言。于是，教师说：“这样看来，马南邨这位著名的学者也没有什么了不起，你们不是已经跟他差不多了吗?”学生先是自信地点点头，随后又若有所思，纷纷说：“还差得远呢!”教师追问：“为什么一下子谦虚起来了?”有一个学生站起来回答：“我们不可能刚刚学了一、二、三就欣欣然起来，自以为‘得矣，得矣’，似乎比老师还高明。要不，我们也变成那个傻小子了!”

最后，教师让学生齐声朗读课文最后一段：“我们不懂的东西还很不少，都迫切需要虚心学习……从三到万这个故事似乎对我们有一些启发。我们不妨以此为例，举一反三，想一想怎样才能更好地加强我们的学习。”

【答题解析】

案例中，教师以学生原有认知为起点，引导学生通过猜测、揣测一步步进入未知领域，这样的教学流程对于实现教学目标是非常有意义的。

这篇课文的学习重点是结合故事讲道理、学习叙议结合的写法。通常情况下，教师都会通过讲解法来落实重点。但在这堂课上，这位教师发动学生在已有认知基础上进行的猜测和揣测，让学生获得了深刻的感受。毫无疑问，这要比单纯接受老师的讲解要深刻得多。在揣测的过程中，学生还“发现”了自己的智力潜能，并且懂得了“举一反三”，在行动上避免故事中那个“傻小子”的错误。这一过程不仅是学生学习的过程，而且是学生能力和智力得到发展的过程，同时也是学生的情感、意志、性格得到全面锻炼的过程。这样的教学设计注重引导学生运用已知学习未知，顺应了学生的认知规律，自然突破了重点，达成了教学目标。

2. 根据教学流程设计的理论，对下列教学片断进行简要评价。

教师引语：东晋以后，很多文人欣赏陶渊明的人生态度和生活方式，以陶渊明自况，这正是中国文人张扬个性、自我欣赏的“风骨”。下面，我们再看一看《老舍自传》

老舍自传

舒舍予，字老舍，现年40岁，面黄无须。生于北平。3岁失怙，可谓无父；志学之年，帝王不存，可谓无君。无父无君，特别孝爱老母，布尔乔亚之人未能一扫而空也。幼读三百篇，不求甚解。继学师范，遂奠教书匠之基。及壮，糊口四方，教书为业，甚难发财，每购奖券，以得末奖为荣，示甘于寒贱也。27遂发愤著书，科学哲学无所懂，故写小说，博大家一笑没什么了不得。34岁结婚，今有一男一女，均狡猾可爱。闲时喜养花，不得其法，每每有叶无花，亦不忍弃。书无所不读，全无所获并不着急，教书做事均甚认真，往往吃亏，亦不后悔。如此而已，再活40年也许有点出息。

请学生朗读，并思考：老舍的这篇传记与陶渊明的传记在语言风格上有什么相似点？

课堂设想：学生能体会到作者的自赏、自嘲、自得、自乐即可。

教师引语：其实，同学们也可以学习这种自赏自嘲的笔调，写出自己的个性风采。老师现学现卖，做个样子给大家介绍自己。

“五同”老师传

听母亲说，我黎明出生，初来人间，哭声震天。家人以为生了个大胖小子，却原来是一瘦小千金。父母望我争强好胜，故取一小子名曰黎胜。然争强有余，总不能胜：学唱歌，五音不全；学跳舞，步伐不健。亦追时尚赶新潮，却不愿改变自我、丢失自然……于是拼命读书，与莎翁交友，与太白吟唱。与鲁老夫子对话，与五柳先生趣谈。立三尺讲台，难守本分，不迷信于旧观，而有志于挑战，不仅课内揭秘，而且课外探源，每有所悟，便怡然自乐，得意洋洋也。学生叹曰：“黎老师有童心之纯真，无师道之尊严，与我们‘五同’为伴，戏称‘五同’老师。何谓五同？师生同阅、同写、同讲、同议、同评也。”

教师引语：同学们也来介绍一下自己吧？可以是完整的小传，也可以只是一两句抓住某个特点，表现自己的个性。

学生展示并交流，如：

生1：喜欢足球，却被称为臭脚。

生2:每每迟到,总被老师耻笑,一笑了之。

生3:不戚戚于分数,不汲汲于名次。

【答题解析】

从"走进文本"到"比较阅读",再到"教师示范",最后"激发学生创作",教师发挥自身优势,模仿课文的语言风格大胆地撰写了一段自己的小传,读给学生听,使学生感到亲切。这就深化了学生对课文内容与形式的感受,起到了激发学生兴趣、引领学生学习的作用。

3. 下列教学流程的设计是否合理?请说明理由。

《鲁提辖拳打郑关西》小说教学流程:① 组织教学,明确学习内容和目标;② 教师播放电视剧《三国演义》中与课文相关的视频片段;③ 读文本,分析课文……

【答题解析】

在这一教学流程中,教师让学生在未接触文本的情况下就接触了直观的影像,那么在学生再读文本的时候,由于形象先入为主的原因,头脑中出现的是影片中演员塑造的形象,而再也无法从小说的语言中产生自己感受到的人物形象了。这种效果就削弱了语文教学要培养学生形象思维的功能。因此,现代教育技术在教学流程中使用的时机是不可忽略的。

4. 阅读《春》的教学设计,分析其中主要教学环节的设计意图。

《春》教学设计

创意说明:

《春》这篇写景抒情散文内容浅显,适合学生自主学习。教学过程宜采用教师引导,学生自主合作学习为主。又因该篇节奏感强,具有音乐美感,故把教学的重点放在诵读上,以读带赏,读赏结合,便于学生更好地领会文章,初步奠定初一学生的鉴赏基础,从而通过对《春》的示范性阅读教学带动其他篇章的学习。

教学步骤:

一、导语设计

(1)用朱自清的配乐散文《匆匆》引入,让学生简单地概括作者的写作风格,如:清新淡雅,语言优美。由此引入另一篇具有此种风格的写景散文《春》。

(2)也可用多媒体、实物投影展示学生课前搜集的有关春的音乐、图片等。借此引入画外音:春天来了。

二、阅读欣赏

教师引导学生诵读全文,尝试欣赏该文,此处可分小组进行。

1. 轻声读课文，熟读后放声朗读

借助工具书读准字音：散(sàn)　和(hè)　酝酿(yùnniàng)

2. 教师引导学生进一步领会作者的思想感情。有感情地读全文，注意语速、语气、语调、重音等

(1) 指导朗读开头部分，学生轻声吟诵，然后说出朗读的感受，引导学生自主学习。朗读时，要表达出“盼”的感情。“盼望着”“盼望着”用渐强的语气，渐快的语速。“来了”“近了”用重音强调。

(2) 指导学生结合朗读边读边鉴赏春草、春风、春雨等画面，不拘泥诵读，读中赏，赏中读，以读带赏，读赏结合。引导学生在充分领会作者意图的基础上有感情地朗读文章的细描部分。例如：①“钻”“嫩嫩的”“绿绿的”写出春草怎样的特点？应该用怎样的语气读这些词语？②“一大片一大片满是的”写出春草怎样的特点？应该用怎样的语气读这句话？③写孩子们在草地上嬉戏与春草有什么关系？④写风与写草有什么关系？应该用什么语气读“风轻轻的，草软绵绵的”两句？

在讨论、分析的基础上，让学生放声朗读。注意引导学生在朗读时，头脑中映现出作者描绘的画面，表达出作者对春天的赞美，对生命的热爱之情。其余几幅画面的朗读与鉴赏的过程也大体按照如上安排，让学生有创意地朗读。

(3) 结尾部分的朗读，引导学生在读熟的基础上讨论下列问题：① 结尾三段各赞美了春天怎样的特点？② 这些特点是通过哪些词语来表现的？③ 应当用怎样的语气读这三句话？④ 朗读时，哪些词语应当用重音强调？

在讨论解决的基础上，让学生反复大声朗读。

三、引导感受

熟读全文后，引导学生感受文章的整体风格——柔性之美，“而春天像健壮的青年，有铁一般的胳膊腰脚，领着我们向前去”的刚性结尾与全文的整体风格颇不协调。因此，出示探究性练习：你能用另外一种表达方法为文章写一个结尾吗？此练习分小组进行，每组选出最佳的两三个结尾在全班交流。培养学生的探究意识。

【答题解析】

“课标”强调从正确流利、有感情三方面来加强朗读训练。《春》的教学流程设计就是以朗读为切入口，通过“范读—引读—品读—研读”的层进式流程，让学生在诵读中提升了品位。

第一步，范读。教师选用配乐散文《匆匆》，一方面让学生感受作者清新淡雅的风格，一方面又为学生的朗读提供了示范，为学生的情感体验与联想定下了一个基调，为课文

的欣赏创设了一个有利的情境。

第二步，引读。教师先让学生轻读课文，然后大声朗读，并在朗读的语速、语气、语调和重音方面加以引导，着力达成“正确、流畅”的朗读目标。这对学生的语言感受力的培养起到了很好的作用。

第三步，品读。教师在朗读的基础上引导学生鉴赏春草、春风、春雨等画面，但这些鉴赏活动并不是浮于表面，而是深入到文章的细节，从语言品位的角度来品读作者的情感，激发学生的联想。

第四步，研读。教者在学生熟读课文的基础上设计了四个问题，使学生着力研究课文的结尾，揣摩作者对春天的赞美之情，欣赏结尾新颖生动的表现手法，并再次大声朗读，把握文章的整体风格。

本课设计充分体现了“课标”中“学生是语文学习的主人”的意识，在教学中，教师只是充当着学习活动的引导者和组织者。教师根据阅读教学的规律安排这样的流程，使学生在各种“读”的学习活动中循序渐进，提升了语文素养。

5. 在教“冰心《成功的花》”时，有一位教师设计了这样的导入语言：一朵明艳的花摆在你面前时，你很羡慕它的明艳吗？一个成功的人站在你面前时，你很羡慕它因为成功而得到的荣誉吗？老师对你们的回答先不做评价，就让冰心来告诉我们这个人生哲理吧！

【答题解析】

“一朵明艳的花摆在你面前时，你很羡慕它的明艳吗？一个成功的人站在你面前时，你很羡慕它因为成功而得到的荣誉吗？”教师妙用诗句设问，扣住教学内容，且富有内涵。这一导入语既是极具感召力的悬念，又为这篇课文创设了很好的学习情境。

6.《论语十则》教学实录。

师：《论语》写作体例为语录体，语录体一般由问语和答语两部分组成。下面，请大家快速浏览全文，看谁能准确找出既有问语又有答语的一则。

生：第十则。

师：是谁问谁答？

生：孔子的学生子贡问，孔子答。

师：请问，子贡问了一个什么方面的问题？他怎么问，孔子如何答呢？（学生思考了一会儿，有学生站了起来。）

生：我认为子贡问的这个问题是关于修身做人的。他这样问，“有一言而可以终身行之者乎？”孔子回答：“其恕乎！己所不欲，勿施于人。”

师：你能结合问语和答语的意思给大家解释下吗？

生：可以。用现代文翻译这一问一答，子贡问的就是“有一词可以用来一生践行吗？”孔子说，“大概就是‘恕’了。自己所不喜欢的事情，不要强加给别人。”这告诉我们，做人要有“宽恕”之心。所以，子贡的问题是关于修身做人的。

师：是呀！你的思考严密，也很正确。谢谢！请坐！

师：同学们，孔子对弟子的教育正是通过他与弟子的问答式对话进行的，《论语》记录了孔子和弟子的言语。课文中的其余九则仅有答语，没有问语。假若你是孔子，你能回想起当时你给学生提的问题吗？假若你是孔子的学生，你能回想出你当时向老师提的问题吗？

（教师依据全班同学自然分组情况，由第一大组完成第一、三则，由第二大组完成第二、八则，由第三大组完成第四、五、六则，第四大组完成第七、九则的问语设计。先独立思考，再前后四个同学一组讨论修正，形成统一意见。由中心发言人汇总讨论结果，准备发言。）

…………

师：下面，我们来听听大家学习的成果。（第三大组多人举手，点了一人发言。）

生：第四则，仅有孔子的答语，我们经过讨论认为，答语回答的是学习方法中学习与思考的关系这一问题。所以，问语应这样设计，“先生，学习与思考的关系是怎样的呢？”

师：那你能如同第十则那样，把它加入到问语之前吗？

（生有点不理解。）

师提示：第十则中是谁提问的？

学生答，子贡。

（师提示，这是你提问，你应将自己的名字加到问语之前。是不是？生笑了。）

生：×××问曰：“先生，学习与思考的关系是怎样的呢？”子曰：“学而不思则罔，思而不学则殆。”

师：大家同意他的意见吗？

生（齐）：同意！

师：下面，请让我们回到春秋时期，我当孔子，你做学生，全班同学担任旁白，我们来进行问答对话。

（学生旁白：×××问曰。）

生：先生，学习与思考的关系是怎样的呢？

（学生旁白：子曰。）

师：学而不思则罔，思而不学则殆。

（注：师生逐一完成其余八则的问语添加，学生、师生之间采用古人问答时的语气语

调进行问答训练。在对话过程中，师生对第一则，做了较为全面的分析。即认为“学而时习之，不亦说乎？”说的是学习方法中温习的快乐，“有朋友自远方来，不亦乐乎？”说的是会友，后一句则讲人的修养问题。三句话三层意思，层层递进。）

【答题解析】

初中阶段，文言文教学到底应该如何教？“课标”要求的“阅读浅易文言文，能借助注释和工具书理解基本内容。背诵优秀诗文80篇。”但这要求是总体要求，是基本要求。在教学中，教师还需根据具体的文本特点以及学生的情况做出个性化的设计。

《论语》是一部语录体著作，文辞简古。其篇章虽有记事，但却简略；记言虽多，但却只是片言只语，且多为自言自语，有问语又有答语的少之又少。是不是孔门弟子的疏忽呢？但是在《论语》中也有将一句话的来龙去脉都记录下来的，这说明，他们是有意给后人留下空缺的。这个空缺，就是后人理解《论语》要旨的所在，也是后人思考的所在！

本案例中，教师结合文本特点，在传统教学策略的基础上作了大胆的创新，把教学的触角伸到文本所提供的场景或文本作者所处的时代，让学生置身于特定的交际场中。这种教法与“课标”所倡导的“语文教学与生活相联系”是一致的。只不过，这种联系，是一种特殊的方式，这位教师把它称为“场复原”（回到原始状态）。从课堂实录中，我们可以看出所谓“场复原”就是把教师与学生的“思考”放到文本所提供的场景或文本作者所处的时代中，让这种“思考”接近更为原始的状态，将传统的逐句析文义、师生的机械分析变为教师与学生对文本进行真正的解读。

案例中，教师从学生学习的基点出发，引导学生逐层探究，渐入佳境。教学流程的设计遵循学生的身心发展规律和语文学习规律。从实施的过程来看，教学策略也是完全正确的。一是学生角色的置换而使学习行为出现了高度自主性，这是新理念运用到教学实践中所产生的魅力；二是学生对文本内容进行了富有创意的修改和再创造，实现教师、学生与文本之间的完全融合；三是教师与学生组成了“学习共同体”，教师教的成分明显比传统式少多了，教师也轻松了许多。学生在自主学习、合作、探究中完成了对文本中“每一则”的个性化加工，使学生成为语文学习的真正主人，达到了传统教学所不能达到的境界。

当然，这种策略并不是适用于每篇文言文的教学，因为，无论什么策略，适合的才是最好的。所谓适合，就是适合学生，适合教材，适合教学环境条件，适合教学目标——能轻松达成课堂教学目标又能对学生长远发展产生深刻影响。

第五节　教学资源的开发与利用

考纲内容

了解语文教学资源的多样性，能根据所选教学内容合理开发、选择和利用教学资源。

考纲解读

有效的教学活动与学习活动需要运用相当的教学资源，教学资源的合理运用有助于教学进行中引发学习动机，使学生获得有意义的学习经验，并能辅助解说教学内容、提供学习能力表现的评价。教师在教学前收集与教学有关的资源，并融入教学活动中，可使教学更具弹性化，更适应差异。一般而言，教学资源泛指教师用来作为辅助教学活动进行的各种实物、非放映性教材（如图书、图解、表、图表、相片）、录音器材、教学媒体等各种设备。学习本章，要了解教学资源的类别、掌握开发教学资源的方法以及合理利用教学资源的原则。本章考核题型主要是选择题和案例分析题。

基本知识

基础教育课程改革对课程资源做出了明确的表述，有助于增强人们的课程资源意识，促进人们课程资源观念的更新。《义务教育语文课程标准（2011 年版）》对语文课程资源的表述有：

（1）语文课程资源包括课堂教学资源和课外学习资源，例如，教科书、相关配套阅读材料、其他图书、报刊、工具书、教学挂图，电影、电视、广播、网络，报告会、演讲会、辩论会、研讨会、戏剧表演，生产劳动与社会实践场所，图书馆、博物馆、纪念馆、展览馆，布告栏、报栏、各种标牌广告，等等。

自然风光、文化遗产、风俗民情、方言土语，国内外的重要事件，日常生活的话题也都可以成为语文课程的资源。

（2）各地都蕴藏着多种语文课程资源。学校要有强烈的资源意识，认真分析本地和本校的特点，充分利用已有的资源，积极开发潜在的资源，特别是人的资源和在课程实施中生产的资源。

（3）学校应积极创造条件，努力为语文教学配置相应的设备；还应当争取社会各方面的支持，与社区建立稳定的联系，给学生创设语文实践的环境，开展多种形式的语文学习活动。

（4）语文教师应高度重视课程资源的开发和利用，创造性地开展各类活动，增强学生在各种场合学语文、用语文的意识，通过多种途径提高学生的语文素养。

从上述对语文课程资源的相关表述看，语文课程资源内容丰富、分布广泛。从语文教学内容看我们所要接触的语文教学内容已经不单是教材了，在生活和实践中所产生的需要学习的知识，也属于语文教学内容。这就要求我们所开发的语文教学资源既能够满足教材学习的需要，也要满足学生情感世界的需要；既要满足学生技能的发展，又得在培养技能的同时注重学生的个体差异，关注学生的个人体验。具体来说，语文教学资源是指能够进入到语文教学课堂，针对语文学科的独特性，结合学生学习语文学科的心理特点，根据教学的具体内容，围绕语文教学的课堂目标和整体目标的开展提供各种支持因素的总和。

一、教学资源的种类

第一，根据教学资源的性质，可以将教学资源分为自然性资源、社会性资源和人文性资源。自然性资源是指自然世界中的万物，既指自然形态的宇宙万象，也包括各种生物，还指人工形态的景物。开发语文教学资源中的自然性资源，可以引导学生认识自然、了解自然、热爱自然，与自然和谐相处。其实，在语文教学中，有许多课文都是描绘自然风光的，如朱自清的《春》、吴均《与朱元思书》等都描写了自然景物。如果能开发类似的自然性资源，不仅能增进对课文的理解，而且能够学习作者描绘自然景物的手法以及提升学生遣词造句的功力。

社会性资源指现实世界的各种劳动、创造发明、人际交往、人间百态等。社会性资源的开发，能充实和丰富学生的头脑，也能指导学生深入生活、深入人心，丰富生活阅历、生活体验。挖掘语文教学资源中的社会性资源，能够在教学中让学生用自己的体验去印证或补充课文所写内容，指导学生观察生活，热爱生活。

人文性资源，指存在于世界的物质文化和精神文化的总和。例如，我国古代科学家、艺术家、发明家的故事，古代的传说、寓言、神话、民间故事等。学语文就是学文化，学习中华民族的优秀文化，继承、弘扬民族文化是语文教学义不容辞的任务。

第二，根据资源的存在方式，语文教学资源可以分为显性教学资源和隐性教学资源。显性教学资源是指可以直接运用到语文教学活动中的，可以看得见摸得着的教学资源。如我们所用的语文教材、计算机网络、能够为语文教学服务的现实物体等。显性教学资源作为实实在在的物质存在，是可以直接为语文教育教学的便捷内容或手段，这些教学资源在语文教学活动中比较容易开发。隐性教学资源是指对语文教育教学有潜在影响力的教学资源。例如，学校氛围、家庭氛围、社会风气以及教师与学生之间的关系。隐性资源具有间接性和隐蔽性等特点，对于语文教学的影响一般没有直接的作用，但是它们对语文教学的质量有着持久的潜移默化的影响。所以，对于隐性语文教育资源的开发需要我们语文教育者付出更多的努力。

第三，根据资源的呈现方式和物理特性，可以将语文教学资源分为文字资源、实物资源、活动资源和信息化资源。文字资源一直是语文教学最重要的资源。实物资源的表现形式是多种多样的，在语文教学中引入实物资源的辅助，有助于学生对教学内容有更加直观、形象的理解。活动资源内容十分广泛，包括语文教师在教学生活中的言语活动和体态语言、班集体和学生活动、各种文艺演出和实践活动以及学生之间、师生之间的交往等。在开发活动资源的过程中，有利于培养学生的听、说、读、写能力，有助于提高学生的语文素养，能够有效地打破语文教学课堂的接受模式，使学生在掌握知识的过程中，增进与社会的交往，能够有效地培养学生正确的价值观。以计算机互联网为代表的信息化资源具有网络化、多媒体化、智能化、信息容量大等特点。随着教育信息化的不断推进，开发信息化的教学资源成了一条语文改革的必行之路，信息化资源将是最富有开发前景的资源。

第四，根据资源的来源，语文教学资源可以分为校内教学资源和校外教学资源。校内的语文教学资源可以包括学校内的各种场所和设施，如图书馆、阅览室等；校内的人文资源有教师群体(特别是语文教师)，师生关系、班级组织、学生团体等。与语文教育教学有密切关系的一些活动，如艺术节、读书节、社团活动等。校内的教学资源是实现教学目标，促进学生全面发展的最便捷、最基础的资源，语文教学资源的开发首先就要着眼于校内资源的开发，如果没有校内教学资源的开发，那么校外的教学资源开发就成了空谈。校外的教学资源包括学生的家庭、社区乃至整个社会中各种可以运用到语文教育教学活动的资源和活动等。校外的教学资源可以弥补校内的教学资源的缺憾，合理充分地开发校外的教学资源，能够有助于我们转变语文教育教学的方式，丰富语文教学的形式，为适应新课程提供强有力的保证。

二、教学资源的开发

在语文教学资源的开发中，语文教师起着主导和决定性作用。开发合理的教学资源需要语文老师掌握一定的方法，常用方法如下。

1. 挖掘生活素材法

语文学习的外延与生活的外延相等。我国大教育家陶行知老先生曾经提倡“生活即教育”的理念，大力推崇教师引导学生走进社会、贴近自然。“语文教学联系生活”的教育教学理念深入人心，赵谦翔老师就曾明确提出了“绿色语文”“绿色作文”的理念。回归生活的新课程理念，不时地在提醒我们：想要构建开放而富有活力的语文课程，就得面向现实，根植生活，这样语文教学才能有更广阔的天地。在构建开放而富有活力的语文课程中，开发与生活相关的语文教学资源至关重要。“课标”指出，自然界中的美丽风光，人类历史文明中的文物古迹，人类精神家园的民俗风情，以及从古到今的重大的国内外历史事件，甚至是每一个学生在家庭中的日常生活话题等都可以成为语文课程资源。“课标”中所规定的语文教学资源也涉及各个地区所独有的社会或者是自然等因素。

语文教学中具有强烈的资源意识不仅有利于语文课程的建设，而且使语文教学充满了活力，让学生在学习语文的过程中联系生活的方方面面、联系现实社会，联系自身体验，来感受语文，理解语文，从而提高自身的语文素养。语文的亮点存在于生活的各个角落，可以说是无所不在，无时不有，比比皆是。语文教师要具有一双会开发语文教学资源的慧眼，挖掘生活中的语文素材。第一，要时刻指导学生随时留意自己身边的寻常琐事。对身边的小事，进行重新审视，利用自己已有的语文知识和生活知识，进行再认识，能够表达出新的感悟。第二，引导学生关注时事政治、热点新闻。通过多媒体网络、电视新闻，报纸报道、论坛博客等载体，使学生真正能产生自己的独有体验，提炼自己的感悟。第三，引导学生关注自然。要感受春天的“碧玉妆成一树高，万条垂下绿丝绦”（贺知章《咏柳》），体味夏天的“黄梅时节家家雨，青草池塘处处蛙。”（赵师秀《约客》），品味秋天的“枯藤老树昏鸦，小桥流水人家。”（马志远《天净沙－秋思》），领悟冬天的“忽如一夜春风来，千树万树梨花开”。（岑参《白雪歌送武判官归京》），指导学生去感受大自然的无穷魅力，发现大自然的无限美丽。在学生细心的观察下，真实的体验中，让学生的内心世界与大自然的万事万物进行碰撞。语文教学也因此而充满活力。

2. 文本互文关联法

文本互文就是指每一个文本都有其他文本作为一面镜子，每一个文本都是对其他文本的吸收和改造。在一个文本中，不同层次、不同形式地存在着其他很多的文本，都是对过去的其他文本的重新组织。在语文教学资源的开发中运用文本互文关联法，可将语文教材作为例子，开发与之相关的其他文本资源，对教材内容进行拓展延伸，能更好地开拓学生的视野，培养学生自主学习、综合学习的能力。“课标”中明确指出：“在加大思维能量的同时，扩大有效信息量的传递，课内阅读与课外阅读要紧密结合。要指导学生到更广阔的阅读天地中获取信息，丰富知识，陶冶情操。”用文本互文关联法来开发语文教学资源，既可以将已经学习过的语文知识作为开发的资源，在对比、联想中收获新的感悟，也可以开发其他形式存在的自然资源或者艺术作品这类资源，与即将学习的文本结合，从中得到自己的体验。在语文教学中利用文本互文法开发教学资源，能够带领学生全方位的真正走进语文教学，能够将学生置于一个更加开阔的思维空间。

文本互文关联法开发语文教学资源的最终价值并不是简单地增加学生的语文阅读量，而是通过文本互文促进对原文本的领悟而不是简单的文本内容的增加，而是通过资源对原文本主题进行拓展升华，所以语文教师在利用此法进行资源的开发时，一定要找准原文本与开发文本之间内容和情感上的平衡点，仔细挖掘文本互文之间学生感知和情感的切入点，只有选好了这个，所开发的语文教学资源才能够有效地利用在语文教学之中。

3. 多媒体资源互动法

现在是一个信息爆炸的时代，学生获取知识的渠道非常多，而且随着社会的发展，获取知识的途径也在迅速增加。多媒体技术的运用，改变了单调的学习模式，多媒体资源的运用进一步优化了语文教育教学的过程。多媒体资源互动法是指利用先进的信息化教学设施，将文字、声音、图像以及视频等多媒体资源运用到语文教学活动中，用以创设情境，扩大学生信息源，展示情节，延展延伸，由此引起学生的共鸣。教师可以利用多媒体中的图片、声音或者视频等资源，来丰富语文教学的内容，并为语文教学提供更多的素材。利用多媒体资源互动法开发语文教学资源，创设一种情境，从形、色、声等方面充分调动学生对于事物的感知，开拓学生的视野，激发学生语文学习的积极性，能够更好地把认识事物和语文学习联系起来。根据语文学科内容丰富的特点，利用多媒体互动教学，能够增加学生的知识信息，不仅可以拓宽学生的知识面，还能够深化学生对于知识的认识，使教学收到事半功倍的效果。在语文教学的过程中，教师不可能会把所有有价值的知识全传授给学生，同样，也不可能根据不同学生不同层次的需要给予学生各式各样的信息。只有开发多媒体资源，选择能够为教学服务的资源，加工能够有助于教学目标达成的资源，与教学活动互动，才能够提高语文教学效果。如一位教师在教授《出师表》的时候，提前让学生查阅有关三国、诸葛亮的相关知识，学生在课堂上呈现的教学资源多是来自网络，所持文章资源多达二百多篇，是教师所备资源的10倍，其中包括专家研究的三国论文、网上有关三国的帖子，作家作品、背景资料，三国时期军事、文化的相关历史资料，《诸葛亮传》《后出师表》和《三国演义》全文等资料，还有很多的相关网站及论坛。这次教学效果甚好。这就告诉我们一个事实，在语文教学中，开发多媒体资源，能够起到提高学生的学习效率，激发学习动机的作用。

4. 情景体验法

开发语文教学资源，创设语文教学中的“情”，引领学生走进语文教学中的“景”，从学生在语文学习中的感知出发，把握学生在学习过程中的认知情感状态，对此状态做出合理的回应，调节语文教学环节，实现语文教学目标。没有“情”的语文教学，学生学习语文的动力就不能得到激发，没有“景”的语文教学活动，学生学习语文的效果就不能得以巩固。所以在开发语文教学的过程中，教师需要将学生引导到与教学内容相关的情景中，以促使学生得到真实的感受和体验，培养学生的听说读写能力，锻炼学生的语文思维，从而提升学生的语文素养。

三、教学资源的利用

通过对语文课堂教学资源概念的界定我们知道，虽然语文课程资源的范围比较宽广，但是并非所有的资源都能进入到语文课堂，为课堂教学所用。在资源未进入到语文课堂的时候，资源只能作为一个有待加工和处理的材料，只有进入到课堂这个特定的时空，成为语文课堂教学的某个环节才转化为真正的语文课堂教学资源。因此，需要了解合理利用教学资源的几个一般性原则。

(一) 语文性原则

语文性原则就是要求语文教师在开发利用课堂教学资源进行语文教学的时候要时刻注意把握语文的学科特点，体现语文学科的特色，挖掘语文学科自身的魅力，充分利用语文学科自身的内容和特征来选择课堂教学资源。不能因为多样的教学资源走进课堂冲淡了“语文”自身的味道。我们经常可以在各种语文公开课上看到这样的场景：讲抒情散文，就是大段大段的听音乐、看图片；讲小说，就是看电影、看电视；讲戏剧，就是让学生分成小组排练、表演；讲科技说明文，干脆请进物理老师、化学老师、生物老师。在这样的语文课堂中，语文教师成了音乐、图片的播放者，成了学生表演的看客，甚至成了其他学科教师的配角。在这样的课堂上，看似充分开发利用了教学资源，却使得语文课成了音乐课、美术课、物理课、化学课、生物课，而失去了语文课的本色。因此，坚持语文课堂教学资源开发利用的“语文性”原则对坚守语文教学阵地、彰显语文学科的价值具有重要意义。

(二) 针对性原则

针对性原则有两个指向：第一，语文课堂教学资源开发利用要针对不同学生的心理发展水平。语文课堂教学资源对于教师是教学资源，对于学生便转化为语文课堂学习资源。这些资源要符合学生身心特点，适合学生的年龄特点，适应学生认知水平，密切联系学生的经验世界和想象世界。只有这样开发利用出来的语文课堂教学资源才能为学生乐于接受，更好地帮助他们智力和情感的发展。第二，语文课堂教学资源开发利用要针对每堂语文课的教学目标，要与每堂语文课的教学内容紧密联系。语文课堂教学资源开发利用是为了促进课堂教学目标的达成，最终目标是为语文课堂教学服务。资源本身具有多质性的特点，同一资源可以服务于不同的教学目标。所以课堂教学资源的开发利用是在明确课堂教学目标的前提下，通过分析与课堂教学目标相关的各类资源，认识并掌握不同资源各自的特点和性质，有针对性地选择，才能进行有效的开发利用。在针对教学目标的同时，语文课堂教学资源还要与课堂教学内容紧密结合。在某种程度上讲，由于语文课堂教学资源的开发利用，一方面原有的教学内容得到极大的丰富，一方面学生的学习空间获得了扩展，但是，这种丰富和扩展都要以语文教学内容为依托，要具有很强的针对性。

语文教学资源并不是越多越好，要少而精，以一御繁。语文教学资源必须筛选和重新组合，符合教学目的和教学要求，才能运用在课堂教学中。

（三）开放性原则

利用语文课堂教学资源就是要以开放的心态对待人类创造的一切文明成果，尽可能地利用所有有益于语文教学活动的一切可能的课堂教学资源。语文课堂教学资源开发利用的内容是开放的，可以容纳多学科的知识为语文教学服务；语文课堂教学资源利用的类型是开放的，无论以什么形式存在的资源只要有利于语文课堂教学质量和效果都可以成为开发利用的对象；语文课堂教学资源利用的空间是开放的，不论是课堂内的还是课堂外的，不论是校内的还是校外的，都可以加以利用；语文课堂教学资源利用的途径是开放的，教师开发，学生开发，家长参与开发，学校指导开发，社会配合开发，多种途径和方式可以协调配合地使用。语文课堂教学资源利用的开放性原则，保证了语文课堂教学资源利用过程在一个更为广阔的平台上进行，为语文课堂教学的开展铺就了更为宽广的道路。

（四）灵活性原则

语文教学资源的利用应遵循灵活性原则，采取多种多样的能充分体现学生自主学习自主实践的形式，例如，上网、读课外书、询问、讨论，在课前搜集资料，组织新闻发布会、故事会、讨论会、演课本剧、办手抄报、编习题集等，让学生在丰富多彩、生动活泼的语文实践中学习语文，在讲述、讨论、交流、品评、操作等活动中促进发展，形成扎实的语文能力，并且体验语文学习的乐趣，创造条件，拓展语文学习的空间。

四、开发和利用语文教学资源应处理好几对关系

1. 处理好课内资源与课外资源的关系

开发和利用语文课程资源，要搞好课内课外结合，使语文课内课外资源得以增值，使课外学习资源的教育功能得到充分发挥，要使二者互补共效，相得益彰。就义务教育阶段来说，课内资源开发和利用应该占据主导地位，课外资源在大多数情况下起到一种辅助作用。课堂教学作为提高学生语文素质主阵地的地位不能动摇。

2. 处理好直接经验与间接经验的关系

在开发和利用语文教学资源中，学生将会更多地直接接触实际生活，获得大量的感性知识和直接经验，教师要注意引导学生对这些感性知识、直接经验加以总结、归纳和提升：在

关注学生参与实践、开展活动的过程中，应注重间接经验的指导作用和引领价值。掌握了经过反复检验的间接经验，就可以避免直接经验的盲目性和随意性，大大简化"尝试错误"的过程。就学生学习而言，主要是学习间接经验，不能因重视课外学习或在实践中学习而轻视书本知识的学习和课堂教学。

3. 处理好知识、智力、能力培养与兴趣、习惯、情感态度与价值观养成的关系

充分利用课外资源学语文，特别是引导学生在活动中学语文，在生活中学语文，这种学习方式本身就具有综合性，其学习内容也具有多元性和多层性，关涉到智力因素和非智力因素两个方面。所以，教师在引导学生利用课本中的学习资源或开发课外学习资源时，应该时时关注两者的统一。

案例

【例 2-2】

在教学过程中，有老师将斑羚飞渡制成了动画片段：随着猎人、猎狗渐渐缩小包围圈，头羊果断地指挥羊群按年老和年少分为两群，然后一对一老一少同时快速起跑，半大斑羚跑到悬崖边缘，纵身一跃，朝山涧对面跳去，老斑羚紧跟在后面，头一勾，也从悬崖上窜跃出去，在半大斑羚从最高点往下降落的瞬间，老斑羚正好出现在半大斑羚的蹄下，半大斑羚的四只蹄子在老斑羚宽阔结实的背上蹬一下，如踏在跳板上，在空中再次起跳，下坠的身体再度升高，轻巧地到达对面的山峰上；而老斑羚在半大斑羚的猛力踢蹬下，笔直地坠落崖底……随着一对对斑羚凌空跃起，山涧的上空架起了一座用死亡做的生命之桥。伴随着悲壮、逼真的场景和音乐声，学生感受到一次冲击心灵的震撼，看后心情久久难以平静。

评析：

该案例利用信息技术手段开发教学资源，在突破教学难点上，有着无法替代的优势，信息技术可以模拟一切真实与虚幻的境界，展示事物和故事的发展过程，达到语文学科与其他学科的知识融合。

【例 2-3】

《老王》教学片段。

师：我们看文中的这个插图，画的是老王临终前来送香油和鸡蛋的样子，这幅图画是否准确地把文字内容表现出来了？

（课件展示老王插图，略。）

生：这幅插图表现得不准确，因为老王来送香油和鸡蛋的时候是“直僵僵地镶嵌在门框里”，不是弯着腰的。

师：很好，你抓住了两个关键词：一个是“直僵僵”，一个是“镶嵌”。这两个词表现了老王当时是什么样的状态？

生：“直僵僵”，“直”表明老王身体没有弧度，不能弯曲；“僵僵”，突出了老王身体不仅“直”，而且“硬”。“镶嵌”一词可以看出老王已经没有了生命力，像个干瘪的东西嵌在门框里，表现出他的瘦弱。

师：你分析词语的能力很强，特别是对“镶嵌”一词的分析很到位，用夸张的手法，表现出老王身体的瘦、薄、干瘪和无生气。文中还有哪些语句能体现他的“直”与“硬”？

生：那直僵僵的身体好像不能坐，稍一弯曲就会散成一堆骨头。

生：他直着脚一级一级下楼去。

生：他简直像棺材里倒出来的，就像我想象里的僵尸，骷髅上绷着一层枯黄的干皮，打上一棍就会散成一堆白骨。

师：像“僵尸”和“骷髅”能突出老王——

生：病得十分严重，已经瘦得皮包骨头了。

师：大家再来看看“绷”字，表现出什么？

生：表现出老王非常的瘦，而且皮肤还非常干燥。

师：皮肤没有了水分，绷，字典里的解释是大的针脚别在上面。我们可以想象老王已不年轻了，皮肤很松懈，皮包骨头，稀松的皮没有一丝水分。

（课件展示：僵硬瘦干、形销骨立。）

师：从这些描写中，我们可以看到老王此时是僵硬的，瘦干的，形销骨立的。他好像只有一口气在这儿吊着了，就凭这一口气他走到了杨绛家。很显然，这幅插图没能准确地表现出老王已经病入膏肓的状态，不仅如此，图画还远不及文字有表现力。看来，在这个读图时代，我们要细读文字本身，才能读出味道。在这段文字中，杨绛用最质朴的语言给了我们一种不祥的预感，似乎嗅到了老王死亡的气息。这种气息恐怖而触目惊心。这不由得引发我们更进一步的思考：老王都这样了，为什么还要给“我”送香油和鸡蛋呢？

…………

评析：

杨绛对老王最后一次出现时的描写包含着自己含而不露、极其微妙的情感。通常教师或将其概括为“送香油和鸡蛋”，或摘录其中的部分语句让学生谈感想，由此概括出老王善良、无私的人物性格特点。但在本案例中，教师发现课文中的插图与文字内容并不统一，对这一插图资源进行开发，创造性地挖掘教学资源从而灵动地教学，引导学生突破习惯性思维的桎梏，取得了突破性的教学效果。

在信息化背景下，“读图”似乎在很大程度上削弱了“读文”。对于比教师更敏感于“读图”的学生，教材里课文的插图正是可以挖掘、利用的生动的教学资源。优秀的插图直观、明了，有助于对文本的深入理解；而不够精准的插图则容易误导学生对文本的理解，久之，会阻碍学生阅读能力的发展。

在课堂上引导学生去读文，去咀嚼字里行间充满的想象的韵味，这是“读图”所不能替代的。既然无法阻止“读图时代”的到来，何不用插图为教学服务呢？本教学案例以寻找插图的不准确之处为切入点，让学生品味“插图是否准确地把文字内容表现出来了”，进而引发学生对重点语句的关注，然后进一步地听老王说，看老王做。学生很容易找出插图的不准确之处，自然而然地根据文字内容在头脑中重构老王的样貌，这样“一千个读者，就会有一千个‘老王’”的形象，而形象的共同点便是“直僵僵”“僵尸”“骷髅”般、毫无生气。从课堂效果来看，这个设计激发了学生的学习动机，增强了学习的兴趣。在具象的图画与抽象的文字的对比中，加深了学生对文本的理解，更为重要的是，矫正了“唯教材是瞻”的认识误区，化枯燥为鲜活。同时，培养了学生借助有效资源细读文本的习惯。巧妙利用插图资源，对深入挖掘人物形象起到了积极作用，使学生解读文本直指关键词语，品读到最后，升华了有关老王对杨绛情义的理解：不是普通交往，而是如同亲人般的生死告别。这时，这个小人物在学生心中立刻就“伟岸”起来。

有所创新的教学设计才会带来突破性的结果。该教学片段对课程资源的利用具有创新性，教师只有首先具备了创造性思维，才可能发展学生的创造性思维，进而形成较强的语文能力。学生在将插图与文本对比的过程中，实现了人物形象的重构，彰显了评判优劣的能力。插图是绘画者对文本的二度创作，而绘画者与文章的作者是否能达到认知的统一，这恰恰是学生们感兴趣的点。通过对插图这种线条符号与文本的文字符号塑造同一形象的对比探究，可以使学生直观地感受到汉语语言文字的魅力，热爱祖国语言文字的情感也会油然而生。在对比中，学生的认知能力、批判能力、比较鉴赏能力都会有所发展。在教学中可利用的资源还有很多，如影视作品，引导学生把文学原著与改编后的影视作品进行对比，产生观点、形成评论，学生的阅读就会渐渐从感性理解上升为理性判断。总之，恰当的课程资源越多，供学生选择的可能性也就越大，形成语文能力的可能性也就越大。

第六节　教学方案的编制

考纲内容

了解编制教学方案的基本规范与要求，能在规定时间内完成教学方案。

考纲解读

教学方案是教学实施前的教学策划，是教学设计的书面形式。学习本节内容要了解教案的不同类型，掌握教案编制的基本范式，明确教案编制的基本要求和规范，能在规定时间内完成教学教案的制作。并在此基础之上，力求体现教学设计的艺术和创新，能充分表现教师理性思考的多少、深浅、奇平、巧拙。本节重点考查针对具体文本进行教学方案的编写操作，把握好教学方案的基本要求。

基本知识

语文教案是语文教学设计的书面成果，是教师在授课前根据教学内容而策划、营构的一种教学安排，是课堂教学的主要依据。教案是教师根据教学内容、教学要求进行的结构完整、目标明确、过程清晰、方法得当、时间分配合理的一种教学策划，它可以既有理性色彩又具备诗意手法，是教师文化底蕴、个人智慧和教学艺术的结晶。具有语文教案设计技能，是语文教师的基本功。

一、语文教学方案的类型

根据不同的角度划分，教学方案（简称“教案”）的类型也多种多样。

（一）详细教案、简明教案和微型教案

根据繁简程度，可分为详细教案、简明教案和微型教案。

1. 详细教案

详细教案内容周详全面，近乎讲稿，它对教学内容、教学过程、教学方式方法、师生互动等各方面设计都要求写得十分详细。同时对每一个教学细节，要提出的问题，问题的答案乃至各环节之间衔接的语言，都经过精心设计，详细记录在教案里。详细教案的设计需要用较多的时间和精力，但有利于教师驾驭教学。因此，详细教案更适合于刚走向工作岗位、教学经验较少的年轻教师。

2. 简明教案

简明教案简称“简案”，又叫教学提纲。它的文字比较精炼，篇幅比较短小，只写出最基本、最重要的内容。比如教学过程只写几个大的步骤，教材分析只写个提纲，板书只写个总体板书等。设计使用这种教案，需要有一定的教学经验，需要有比较从容地把握教学过程的能力，需要对一些教学环节有临场发挥的能力，它只宜于对课文和课堂有较高驾驭能力的教师采用。有时候，老教师备课时还把有关内容随手批注在课本上，配合简案进行教学。应当说，这也是一种简便易行、行之有效的方式。

3. 微型教案

微型教案也称卡片教案。其内容只涉及最基本的教学步骤和简明的板书。微型教案内容简洁，形式醒目，取放自如，便于教师临场发挥。凭借微型教案教学，需要教师有丰富的教学经验和对课文、课堂驾轻就熟的把握能力。

（二）知识型教案、教法型教案和综合型教案

根据内容差异，可分为知识型教案、教法型教案和综合型教案。

1. 知识型教案

这种教案的内容是语文知识的汇集，或是教学参考资料的摘录。包括题解、作者简介、时代背景、生字新词、层次结构、段落概括、逐段分析、全文总括、主题揭示、写作特色等。如果是文言文，还有串讲和译注等内容。详细得甚至写成讲稿。这类教案，资料性、文献性强，是一种静态的教案，有人称之为“资料教案”。其优点是知识相对稳定，便于长期保存，反复使用；缺点是只写“教什么”，没有写出“怎么教”，缺乏教学个性。

2. 教法型教案

这种教案的内容注重教学过程的设计和教学方法的运用。包括简述教学目标、教学过程，确定教学重点、教学难点，设计提问、点拨、解难，注重板书，补充练习和检测题目等。这类教案针对性强，是根据教师和学生的实际情况编写的，具有较强的教学个性，是一种动态的教案。优点是注重“怎样教”，便于实施教学过程中双边活动的实际操作；缺点是知识性不强。

3. 综合型教案

这是一种知识、教法互补，静态、动态结合的教案。内容上既有一定的资料汇集，又有一定的教法设计，力求“教什么”和“怎样教”有机结合，语文知识共性和教学特点个性有机结

合。优秀的语文教师大多采用这类教案。无论是对于新教师，还是对于老教师，这种类型的教案都是值得提倡的。

二、语文教学方案的结构和内容

语文教案的整体结构一般分为两大部分：课题计划和课时计划。

（一）课题计划

课题计划指教学一个单元或一篇课文的整体计划。一般包括下列内容。

(1) 课题：单元或课文、作文的题目。

(2) 教学目的：从知识和能力、过程和方法、情感态度和价值观三方面陈述，可分行排列。

(3) 课型：一般有两类。一类是在一堂课里同时完成两项或两项以上的教学任务的综合课型，叫综合课。另一类是在一堂课里主要完成一项教学任务的单一型。单一型课型中，以讲授新教材为主的为新授课，以复习旧知识为主的为复习课，以练习技能技巧(作文、作业)为主的为练习课，以分析作业或讲评作文为主的为作业分析课，以考试考查为主的为检查课等。若属单一型，则要具体标明是哪一种课型。

(4) 重点难点：本课题的教学重点和教学难点，分项列出。

(5) 教学方法：整个教学过程中主要运用的方法，如讲述法、讨论法、朗读法等。

(6) 教具：本课题教学中所需要运用的教具，包括电化教具、多媒体等。

(7) 课时安排：本课题教学所需课时数。

（二）课时计划

课时计划指一个课时的教学计划。一般包括下列内容。

(1) 课时：本课时是整个课题教学中的第几课时。

(2) 教学目标：本课时为实现整个课题教学目标所应达到的具体教学目标。

(3) 教学重点难点：本课时教学的重点、难点。

(4) 教学过程：也叫教学进程、教学程序。包括教学要点、教学步骤、教学内容、教学方式。教学要点就是列出教学的几件大事，即概括地揭示本课时的教学主要内容及教学方式，如导入新课；简介作者及背景；处理生字词；朗读课文；讲析课文第一大部分；布置作业。教学步骤与教学内容是教案的主体部分，教师要设计总体的教学思路，围绕这条思路，考虑教学内容实施的具体步骤与环节。教学步骤一般包括：导入、讲解、提问、讨论、总结、布置作业等。同时，要兼顾教师的指导，学生的听、说、读、写、思活动，多媒体手段的运用，复习，练习等具体教学环节，并估计各个环节所需的时间。

（5）板书设计：每个课时的板书是“课时板书”，可分散写在教学步骤中，或另外写在与教学步骤平行的备课稿纸右侧，也可集中写在本课时计划教学过程部分的最后。最后一个课时计划中可写上全课题总的板书，称为“课题板书”。

（6）教学后记：也称教后记、教学小结、教学反思或教学回顾，是教学设计实施情况的小结，主要为以后的教学提供可以借鉴的资料。有的教师多次写教学后记，往往又写为“又记”“再记”。写教学后记有利于积累经验，改进教学，是帮助教师专业成长的极好做法。

除此之外，教案中还要注明日期、执教教师、年级、班级等。

课时计划可采用如下的表格来显示：

<table>
<tr><td colspan="2">课题：</td></tr>
<tr><td colspan="2">教学目的：</td></tr>
<tr><td colspan="2">教学重点：
教学难点：</td></tr>
<tr><td colspan="2">课型：</td></tr>
<tr><td colspan="2">教学方法：</td></tr>
<tr><td colspan="2">课时安排：</td></tr>
<tr><td>教学过程与内容：
第一课时
教学要点：
教学内容与步骤：
导入新课：
讲读分析：
（解题、介绍相关知识、检查预习、巩固自学、理清层次、确定段意、概括中心、总结技巧等）
…………
练习作业设计
板书设计
补充资料</td><td>备注
（教法、教具及师生活动）</td></tr>
<tr><td colspan="2">教学后记：</td></tr>
</table>

说明：表格中所列的教学步骤，只是为了说明方便而列的一般操作程序。在实际编写教案和教学实施过程中完全可以增加、省略或调换某些步骤。

需要说明的是，语文教案没有固定的格式，以上介绍的只是它大致的内容结构，并非一成不变。教案设计时，完全可以根据实际情况对其中的一些要素作适当整合与变通。从使用者的角度说，教案是教学活动的预设案，教学中应尽量照案施教，发挥教案的作用；同时又可根据变化着的教学实际对方案进行随机调整，既要以它为依据，又不要受它的拘束和束缚。

三、语文教学方案编制的规范和要求

语文教案的编写必须把握如下规范和要点。

(一) 目标准确

确立教学目标是为了解决为什么教的问题。要透彻地把握教材和深入地了解学生，恰当地确定教学目标，表述要简洁、明确。

(二) 内容充实

教学内容的选择与确定是解决教什么的问题。教学内容要具体化，实实在在，项项落实。

(三) 重点突出

每节课重点解决什么问题，要鲜明地提出并加大解决力度，不可面面俱到，样样都抓。

(四) 思路清晰

教学思路是解决怎么教的问题。教学内容的先后、详略要了然纸上，教学结构的处理、教学程序法的安排等要清晰明了。

(五) 衔接自然

每一个教学环节之间要衔接自然、环环相扣，特别是要注意过渡语的设计。

(六) 方法灵活

教学方法的选择是进一步解决怎么教的问题。在充分发挥教师的主导作用与确立学生的主体地位的基础上，应注意教法与学法的统一，灵活选择教学方法。

(七) 活动充分

科学、周全地设计学生的活动，充分体现课堂的民主和谐与优质高效，促使学生有效活动与知识落实。

(八) 留有余地

教案是教学"预设"的结果，备课时充分考虑可能发生的各种情况，并在教案中有所反映。教学的"生产"内容，也应在教案中呈现。教案书写时要在右侧适当空出部分版面，便于施教过程中修改、调整和补充。

四、教学方案编制的策略与艺术

(一) 遵循"课标"理念，准确运用教材

1. 教案设计需要贯彻以下四个方面的重要理念

(1) 要体现语文课程的性质：工具性和人文性的统一。

(2) 要正确把握语文教育的特点：让学生在大量的语文实践中掌握运用语文的规律。

(3) 要突出全新的教学与学习的方式：积极倡导自主、合作、探究的学习方式。

(4) 要表现语文课程的开放性：注重跨学科的学习，注重不同内容和方法的相互交叉、渗透和整合。

在新的教学理念的指导下进行设计，其直接结果就是我们的教案能够“立意高远”。教学方案的立意，要研究“教什么”和“怎么教”；然而更重要的是研究为什么要“这样教”。“课标”理念就是我们决定“这样教”的依据。在这样有力的依据指导下，设计就能表现出理性色彩，将教案用于实际教学之中，就能表现出面貌一新的教学特色。

2. 教案设计力求准确运用教材

教材，是教案设计最为基本的依据。准确地运用教材，要求准确理解教材的编写意图，使我们能最大程度地靠近教材的教学要求并落实这些训练要求。经常地思考这方面的问题，能够让我们注意通读教材的编写说明与教材单元说明，从而养成理性思考的习惯。

一般来讲，要做到准确地运用教材，在教学设计时应注意以下内容并处理好它们之间的关系。

(1) 关注单元的教学目标、教学重点或训练要求。做到了这一点，我们的教学方案就能表现出“目标准确”的特点，教者准确理解并力求有效地贯彻了教材的编写意图。

(2) 关注单篇课文的训练要求，研究课后练习设计。做到了这一点，我们的教学方案便会表现出“重点突出”的力度。课文后面的练习设计，不是我们所理解的一般意义上的“作业”，它们往往承载着、表现着课文的训练方式与训练重点，折射出教材编者对这篇课文的教学要求。如果我们有机地利用课后练习中透露出来的教学信息来进行教学方案的立意，这样的教学方案肯定是简洁、明了而又重点突出的。

(3) 深刻研究和准确理解教材。做到了这一点，我们的教学方案便会表现出“训练到位”的分量。阅读是教师个性化的行为，没有教师个性化的阅读，没有教师对教材的力透纸背的深刻理解，没有教师在这种深刻理解下的导引、点拨、应接与交流，学生个性化的阅读行为只能是低层次或者浅层次的。所以，即便是短小浅显的课文，教师也应着力钻研、悉心玩味、丰厚积累、准确教学。教师对文本的理解程度深浅往往决定了教学时对文本阐释与赏析的深度及美感度的高低。

（二）巧妙利用导语，充分创设情境

语文课不同于其他自然科学课程，它的文学性决定了语文课应有艺术特点。那么，如何使一节以知识传授为主的语文课在达到教学任务的前提下，又能传递出艺术的魅力，营造出轻松愉悦的课堂气氛，将学生的注意力吸引到课堂上来呢？好的导语是吸引学生的一大法宝，是上好一堂课的敲门砖，这就像教师给学生的第一印象。

导语设计的方法分为两大类型：情境渲染和知识启迪。特级语文教师于漪说过："在课堂教学中，要培养激发学生的兴趣，首先应抓住导入课文的环节，一开课就要把学生牢牢地吸引住。课的开始好比提琴家上弦，歌唱家定调，第一个音定准了，就为演奏和歌唱奠定了基础。上课也是如此，第一锤就应敲在学生的心灵上，像磁石一样把学生牢牢地吸引住。"著名语文教育家魏书生老师也说过："好的导语像磁铁，一下子把学生的注意力聚拢起来；好的导语又是思想的电光石火，能给学生以启迪，催人奋进。"

（三）精心设计提问，调动学生思考

课堂提问很重要，不仅关系到教学效果，也是检验教师教学素养的试金石。教师提出的问题要精练明确并体现本节课的教学重点，一节完整的课就是由这几个主要问题串联而成。一节课最好设置3～4个有效问题最为合理，这样一来，教学重点会更加突出，学生也很容易抓住教师教学的脉络，分清主次，从而达到更好的学习效果。同时，教师提出的问题又不能超越学生的"最近发展区"，太难的问题会削弱学生的学习积极性，也达不到良好的教学目的，但过于简单的问题(尤其是所有学生能够齐声回答的问题)或者教师自问自答的问题不能激发学生思考，也没有教学意义。教师设置问题时注意最好一次提问设置一个问题，不要一次提出多个问题，而且表意要明确，给学生充分的思考空间，学生经过思考的问题才有意义。例如，要求学生说出对文本的第一感觉，这类问题既开放，需要学生思考，又能紧扣教学重点，无疑是个好问题。再者，当教师提的问题学生不能直接回答，教师可以逐步引导，这就可以采用提问的方式。"非指示性"教学理念提倡"不指示问题的答案"，"课标"也一再强调以学生为主体，尊重学生个性化差异，那么教师的提问也就要更能体现学生的个性化发展，要具有开放性的特征，不要追求统一标准化的答案，只要学生言之成理即可。语文教学不单纯教授文本知识，而是要向学生传递文化气息，培养文学素养，所以学生自身的感悟重于教师的传授。

（四）重视朗读教学，增强学生感知

朗读是语文教学过程当中不可缺少的重要环节。有层次的朗读比重复的解析更有效，更能深入学生内心传达一种文学气息。有层次的朗读是指初读文本与研读文本之后的朗读，至少要在情感把握上有一个"跃"。要想做到有层次的朗读，教师需要对学生的朗读做充分地指导与点评，更重要的是让学生在朗读的过程中有所思考，没有问题与没有要求的朗读，重复再多遍也只是机械的无效朗读，学生也无法与教师、作者产生共鸣。语文课作为一门语言课程，决定着它的最佳学习方式就是不断地朗读，对文本的感知就是通过一遍一遍地诵读体会出来的。在学生朗读的基础上，教师要给学生充分的空间，让学生说出他们对文本的个性解读，而非教师单方面的灌输，教师要相信学生可以通过自身的体验能够感悟出文本所散发出的魅力。所以，给学生预留充分体验文本的空间至关重要。

（五）教案适当留白，创设提升空间

教案设计是一个动态的不断发展的过程，所以优秀的教案不能一成不变。也就是说课前教案只是教师备课的成果，是课前的准备，而依据课上的变化教师还要在课后修改教案，作为二次备课，形成更为合理、科学的教案。这就要求教师在课前教案中预留出一定的空白，以便课下修改和总结。在教师活动后注明学生的活动。教师活动包括教师的语言（提问）、动作以及心理描写；学生活动同样包括学生的语言（回答）、动作和神态描写。教案当中，如教学目标、教学重点、教学方法等可以提前写到教案上，但教学内容这部分要预留一定的空白，将学生的反馈及时记录下来。教师如若在课上发现预先准备的教案有不妥之处，又或者在课上有意想不到的有价值的内容生成，教师要在教案上做一些简明的标记，以备课下总结，也可以作为课后反思的材料。这就意味着教案不可能干净、整洁，而不断总结、分析也是提升教师专业素养的最佳途径。所以教师可以根据自己的个人习惯，对教案进行创新，设计出具有个性化风格的教案。

（六）教案设计举例分析

【例 2-4】

《桃花源记》教案设计

蔡明妍

教学目标

（1）会运用录、增、补、删、换、调的方法翻译文言文并背诵。

（2）品析陶渊明精练的语言艺术。

（3）通过细读文本，理解文中桃花和流水的意蕴。

教学时数

2 课时。

教学过程

引入：今天，我们一起来学习陶渊明的《桃花源记》。从单元导读中我们得知桃花源是陶渊明笔下的理想社会，从此，“世外桃源”成了中国式乌托邦的专有名词。于是陶渊明在这篇代表他社会理想的传世佳作中，与流水桃花结下不解之缘。先来一起朗读文章。

一、朗读——翻译背诵解文意

（1）一读正音：请学生自山朗读课文。要求读得通顺，读音、断句正确。

（2）二读翻译：读全文，结合文章注释运用“录、增、补、删、换、调”的方法翻译文章。在翻译时学生可能会对文中注释“外人”提出质疑。教师引导学生讨论，并相机点拨。

三个“外人”：① 男女衣着，悉如外人；② 遂与外人相隔；③ 不足为外人道也。这三个“外人”中，②和③都是“桃花源以外的人”。第一个“外人”如果也这样解释，则与后文《桃花源诗》“俎豆犹古法，衣裳无新制”相抵牾，因为时迁世异，秦代的衣制当然不可能和几百年后的晋代相同。联系文意，可解为：另外一个世界的人。

（3）三读背诵：最后15分钟背诵全文。

背诵建议：背诵全文——以渔人行踪为线索；背诵第二段描写桃花源美景的句子——抓住景物描写之序；背诵第三段——以段中进行背诵。

学生自由选择内容背诵，教师对整节课进行小结。

二、品析——语言精简堪“实录”

（1）读全文，分析文章句法结构特点。（提示：从整散句、长短句入手。）

明确：全文散句，除三个长句外，几乎全是短句。

（2）在横线上填入省略的人称代词，并思考省略句的妙处。

____见渔人，乃大惊，问____所从来。____具答之。____便要____还家，设酒杀鸡作食。

明确：一连串句子，都没有主语，干净利索，简洁明了。

（3）除此之外，你还发现文章哪些用词的特点？

明确：除必要的副词外，文章全是动词和名词，没有比喻。

（4）思考：《桃花源记》语言如此简洁，为什么千年之后还感染着读者？

（屏显。）

质而实绮，癯而实腴。——苏轼

词直意婉，词淡意浓。——袁行霈

在《宋书》中，史家把陶渊明文字风格称为“实录”。这是中国文学正宗的传统笔法，是史书作者对他的最高褒扬。——孙绍振

三、探析——桃花流水意无穷

（1）引入：开篇经典的景物描写中，陶渊明用流水、桃花的意象将渔人和读者带进他精心构建的人间乐土，作者塑造桃花源这样一个典型环境，是不是别有用心？桃花与流水的这种缘分是不是偶然？作者将笔下的理想社会命名为“桃花源”，其中又有多少文化密码？

（2）教师串讲桃花和流水的文化意蕴。

明确：流水——水是生命之源，是中国文化的根脉，包孕一切，生成万物，还是至洁之物；桃花——桃花是美丽的象征。

（3）自选角度，讨论文中桃花或流水的意蕴。

角度一：从故事情节——桃花代表着春天，代表着崭新世界，没有徭役，人情淳朴，如春天般充满着生机和希望。

角度二：从文章内涵——水是生命之源，因为它的滋润和庇佑才有了桃花源社会的存在；流水洗去了尘世的污浊，桃源人也像流水一样淳朴。

角度三：从文章结构——水是一种导，导引渔人进入“山有小口”的桃花源，增强了桃花源的隐秘性。

(4) 除本文外，你还能举出写到“桃花”和“流水”的古典诗文吗？

评析：

该教案属于简案，写出了教学的主要流程及重点内容，目标准确、思路清晰，简洁干练。

【例 2-5】

《狼》微型教案设计七种

余映潮

教案一

一、教学角度

诵读——朗读课文，背读课文。

二、主要教学步骤

(1) 检查预习情况。

(2) 组织学生进行课文字词理解比赛。

(3) 进行朗读训练。

(4) 背读课文。

三、诵读训练实施过程

(1) 学生自由竞读课文，理解文意。

(2) 教师教给朗读的方法——“分层背读法”。所谓“分层背读法”，就是用语音停顿来表现段中句子所表达的一层层意思，从而清晰地理解课文的内容和脉络，进而达到流畅地背诵。《狼》这一课有一个重要的特点，就是写人必写狼，写狼必写人，二者相互交织，构成段内的层次。如开头“一屠晚归，担中肉尽，止有剩骨。途中两狼，缀行甚远”这一段，由两层构成，一层写人，一层写狼，朗读时必须在“剩骨”后小停一下。

(3) 学生进行读法实践，演读全篇课文。

(4) 教师再教给一种朗读的方法——“表现情景法”。《狼》是一篇小说，有扣人心弦的情节，要运用语音的急缓高低来再现小说中的情景。

(5) 学生再进行读法实践。

(6) 运用各种形式竞读、竞背课文。

教案二

一、教学角度

辨读——对词义进行体会、辨析。

二、主要教学步骤

(1) 以带有“狼”的成语导入。

(2). 指导学生熟读课文。

(3) 边译边读。

(4) 进行对字词的寻读、辨读。

三、辨读训练实施过程

(1) 学法之一介绍：学习文言字词，方法之一是成语印证法。所谓成语印证法，就是根据课文中字词的含义，找出含有此词此义的成语，二者相互进行印证，从而加深理解，扩大积累。

(2) 学法实践：学生分组活动找成语。如：一屠晚归，归心似箭；苫蔽成丘，一丘之貉……

(3) 学法之二介绍：学习文言字词，还有一个重要的方法就是辨析一词多义，也就是将一课中或若干课中的某一个词所有的用法和义项集中，进行词义的体会与辨析。《狼》这一课，对不少的词语进行了重复的运用，如：两个“敌”、三个“止”、三个“前”、四个“后”、四个“之”、四个“以”、六个“其”……

(4) 学法实践：学生从课文中找出十几组同、近义词。

(5) 进行词义理解的分类整理。

教案三

一、教学角度

说读——用“说”的方式带动课文的阅读。

二、主要教学步骤

(1) 自由朗读。要求不漏字，不加字，不倒字。

(2) 竞读比赛。分组或对手赛，要求读出情境，读出叙、议的层次。

(3) 组织讨论，突出“说”的训练。

三、说读训练实施过程

(1) 引导学生对课文读出情境，读出叙、议的层次。

(2) 根据课文内容与教学要求，教师提出三个问题，请同学们讨论：① 阅读提示中说，这个故事表现屠户和狼的斗争，层层相扣，紧张曲折。你能否就“紧张曲折”从课文中举一例说明。② 阅读提示中说，故事篇幅短小，结构紧凑，语言简洁生动。“语言简洁生动”表现在哪些地方？③ 综合课文内容，说说“狼”的狡诈表现在哪里？

(3) 同学们自选问题进行准备，争取发言。

(4) 就以上三个问题组织小小组、小组、全班三个层次的发言。

(5) 学生自读课文，教师提出“请同学们对课文‘添枝加叶’”的思考要求。

(6) 同学们分小组“创编故事”。

(7) “添枝加叶”讲故事。

教案四

一、教学角度

析读——对课文内容进行多角度的评析。

二、主要教学步骤

(1) 检查预习情况。

(2) 就课文的语文常识、字词、情节内容进行质疑问难比赛。

(3) 组织学生对课文进行“析读”——评点式阅读。

三、析读训练实施过程

(1) 教师范读课文，每读一段，学生就配读课文中编者写好了的对课文的评点。

(2) 学生读课文，每读一段，老师也同样配读课文中的评点。

(3) 教师讲解：我们应学习课文的评点方法，把它运用到阅读中去，就是一种“评点式阅读”的方法。如课文对第一段是这样评点的：“写屠户遇狼，点明时间、地点和矛盾的双方。这是故事的开端。”我们还可以这样评点：“文章开门见山，点出两狼，扣人心弦。”“‘担中肉尽，止有剩骨’为情节的展开埋下了伏笔。”同学们可从用词造句、人物形象、故事情节、性格特点、故事波澜等各个方面对课文的各段进行分析、评点。

(4) 学生分组、分任务进行课文评点，教师组织交流。

(5) 互读互“评”：一组读，二组评点；二组读，三组评点……读读评评，评评读读。

教案五

一、教学角度

写读——就课文内容写课本剧。

二、主要教学步骤

(1) 导入。播放短的动物卡通录像片。

(2) 指导学生熟读课文，理解情节、人物。

(3) 同学们编写课本剧。

(4) 交流与评价。

三、写读训练实施过程

(1) 说明：编课本剧，是一种改写训练，就是将带有情节性、故事性的课文用剧本的形式表现出来。

（2）介绍有关“台词”“舞台说明”的知识。台词包括对话、独白、旁白等。台词要简练、生动、个性化。舞台说明写在剧本的开端、结尾和故事情节展开的对话里。它的内容包括人物表、时间、地点、服装、道具、布景、上下场以及对人物表演时的表情、动作、神态的要求等。舞台说明不能过少，特别是对人物动作、表情的要求，一定要恰切而适当地安排在对话之中。

（3）同学们进行编写。全班若分为四个小组，则两个组的内容要以“狼”为主角，两个组的内容要以“屠户”为主角。

（4）组内交流，评选。

（5）全班交流。

教案六

一、教学角度

听读——听不同方式的朗读，听记有关的资料。

二、主要教学步骤

（1）学生读课文。

（2）听读，学读。

（3）听讲析，作记录。

（4）检查学习效果。

三、听读训练实施过程

（1）教师范读课文，要求读出层次，学生听读、学读。

（2）听对课文第四段的配乐朗读，学生跟读。

（3）听老师对第五段的不同语气的朗读，学生竞读。

（4）听（两遍）课文分析的录音，学生作听音笔记：蒲松龄通过对两只恶狼一系列动作的描写，着力揭露了狼的凶残而又虚弱、狡诈而又愚蠢的特点。作者的高妙之处在于，凡写狼的动作神情之处，无不表现狼的本性。请看：“缀行甚远”——表现狼贪婪的企图；“后狼止而前狼又至”“并驱如故”——表现狼的配合作战和虚张声势；“狼不敢前，眈眈相向”——狼胆怯，并在伺机而动；“径去”“犬坐”——狼在变换手法，制造危机；“目似瞑，意暇甚”——伪装轻松、善良；“洞其中”——表现狼在迂回包抄，准备前后夹攻。值得强调的是，作者完全没有写狼对屠户进行正面进攻，在作者看来，阴险、狡诈比穷凶极恶更可怕、更可恨，因此他极力写狼的狡诈。狼越是狡诈，屠户的胜利也就越有意义。

（5）学生以“《狼》中之‘狼’”为题发表看法。

教案七

一、教学角度

练读——进行有力度的课堂书面练习。

二、主要教学步骤

(1) 熟读课文。

(2) 同学们自编课内百字小练习，以两人小组为单位进行自测。

(3) 再读课文。

(4) 教师课堂智能练习。学生做练习，教师组织评讲。

三、《狼》课堂智能练习

第一层次练习——解释词义。

(1) 一狼得骨止(　　　　) 　　止(　　　　)有剩骨

(2) 盖以诱敌(　　　　) 　　恐前后受其敌(　　　　)

(3) 一狼洞其(　　　　)中 　　以攻其(　　　　)后

(4) 目似瞑，意(　　　　)暇甚 　　意(　　　　)将隧入以攻其后

(5) 变诈几何(　　　　)哉 　　顷刻(　　　　)两毙

第二层次练习——理解句义。

(6) 将文中的议论段写为现代文。

第三层次练习——语段阅读。

少时，一狼径去，其一犬坐于前，久之，目似瞑，意暇甚。屠暴起，以刀劈狼首，又数刀毙之。方欲行，转视积薪后，一狼洞其中，意将隧入以攻其后也。身已半入，只露尻尾。屠自后断其股，亦毙之。乃悟前狼假寐，盖以诱敌。

(7) 解释下面的字词。

① 方： 　　② 薪：

③ 尻： 　　④ 股：

(8) 选出加点词词性、词义相同的一组。(　　)

A. 犬坐于前　前狼

B. 以攻其后　自后断其股

C. 久之　毙之

D. 意将隧入　身已半入

(9) 写出加点词的意思。

① 其一犬(　　　　)坐于前

② 一狼洞(　　　　)其中

③ 意将隧(　　　　)入以攻其后也

④ 又数刀(　　　　)毙之

(10) 翻译下面的句子。

① 一狼洞其中，意将隧入以攻其后也。

② 乃悟前狼假寐，盖以诱敌。

（11）选出下面说得正确的项。（　　）

A.“径去”的意思是径直走开。“犬坐”的意思是像狗似地蹲坐在前面。

B. 文中三个“其”的含义分别是指：屠户、积薪、前狼。

C. 文中三个“以”的含义都是“用”。

D.“屠暴起”写屠户的当机立断。暴，突然的意思。

E.“目似瞑，意暇甚”的意思是：眼闭着似乎在睡觉，那神情善良得很。

F. 文中“一狼径去”写狼另有图谋，“犬坐于前”写狼牵制屠户。

G. 此段写屠户杀狼，表现屠户的勇敢警觉和狼的狡诈阴险。

H. 此段是故事的高潮和结局。

评析：

余老师的这几种微型教案，共展现了常规手段下的 8 种教学角度：诵读，辨读，说读，析读，品读，写读，听读，练读。这每一种教学角度，实际上就是相关教学过程中的最为突出的、最为重要的教学板块。教学方案设计每一节课时，都必须有一两个相当突出的训练板块，以突出教师的教学意图和对学生的训练，以突出教法和学法，以突出教学艺术的实施。而这样“一课多案”的设计是创新教学方案的有效尝试，从本质上应是教师对课程内容的一种创造性理解。

一课多案，就是教师从不同的角度对课文的理解并设计成具体的教学方案。一课多案的设计，能提高教师的教学设计艺术，养成教师多角度思考的习惯，同时使教学更能适应学生的需要。“一课多案”的设计，要求教师进行教学试点的变化、教学手段的更新与教学角度的创新。在教学设计的过程中，它表现出很大的牵引力，使得教师要关注很多方面的问题，如：教师要深刻的理解新的教学理念，在教学设计中多维地表现“课标”对教学设计的新要求，如“创造性地理解和使用教材”“灵活运用多种教学策略，引导学生在实践中学会学习”等。教师要感悟诸如活动式、学长式、训练为主式、自学辅导式等有影响的教学试验与教学风格并进行实践与探索。教师要注重对知名教育教学专家教学风格的“前沿研究”，尽可能地吸收其长处，以丰富自己的教学设计思想和教学设计手法。教师应在不同的教学方案的对比施教中体味最优的设计角度和最好的课堂活动方式，提高自己的研究能力和设计水平。教师要不断更新、调整教学设计的视点，根据时代的进步与形式的发展，努力创新自己的教学设计。

“一课多案”的教学设计，并不要求语文教师对每一节课都设计出几种详案，也并不要求每一位语文教师都来进行“一课多案”的设计。我们应当从教学科研的角度，从教学艺术的角度，从提升教学修养角度来进行尝试。“一课多案”的教学设计，就某篇课文的教学，可以有如下表现形式：设计出两种或两种以上的教学详案；设计出两种或两种以上的教学简案，乃至多种微型教案；设计出几种教学方案，做到有一篇详案，其他的为简案；设计出几种教学方案，做到有一篇为主要方案，其他的为预备方案；勾勒出多种教学设想，优化其中的一篇等。“一课多案”的教学设计，就某篇课文的教学，可以有如下思考角度：不同教学思路的“一课多案”，不同教材处理的“一课多案”，不同活动方式的“一课多案”，不同教学手段的“一课多案”，不同执行对象的“一课多案”等。

第三章 教学实施

考点综述

教学实施是实现教学目标的中心阶段，教学策略的选择和实施既要符合教学内容、教学目标的要求和教学对象的特点，又要考虑在特定教学环境中的必要性和可能性。教学策略包括创设情景和安排教学环节的策略、指导学习过程的策略、评价和激励的策略、课堂组织策略、巧妙利用生成资源的策略、问题策略、向生活学语文的策略、语文教学与信息技术整合的策略。未来教师不但要全面了解和掌握教学各个环节、各种情景下的教学策略，而且要提高分析、评价和实践的能力。

新课程改革对教师教学实施能力赋予了新的内涵。教学过程本质上是一种交往的过程，师生之间应形成一个真正的学习共同体，关注语言使用的“人性化”，注重与学生的交流，课堂活动组织追求活而不散。教育技术的应用，努力使信息技术与课程整合，追求其合理与实效。所有学科的教学应均以“人文”作为出发点，关注学情和学生对知识的体悟，提倡创新。教学激励评价，关注学生思维的“有效”程度，侧重“个性”的人。

考生通过学习本章内容，要了解教学情境创设、学习动力技法与培养的方法，能有效地将学生引入学习活动；掌握指导学生学习的方法和策略，能依据学科特点和学生认知特征，恰当地使用教学方法，帮助学生学习；掌握教学组织的形式和策略，能在教学活动中调动学生的主动性，组织探究性教学与研究性学习；了解课堂总结的方法，能适时地对教学内容进行归纳、总结，条理清楚、重点突出，合理布置作业；能运用现代教育技术进行教学。本考点考试方式以选择题和案例分析题为主。

第一节 教学情境创设

考纲内容

能够根据识字与写字、阅读、写作、口语交际、综合性学习等教学内容的特点创设教学情境，合理安排教学环节，组织学生参与语文学习活动。

考纲解读

本考点考察考生在语文教学过程中，依据不同的教学内容和教学目标，运用多种策略和技术创设情境，建立学生的生活体验和文本内容的桥梁，吸引学生进入文本学习的能力。考试方式以选择题和案例分析题为主，选择题考察考生对创设教学情境策略的理论知识的了解、判定、运用，案例分析题是考察考生根据不同教学内容的要求创设情境的能力，以及针对某教学案例创设情境的合理性和有效性的分析能力。

基本知识

一、教学情境的内涵

学生是学习和发展的主体，在语文课堂教学中，如果没有学生积极主动的参与，那么发挥学生的积极性和主体性就无从谈起。语文课中，只有每个学生都动起来，去认真地读课文、议问题、辩是非、谈心得，才能不断地积累知识，发展思维，培养能力，才能真正发挥其主体作用。可是目前语文课堂教学存在着一些不尽人意的地方，如课堂气氛不够活跃，学生学习兴趣不高，教师自问自讲等，这些做法忽视了引导学生整体感知文本语言，领悟文本情感以及学生学习的积极性等问题。语文课堂教学情境的设置是语文课堂教学的重要组成部分，它是沟通教材和教育对象的桥梁，是打开学生心扉的钥匙，是拨动学生情感的琴弦。

何为教学情境呢？教学情境就是以直观方式再现书本知识所表征的实际事物或者实际事物的相关背景，解决的是学生认识过程中的形象与抽象、实际与理论、感性与理性以及旧知与新知的关系和矛盾。教育家夸美纽斯曾说："一切知识都是从感官开始的。在可能的范围内，一切事物应尽量地放在感官的跟前，一切看得见的东西应尽量地放在视官的跟前，一切听得见的东西应尽量地放到听官的跟前……假如有一个东西能够同时在几个感官上面留下印象，它便应当用几个感官去接触。"这种反映了教学过程中学生认识规律的一个重要方面：直观可以使抽象的知识具体化、形象化，有助于学生感性认识的形成。但这只是情境的一个维度："境"，它是学生进行有意义学习的认知背景，情境的另一个维度是"情"。教师必须用情感激发学生的学习欲望，这是有意义学习的情感前提。正如有的学者所指出的，从血管里流出来的是血，从山泉里流出来的是水，从一位充满爱心的教师的教学里，涌腾出来的是一股股极大的感染力。只有激情和真情才会在师生间产生一种互相感染的效应，从而不断激发学生学习的热情，唤起学生的求知欲，诱发学生进入教材的欲望。情感激发的目的在于为课堂教学提供一个良好的情绪背景，学生兴致勃勃、兴趣浓厚，甚至兴高采烈，这是教学的最佳精神状态。教育家洛克说得好："儿童学习任何事情的最合适的时机是当他们兴致高、心里想做的时候"。

一种好的教学情境的创设，会给课堂教学带来意想不到的效果。《伯牙学琴》的故事中，俞伯牙拜成连为师学琴，成连将俞伯牙带到东海的一个岛上，自己却划船走了，俞伯牙一个人留在岛上，耳濡目染的尽是海水汹涌，山林杳冥。伯牙整日面对大海，鼓琴而歌。十日后，成连来了，再听伯牙弹奏，那真是"曲耸高而激荡"，正如那江水奔腾无羁。著名的《高山流水》由此产生。伯牙学琴之所以能悟于景，动于心，迸发出艺术的灵感，源自于成连巧妙地创设可最佳的教学情境。

二、创设情景的方式

教学情境的创设可以因人而异，因教材而异，尽管方法甚多，技巧不同，却都有异曲同工之妙。

1. 生活展示式

即巧妙地利用自然环境的条件，展现生活场景，创设一种问题情境。例如，教学《放风筝》这篇课文，教师可以在有准备的情况下，组织学生课前搞一次放风筝的课外活动，让学生亲自去体验一下活动内容，增强真情实感，丰富感性材料。然后再从实践活动中回归在课文中，就更能增强对课文内容的理解了。

2. 实物演示式

就是以实物为中心，略设必要的背景，构成整体，以演示某一特定的情境。

3. 图画或影像资料再现法

用图画或影像资料再现教学内容情境，实际就是把教学内容直观化、形象化。课文的插图、特制的挂图、剪贴图、简笔画等却可以很好地再现教学情境；电影、动画等视频片段更可以让学生对教学内容有视听方面的直观体验。例如，《地下森林断想》这一课，一教师在讲解的过程中，借助了各种不同的信息资源，充分地收集了很多关于地下森林的不同图片，展示给学生，这些不同的照片激发了学生的学习兴趣。《鲁提辖拳打镇关西》这一课，播放“三拳打死镇关西”的电视剧片段，就可以很好的激发学生的兴趣，并对课文内容有直观的印象。

4. 音乐渲染式

音乐的语言是微妙的，但也是强烈的，能给人以无限的美感。我们可能感受出电影或是电视剧的情节的关键处，通过配以音乐的插曲，以调动人的情感因素，增强艺术的感染力。同理，教师如果在课堂上巧妙地运用音乐效果渲染气氛，把学生带到一种特定的意境当中，课堂教学一定会取得事半功倍的效果。例如，一位老师教学《幸福在哪里》一课，这个老师的课前导入就运用了音乐渲染法，他清唱着《幸福在哪里》这首风靡一时的经典歌曲走进课堂，尽管他唱得不是很专业，但是仍然取得了最佳的课堂教学效果。《散步》这一篇文章的教授过程中，有位教师借鉴使用了《相亲相爱的一家人》这一歌曲，并贯穿使用了教师或者学生的家庭照片作为整个教学的背景，营造了一个非常触动学生内容的氛围。

5. 故事引发式

大多数学生喜欢听故事，如果教师能够把故事巧妙地融入故事中，有时再配上生动、新颖、色彩鲜明、感染力极强的投影片，就更能激发学生的学习兴趣，这样的导入极易使学生入情入理。

6. 表演体会式

根据教学内容，有机地将游戏带进课堂，让学生表演，扮演角色，亲历体验，就会使学生有身临其境之感，这既能激发学生的学习学习积极性、主动性，又能使课堂教学生动有趣，使学生有一种较轻松愉悦之感。例如，《皇帝的新装》这一课，教师可让学生进行分角色的朗读，不同的学生按照不同的角色进行不同的表达，在看不到其人的基础上，闻得其声，形象化了课文中的角色，天真的孩童、狡诈的骗子、虚伪的老大臣和皇帝，这些不同的人物都栩栩如生地展现出来，激发学生的学习兴趣。《我的叔叔于勒》这一课进行教学的过程中，可以让学生对文中不同的角色进行表演，形象化地展现文中的情景。课堂表演也可以是局部的或个别特定的动作。例如，鲁迅先生的《祝福》感人之深，发人深省，特别是文中祥林嫂的三次外貌描写令人难以忘怀。单靠老师讲学生是难以完全理解的。在课堂上根据情节适当进行一些模仿，对理解人物的性格特征和思想感情会起到事半功倍的效果。《祝福》《项链》《雷雨》等许多课文，均可让学生课前准备，课堂上分组分角色合作、参与，进行课本剧排练。这样，在语文教学的三尺讲台上，周朴园的狡诈伪善，诸葛亮出师前“涕泪”诉忠情，刑场上窦娥发下三桩誓愿……一出出精彩的剧目都搬上“三尺舞台”。“天地大舞台”中的各种悲欢离合、忠义伪善的故事和形象尽现于“课堂小天地”。适当表演可以极大地调动学习的积极性，培养学生的形象化思维能力，提高学习兴趣，加深对于人物和相关的知识的理解。学生的主体作用得到充分发挥，参与意识明显增强，在轻松、愉悦、活泼的气氛中诸多问题迎刃而解，学习了语文，也培养了能力。

7. 疑难诱导式

教师在教学中精心地设计有一定难度的问题，让学生在学习中面对困难，碰碰钉子。有时教师故意将错就错，更能激发学生的积极探求知识的欲望。特级教师钱梦龙教《石壕吏》一课时，为了让学生理解这首诗的内容以及诗歌表达思想的方式，在指导学生读懂全诗以后，故意引入一个认识上的分歧，他说：“有人认为《石壕吏》不是一首好诗，因为诗人杜甫在这首诗里始终是一个冷漠的旁观者，没有表过态。你同意这个观点吗?”问题一提出，课堂气氛顿时活跃起来，有的学生表示同意，有的不同意，于是大家从诗中去找依据，展开了争论。通过争论，通过各种意见的交锋、比较，最后大家统一了认识：诗人杜甫在这首诗中是通过刻画人物和描写情境来表达自己的态度的，诗是用形象思维的。诗人虽然没有直接出来说话，但同情谁，憎恨谁，态度是很明朗的。说《石壕吏》不是一首好诗是没有依据的。钱梦龙老师教《谁是最可爱的人》这课时，“思考与练习”中有一个问题：“作者选用了哪些典型事例说明中国人民志愿军是最可爱的人?”钱梦龙老师认为，这样提出问题缺乏启发性，问题过于平直，不能挑明矛盾以引发思考。他从另一个角度摆出两种对立的观点，他说：“作者在本文中只举了三个例子，他认为‘用不着多举例’了；有人认为多举些例子更好。你同意谁的意见？理由是什么?”这两个问题要达到的教学目的是一样的，但是钱梦龙老师的问题挑明了认识上的分歧，更能激发学生的认知兴趣。

8. 语言描述式

情境教学讲究直观手段与语言描绘的有机结合。在情境出现时，教师恰当的语言描绘能对学生的认识活动有一定的导向作用，提升感知效果，学生因感官的兴奋，感知也得到强化，从而激起情感，促使学生入情入境。例如，对于《那树》这课进行讲授的过程，教师设计了这样的场面作为蚂蚁和大树的分别背景：首先，用语言进行感染和宣导，“大自然中的动植物都是有感情的，临死前的告别，葬礼中的倾诉，无不给人以震撼”。这段话配上音乐的朗读，可以说很好的升华了学生的想象，吸引了学生，调动了学习积极性，在此的基础上，让学生自己回答和思考蚂蚁和大树会分别说些什么话语。特级教师余漪在教《孔乙己》时曾这样说：“凡是读过鲁迅小说的人几乎没有不知道孔乙己的；凡是读过《孔乙己》这篇小说的人，几乎没有不在心中留下孔乙己这个遭到社会凉薄的‘苦人儿’的形象的。据鲁迅先生的学生孙伏园回忆，鲁迅先生在他自己所写的小说中最喜欢的是《孔乙己》。鲁迅先生为什么那么喜欢《孔乙己》呢？孔乙己是怎样的一个艺术形象呢？过去有人说，古希腊的悲剧是命运的悲剧,莎士比亚的悲剧是主人公性格的悲剧,而易卜生的悲剧是社会问题的悲剧。人们看了悲剧往往流出同情的泪水或感到很悲伤,而读了《孔乙己》这篇小说,我们的眼泪不是往外流,而是感到内心的刺痛。那么孔乙己的悲剧又是什么样的悲剧呢?"

三、有效情境创设的特点

1. 生活性

强调情境创设的生活性,其实质是要解决生活世界与科学世界的关系。为此,创设教学情境,第一要联系学生的现实生活,在学生鲜活的日常生活环境中发现、挖掘学习情境的资源。其中的问题应当是学生日常生活中经常会遭遇的一些问题,只有在生活化的学习情境中,学生才能切实弄明白知识的价值。第二要挖掘和利用学生的经验。任何有效的教学都始于对学生已有经验的充分挖掘和利用。学生的经验包括认知经验和生活经验。

2. 针对性

要关注学生的"最近发展区",不能远离教学内容、目标和学生,要有明确的目的。

3. 形象性

强调情境创设的形象性,其实质是要解决形象思维与抽象思维、感性认识与理性认识的关系。为此,我们所创设的教学情境,首先,应该是感性的、可见的、摸得着的,它能有效地丰富学生的感性认识,并促进感性认识向理性认识的转化和升华;其次,应该是形象的、具体的,它能有效地刺激和激发学生的想象和联想,使学生能够超越个人狭隘的经验范围和时间、空间的限制,既使学生获得更多的知识、掌握更多的事物,又能促使学生形象思维与抽象思维的互动发展。

4. 情感性

情感性指教学情境具有激发学生情感的功效。德国著名教育家第斯多惠说得好:"我们认为,教学的艺术不在于传授的本领,而在于激励、唤醒、鼓舞,而没有兴奋的情绪怎么能激动人,没有主动性怎么能唤醒沉睡的人,没有生气勃勃的精神怎么能鼓舞人呢?"譬如一位语文教师在讲《水浒传》时,她在多媒体上播放了电视剧《水浒传》中与课文《鲁提辖拳打镇关西》《智取生辰纲》相关的电视片段,同学们兴趣高涨,对鲁达的不畏强暴、疾恶如仇和吴用的神机妙算佩服得五体投地,与作者产生了共鸣,对课文中心的理解也就更加深刻透彻了。

四、创设情境的关键

1. 构建平等的师生关系

构建自由、无拘无束的学习环境和融洽的师生关系对于情境教学来说相当重要。因此教师应积极与学生沟通,与学生建立一个平等、相互信任的关系。要对学生抱有信心,相信学生的潜力无穷。与学生交朋友，经常与学生谈心，发现与学生交流的乐趣。在情境教学中，教师要把自己当作学生中的一员，与学生一起讨论、实践。在探索问题的过程中，加强学生与教师认同的一致性。

2. 让学生动手、动脑、动口，在活动中互动

语文课堂的师生互动主要围绕具体语文教学活动展开，要通过充分开展，让学生动手、动脑、动口，在活动中进行互动。从初中语文教学的特点来看，主要有课堂问答、课堂朗读、课堂辩论几种教学活动。其中课堂问答是主要类型，教与学都借助于课堂问答来完成。教学中应多采用以下几种问答：(1) 开放性问题，(2) 推理性问题，(3) 评论性问题，(4) 课堂朗读。

3. 精心设计新课导入情境

教师通过精心设计的课堂引入，创造出与教育目标相吻合的情境，不但可以调动学生的积极性，而且可以调动我们自己的热情，从而为成功的教学奠定坚实的基础。导入时一般时间应不超过 5 分钟。

4. 联系实际生活展现情境

即把教材中所写的生活与学生的实际生活通过创设情境沟通起来，打开学生的生活库藏，强化其生活体验，增进其对文章的深刻理解。在初中语文教学中，无论是分析文学作品中的人物形象，学习抓住说明对象的自身特点，还是讲解议论文中的观点、论据，往往都会联系到学生的实际生活。如果课文所反映的时代生活有的离学生的实际有距离，在学习时也可以充分调动学生已有的生活感受，使他们贴近课文、感知课文。

5. 创设问题情境，激发学生探究欲望

初中生自主、合作、探索性学习方式是在问题情境之中学习，因此如何创设问题情境，就成为这一学习方式能否有效的前提条件。心理学研究表明：学生的思维总是由问题开始的，并在解决问题中得到发展。学生学习的过程本身就是一个不断创设问题情境的过程，它可以引起学生的认知冲突，激发学生的求知欲，使学生的思维在问题思考与探索中得到促进和发展。利用多媒体课件展示，再现课文生活中的真实情景，使学生进入身临其境的问题环境，从而产生提出问题、解决问题的欲望，使学生获得学习成功的快乐体验，增强求知欲和自信心，进而促进身心的全面发展。

例如，用主题讨论法创设情境，这是创设教学情境最常用的方法。可以是教师事先确定一个主题，组织学生有的放矢地开展定向式讨论。可以根据教学目标，围绕有争议的中心论题进行自由式讨论，以获得多样、独特、合乎条件的答案。也可以根据学生争强好胜的心理特点，将学生分为正反两方，对有争议的问题进行针锋相对的论辩式讨论。

6. 利用教辅媒质，激发学生学习热情

学习资源是学习过程中最重要的要素之一。提供什么样的资源，以何种方式提供，就成为实现语文课堂有效教学最重要的策略。教学中教师要合理整合各种教学手段，“因材选媒”，突出多媒体的辅助教学作用，淡化其“装饰”效应，让学生在形象生动的情景中经历探究过程获得理智和情感体验，切不可喧宾夺主，切不可忽略了学生的自我体验和品位。在语文教学中引入多媒体辅助教学，对课堂效率的提高无疑起到了不可低估的作用。但教师在设计课件时，首先应明确目的，如何才能把问题用多媒体特有的优势表达清楚；其次，教师必须清楚地认识到语文语言文字之外的手段都不能成为语文教育的主导性手段。

创设情境既要为学生的学习提供认知停靠点，又要激发学生的学习方向。只要教师能在教学中主动、适宜地创设一些灵活有趣、得体有效的教学情境，诱发学生情感共鸣，调动学生的学习内动力，让学生真正成为学习的主人，使初中语文课堂变得“活”起来，从而构建优质的语文课堂。

案例

【例 3-1】 《安塞腰鼓》教学实录（节选）

郑桂华

师：安塞腰鼓离我们多水的江南，离我们人间天堂杭州是有点距离的。所以，在上《安塞腰鼓》前，我们先不妨看一段录像，感受一下安塞腰鼓的气势，也许感受之后，我们再来朗读，会有更清晰更明确的感受。

（学生观看录像，大约 2 分钟。）

师：有什么感觉？我们请刚才没有说话的同学先讲。

生：有一种野气。

（板书：野气。）

生：他们打鼓的时候是热情奔放的，有一种轰轰烈烈的感觉。

（板书：热烈奔放、轰轰烈烈。）

师：还有谁想讲？

生：他们的手势、脚步都很整齐。

生：气势雄壮，场面壮观。

（教师板书：整齐、壮观、雄壮。）

师：安塞腰鼓有两千多年的历史了，它融舞蹈、武术、音乐于一体，可以几个人表演，也可以上千人表扬。我们从中看到了野气，看到了奔放。“野气”是什么？请提出这个说法的同学讲一讲。

生：我觉得野气有点像原始人的样子。

师：大家应该做做笔记。是一种原始人的……

生：非常朴实，所有的东西都是来自大自然的……

师：太好了！记下来了吗？我们同学能有这么好的智慧，要把同学的智慧记在笔记本上，集中到我们的脑海中去。

（板书：原始的、朴素的、来自大自然的。）

师：带着这样一种感觉，我们再来朗读《安塞腰鼓》，肯定会有新的感觉。我看到大家已经坐端正了，非常好！坐端正，拿好书。自由朗读课文。读完之后，比较这些感觉（指着板书）与我们从文章里获得的感觉是不是一致的？自己读自己的，哦，开始吧！

（学生朗读课文，教师巡视。后来，有一些人看到旁边同学停下来也就停下来了。）

师：没有读完的同学接着读完吧。读完的同学可以回味一下刚才朗读时的感觉。

师：有的同学读得非常投入，也有同学声音太轻了。

（对着一个女生）我感觉你读得特别投入。拟投入进取之后，感觉到的是否与我们看录像时的感觉一致。

生：我觉得是的。

师：再用几个词语来描述一下？

生：想不出来。

师：也可以用黑板上的词语来描述。

（该生没有说什么）

师：大概是什么样子？

生：大概跟刚才说的一样。

师：还有同学愿意用新的词语来描述你的感觉吗？

（等了一会儿）有吗？我们看了录像，我们再读了文章……大家都认可黑板上的？

生：剑拔弩张。

师：这个词你会写吗？来，写到黑板上。

（该同学上黑板写，有同学鼓掌。）

师：同学给你掌声了！语文课上我们要做的事情主要就是把我们的感觉用语言描述出来，把我们的思考用语言描述出来。

师：写得对吗？“剑拔弩张”是什么意思？后面那个男孩子你来讲。

生：形容形势紧张。

师：这里是形容形势紧张吗？用“剑拔弩张”来形容安塞腰鼓，你认可吗？

生：也许是场面雄壮有力。

（教师有点疑惑的样子）

生：雄健。

师：这个词好，它突出了一种充满活力的状态。

（板书：雄健）

“剑拔弩张”在这里用了他的比喻义，这位同学用了一个聪明的表达。有时候我们直接来表达我们的感觉，比如“雄壮、轰轰烈烈”，这很好。有时候，我们可以把我们的感觉转化成一个比喻的说法，这样的表达就很形象。还有想表达的吗？

（教师看没有学生想讲。）如果没有了，我们可以把现在的交流告一段落，看录像，朗读课文，我们的感觉是一致的。大家在朗读课文的时候，你们有没有发现有些句子传递这种感觉更强烈一些？有些句子就不那么明显。

哪些句子让你们特别强烈地感觉到了这种热烈奔放？这种轰轰烈烈？这种叫矫健之风？这种原始野气？能不能独立地圈一圈？哦，已经有同学想讲了！

师：话筒就近的同学先讲吧。大家拿起笔，我也拿笔记。

生：“百十个斜背响鼓的吼声，如百十块被强震不断击起的石头，狂舞在你面前。骤雨一样，是急促的鼓点；旋风一样，是飞扬的流苏；乱蛙一样，是蹦跳的脚步；火花一样，是闪射的瞳仁；斗虎一样，是强健的疯子。黄土高原上，爆出一场多么壮阔、多么豪放、多么火烈的舞蹈哇——安塞腰鼓！”

…………

师：很好。还有想讲的吗？

（看了一下）没有关系，先前我们的预习是初步的学习，然后我们又进一步看了录像，朗读了课文。这篇文章的学习还是起步阶段。我们找到这么多已经很好了。接下来我们小组合作，四人为一小组，做两件事：第一件事是在大家交流的基础上，再找一些特别能传递奔放之情的句子；第二件事，能不能把我们的思考推进一步，想一想为什么是这些句子，它们在句式上有什么特征？

…………

评析：

郑桂华老师是我国目前唯一的从事中学课堂教学的“语文课程与教学论”博士，听郑桂华老师的课，往往看到这样的景象，不管什么样的学生，在她的课里都变得愿说、能说、会说；看郑桂华老师的课例，堂堂都有这样的感触，她的课学生都能有说话，是实实在在的收获，语文的收获。从创设情景的角度来看郑老师的课例，我们“从创设情景是否为教学内容服务”这个角度来分析。

先看录像。郑桂华老师的课，是考虑到文本写作内容“安塞腰鼓”与学生的生活体验有一定的距离。没有生活体验，势必对理解文本内容造成障碍。看完这段录像，一方面要引导学生摆脱“无感觉”的状态，另一方面需要引导学生从录像内容的感觉迁移到文本内容的感觉，又要进一步引导学生从对内容的关注转移到对文本言语的关注。因此，使用这段录像，起点是学生直观的体验和感受，落点是学生对文本的阅读和感受。

有个老师上《安塞腰鼓》，就仅仅把录像当作上课的漂亮“导入”罢了。课一开始，老师说：“今天我们一起学习的是《安塞腰鼓》一课，首先请大家欣赏一段录像。”为什么“首先”呢？欣赏录像的原因何在？像凭空杀出。或许，连老师自己都不知道为什么要欣赏。接下来呢，老师也让学生说看录像的感觉，学生说了“气势磅礴、豪迈、大气、震撼、威武”等词语，老师接下来不知道要如何推进，就立马要求学生“优美地朗读课文”，尽管他知道学生此刻不可能“优美”。在这里，看录像和“优美地朗读”不发生关系，而教师提出“优美地朗读”，落点其实也不在“朗读”。

郑老师怎么做的呢？先说“安塞腰鼓离我们多水的江南，离我们人间天堂杭州是有点距离的”点明看录像缘由。学生说完看录像感觉之后，她问的是：“有没有发现有些句子传递这种感觉更强烈一些？而有的句子就不那么明显？”落点在哪里呢？在“感觉”。谁的感觉呢？是学生自己的。所以她接着问：“能不能独立地圈一圈？”结果是学生各自圈了“感觉强烈”的句子，结果是学生纷纷诉说自己的“感觉”。下一环节是影响感觉的细腻、丰厚，郑老师是这样说的：“能不能把我们的思考推进一步，想一想为什么是这些句子，他们在句式上有哪些特征？”“想一想为什么是这些句子”，也就是对自己“感觉的反思”，反思的结果是“发现”了句式和词语运用的“特征”，精准的落到了对文本的语言赏析之上。

第二节　教学过程的优化

考纲内容

能够根据学生语文学习的个体差异，指导学生的课前预习、课堂学习和课后总结。

考纲解读

本考点考察考生在语文教学过程中，根据教学内容、学生的个体差异，遵循教学的基本原则，运用多种策略，指导学生高效的开展课前预习，课堂学习，课后总结的能力，以及培养使学生掌握学习的基本方式方法，充分的发挥学生学习的主观能动性的能力。考试方式以选择题和案例分析题为主。选择题主要考察课前预习、课堂学习和课后总结指导的理论知识与运用，案例分析题考察考生根据不同的教学内容指导学生学习的能力，以及对某教学案例中教师指导合理性与有效性的分析。

基本知识

教学过程，即教学活动的展开过程，是教师根据一定的社会要求和学生身心发展的特点，借助一定的教学条件，指导学生主要通过认识教学内容从而认识客观世界，并在此基础之上发展自身的过程。实现教学过程的优化，教师有必要了解学生的个体差异，以一定的方法和策略指导学生课前预习、课堂学习和课后总结。

一、学生的个体差异

学生语文学习的个体差异主要体现在以下四个方面。

1. 认知差异

认知能力包括接收能力、加工能力、储存和应用信息的能力，知觉、注意、记忆、想象和思维等的能力也被认为是认知能力。教师在指导学生进行学习的过程中，要探究学生已有的知识经验，寻找学生学习的兴奋点，根据学生记忆、思维的差异设计教学，才能实现指导的有效性。

2. 动机差异

这主要是指学生之间学习动机的不同。学习动机是推动学生进行学习活动的内在原因，是激励、指引学生学习的强大动力。它不是一种单一的结构，包括学习需要、学习兴趣、爱好、情感、意志等非智力因素，动力差异虽然不参与到认知过程中去，但却直接关系到学生学习主观能动性的发挥。

3. 性格差异

性格是个体较为稳定的态度与习惯化的行为方式相结合而构成的心理特征。性格差异包括个别差异和性别差异，它们对学生的学习方式有一定程度的影响。如：外向型的学生通常思维较为活跃敏捷，回答问题积极且对难度大的学习内容保持较高的兴趣，但课后不爱复习，部分学生作业马虎。内向型的学生多表现出反应慢，课堂回答问题不够积极，略显羞涩，但遵守纪律，部分学生作业认真。这就要求教师根据学生的性格差异，采用不同的指导法，帮助学生实现学习效果的最优化。

4. 潜能差异

这主要是指学生个体之间的潜在优势差异。这种差异一方面表现在人的潜能大小上，另一方面表现在潜能所在的不同领域上。潜在的优势代表着发展的可能性，这份可能性是教学需要唤醒的力量。教师指导学生学习的目的就在于挖掘学生的潜能，促进学生的发展。

二、课前预习的指导

1. 课前预习的内涵及重要性

古语有云：凡事预则立，不预则废。那么预习对于教学的重要意义就可见一斑了。所谓课前预习，是指学生在上课之前对即将学习的知识内容进行自学准备，以期达到更好的学习效果。

课前预习有效完成有以下几点重要意义：首先，有利于强化学生的学习动机，提高学生的自学能力。长期课前预习习惯的养成有助于学生实现从预习知识到预习能力的转化，由预习能力到学习能力的转化。真正地实现“教，是为了不教”的教学真义。其次，有利于学生对文本的个性化解读。课前预习给予了学生学习主体地位的尊重，学生能在课前阅读中获得属于自己的特殊体验。以教师理解代替学生理解，无疑剥夺了学生感受语言文字魅力的权力与能力。最后，有利于高效课堂的实现。课前预习的展开避免了学习的盲目性，学生可有针对性的集中注意力解决课前疑点与盲点。同时，预习效果的反馈为教师因材施教、有的放矢展开课堂教学提供了可能，更是教学效果事半功倍的重要保障。

由此观之，教师有效的指导课前预习有着重要意义。如何指导呢？首先就要简要的了解语文课前预习的基本方式。

2. 课前预习的基本方式

（1）圈画批注式课前预习。

所谓圈画批注式课前预习，是学生在进行自主阅读的过程中，结合自身的理解感悟、知识储备与文本之间展开对话，获得对文本的感受、理解、欣赏与评价。其关键步骤是在阅读的过程中以批注的形式把自己的感受用语言文字表达出来。这类预习重在培养学生对文本的个性化解读、分析的能力。

阅读时圈画哪些内容呢？如：全文中心句、段落中心句、集中表明作者态度或情感的句子，段与段之间的逻辑关联词句（如过渡句、设问句、统领下文的句子等），信息量大，难懂的句子，文中的使用修辞的句子等。此外，批注也要做到言之有物，无论褒贬都要批注有据。

（2）导学案式课前预习。

导学案是经教师集体研究、个人备课、再集体研讨制定的，以“课标”为指导、以素质教育要求为目标编写的，用于引导学生自主学习、主动参与、合作探究、优化发展的学习方案。它是学生预习的拐杖，发挥着导读、导思、导练的功能，是文本知识转角处的路向标，是学生掌握重难点的阶梯。其中心任务是引导学生阅读、感悟、思考，实现学生与文本之间多角度、多层次以及深层次的对话。

（3）习题式课前预习。

科学使用课后的习题或者相应的教辅资料，抑或是有教师编排的题目，选择性地将它们作为学生课前预习的内容，然后通过课堂研讨解决。这种方式针对性强，效率高。但需要注意的是，此种方法在培养预习习惯的初期使用较好，基于学生学习的兴趣考量，不宜多用。

（4）学生作品展示式课前预习。

学生自主预习的成果可通过朗诵、演讲、PPT展示、Flash演示、课本剧表演等形式展现出来。这些活动能最大限度地激发学生的学习兴趣与激情，强化学习的动力。如在教学《羚羊木雕》一文前，让学生进行分角色扮演的演练，从不同身份角色的扮演中体会不同人物的不同立场，分析不同人物的优缺点，从而寻求矛盾解决的方案。这样的预习不仅能吸引学生，还能将书本世界、现实生活与学生的实际经验融会贯通。

（5）开放式课前预习。

开放式预习是指让学生从课本或工具书以外的“生活”大课堂（如：图书馆、博物馆、展览馆、电影、电视、网络、报刊、微课等等）中去学习，在生活的丰富资源中提取所需知识，让学生在预习的实践中，获得搜索、提取、处理信息的能力。如：学习《小圣施威降大圣》一文时可引导学生去网络查阅《西游记》的相关故事，观看相应情节的影视作品。又如在进行作文指导课前，教师可自己制作“微课”，作为学生学习的引导资料。

（6）自主质疑式课前预习。

明代陈献章说：“学贵知疑，大疑则大进，小疑则小进。疑者，觉悟之机也。”质疑让学习不再只是单纯的记忆活动，它融入了思考、推理和探究。质疑之前加上自主，着重突出了质疑的主体是学生自己，质疑成为一种传授给学生的学习策略。实现了“学生自己提问，自己回答，从外部控制转为自我控制”。著名教师李镇西，在要求学生预习时就常提出“读出自己，读出问题”的要求。它的意义在于能帮助学生克服思维惰性，培养学生的思维习惯，提高思维品质。

如何引导学生进行质疑呢？可以从以下几个方面着手。第一，围绕标题质疑。比如在阅读《济南的冬天》时就可以思考，济南的冬天美在哪里？为什么美？作者是怎么写的？作者为什么独独要写济南的冬天，这其中蕴含了怎样的情感？第二，围绕关键语句质疑。把握住课文的关键语句就能迅速掌握文章的主旨。如《苏州园林》一文中说：“务必使游览者无论站在哪个点上，眼前总是一幅完美的图画。”那么下文中哪些内容展示了苏州园林这一总特点呢。这就很好地将课文的结构梳理了出来。第三，围绕课文矛盾点质疑。如《社戏》一课，看戏的过程中小伙伴们都昏昏欲睡，但在结尾处说“真的，一直到现在，我实在再没有吃到那夜似的好豆，——也不再看到那夜似的好戏了”。其实这里好的不是戏，而是当年陪伴的小伙伴，淳朴的人们，以及那段美好的童年记忆。第四，围绕写法进行质疑。即文章开头结尾有什么关联，段与段之间是如何衔接过渡的等等。这所有的质疑过程都培养学生独立的完成。

（7）小组合作探讨式课前预习。

它可以是学生将自主预习的过程中出现的疑难杂症拿出来与小组成员进行交流探讨，寻找答案；也可以是针对一些有难度的文章，如名著，或者综合性学习，学生进行分工合作，从不同的角度，采用不同的预习手段分工完成总的预习任务。合作式预习有利于培养学生团结合作的能力与精神。

3. 有效的指导课前预习的关键

课前预习的有效性需掌握好四性：即差异性、指导性、可操作性、可评价性。

（1）差异性。

教学内容、教学对象等的不同，决定了预习方式、预习评价的不同。它们之间的差异性，决定了预习方式的选择要灵活。一方面，教学内容决定教学方法，同样，预习方式的选择也必须符合教学内容的特点。反之，只会事倍功半。比如在教学《变色龙》《皇帝的新装》等课文时可采用排练课本剧进行预习；难度较大的文章比如《从百草园到三味书屋》《雪》《孔乙己》等课文，教师可以根据本班具体学情设计导学案。某些自读课文可结合教材后题目，采用习题式预习。

另一方面，预习方式的选择也要考虑到学生的认知、性格、动机以及潜能差异。如：对预习进行分层设计。① 作业题量分层，如：对基础差的学生，适当减少其作业量，以夯实基础为主。教师结合课文设计的综合性练习可选择性的做。② 作业难度分层，教师应重视找准每类学生的最近发展区，设计难易有别的作业。一般来说，确定为基础、发展、创造三级目标，要求一般学生能实现基础目标，努力完成发展目标；基础较好的学生努力完成创造目标。如：在记叙文写作中，要求一般学生能够做到语句流畅，讲清事情的来龙去脉，写作能力强的学生能适当地采用一定的写作手法。③ 作业时效性分层，在作业的完成时间、效率上实行分层。如限时作文，要求一般学生在规定的时间内上交，部分学生可以略放宽一点。这样既保证了作业的质量，也促成了他们自觉提高完成作业的效率，增强主动学习、做作业的积极性。

（2）指导性。

所谓的指导性教学是指为实现教育的目标和任务，教师按照明确的教学目的要求，引导、组织学生进行主动性学习，使之占有和掌握学习内容的活动，教师的指导性功能十分明确。这要求教师在学生的预习过程中承担引导者和指导者的角色。预习任务的布置不是盲目的、粗放型的。比如在《社戏》学案设计中，教师通过三个预习问题引导学生品读课文：第一遍读课文，运用工具书和注释解决生字词。第二遍读课文，理清小说的情节发展过程，查成语“归心似箭”“顺手牵羊”的含义。第三遍读课文并思考：那夜“我”看的戏到底好还是不好？结合课文和自己的理解谈一谈理由。三个问题循序渐进，成阶梯式上升，从字词积累过渡到情节把握，再到课文主旨情感。

（3）可操作性。

可操作性在教学中就是解决问题的程序方法，是教师根据“课标”、教材、学情设计操作步骤，教师指导学生按照此种程序进行操作练习。近年来不少学者对语文预习的操作策略做了探讨，下面选取的是具有代表性的可操作性预习策略。

① 读：读单元说明、课文阅读提示、课文、课文注释等。② 查：借助工具书查阅生字词、文言文中难懂的词句、作者的生平、文章的写作背景等。③ 思：对课文内容、课后习题进行思考质疑。④ 写：对前三个环节做好相应的笔记。

（4）可评价性。

要想达到最大的诱导效果，你应该尽可能地在行为发生之后，立即加以赞美。对于学生的预习过程和效果，教师应采用多种手段进行检查与评价。其目的在于加强对学生预习的推进，强化良好的阅读习惯。常用的评价方法有：第一，教师查阅。包括全员检查和个体抽查；第二，小组检查。由组长对预习情况进行登记、通报与反馈。第三，课堂组织讨论。即在课堂上交流预习中涉及的难点。第四，交流展示。通过演讲、表演、课本剧、辩论赛等方式展示预习结果。第一和第二点有效地实现了评价主体的多元化。第三和第四点实现评价形式的多样化。但也应该注意评价的差异性，例如设置检查预习分层。检查基础部分由小组或同桌完成，如生字词和用横线标注等部分；其余的检查由教师来完成，并粗略的进行分类统计，有哪些学生选择较简单的预习方法，有哪些学生选择有深度的预习方法，根据每次预习统计的结果进行比较来发现学生学习的主动性和效果。

三、课堂学习的指导

1. 课堂学习的内涵

课堂学习是学生接受学校教育的基本形式，学生在学校学习的大部分时间都是在听课中度过的，它是学生接受老师指导，掌握知识发展智力（如：观察力、思维力、记忆力、想象力）的重要环节，是学生获取知识的重要途径，也是高效率学习的保证。

课堂学习方式多样，认知心理学将其划分为接受学习和发现学习。根据现代课堂学习选择性、实践性、创新性和社会性的特点，有以下分类。从选择性来看，课堂学习可分为自主性学习、选择性学习、非指导性学习；从实践角度来看，分为主动性学习、参与性学习、实践性学习；从创新的角度看，分为个性化学习、创新性学习、探究式学习、差异化学习；从社会性来看，又可分为社会化学习、群体性学习、互助合作学习、活动交往学习。“课标”中标志性的学习方式是自主学习、合作学习、探究学习。《基础教育课程改革纲要》中突出了“体验”的地位，因此，“体验学习”亦是课堂学习的一种重要方式。

课堂学习方式的多样性决定了课堂学习指导的侧重点均有所不同，但万变不离其宗，指导课堂学习的原则与基本操作方法都存在着共性。

2. 指导课堂学习的基本原则

（1）差异性原则。

孔子上完课，回到书房，子路匆匆进来大声求教：“先生，如果我听到一种正确的主张，可以立刻去做吗?”孔子慢条斯理地说：“总该和父兄商量商量吧。”子路离开不久，冉有进来问了一个和子路一模一样的问题，孔子说：“对，应该立刻实行。”一旁的公西华不解，为何一样的问题老师的解答截然不同，孔子解释道：“冉有性格谦逊，做事犹豫，所以我鼓励他果断行事；子路逞强好胜，办事不周全，所以我劝他多听听他人的意见。”世界上没有两片一模一样的叶子，同样，每一位学生的性格、兴趣、学习目的、学习习惯、学习方法都各不相同。所谓差异性，就要求教师根据不同类型的学生，选择不同的方法，也就是因材施教，重点在处理好一个“异”，难点也在此处。

（2）操作性原则。

教师的指导中，除了“授之以鱼”以外，更重要的是要“授之以渔”。“渔”是学习方法的指导，学习方法是一种操作技能，只有理论联系实际，方法才能在运用中熟练，认识才能在运用中才能升华。如，开展小组合作学习，就必须帮学生建立好小组，指导学生如何分配任务。如学习一首古诗，谁负责从修辞的角度进行鉴赏，谁负责从抒情方式的角度进行鉴赏，谁负责从“炼字炼句”的角度鉴赏，所有的学习分工都要力求可操作。

（3）循序渐进原则。

语文学习不是一个一蹴而就的过程。每一个阶段的学习必须考量学生的认知接受能力，以及学习的“最近发展区”。比如说《背影》一文，对于初中生来讲重点掌握父亲对儿子深沉的爱。然而对于高中生来说，这样的理解就浅层次了，可以上升到“父与子之间爱而不能表达的矛盾探讨中来”。语文的同一篇文章，不同时期的人来读，会有不一样的情感体验，但后来的体验总是建立在以往的经验之上的。这就要求教师不可逾越学生特定时期的认知接受力，教学指导不可拔苗助长。

（4）激励性原则。

“数儿十过，不如赞齐一功。”在指导课堂学习的过程中要根据学生的生理、心理需要给予恰当、合适的表扬和激励手段。正确的正强化法则应该是：成功—赞赏—为下一个目标努力—接受指导—成功。

（5）发展性原则。

中学阶段是学生最富挖掘价值的阶段，是可塑性最强、知识获得、智力发展、行为习惯养成的重要阶段，在进行课堂指导的过程中教师要用发展的眼光对待每一位接受教育的学生。

3. 开展课堂学习指导的操作方法

内容决定形式，同样，课堂学习的指导方法也要因人、因文而异。这里仅列举了常见的几种操作方法，了解其基本特点，结合课堂学习实际，方可灵活驾驭，方可发挥其应有的价值。

（1）迁移指导法。

通俗点讲，迁移就是举一反三。如，重庆市中学语文特级教师王君在执教《湖心亭看雪》一文时，以“痴”字贯穿整个教学活动，首先整体梳理文本，引导学生用“痴人”一词概括张岱形象。其次，论“痴行”，分析张岱独往湖心亭看雪以及巧遇金陵人部分，剖析张岱的内心情感。再次，通过赏“痴景”，充分理解一切景语皆情语，带领学生获取作者附着于景物的细微情感，从而进入张岱的心灵深处，深入理解本篇小品文的情感。在这一环节中，如何启发学生通过“景物”悟“痴情”呢？老师列举了很多写西湖的诗文，让学生品悟杨万里“接天莲叶无穷碧，映日荷花别样红。”中作者满心愉快，以及对西湖的赞叹之情；林升诗“山外青山楼外楼，西湖歌舞几时休。暖风熏得游人醉，直把杭州作汴州。”中饱含的对“统治者”无法保全国土江山的愤恨之情，接着通过两个案例寻找他们之间的共性，引导学生理解“景语”与“情语”之间是息息相通的，从而理解《湖心亭看雪》景物中所“藏匿”的情感，即诗人痴迷于天人合一的山水之乐，痴迷于世俗之外的高雅之趣。借助辅助材料就是举例，而通过案例链接到所学课文，就是迁移。如果还要熟练掌握“借景抒情”，教师还可以引导学生留心其他文章中的景物的情感，甚至可以引导学生写一写“借景抒情”的小作文。

学生有了方法，就如同有了“武功秘籍”。但还需要通过其他方面的阅读，强化这些“招式”，才能“练得绝世武功”。事实告诉我们，迁移引导能够变“死读书”为“活读书”，见效快，能使学生解决问题的能力有较快的提升。

（2）示范指导法。

示范指导法是教师指导学生进行课堂学习的常用方法，即教师先举出例子，进行示范，然后指导学生模仿老师的例子进行练习。如著名教师余映潮在执教蒲松龄的《狼》一文时，第四个教学环节就是“语言欣赏”，要求学生对文章中的某一个词，某一个句子进行语言上的鉴赏。其实在上一个环节“师生诵读品评”中，老师就已经亲自示范如何点评文章，为此环节的点评做了铺垫。但在此为了让学生更加清楚点评的模式，老师不仅给出了点评的句式，即：“……说明了……”“……表现了……”“……写出了……”还亲自示范：“第一段中的‘晚’字，说明了当时已是路上无人，屠户处于无援境地。”有了老师的点拨，学生的回答与点评亦是相当精彩。

（3）合作指导法。

合作指导法，就是调动学生的团队力量，共同探讨问题，求得解决问题的方法。该指导法的关键在于合作、探究。这要求教师在学生对教师所提问题无法独立解决时提出讨论要求，集聚多人的力量探讨。新课改以来，许多老师重形式，动不动就是小组合作，许多简单的、学生能独立解决的问题成为合作探究的内容，不仅难点、盲点的讨论时间被占用，而且还哗众取宠，大大地降低了课堂的效率。

（4）探究指导法。

教师通过课堂有目的地组织学生进行交流活动，了解学生具体学情，并加以诊断，总结归纳学生在学习上共性或个性问题，然后指导学生着重解决疑难。比如，苏州大学教育哲学博士，语文特级教师李镇西在执教《孔乙己》这篇文章时，从具体学情出发，一番激情的导入后，要求学生根据自己的阅读经验谈谈对文章的困惑，由生生、师生互动解决各自的疑惑。然后师生在活跃的思维碰撞中，引出本篇文章的难点，即“大约孔乙己的确是死了”，通过探究“孔乙已到底是死是活”剖析这个人物的悲剧不仅是个人的悲剧，同时也是时代的悲剧，社会的悲剧。这种指导法，要求教师对文本理解全面、深刻，在备课中充分地进行“预设”，预设学生可能问到的问题，从而结合实际随机应变，方能如行云流水，举重若轻。

（5）启发指导法。

启发指导法就是在教师的引导、提示下，带领着学生领悟知识、情感、甚至学法。启发的关键是点燃学生的思维火花，让其在学习中学会发现，学会总结，从而提高语文素养。比如语文教育艺术研究会会长，特级教师钱梦龙老师在执教《愚公移山》时，巧妙提问："愚公多大了？是90，还是未到90，还是90多了？"问题一出学生就会注意到文中"且"字的意义，从而引导学生学会注意虚词。又如：语文教师可采用续写、扩写、补写、联想、反想等方法训练学生的思维。如：品味着有"诗中有画、画中有诗"美誉的诗人王维的作品《使至塞上》上时，可让学生通过联想，描绘出"大漠孤烟直，长河落日圆。"的画面。通过联想与写作，体会意象、品味意境。如：《爸爸的花儿落了》一文最后可让学生补写小英子听到噩耗后的心理描写，这不仅能够锻炼学生写作，也能加深学生对文本的认识，乃至对人生的认识。

（6）总结指导法。

总结指导，即在"学完"或者"刚学"一节课或一个单元，或者某些相似的课文后进行知识、学法的总结。如在学习说明文单元时，可对说明文的知识进行串讲。在学习完小说单元后，总结鉴赏小说的基本方法。

除此之外，还有注重激趣的兴趣指导法、注重发展学生主观能动性的自学指导法、注重实践操作的听课法、解决考试难点的应试法、课堂笔记记录法、材料补充拓展指导法等等。在这里就不一一列举了。方法多样，但目的是指导学生高效地学习，在方法中获得知识，在方法中获得汲取知识的乐趣，在方法中提高效率，把学生从单一的"记忆力"练习中解救出来，实现生命化的教育，促进人才的成长。

4. 指导学生课堂学习应注意的问题

第一，学习目标体现层次性。《基础教育课程改革纲要（试行）》中提出教学的总目标是为了每个学生的发展。学生个体差异要求教师制定不同层次的学习目标。学习目标要体现弹性，既包含基础性目标，也要体现发展性目标，让学生的学习目标保持在"最近发展区"内。从而确保不同层次的学生以积极的状态面对语文学习。

第二，教学内容体现灵活性。多层次的学习目标决定了教学内容既要适应不同学生的要求，也要注意差异的涉及，保证学生拥有个性化的学习空间。

第三，练习设计体现选择性。习题的设计可分为基础题（全班掌握）、提高题（中等及中等以上学生掌握）、深化题（学习能力较高的学生掌握）。提高题与深化题不要求人人会做，其重点在于鼓励人思考、探索。

四、课后总结的指导

1. 课后总结的内涵

课后总结是指学生课后对所学知识进行归纳、概括、对比，它要求学生把零散的知识连接起来，形成知识网络，促进所学知识的结构化、规律化、系统化。它是知识内化的重要环节，并为知识的灵活运用提供可能。

课后总结同课前预习、课堂学习一样，是学习必不可少的环节，但却常常被忽略。首先，课后总结是弥补课堂疏漏的重要保障。课前、课中学习总有遗漏的知识点，总有部分知识尚未嚼烂、吃透，课后总结为学生“拾起”忽略的内容，深化对课堂知识的感悟提供了可能。其次，课后总结有助于掌握新旧知识的联系，是“温故知新”的保障，旧知识掌握的好坏直接关系到吸纳新知识的优劣。最后，它是实现知识“去粗取精”，帮助学生形成知识系统的必要条件。那么，教师加强课后总结指导的重要性就不言而喻了。

2. 指导课后总结的关键点

(1) 明确课后总结的内容。

一方面，语文的课后总结应围绕课堂核心内容，如：文章的字词、写作手法、情感表达等。当然，总结的内容因课文的不同也有所差异。说明文应该重视说明方法、说明顺序。议论文应重视论点、论据、论证方法。记叙文应掌握时间、地点、人物、起因、经过、结果六要素，理清文章情感变化。文言文重视重点实词、虚词的意义等等。比如说，在讲完《岳阳楼记》后，教师可通过习题的方式让学生总结“通”“观”“居”等词的一词多义。

另一方面，课后总结的内容还可以拓展到一个单元、一个学段、一类文章的总结归纳或对比上来。如人教版八年级上第二单元学完后，教师可引导学生对所学的“写人”类的文章进行方法总结。如：《阿长与〈山海经〉》中的欲扬先抑，《背影》中的一线串珠法等等。总结不同的写作方法，从而帮助学生运用到写作中去。

(2) 指导课后总结应注重方法的传授。

指导方法多样，因学习内容、学生个体的不同而不同，以下列举常见的几种方法。

第一，回忆指导法。尝试着回忆学习的过程是课后总结的重要工作，教师需要培养学生回忆的能力。在学生养成自主回忆之前，需要教师的指导。回忆包括回忆预习的经过，预习中遇到的问题，这些问题自己是如何弄懂的，教师又是如何讲解的，教师的讲解与自己的理解是否一致，新旧知识是如何联系的，关联点在哪里等。

第二，教科书应用指导法。教科书是学生学习的根本，也是课后总结的依据。对教科书的使用在课后总结阶段是不同于预习的。教师要适当地提醒学生对于已经理解的部分，不必花太多精力和时间。对课文的理解总是常读常新的，巧用、熟用教科书是深层次阅读的重要保证。

第三，笔记指导法。笔记整理以前两个环节为基础。教师要指导学生将课堂上记得不准、逻辑顺序不清、次序颠倒或课堂未来得及写下的笔记及时补充好。整理的过程中，如有新的思考，还可以做好相应的记录，把思维的火花记录下来。

除此之外，还有归纳指导法、对比指导法、巧用参考书等。课后总结是一个发挥学生主观能动性、锻炼学生自学能力的过程，课后总结的习惯培养是学生学习能力提升的重要保障。

（3）营造课后总结的氛围。

如何营造这种氛围呢？一方面，可开展笔记评比大赛，通过比赛的方式让学生加强对课后总结的重视，形成潜移默化的作用。另一方面，开展课后总结方法的经验交流，让学生来谈经验，谈方法，从同学中寻找榜样，发挥榜样的力量。

案例

【例 3-2】

《岳阳楼记》教案设计

欧阳代娜

预习提纲

（1）查阅工具书弄懂课文中生字词的读音，朗读全文。

（2）熟读并口译文章的第一、二自然段。

（3）思考以下问题。

第一，文章标题是“岳阳楼记”，这是什么体裁？文章是以记叙为主，还是以抒情议论为主？

第二，文章有一句话可以作为全文的中心线索句，你能找出来吗？它是如何贯穿全文并引发出作者的伟大抱负的？

第三，文章为什么要详写洞庭湖的风光？这是文章的中心内容吗？

第一课时（节选）

检查预习首先由两位同学分别朗读课文第一、二自然段，由大家指出听读中发现的读音方面的问题。

生：在第一自然段的朗读中“属”字读错了。

师：应该怎么读？

生：应读“zhǔ”，不应读“shǔ”。

…………

（省略部分：重点字词读音的梳理，范仲淹的简介）

师：现在我们来解释一下文章的标题。岳阳楼在什么地方？我国古代建筑中有三大名楼，它们分别叫什么名字？在什么地方？

生：有黄鹤楼，在武汉。

师：还有呢？

生：岳阳楼，在湖南岳阳市，洞庭湖边。

师：很好。但是你怎么知道的？去看过吗？

生：没有。我看了课文注释知道的。

师：很好。大家应学会运用注释来解答疑难，丰富自己的社会文化知识，还有一座楼呢？

生：（小声地）滕王阁……

师：很对，你大声说给大家听。

生：（大声地）滕王阁。

师：很好，这位同学知识面比较宽，很好。滕王阁在南昌。好，检查预习结束，大家预习的效果是好的。记，是古代一种文体，可以记叙，可以议论、抒情。

师：请一位同学口译第一自然段的第一句。

生：第一句是："1044年，宋仁宗四年春，滕子京被贬官到巴陵来。"

师：意思对。请大家注意"谪守"两字怎么讲？

生："谪"是指贬官，降职。

师："守"字是指做州郡的长官，也就是做太守。整句是"被贬官降职到巴陵来做地方官"。下一位同学口译第二句。大家用红笔在"谪""守"两字下加上"△"符号。

生："到了第二年，庆历五年，政事顺利，百姓和乐，被废弃的事业又都重新兴盛起来。"

师：很好。这句要注意"越"字和"具"字的解释，并在字下面加上"△"符号，表示注意它的用法。

生：第三、四句是："于是重修岳阳楼，扩建它原来的规模，把唐代和宋代人的诗词歌赋刻写在岳阳楼上，嘱咐我做篇文章来记述这件事。"

师：口译得很好，这两句话中要注意"乃""制""予""属"的用法，大家标上符号。"之"，指什么事？

生：指重修岳阳楼这件事。

师：对。但作者在文章中写了修楼的事吗？我们来研究他是怎么写这篇文章的，看看他的文章构思的特点。

师：以上为第一部分，段意可归纳为"写文章的由来"。

生：第二段的第一、二两句口译是："我看巴陵最好的景致，就在洞庭湖的整个湖上。它包含了远山，即湖中有山。像张开大口容纳进长江的大水，江水浩荡无边无际，一天之内阴晴变化不定，景象万千，层出不穷。"

师：口译得好，语言也很流畅优美。请大家注意“胜”“汤”“一”几个字，并画上符号。“一”字应怎么译？

生：作“全部”的意思。

师：很好，“一”在我们的汉语中常有代表全部、整个的意思，如“一往无前”“一无所有”“一如既往”等。

生：第三、四两句：“这就是岳阳楼的雄伟景象，以前的文人作家已经写得很详尽完备了。”

师：很好。“则”作“就”字讲，“大观”这个词语要注意，现在还有生命力。请画上符号。好，现在大家注意“备”字。既然前人的叙述已很详尽了，那么作者写这篇文章岂不多余？

生：不多余，因为他写了别人没有写出来的内容。

师：你的意见非常深刻。的确，作为一般性的写景，大家都已写完了，范仲淹也很难再写出什么新意来了。不过，他还是要写的，（好朋友滕子京交给的任务还没完成呢！）而且他也就真的写出了新意，写出了近十个世纪以来脍炙人口的不朽名句。不过一个“备”字等于自己封了口，无法写下去了。大家看作者用什么词语使自己的思路又打开了一扇大门，出现“柳暗花明又一村”的情景来了？

生：用“然则”一词作了转折。

师：很正确，大家先画上这个词，标上着重符号，不过还应分清“然”与“则”各自的含义。

生：“然”是指“这样”，“则”是指“那么”。

师：对。但课文注释中“既然”一词，为什么要加上括弧？（没有学生回答）

师：这是因为我们在翻译文言文时，由于古今的语气用语不同，常需要加上一些连接的词语作过渡，文章才能通顺。但这些新加进去的词语，又不是原文的内容，为了表示区分，所以加上括弧。请大家在“然则”下加上着重号，并加批语——“转折，引出下文”。

生：……（略，学生口译）

师：很好。大家注意这句话中有一个词十分关键，可以说是全篇文章的文眼（也叫题眼），全文由此而思路顿开，文思如涌，一气呵成地完成这篇宏伟著作。大家找一找是哪个词？（课堂活跃，大家争论）

生：“异”词。

师：十分正确。请把这个词加上着重号，整句话下面画上波浪线。这一个“异”字，引出了下面的叙述，导出新的思路，最后抒发出伟大的抱负，十分重要。以后大家看书，要学会把握这些关键的字词句。现在大家来研究下面的文章，作者接着写什么？请看下面第三、四两自然段是写什么内容？

生：这两段写洞庭湖的风光。

师：那么，作者写出来“异”样的内容了吗？（生有争议）

师：大家讨论一下，哦，同意“没有”的是少数，不过，我也觉得他没有写出新异的东西来，这是为什么呢？现在我们先翻译出这两段的意思来。大家先默读第三段。

…………

（学生口译第三段，教师点评）

师：很好，大家注意“去”“国”两字的用法。请大家在这段后加上批注：“览物之情——（　　）”。是什么感触？用课文中的一个字来概括。

生：“悲”字。

师：很对，请大家填上。这样的触景生情，有没有新意？“异”字写出来没有？

生：没有。因为看到这种情景，大家都会有这种感受的。

师：很好，我们再往下看，看看作者还写什么？通过什么方法引出“新”和“异”来？

生：（口译）“至于春风和煦阳光明媚（的日子），（洞庭湖上）波澜平静（没有惊涛骇浪），上下天色湖光相接，一片碧绿，广阔无际。小水鸟时而飞翔，时而停息在树上，五光十色的小鱼在水中游动，岸上的小草与沙洲上的兰花生长茂盛，发出浓郁的芳香。”

师：译得很好。“一”字与上面的“在洞庭一湖”中的“一”字用法相同。“景”字当作“阳光”，“集”是“停”的意思，原字意思“隹”（鸟）站在“木”上。

生：（口译）“有时大片的烟雾完全消散，明亮的月光照着洞庭湖。（月光照在湖面上就可以看见）浮动的水面上闪耀着金光，而静静的湖底，却沉着圆圆的月影，像一块璧玉。夜间在湖上作业的渔人歌声互相答问，这是一种多么快乐的情景。”

师：很好。特别是“一空”“跃金”“沉璧”几个词译得很美，准确。“何极”一词，可以译为：“这是一种无穷尽的快乐啊！”

生：（口译）（如果在这时）登上岳阳楼（看到这种情景）就会有心境开阔，精神愉快，光荣和屈辱都一并忘掉的感受，在清风中端起酒杯来，那种欢欣喜悦的情景（是无法说尽的）。

师：后一句译出了作者的心情，很好。注意“偕”字的读音。整个的第四段有不少短语，我们今天还常用，大家找找看，都有哪些，并用横线标在短语下，以引起注意。

生：有“春和景明”“浮光跃金”“静影沉璧”。

师：找得很对，还有“心旷神怡”“宠辱偕忘”。大家给第四自然段作个批注：“览物之情——（　）”。从课文中选出一个字来概括。

生：“喜”字。

师：很对，以上是第二部分，段意是“览物之情”。现在在第一课时结束前，布置一个作业，请大家思考一下，作者的“异”在哪里呢？作者花费这么多的笔墨写出洞庭四时不同风光，其作用是什么？

评析：

从课前预习的指导来看，老师拟定了预习提纲，第一题是对字词的把握，第二题是对全文的翻译，第三题涉及《岳阳楼记》的情感、写作手法。三个题目难易程度呈现明显的梯度，且前一个环节都是后一个环节顺利完成的保障，设计由浅入深，层层推进，符合学生的认知梯度。这三道题一出，学生的预习就有了清晰的方向，预习的操作性也大大地增强。在语文课堂上，我们能清晰地看到老师采用“学生介绍—老师补充”“读—纠错”“读—译”等方式对预习进行了课堂检查，这是对学生预习的反馈，既查漏补缺，使学生获得学习的成就感，又能带领学生深入文本，探讨预习时的困惑。

从课堂学习的指导来看，老师的教学艺术也是炉火纯青。各种指导均在师生的对话中展开，举重若轻，行云流水。① 注重知识的迁移，在介绍完岳阳楼后，马上进行了传统文化知识的迁移，顺带介绍了江南三大名楼的另外两个——黄鹤楼和滕王阁。② 注重总结指导。在学生对第二段进行口译后，老师拎出在洞庭一湖中的“一”字，列举了与它意义用法相同的现代汉语词汇“一往无前”“一无所有”“一如既往”，他们均解释为“全部”。③ 注重启发思维。通过一个“备”“异”“二者”等字，将文章的骨架结构清晰的摆在了学生的面前。

虽然，对于《岳阳楼记》一文，欧阳老师是通过“备”“异”“二者”等关键词把握文章“思路与结构的美”。但是，这些字是老师带领着学生寻找出来的，学生的理解是被老师牵着感悟的。著名教授王荣生老师提出，“有没有可能课堂教学的重心放在学会把握这些关键的字词句上，有没有可能由关注阅读的结论转移到关注阅读的过程？有没有可能让学生在学会把握这些关键的字词句的过程中自主地与课文对话，有没有可能把紧紧牵住学生思维的手放松一些，都是《岳阳楼记》这堂课需要进一步研讨的地方。”即教师的指导不应该局限于内容、情感的传输，更多的是传授情感体验的方法。教学是一门遗憾的艺术，我们总能在遗憾中寻找到更多提升的契机。

第三节　课堂评价的运用

考纲内容

能够选择恰当的课堂教学评价方式，有效发挥评价的激励功能，促进学生的语文学习。

考纲解读

本考点考察考生在语文课堂教学过程中，根据明确合理的课堂教学目标和教学内容，针对教学对象的差异，运用科学而又艺术的评价方式进行课堂评价，以提高课堂教学效果，促进学生语文学习的能力。考试方式以选择题和案例分析题为主，选择题考察考生对课堂评价相关理论知识的了解、判定和运用，案例分析题是考察考生根据不同的教学目标和具体的课堂生成来选择恰当的课堂教学评价方式的能力，以及针对某教学案例中课堂评价的合理性和有效性的分析能力。

基本知识

一、课堂评价的内涵

在教学过程中，教师的课堂评价既是教师教学艺术、教学机智的外在表现，更是融洽师生情感、拨正思维航向、点燃智慧火把、激发创造潜能的重要手段。作为教师，在课堂教学时，应对学生学习过程、思维方式、语言表达、情感态度等方面给予实事求是的评价。

何为课堂评价呢？课堂评价是指任课教师在教学过程中，为促进学生学习和改善教师教学而实施的对学生学习过程与结果的评价，是教师对学生在课堂中呈现出来的学习状态、情感价值观等的反馈与调控。课堂评价可以分为狭义的评价和广义的评价，狭义的评价单指言语点评，广义上的评价除言辞外，还包括形体的语言。如教师的一个表情，一个眼神，一个手势等都属于评价，并且，有时后者比前者的效果要明显得多。

这里我们主要来说说狭义的课堂评价，即言语点评。“教师的语言如钥匙能打开学生心灵的窗户；如火炬能照亮学生的未来；如种子能深埋在学生的心里。”可见，教师语言水平的高低、表达能力的强弱，直接关系到教育教学工作的成败优劣。教师课堂评价语言是一门艺术，它植根于深厚的教学功底、良好的口语素养和正确的教学理念。有人这样说：“教师充满魅力的课堂评价语言，虽不是蜜，但可以粘住学生；虽不是磁，但可以吸引学生。”巧妙而恰当地进行课堂评价，使学生全身心地学习，使教与学达到更高的境界，是教师应该具备的一项最基本的技能。

“课标”指出：评价的手段和形式应多样化，应以过程评价为主。对评价结果的描述，应采用鼓励性语言，发挥评价的激励作用。课堂上，教师是引导者、是点拨者、是鼓舞者、是激励者。教师对学生学习的某一特定过程或特定结果，运用正确激励的话语来评价，对学生的学习活动及时给予表扬、赞许，可以强化学生自信、自爱、自尊、自持的信念，增强成就动机，激发学习的积极性和主动性。

二、课堂评价的多样化

1. 评价的主体多样化

课堂评价可以采取教师评、学生自评、学生互评等方式。如对于学生的朗读、学生的习作等都可以采用学生自评、互评等方式。

2. 评价的形式多样化

课堂评价，既可以是语言的，也可以是身体动作的，还可以是神情神态的；既可以是精神鼓励方面的，也可以是物质奖励方面的。同时，除了直接评价，我们还可以间接评价，或者是不评价。比如，我们可以不对某个或几个学生的发言、课业做出直接评价，而是把它们同时呈现出来，让学生在对自己的发言、课业与其他同学的发言、课业进行比较，完成自评与矫正。

三、课堂评价的方式

以教师为主体的言语点评主要可分为以下几种方式。

1. 评判式点评

评判式点评即教师对学生学习过程、思维方式、语言表达、情感态度等方面给予实事求是的评价。

教师采取评判式点评时，首先要做到语言多样、态度真诚、评判有针对性。湖北的熊芳芳老师执教《春》时，教师精彩的点评贯穿整堂课。“说得真好！你对春天里的大自然有一种独特的体验。”“你充满想象力的解说把我们也带进了那美丽而神秘的境界之中，谢谢你！”

“太好了！你是结合自己的生活在全方位地感受春天，感受作品。同学们是不是应该给他掌声？”“听了你的解说，连老师都对那片草地无限神往了！”“说得真是太好了，充满了想象与联想，老师相信，像你这样用心的孩子是不会辜负春天的。”“你真是慧眼独具！竟然发现了这么美丽的一处！是的，疏密结合，动静结合，使画面平添了许多魅力。”这样的点评，教师态度诚恳，语言丰富、生动，极具针对性，激发了学生的求知欲，增强了学生的自信心，效果十分明显。

其次要注重实事求是，既不能简单否决也不能一味迁就。新课程倡导要对文本多元解读，进行个性化阅读，这种理念毫无疑问是正确的，但当学生对文本解读有误时，教师一定要及时指出。如熊芳芳老师在执教《春》时，有以下片断：一学生给雨中的人命名为“雨中的静默”，显然这个答案是错误的，教师于是反问：“雨中的人是静默的吗？”学生回答：“只有房屋是静默的。”熊老师点评：“对，雨中的房屋是静默的，雨中的人可忙着呢！我们可以说：雨夜春忙。大家说行吗？”这一点评，教师就十分注重纠误纠偏，并不一味叫好。因此，语文教师点评时，当学生思维有偏差，要在肯定学生敢想敢说的同时，大胆巧妙地说“不”，同时纠误纠偏，拨正航向，从而引导学生会想会说。那种学生说什么都是“好”，答什么都是“对”，动不动就鼓掌喝彩的做法不仅仅不能给学生积极的鼓励，持续下去，反而会给学生带来更多消极负面的影响。

2. 点拨式点评

课堂点评不仅要重“评”，评得客观、评得准确，而且要注重“点”，做到点拨得法。点评一个很重要的方面就是要起到点拨、点化的作用。19 世纪德国著名的民主主义教育家第斯多惠说：“教学艺术的本质在于激励、鼓舞和唤醒。”语文教师点评时，要根据学生思维活动的发展趋势，找准问题的症结，找到合适的切入点，调动学生已有的知识储备，由具体到抽象开拓学生思维，引导学生将一些零散的或表象的东西进行升格总结，让学生通过自己的主体活动获得知识，掌握方法，提高认识，增强能力。在点拨时，教师要点拨得精彩，点拨得生动，点拨得精当，点拨得明白，点拨得科学，含英咀华，要挥洒教师的个性和才气。要随机应变，相机诱导，使点拨的内容具有提示性、启发性、示范性，从而开启学生的心智，激活学生的思维，引发学生进行深层的多向的思考与探析，真正做到“四两拨千斤”。

四川的吴明平老师执教的《说美》一课，有学生提问：“我不理解这句话：‘我们一定会看得见有些脸面，如果你把他们一部分一部分地来观察，你是找不到一点好处的；但是各部分在一起，那些脸面就很好看了。’”教师随即问：“有同学能理解吗？”无人回答。于是教师点拨：“听老师举个例子吧。外面有一块草坪，单独看不怎么美，这个草坪外面有一条小河，单独看也不怎么美，但你把这块草坪和小河放一块来看，碧水映着绿草，哇，太美了！这是一种怎样的美？”学生回答：“和谐。”教师归纳：“对了呀！和谐是美。同样的，文中这句话所揭示的也正是这个道理。”正是教师的点拨,使学生豁然开朗,明白了这句话的含义。浙江的陈万勇老师进行《智取生辰纲》的对话教学时,让学生讨论武艺高强、精明能干的杨志失败的原因。有学生提出了“部下无能说”,有学生提出了“对手强大说”,还有的学生提出了“天意弄人说”“作者安排说”等等,学生的这些分析虽有其合理处,却未能触及本质——从杨志自身去挖掘,而这恰恰是理解杨志这个人物的关键。为此教师进行了点拨、引导:“刚才的发言都很有见地,但我认为大家探讨问题的视角还有待全面和深入。不可否认,‘作者安排说’有其合理性,但这只是一种背离了文学本质的合理,如果按这种观点推论,既然作家可以按自己的意愿来安排人物,为什么曹雪芹不把林黛玉嫁给焦大?我以为,作家固然有权对自己笔下的人物进行设计,但这种设计必须根植于现实生活,必须讲究一定的艺术性,必须符合文学创作的内在规律!因此我们更应该从‘人事’的角度去寻找一下杨志失败的深层原因?”通过教师的这一点拨,学生顿时豁然开朗,提出了“内部矛盾说”“自掘坟墓说”“社会决定说”等。

作为发展中的人,不完善是极正常的。但毋庸置疑,学生的聪明才智是无穷的。只要教师把学生学习中出现的错误作为财富,在关键处、在思辨中能适时又巧妙地加以点化,点拨学生走向完善,他们就会掌握正确的方法,学会自己拿着钥匙去打开知识宝库的大门。

3. 归要式点评

学生回答问题或对话交流时,由于年龄、学识水平等原因,往往词不达意,语言啰唆,条理性不强。教师点评时便要对学生的话进行归纳、整理,这就是归要式点评。

如某位教师执教《我的老师》一课,向学生提问:“文中写了蔡老师的哪几件事情?”有一个学生回答时,因不知如何归纳,仅仅将课文的一些语句读了出来,教师是这样点评的:“刚才这位同学都找对了,但是归纳不够简练,比如‘她从来不打骂我们。仅仅有一次,她的教鞭好像要落下来,我用石板一迎,教鞭轻轻地敲在石板边上’这一段就可以缩减为‘蔡老师假装发怒’。”教师的这一归要式点评,启发了那位同学,她马上将其他事例概括出来了:“蔡老师教我们跳舞,蔡老师让我们观察蜜蜂……”

此外,当师生共同探讨某一问题,课堂教学进入了一个思维活跃、热情高涨的新境界时,教师在放手让学生各抒己见、各展其才后,要进行归要式点评,从而使学生理清思绪,形成能力。山东的高凌云老师执教《天上的街市》时,有这样一个学生提问答问比赛的环节如下。

生1:为什么“远远的”用得好?

生2:因为远远望去,街灯与明星极为相似。

师:能不能换个词语来分析呢?

生3:换成“遥远的”好不好?

生4:不好,太远了,看不清了。

生5：换成“身边的”行吗？

生6：不行，太近了，就不像了。

生7：“远远的”是叠词，听起来富有美感。

师点评：很好，“远远的”准确说明了诗人与街灯的距离，并且“远远的”是叠词，富有音韵美。

这一个教学片断，教师的点评就是采取归要式，归纳了几位同学的答题要点，让学生明白了“远远的”这个词语的用词之妙。

还有一位教师组织学生学完《乡愁》后，让学生总结一首好诗至少要具备哪些基本条件。

生1：要有真挚的情感；

生2：要有鲜明的意象；

生3：要有优美的韵律。

师点评：同学们概括得很对，简而言之，就是要做到三美，即情感美、意象美、音韵美。

这位教师的归纳十分完整、到位。总而言之，采取归要式点评，教师首先必须认真倾听，尤其在面对表达不畅、话说不清楚的学生时，教师一定要耐心听完学生的发言，切不可粗暴打断或中止学生的发言。其次必须善于归纳，要准确完整概括出学生交流表达时的要点。唯有如此，学生才会学会归纳、学会概括、收获知识、增长智慧。

4. 补充式点评

当学生回答问题不够完整、比较片面时，教师可以进行补充式点评，既真诚地接纳，尊重学生独特的体验、独特的发现，又恰到好处地进行补充。如熊芳芳老师执教《春》时，学生的发言是：“我认为最妙的词语是‘嫩嫩的，绿绿的’，这两个词分别写出了小草的质地和色泽，让人感觉到了春所特有的气息。”熊老师点评：“你很善于发现美。这两个词不仅从内容上表现了小草的美丽，还通过叠音的形式表达了作者对小草喜爱的真情。文中还有许多这样的叠词。”教师的这一补充式点评，让学生准确、完整地明白了词语的妙用。

此外，当学生答问时提到了一些特有事物、现象、专业术语，教师也可进行补充式点评，予以解释、说明。如江苏的王锦起老师执教《桃花源记》时，老师问：“桃花源是否真的存在？”有一个学生回答：“我认为不存在。桃花源只是陶渊明幻想的‘乌托邦’，他之所以写真实的年号、真实的人，只是为了增加真实感。”这个学生在答问时提到了“乌托邦”，这个词可能许多学生不明白，于是教师进行补充式点评：“他提到了‘乌托邦’这个词，我解释一下。1516年，英国人莫尔虚构了一个乌托邦岛，岛上没有剥削，没有压迫，人人安居乐业，彼此和睦相处，跟桃花源差不多。你的知识真丰富！”。这种补充式点评是教师在课堂教学时的临时生成，但如果教师平时没有丰富的积累，是绝对不可能有这样的精彩生成的。

当然，教师课堂评价的方法还有很多，上面提到的评价方法还可融合在一起使用。不管采用哪一种方法，语文教师点评时必须注重两点：首先是要注重语言的艺术性。点评语言要做到生动、有文味，不能干巴巴的。教师丰富形象的教学语言永远是课堂教学的魅力之源。其次，点评时要注重情感性。语文教学就是一个储满情感的海洋，我们教师必须对学生寄予厚望，凝聚厚爱，做到感情真挚，饱含爱生之情。只有这样，学生才会多一份轻松，添一份喜悦，增一份成功。

四、如何做到有效评价

课堂评价的最重要的两大原则是激励性评价原则与发展性评价原则。激励性评价的前提是教师必须善于发现学生的闪光点，能够找到激励学生的可靠依据，让被激励的学生与其他同学觉得教师的评价是符合他的实际情况，是真实可信的。发展性评价的关键是教师要善于运用欣赏、期待、赞许、引导等手段，诱导学生挖掘自己隐藏的优点，用恰当的语言进行优点放大，让被评价的学生认可教师的评语，确信自己真的存在如教师所说的优点，产生心理认同，形成行为趋向。

教师的课堂评价，直接影响到学生对知识技能的掌握和思想感情的发展。一堂课的成功与否，不只在于教师事先精心设计好的每一句教学语言是否精彩，更在于师生双向交流过程中教师有没有充满教育机智的教学评价的有效发挥。有效的课堂教学评价不是停留于表层的作秀，也不是可有可无的衔接，而是在整体深刻理解文本和学生实际后焕发的自然而然的创设和生成。在课堂教学中，教师如何才能做到有效评价呢？我认为要注意以下几方面。

1. 准确得体，催生活力

评价是一种价值判断的活动，是主体对客体满足需要程度所做出的判断。在语文课堂上的直接表现就是教师用常用语言等对学生的学习行为、过程、结果等进行判断，再行褒奖、指导。课堂教学评价必须准确。准确性是课堂教学评价的灵魂，没有“灵魂”，教师的课堂教学评价就没有了生命力。教师的课堂教学评价应该客观地指出学生的长处和存在的缺点，既不能一味地肯定评价，也不能一味地批评，要让学生知道哪是好的，哪是不好的；哪是对的，哪是错的，错在何处。准确的课堂教学评价还需我们关注课堂中生成的细节，及时提醒学生，有效地帮助学生纠正错误。

2. 机智应对，化险为夷

苏联著名教育家斯维特洛夫说过：“教育家最主要的，也是第一位的助手是幽默。”教师在进行课堂评价时，机智幽默、生动优美的语言更是不可或缺的。幽默的和风细雨、诙谐轻松，可以使它既不伤害学生的自尊心，又能达到匡正纠谬、明辨是非的目的。在课堂上，教师机智幽默、生动的评价语言，更是可以创造出一种轻松愉快、和谐融洽的教学氛围，让学生能以愉悦的心情去主动、生动地学习，从而使课堂生花，为教学增色。笔者在《紫藤萝瀑布》一课的教学过程中，请一位同学朗读“我在开花，我在开花”几句话，因为害羞、紧张，他的声音很小，没能读出蕴藏在文字背后的蓬勃生命力。于是我问：“这恐怕不是嚷嚷吧！应该称作喃喃，称作嘟哝！读得还不够大胆，不够自信。现在老师问问你们：哪位同学能背出《论语》十二章中的一章，给你加2分！谁来背？”课堂气氛一下子热闹起来，“我来背！”“我来背！”……孩子们争先恐后地举起了手，我适时引导：“哦，这就是嚷嚷啊，那你们再嚷一遍‘我在开花’。”我先要求一个小组嚷一遍，再请一个大组嚷一遍，最后让全班一起嚷一遍，课堂上的朗读声此起彼伏，学生在书声琅琅、思想碰撞中获得求知的欢乐，真是别有一番“趣味”在心头！我再水到渠成地总结了一句：“作者这哪是在写花啊，分明就是在写一群活泼、热闹、自信的——孩子啊！”看，利用一句评价，便可使孩子们在声情并茂的朗读中真正走进文字，走进作者的内心。

教学过程充满着各种变化、发展，始料不及的情况，这就要求教师在进行课堂教学评价时，灵活运用教学机智，将预设性语言和随机性语言结合起来，根据学生的反馈信息、突发情况，临时调整预设的流程，快速反应，巧妙应对，就能化险为夷。因此，教师课堂教学评价应因境、因事和因人而随机应变，用自己内在的魅力，创造性地对学生进行评价，激励学生积极地参与到课堂教学活动中。

3．捕捉亮点，学会赏识

德国教育家第斯多惠说：“教学的艺术不在于传授本领，而在于激励、唤醒和鼓舞。”学生需要教师的激励，激励能激发人的潜能，能使人心智开启，灵感涌动。学生在宽松、和谐、民主的自由空间里与老师、同学进行心灵的碰撞、生命的融合，不断获得成功的体验，并在成功中走向成功。笔者在人教版七年级下册第2课《爸爸的花儿落了》一课的教学过程中，设计了一个“真情关照，联想自身成长”的环节。

师：你们的爸爸妈妈让你一个人去做过什么事吗？

生：我记得读三年级的时候，有一次妈妈要我一个人去邮局寄信。

师：是吗？你当时心里怎么想的？

生：我很害怕，生怕坏人把我给抓去了。

（众生发出会心的笑声。）

师：那你办到这件事了吗？

生：办到了。

师：那时候心情怎么样？

生（自豪的）：觉得特别高兴，特别兴奋！

师：因为你最后还是一个人把信投进邮筒里去了对吧？真棒！同学们，为他的勇敢喝彩！

（生报以热烈的掌声。）

这个回答问题的孩子脸上写满了自豪和骄傲,变得更自信了,后面的环节又有精彩的表现。同时,班里的其他学生也争先恐后地讲述自己的成长经历,可谓一举两得。

在课堂教学中,教师应及时捕捉学生的闪光点,给以鼓励。成功,哪怕只是一点点,对一个学生树立自信意识也是极为有益的。因此,教师在课堂上不要吝啬对学生参与教学活动的赏识与赞许,要及时送上充满激励的评价,让学生不断获得前进的动力,增强自信心,体验成功的快乐。只有这样,我们的课堂才会折射出智慧的光芒,才会充满生机和活力。

4. 尊重差异,期待成长

教师的评价要做到因人而异,要针对不同的学生采用不同的评价标准。因此,教师要了解学生的基础,关注他们的发展状况和努力程度,尊重差异,为每个学生的发展创造宽松的环境,并给予具体指点和引导,耐心期待学生每一点成长、进步。

对学习有困难的学生,教师的课堂评价语言要有鼓励性。既不能伤害他们的自尊心,又要起到评价的作用。老师要从他们身上去发现让他们自己认同的优点,进行准确的评价;发现闪光点,使他们打消自卑心理,树立自信心,激发努力学习的愿望。

对感悟能力一般的学生,教师的评价语言要有诚挚的欣赏性。感悟能力一般的学生在班内占多数,他们的学习态度端正,学习上有发挥的潜力,卡耐基曾说:“使一个人发挥最大能力的方法是赞美和鼓励。”教师丰富、生动的评价语言能让这些学生处于一种积极亢奋的状态,这个时候的他们所释放出的热情和潜能就能使他们努力向班里的优等生靠拢。同时他们也需要听到恰如其分的评价,通过老师的评价,了解自己的长处、短处,从而取长补短,完善自我。课堂评价语言就应侧重对他们学习态度的鼓励与欣赏,对知识正误及学习方法的点评。等待时机,在他们表现好的时候给予最大限度的表扬。通过激励性的语言,让学生充满信心,从而自信愉快地投入到课堂学习中,这样,学生的想象力就会得到最大限度的挖掘,对学习的兴趣及方法就会逐渐增强。

对感悟能力强的优等生,教师的评价语言要有启迪性。感悟能力强的学生既有较强的理解能力,而且已经形成良好的学习习惯,在课堂上,他们所需要的是超越其他同学对文本的理解深度,获取由一定难度的新知识,要体会学识上超越同龄人的快感,要享受获得更高水平知识的乐趣。因此,教师的评价语言,不能停留在简单的知识层次上,而要选择独特视角,开阔学生视野,激发深入思考、探究的欲望,使他们的学习进入更深层次。教师的评价要从学习内容、学习方法、学习习惯、学习方式、思维角度等方面,不但对这部分学生给予直接的肯定,同时让其他学生从他们富有个性的学习方法中体会到些什么。这样的评价语言不仅给其他学生指出学习的目标,还给了优生继续奋斗的目标,避免使其满于现状。教师抓住这些个别现象进行评价,往往能收到牵一发而动全身的作用,使课堂既和谐又有深度。

长沙某中学的刘老师曾跟大家分享过这样一件事:有一次,她在课堂上问了一个中等难度的问题。她先叫了一个中等成绩的男生，他回答错了。这时，她突然发现一个成绩较差的女生举了手，于是就叫了她，她正确地回答出来了。刘老师再让这个男生回答，想不到他还回答不上来。刘老师于是就笑着对他说："我们再给你一次机会，你自己去请教袁老师"（答对的那位女生姓袁）。大家都笑起来，那位女学生脸上也露出羞涩、甜美的微笑。那位男学生后来再也不敢上课分神了。

著名的教育评价家斯塔佛尔比姆强调："评价不在于证明，而在于改进"，因此，有效的课堂教学评价要求教师评价时不只是简单的判断或褒奖，而应注重具体引导，应更多地从内容、方法等方面去点拨和启发。有位老师在执教《中国石拱桥》时启发到："请同学们想想，你还了解哪些有特色的桥梁呢？"话音刚落，一个男孩站起来一口气说了四种各具特色的桥，教师评价说："你真聪明。"仔细瞧瞧，那个学生一脸平静，不经意地坐了下去。显然，学生听多了这样泛化的评价，早已产生审美疲劳，不感兴趣了。这样泛泛而又单一的评价缺乏针对性，已经无法满足学生发展的需要。久而久之，学生对如此的评价会麻木不仁，心理效应为零，评价也就失去其应有的作用。"你真聪明"，聪明在哪里？"你真棒"，棒在何处？都应大声给出具体参数，让学生感受到老师对于自己的关注和重视，获得学习方法和习惯的正确导向，并在此基础上有所发展和提升。上述例子中老师的评价如再具体形象些："看来这位同学对桥特别感兴趣，等你学习掌握了更多的知识，长大后也会是一位桥梁专家。"这样具体的语言能有效地激发学生的想象，把自己和"桥梁专家"联系起来，幻化出自己也是桥梁专家的美好形象，从而获得极大的心理满足，进入更加积极的思维状态，产生出奇思妙想，这也正是学习的最高境界。

著名教育家夸美纽斯说："教师的嘴，就是一个源泉，从那里可以发出知识的溪流。"这从一个侧面充分说明教师的课堂评价的重要性。课堂评价不应只是简单的判断学生的是与否，而应适时、适当、适量地为学生评价，在评价中为学生把关定向、释疑解难，引领学生走出迷茫，促进学生更深入的思考！

案例

我们仍然援用郑桂华老师的《安塞腰鼓》这一课例，在郑老师的课堂上，学生从近乎麻木，到对事情的感觉，到对课文的感觉，到对课文语句的感觉；从读有感觉的语句，到说出自己的感觉，到聆听同学的感觉，到同学们相互之间交流感觉，每个学生都有所收获。结合王荣生教授对该课的点评文字，我们不难发现，郑老师在课堂教学过程中选择了恰当的课堂评价方式，促进了学生的语文学习，使课堂有条不紊，张弛有度。

郑桂华老师的这堂课自始至终都依据学生的学情和达成教学结果的需要，适时地运用恰当的课堂评价来调节课堂流程，或评判，或点拨，或归要，或补充，因事制宜，把握评价时机，尊重学生的差异，耐心地给予具体的指点和引导，有效地发挥了评价的激励功能，最大化地促进了学生的语文学习。

第四节　不同课型的组织

考纲内容

能够根据初中语文的不同课型（如讲读课、自读课、活动课等），运用恰当的组织形式和教学方法，指导学生的学习。

考纲解读

本考点考查考生在语文教学过程中，能找准文体类型和基本课型的坐标，依据不同的具体的文本多角度地探询教学的组织形式和方法，提高教学效率的能力。考试方式以选择题和案例分析题为主。选择题主要考查考生对课堂组织形式及基本教学方法的了解和运用，案例分析题主要考查考生根据不同的教学内容及考纲对于学生的考查要求，运用恰当的组织形式和教学方法组织教学的能力。

基本知识

一、课型及课型的分类

课的类型简称课型。它是教学过程的基本形态，一般是根据教学任务划分出来的课堂教学的类型。课型可以根据教学任务的不同、活动方式的不同、师生双方作用的不同等来对课型进行命名。按教学任务作为课的分类基点，课主要可以划分为：新授课、复习课、讲评课。课型的分类，因基点选择不同而有所区别。以中学语文的新授课为例，按内容的不同可分为：阅读课、口语交际课、综合实践活动课、写作课。其中，阅读课按师生教学活动的特征可再分为：讲读课、半独立阅读课、自读课；按文章的体裁又可分为：古诗词阅读课、说明文阅读课、记叙文阅读课等。结合语文教学中的课型特征就是要在课堂教学中充分体现各自的教学特征，分清课型，不含混在两三种课型之中，搞成四不像。

二、不同课型的教学方法参考

在新课程改革的今天，中学语文教师想要上好一节语文课，不仅应具有广博深厚的文化知识，扎实精深的专业知识，科学先进的教育理念，还应有多方面的能力。教师是学习者与研究者，只有不断地获取新知识，更新能力，提高综合素质，才能对学生施以教育。有了这些能力还不行，要想上好一节语文课，最重要的还是了解各种课型的教学重点，结合语文课型实际采取适当的教学方法。现结合语文学科现代文阅读讲读课、自读课、文言文阅读课、写作课、活动课等课型特点，分别谈一下这几种课型的大致教学方法，供学生们参考。

（一）现代文阅读讲读课

现代文阅读讲读课在中学语文教材中占有比较大的比重，多数老师对这种课型可以说是驾轻就熟了。但是，现代文阅读课应体现以读为主的原则，引导学生学会阅读、学会感悟、学会欣赏、学会质疑、学会评价。在具体的教学过程中可以采用“多读六步教学法”组织教学，具体步骤如下。

1. 初读课文，了解大意，扫清字词障碍。

这一步骤中，包括创设情景，引起学生对课文的学习欲望，将学生尽快地导入课文。在初读课文时，学生应发现自己尚未掌握的字词，借助注释、工具书求得新知识，也可向教师求教；教师应给予每一个学生以足够的阅读时间，让每一个学生能完整地了解课文的大意，初步感受课文的内容。

2. 粗读课文，整体感知，了解课文大意。

在学生自主预习，初读课文、了解作者及写作背景和相关知识的基础上，引导学生再粗读或浏览课文，并就课文谈自己的阅读感受。内容可以是字词句的理解，也可以是对人物的评价，或者是对文章内容和写法的质疑等，这是学生初读文章的收获，也是学生思考和认识的起点。这一环节的教学活动不仅重视了学生的情感体验，而且还注重了学生的后续学习，引导学生在读书时养成思考的习惯，做一个有心的读者。

3. 品读课文，自主欣赏，理解课文内容。

在初读课文、整体感知的基础上，教师要及时引导学生深入研读和欣赏课文，如可以引导学生自主选择自己最感兴趣或感受最深的内容（或字、词、句、段）进行朗读，并说明自己喜欢的理由。对于精彩的段落也可以引导学生采取包括分角色朗读在内的多种形式进行反复的诵读，这实际上是引导学生对文章进行欣赏品评的过程。在这一环节中，学生的思考可以完善甚至代替老师的结论，学生精彩的见解和独特的感受应得到老师和同学的认可，精彩段落的诵读又可以使学生更深地融入作品中，极大地调动学生阅读的积极性，在学生反复朗读及品评的过程中培养学生的审美趣味。

4. 研读课文，质疑问难，加深内容理解。

在深入阅读和分析课文的基础上，教师还要及时引导学生就课文发现和提出问题。学生既可以提出在课文理解上的疑难，也可以就课文内容或写作方面进行大胆质疑，甚至提出改写的意见。学生的质疑可以分为三个层次：一是确有所疑，提出初读课文时的疑难之处，求得班集体的帮助；二是明知故疑，提出初读课文时自己感到有价值的问题，供师生思考；三是提出不同见解，对课文或注释发生疑问，望能讨论解决。教师应充分肯定学生的质疑精神，培养学生发现问题的能力。与此同时，教师应具备即时组织能力，将学生的众多问题纳入落实课文教学目标的轨道，围绕教学目标，以学生的质疑为抓手，组织学生有序地研读课文，有效地解决疑难问题。对于学生提出的问题，教师不要轻易就下结论，或者进行简单的否定，可以先交由学生进行集体讨论，合作解决，教师也可以作为学习的一员平等参与讨论。这一环节一方面为学生提供了一个交流学习的机会，另一方面，在共同的讨论学习中，又培养了学生的团队合作精神。

5. 自读课文，熟读精思，深入理解赏析。

这一步骤可在理解思想内容的基础上再读课文，或熟读记诵，或深入赏析，或延伸思考，或即时迁移……这一步骤中，可以是学生的继续发现，也可以是教师高屋建瓴的讲解。必须注意的是，一定要让学生比前四读时有更为明显的收获。

6. 回读课文，收获评价，总结学习内容。

这是课堂教学中知识和方法的梳理与归纳，也是学生阅读后思想认识的提高与情感的升华阶段。在教学中，教师不能像原先那样要求学生“你应该学到什么”“你应该记住什么”，而要积极引导学生归纳一下自己通过阅读学到了什么、感受到了什么，可以是情感认识，也可以是知识的积累，还可以谈在写作上的启示等等。我们相信，只要给予学生发言的机会，学生的发现会远比我们想象的丰富得多，而这些又正是我们阅读和教学的目标之所在。

当然，以上六个步骤只是课堂教学的大致思路，在具体的教学活动中要根据教学内容和教学对象的不同灵活处理，六个步骤也允许交叉和渗透，如在粗读课文，整体感知中也可以质疑评价，在品读课文，自主欣赏，中也可以谈收获和进行评价，切不可一味地拘泥于形式。

（二）自读课

在中学语文教材中，自读课文占一半左右，而自读课的教学又最易被忽视、最难落实、最难坚持，必须有一个既符合自读课的教学规律，又能提高自读课教学效益的教学模式来规范自读课的教学，在具体的教学过程中，我们可以采用“交互感应”的自读教学模式。这种模式体现了“以人为本”的教学思想和“合作学习”的理念，侧重于学生学习习惯的养成，通过对学生潜能的开发，让学生学会学习，最终促使学生的创新意识与实践能力的提高。

自读课的教学应当灵活多变，在教学程序上具有一个时间上的序列，这种序列可划分为四个阶段：

1. 创设情境

教师创设一种师生彼此接受的和谐、融洽的教学氛围，使学生尽快地兴奋起来，积极而又愉快地投入到学习中去。

2. 确定目标

这个目标可以是单元教学目标，可以是前一篇课文的目标迁移，可以是教师根据学习阶段的需要、站在学生学习的角度所拟的目标，也可以是由学生提出各自感兴趣的问题，教师对所提出的问题进行归纳和整理，经过讨论后形成师生共同感兴趣的问题，从而确定教学目标。

3. 自主学习

根据既定的目标，以学生自读为主，进行学习。这个自读，包括学生个体的自学，学习小组的讨论，班集体的合作，教师作为交流者的参与。

4. 反馈总结

学生对学习过程进行自我评价。自我评价的本质是使学生自己承担学习的责任，让学生自己了解是否作了最大努力，在学习中有什么缺点和不足，使自己始终处于学习过程的中心，从而使学习变得更加主动、有效、持久。

在运用这种教学方法是要注意以下几点。

(1) 激励学生积极参与。

“交互感应”模式的关键是满足学生求知的需要、获得的需要。必须激励学生，调动学生学习的积极性，借助情境教学的吸引力和教师情感的推动力，激发学生的自动力，切实做到把“要我学”变为“我要学”。充分落实学生的主体地位，学生是学习的主人，是课堂的主人。抓住了这一点，就能激励学生个体积极参与学习活动，并保证学习行为持之以恒，最后实现教学目标。

(2) 个体与群体交互感应。

“交互感应”模式是一个激励学生个体积极参与和学生群体共同达到一定教学目标的活动过程，要设置一个学生群体的学习“场”，让学生在这个“场”中，个体积极参与影响群体，群体又影响个体，形成合力，互相激励，共同上进。通过这个学习“场”，认知与情感互相渗透，以情启真，由境求实，学生的心智潜能得到最大程度的开发。通过这个学习“场”，学生的语言与思维同时得到训练，学生的左脑与右脑同时得到开发，教学效率得以最大限度的提高。

(3) 建立良好的师生关系。

在“交互感应”模式中，师生的关系是“合作伙伴”的关系。因此，在教学过程中教师必须具备以下三个方面的品质：第一，以真诚的态度对待学生。教师在教学过程中以共同生活者和伙伴的身份在学生中间，无拘无束地与学生坦诚相处，将自己的所思所虑直率地告诉学生，以此来赢得学生的信任和理解。第二，尊重学生的个人经验、感情或意见。在教学过程中学生难免会对学习感到乏味、困惑，产生焦虑，教师要如实地接纳这些感情，理解这些感情，并且加以有效的引导。第三，深入理解学生的内心世界，设身处地为学生着想。教师不仅要理解学生的表面行为、态度，而且要理解较深层的、本质的情感。

(4) 创设和谐的心理环境。

和谐的心理环境是指创设一种不受传统束缚，敢想、敢说、不屈从于权威，不同的意见、想法均能得到重视、尊重与鼓励的环境。这种环境可以从打破传统的教室座位排列着手，可排列成“马蹄形”“新月形”“方形”“圆形”或“模块形”等。

（三）文言文阅读课

关于文言文，教师要选择合适的教学方法。我们应当重视文言文的朗读，把时间让给学生，采用各种方式引导学生读。在具体的教学中，建议老师们采取以下方法组织教学：

1. 初读，扫清字词障碍

在导入新课后，可让学生采用默读、小声读、自由朗读、师生范读等多种形式尝试阅读课文，借助工具书扫清字词障碍，揣摩和把握文章的节奏、重音、语气、语调等，在此基础上熟读课文。

2. 精读，把握课文大意

在学生能比较流利且准确地诵读的基础上，教师可引导学生精读课文，借助工具书和课文注解自主译读课文，疑难问题可通过询问同桌或小组成员解决，解决不了的也可以提交班集体解决。在此过程中，教师要参与讨论、随机指导，也可以收集学生反映比较集中的问题在班内以多种形式呈现，引起学生的注意。对于学生没有提出但又比较重要的问题，教师也可以采取询问学生、求得学生帮助等方式把问题抛给学生，引起学生思考、讨论和探究的兴趣，完成教学重点。最后可以采取让学生复述或直译课文等形式，检查学生对文章大意的把握程度。

3. 品读，赏析评价文章

在理解文章大意的基础上，教师引导学生进一步品读课文，或发现课文的精彩之处，或就课文提出质疑，同时通过小组学习进行评价和探究，加深学生对课文内容的理解和把握，提高学生的鉴赏能力。

4. 朗读,积累好词美句

在学生掌握课文内容之后,教师要留出足够的时间让学生自由朗读,领会作者思想,把握文章感情,与作者进行交流,与文本进行对话。对于好的句子或段落甚至整篇文章,要指导学生当堂背诵。

5. 回读,总结学习收获

在课堂学习结束以前,教师要引导学生回读全文,从思想内容、写作特点等方面总结学习收获,形成完整而稳定的知识结构。在此过程中,教师要根据学生对本节课的学习情况分层设置作业,巩固所学内容,拓展知识能力。

(四)写作课

为进一步规范写作课课堂教学,提高语文教师指导学生进行写作训练的能力和水平,激发学生写作兴趣,提高写作教学质量,我们有必要对语文写作课课堂教学的大致思路作一下规范。在具体的写作课课堂教学中,可以采取以下方法进行:

1. 定标拟题

每一节课教师都要依据总体的写作序列训练目标确定本节课的教学目标,依据目标拟定或与学生共同拟定写作训练题目。拟定的题目既要针对写作训练目标,又要具有浓郁的生活气息和鲜明的时代特征,还要考虑到青少年学生的心理认同,以激起学生的写作兴趣。

2. 思路点拨

教师要依据本节课训练目标和训练题目,指导学生独立地或通过小组合作交流形式进行审题,教师进行指导点拨,提出写作要求。这样既开阔了学生思路,又防止出现审题偏差,对于训练学生在写作中迅速吃透命题者意图、领会写作目的很有帮助。

3. 写作训练

在学生明确了写作训练目标和写作思路后,要在规定的时间内让学生完成作品,训练学生养成快速成文的习惯。在保证质量的前提下提高写作速度,这对于提高学生应考写作的能力有非常重要的意义。

4. 修改交流

文章不厌百回改。学生写作成文后,教师要引导学生对自己的作品进行阅读、修改,使学生养成主动修改的习惯。在此基础上也可以让学生在小组内进行交流、修改或批阅、评点,给学生创造一个合作学习与交流、相互借鉴和模仿的机会。

5. 教师评改

对于学生完成上交的作品,教师要全部或抽取部分灵活进行批阅,以发现学生作品中的精彩之处和优秀习作以及学生在写作过程中暴露出的普遍问题，并进行归类，为讲评做好准备。

6. 讲评指导

根据学生写作、互批以及教师批阅过程中发现的问题，教师要对作品的写作情况进行评价和分析，肯定优点和长处，对精彩的段落或优秀的作品要当堂诵读点评，以激发学生的写作兴趣；对写作过程中集中出现的带有普遍性的问题要给予指正。同时也可以指导学生进行二次写作，即在指导讲评的基础上再进行同题写作训练。

需要指出的是，以上六步是就写作教学过程来讲的大致步骤，可以循环进行。在时间的分配上教师可以根据教学实际进行调控，可以用 2～3 节课左右时间完成。

（五）活动课

在课程改革发展的今天，“全面提高学生的语文素养，正确把握语文教育的特点，积极倡导自主、合作、探究的学习方式，努力建设开放而有活力的语文课程”等基本理念已深入人心。因此，语文课程更应拓宽语文学习与运用的领域，注重跨学科的学习和现代科技手段的运用，使学生在不同内容和方法的相互交叉、渗透和整合中开阔视野，提高学习效率，初步获得现代社会所需要的语文实践能力。

1. 解读活动课

活动课程的思想，最早由美国芝加哥大学教授杜威提出。杜威的目的是以问题为中心，师生共同活动，在解决问题的过程中融合多种学科知识，打破传统学科课程的单一化倾向。

语文活动课程最主要的特征有以下几点：其一，它是语文课程的一种，并且是有目的、有计划的。其二，语文活动课程的目的是使学生获得直接经验，并将语文课学到的间接经验和知识技能进行运用，使之熟练并高度迁移形成语文能力。从书本向生活世界挺进，在使语文的工具性得到掌握的同时，使之与语文的审美性相互融合。其三，语文活动课程的主体必须是学生的主动参与，目的也在于激发学生内心的语文学习冲动，并努力通过活动课程使之定型，从而形成积极的学习动机，并促进学生学习的独立性和创造精神的培养。

这里我们所说的语文活动课是指在学科教学外，以培养学生语文素养为目标，以学生的直接经验为主要内容，按照各种实践活动项目和特定活动方式组成的一种辅助性的课程形态。它的主要目的是丰富学生的生活内容，增强学生对生活的感受力，感悟语言在生活中的作用，培养学生对语言的感受力、理解力、想象力和表达能力。

2. 语文活动课实施策略

语文活动课程在语文教学中具有重要的作用，是走向素质教育的桥梁。那么，教师就必须与学生一道，共同开掘生活这一语文学习的源头活水，根据学生的生理和心理特点，运用语文活动课，架起语文与生活的桥梁。

在丰富多彩的生活中寻找切入点加以组织和引导。“言为心声”“歌以咏志”是语文活动课目标设计中的一个核心思想。

（1）可模拟现代生活的特定情境。如为“构建大语文教学圈”课题组的“激情创业”活动课设计。

（2）可将亲历的体验、困惑、矛盾变成话题展开讨论。如某位老师带领学生爬山，并以此为切入点，展开话题讨论的活动课。

（3）可以以学生的学习生活为题材。我们在诗歌的教学中，为了让学生充分感受诗歌意境之美，可以进行配乐诗朗诵，或者是一次为诗配画的比赛。

如初中课文中的《天净沙·秋思》，我们就完全可以让学生在反复朗读的基础上，按自己的理解为其配乐，并展开配乐评比。学生兴致盎然，不但踊跃积极地参与到活动中，更主要的是他们在活动中，学会了对诗词意境的理解和把握的方法，提高了其自主学习、合作学习和探究式学习的兴趣，并感受到了成功的喜悦，实在是一举多得的事。

（4）也可以课本为题材演小品、课本剧。《中学语文教育参考》曾登载过陈钟梁先生的一段话，他说：“现代课程论力求把理论框架放在一个三角形上，三角形的一个中心为人的素质。在这个理论框架下，语文才可以改变单一的课程结构，设立必修课、选修课、活动课三个板块。这样才真正有利于学生能力的培养、个性的发展，适应社会主义市场经济建设的需要。”语文活动课是对学生进行素质教育的一条有效的途径。一堂好的语文活动课，最终实现的教学目标不是单一的，而往往是多种语文能力的综合实现和锻炼，甚至是多学科的综合运用。而且在实施的过程中，教学目标是具有开放性，绝不是仅限于语文科内。

3. 活动课的三个阶段

逐步实现语文与生活的融合需要有三个阶段。

第一阶段，把生活的内容纳入课堂。

第二阶段，从课堂走向生活。开展系列的社会实践活动课，充分利用学校、社会、家庭等教育资源。课堂教学以“语文活动课”为基点，生动活泼地开展起来。学生在课堂“动起来”了，过去只有教师点名才发言，只有教师提示才动脑、才动手的现象变少了。思维被激活了，兴趣产生了，上语文课成了学生盼望的事情。学生创造性地开展了丰富多彩的语文活动课，如“瞬间醒来的美丽”“我们手中的纸和笔”“超级新闻联播”“心连心，面对面”等；还开展了一系列社会实践活动课，如“观察社会，体验人生一亲历农贸市场”“卖报的甘苦”“从古文化市场看历史文化”等。由此看来，语文活动课程在语文教学中具有重要的作用，真正成为走向素质教育的桥梁。

第三阶段，研究性学习。

研究性学习是为了激发学生探索深层问题的能力。以生活为教学资源，以生活为学习内容，让学生的综合素质有了提高，创造能力有了用武之地。通过学生积极主动、团结协作，自主的学习习惯养成了，彻底实现了“改变课程过于注重知识传授的倾向，强调形成积极主动的学习态度，使获得基础知识与基本技能的过程同时成为学习和形成正确价值观的过程”这一根本性的转变。

4. 活动课的注意事项

（1）开设语文活动课，应力求集“三味”于一体。

所谓“三味”是指：第一，要有“趣味”，就是要激发并保持学生对学习语文的兴趣，使其学得“趣”味盎然。第二，要有“生活味”，强调教学内容的开放性，注重学生联系生活自主地进行语文学习实践。刘国正先生说：“语文源于生活又服务于生活。语文教学与生活联系，必定生动活泼，事半功倍。”第三，要有“语文味”，语文活动课也是语文课。叶圣陶先生说：“把精神训练的一切责任都担在自己的肩上，实在是不必的。国文教学自有它独当其的‘任’。”自然，语文活动课也不能例外，否则就不能冠以“语文”活动课了。

（2）开设语文活动课，要把握好“度”。

开设语文活动课，必须做到“活而有序，动而不乱”。首先要完善语文活动课的规划，要形成活动课系列，不可盲目随意。第二要明确语文活动课的目的，依纲据本，循序渐进。第三要加强语文活动课的过程管理。活动要严密组织，科学安排（包括课前设计、活动中的组织，引导点拨，活动结束的总结点评）。第四要丰富语文活动课的内容与形式，善于从多方面去激发学生的情感、兴趣，使课上得生动活泼。如果能做到“活而有序，动而不乱”，语文活动课就一定可以获得良好的收益。

三、课堂教学的注意事项

不管是哪一种课型，在具体实施中还应注意以下几点。

（1）教师首先要大胆解放思想、更新观念，要有一个准确的角色定位，在课堂教学中要扮演好导演和服务者的双重身份，有时还要作为学习的一员平等地参与到学生的讨论中去，让学生在一种民主、平等的氛围中阅读欣赏。

（2）教师在组织教学时要给学生留出足够的时间，引导学生自我发现、自我感知、自我欣赏、自我评价、自我总结，鼓励学生积极思维，大胆质疑，注意发现和挖掘学生思维中的闪光点，鼓励学生有不同的见解。切不可只顾自己的讲解而剥夺了学生思考的权利，以自己的单一结论代替学生丰富多彩的见解。

（3）作为课堂教学的组织者，如果学生在阅读理解中出现思维的偏差或者是认识上的错误，教师也要加以相机引导或订正，如果以尊重学生的理解为借口，对学生的认识不讲原则、放任自流，那是不负责任的一种表现，不能培养学生正确的人生观和价值观，学生阅读能力和认识水平的提高也就无从谈起。

四、新课程背景下的语文课堂教学组织形式

长期以来，我们习惯于让学生“静坐”在各自的位置上，步调一致地听教师讲或自己做练习，这就限制了教师和学生在教学过程中行为方式的变化，影响对学生创新能力的培养。因此，在教学组织形式上要进行改革，逐步实现由单一接受式授课形式向内涵丰富、有利于学生主动参与的多样化的教学形式转变。“课标”“以人为本”的教育教学理念，“自主、合作、探究”的学习方式要求在语文课堂教学中，教师应使学生增强探究意识和兴趣，学习探究的方法，使语文学习的过程成为积极主动探索未知领域，从而促使学生全面发展的过程。

新的课堂教学组织形式有如下几种。

1. 分组合作教学

尝试学生分组合作学习，根据异质互组（成绩不同）的原则，把学生分成几个小组，每个组由老师指定组长，负责本组学案发放，确定发言人，收集问题等。基本模式的流程：分发学案—预习学案—组内讨论答案—分发答案—讨论有问题的地方—收集问题点—汇总后报给老师—老师讲解—习题巩固，形成“有问题—组内讨论—老师讲解—巩固练习”的基本学习模式。

这种模式，学生基本能全员参与，老师则在学生讨论的时候巡视全班，督导学生的参与情况，然后根据学生汇报的问题进行讲解。这样老师“闲”起来了，学生则忙起来了可以说真正做到了“教师主导，学生主体”，不仅学生的动手能力、思考能力都得到最大程度的发挥，同时也加强了老师控制课堂的效果。

2. 探究性教学

大量的实践告诉我们，学生对老师直接给出的现成的结论的教学方式往往不感兴趣，而对通过亲自观测、调查、动手、实验、讨论等方式得出结论的教学方式表现出浓厚的好奇心。因此，探究性教学就应运而生。探究性教学是以类似于科学研究的方法获得科学知识，并在此过程中学会科学的方法和技能，形成科学思维和观点的教学活动。多年的教学经验表明，引导并组织学生进行探究性学习是中学生学习语文阅读的一种十分有效的方式，也是真正“推进素质教育，培养创新人才”的重要途径。

探究性教学的教学程序可分为：创设情境、设疑激趣、自主探究、展示交流、教师总结。如在教学《智取生辰纲》一节时，教师可以设计一个这样的问题：“杨志等人运送生辰纲时，为什么不用当时比较快捷的马车，而是用比较落后的肩挑人担？”问题一提出，学生讨论热烈，很快得出这种方式是最安全、最隐蔽性的运送方式。这时教师因势利导，让学生总结杨

志的性格特点。学生通过相互讨论得出杨志谨慎小心的性格特点。然后教师引领学生由一个点引出一条线，又由一条线引出整个面，整篇文章的内容、思想。

3. 多媒体教学

多媒体教学作为一种现代化的教学手段，集文字、图像、声音、视频于一体，丰富了学生获得信息的渠道，也是学生喜欢的课堂组织形式。作为一名语文教师必须熟练掌握现代化教学手段的理论和操作，将课堂教学与多媒体有机地整合在一起，极大地丰富课堂教学，促进学生对知识的理解和记忆，培养学生的各种能力，提高学生的素质，从而提升教学效果。

五、课堂组织教学应遵循的原则

1. 构建民主平等的师生关系

新时期的教师不再是学术和知识上的权威，而是学生学习的合作者。只有构建民主平等的师生关系，才能真正让学生学会学习，让学生成为学习的主人，尤其是对于学困生，要多鼓励，少批评，“亲其师才能信其道”。民主平等的师生关系还能激发学生的求异思维能力，让学生真情投入，演绎出精彩的课堂。必定会得到学生的真情回报。

2. 精心设计课堂提问

针对课堂内容，精心设计合理、科学的课堂提问，关系到教学的成败，恰当、科学的提问方式能激发学生的思考，发展学生智力，活跃课堂气氛。相反，不当的提问则会弄巧成拙，使课堂沉闷，因此教师提问应掌握火候，选准时机，巧设疑难。具体来说，提问要注意：置问于教材的关键处；置问于教材的疑难处；置问于教材的矛盾处；置问于教材的含蓄处。

作为语文教师在处理课堂提问时应注意以下几个方面：

（1）问题要紧扣教学目标，有明确的目的性。

从教学的实际出发，认真钻研教材和“课标”，把握教学目标，确定教学重点和难点，突出学生的主体精神，调动学生学习的主动性和积极性，从而提高分析问题、解决问题的能力。

（2）问题设计难易适中，要有梯度，循序渐进。

教师在课下要精心备课，对问题要精挑细选，根据不同层次学生设计不同的问题，让学生始终“不愤不启，不悱不发”状态。

（3）问题设问要集科学性、艺术性于一体。

课堂提问的问题必须符合学生的认知特点适合学生已有的认知水平，运用学生能够明白的词语，而且问题的答案要准确，清楚，切忌模棱两可，含糊不清。

教学是一门艺术，有艺术的设问如一块块精心选择的燧石，与学生的心灵碰撞出朵朵智慧的火花，使课堂犹如一篇壮丽的乐章，时而气氛平和，时而高潮。这样的课堂对于激发学生的学习兴趣、开启他们的思维、盘活他们的潜能，起到事半功倍之效。

3. 有效的课堂评价

优秀的教师之所以让课堂充满活力，是和他们课堂教学评价分不开的。课堂是一种师生双边交流活动，在这个过程中教师充满教育机智的教学评价会使学生不断受到鼓舞，从而更愿意参与问题回答，把课堂引向深入。

新的课堂组织形式不仅是一种教学模式，更是一种教育思想，它关注学习者的内部动因，激发学习者的创造欲望。这种组织形式不仅是一种教学要求，还是一种对教学和谐的追求。在以人的发展为本的理念下，去处理教与学、教师与学生、教育与社会之间的矛盾，去努力实现教学活动中真善美的统一，使教育、教学活动真实地充满阳光和雨露。

教学组织的形式，永远无一劳永逸的模式。教学的组织形式总是随知识的不同，学生情况以及地方特点的不同而不尽相同。作为教师，重要的并不是看别人怎么做自己也怎么做，而是耐心、细致地观察、了解与教学组织有关的各个环节，采用最适合自己本班实际的教学方式，建立“有本班特色”的教学组织形式，使教学组织形式达到最优化。

总之，语文教学从来就没有现成的教学方法，也没有不变的组织形式。但不管运用什么教学方法组织教学，都需要体现了“课标”“以人为本”的教育教学理念，符合“自主、合作、探究”的学习方式要求。它强调尊重学生的见解、张扬学生的个性，注重培养学生独立思考、独立阅读的能力。在以后的教学中，随着教育形式的发展和新课改的深入，在使用过程中不断调整自己，充实自己，提高自己，不断加以改进，使之日趋完善，讲出合情、合理、合度的课来。

案例

【例 3-3】

《济南的冬天》教例评析

课型：自读课。

课时：一节课。

课堂教学设计为两个步骤。

一、熟读课文(15 分钟)

(1) 听课文配乐朗诵。

(2) 学生自由诵读课文。

(3) 学生阅读自读提示，再读课文。

(4) 学生边读课文边概括段意。

(二) 选点突破(20 分钟)

(1) 同学们讨论，选出文中的精段之一——“最妙的是下点小雪呀”一段作为学习的重点。

（2）教师布置学生诵读此段，并在黑板上写下：

① 中心句，② 层次划分，③ 描写顺序，④ 动词的使用，⑤ 色彩美，⑥ 化静为动，⑦ 修辞手法，⑧诵读时的情感。

（3）给学生5分钟的时间，任选以上内容中的一至二项，从此段中找出答案，准备参加课堂发言。

（4）教师要求学生依次自告奋勇起来解答上述问题，教师的点拨、小结与同学们的诵读穿插其间。学生解答并经教师修正的内容是：

① 中心句是："最妙的是下点小雪呀"；

② 全段分为三层：小雪呀|看吧……粉色|就是……；

③ 描写顺序为：山上，山坡，山腰；

④ 动词的使用：树尖用"顶"，山尖用"镶"，山坡用"穿"，山腰用"露"，几个字各得其所。文中两个"露"字的含义不同；

⑤ 文中描写色彩的词有：青黑，白，蓝，银，暗黄，微黄，粉色；

⑥ 化静为动的主要技巧是运用了比喻、拟人的手法；

⑦ 从修辞手法看，主要是拟人，文中的三个"好像"，并不都表示比喻；

⑧ 诵读中不仅要读好文中的描写部分，而且要读好首尾两句，其中的"最""呀""就""吧""太"是充分凝聚了作者的情感的。

课堂上还留有几分钟，学生比赛背诵"最妙的是下点小雪呀"这一段，课在热烈的气氛中结束。

评析：

此教例的教学设计，体现了自读课文的一种教法：熟读、了解一篇，品析、记诵一节。

教学设计的思想很明确：选取一个精段进行突破——只取一瓢饮。

教学过程的安排极为细腻。从大的环节来看，有铺垫过程（前15分钟），有深入过程（后25分钟），有收束过程（赛背课文），循序渐进，线条明晰。从教学的主体部分来看，教师十分细心地引导学生从不同的角度有层次地分析理解课文，思路分析、形象分析、语言分析、语感体验等内容有机地融汇在一起，以其特有的知识密度充实于一个精段的小小的"空间"。

教学的双边活动的安排也很合理。教师在课堂上没有多少语言，重在严密地组织教学进程，学生在课堂上没有多少时间懈怠，自读自悟的内容相当丰富。

45分钟的时间，能够这样处理好一篇课内自读课文，确实令人赞叹。

当然，这节课也有不足之处。教师若能根据此精段多角度地分析训练，点示学生要注意和模仿这样的阅读方法，去举一反三、触类旁通，那就更能够显现教师教学设计的高度了。

严格说来，每一篇课文的阅读教学，都应该有阅读能力训练方面的点示。

【例 3-4】

《过故人庄》教例评析

马军

教学思路：读与品。

品读诗的意境时，老师这样提问：

(1) 同学们，透过诗，你们看见了什么？

(有的说：我看见了青青的山，绿绿的地，清清的溪水和金灿灿的菊花。有的说：我看见了谷垛堆堆的稻场，郁郁葱葱的菜地。有的说：我看见了村民们。有的说：我看见了捉迷藏的孩子……)

(2) 同学们，透过诗，你们听见了什么？

(同学们的兴致更高了：我听见鸡在叫："喔！喔！"鸭子"嘎！嘎！"……我听见诗人与朋友在举杯祝福……)

(3) 同学们，透过诗，你们闻到了什么？

(同学们纷纷发言：我闻到了稻香！我闻到了菊花香！我闻到了泥土香，我闻到了大自然的清香……)

(4) 同学们，透过诗，你们感受到什么样的情？

(朋友的热情……诗人与朋友之间纯朴的友情……诗人喜爱大自然的心情……)

评析：

这是一个微型教例。

"好诗都是富于启示性的，言近而意远，能够通过一两个鲜明的形象唤起读者的想象，启发读者在自己的头脑中构成无数新鲜的画面。"教者深知这一点，在他的巧妙点拨下，同学们尽情想象，仿佛在与诗人同行，仿佛携着诗人的手走进生活，感受到乡野生活的气息。

对这个简洁明了、明白如话的教例，从"教学艺术"的角度上也许没有很多的评价语可说，但它从设计思想上给我们以启迪。

教师变换了"讲析"的角度，设置了非常充分的"课中活动"，学生的活动充分而又热烈。值得注意的就是这"课中活动"。

在阅读教学中，好多好多的教师没有注意对“课中活动”进行深刻的设计。

所谓阅读教学的“课中活动”，就是在教师的指导与安排下，学生在课堂上充分地占用时间进行有形式也有内容的学习语言、发展智能、培养情操的操作演练；就是课堂教学要以学生的发展为中心目标，充分地想办法让学生“活”起来、“动”起来。

“课中活动”这个概念很好理解，然而多少年以来，它却几乎成了课堂教学结构是否改革的一根标尺：凡是死讲硬灌的，凡是满堂讲的，凡是教师独占讲台的，基本上都没有像样的课中活动，有的只是老师的讲。所以，虽然“课中活动”只有四个字，但是要把它做好、做得有艺术性、做得有科学性，却也是十分的不简单。

所以，为了更好地更快地让学生掌握好语文这个工具，为了让学生更好地迎接未来生活对他们的挑战，我们要正确认识“课中活动”，让这个美丽的万花筒“靓”起来。

第五节　学习反馈的转化

考纲内容

能够在阅读、写作、口语交际的教学过程中，将学生的学习反馈转化为新的教学资源。

考纲解读

本考点考察考生在实际教学过程中，面对学生的学习反馈，包括学习兴趣、积极性、注意力，学习方法与思维方式，合作能力与质量，发表的意见、建议、观点，提出的问题、争论乃至错误的回答等，能够识别，捕捉并巧妙运用于教学活动中，使之转化为有价值的教学资源的能力。考试方式以选择题和案例分析题为主，选择题考察考生对学习反馈的转化的基本知识的理解、判断、运用，案例分析题考察考生在教学实践中将不同的学习反馈转化为新的教学资源的能力。

基本知识

一、学生的学习反馈内涵

1. 什么是学生的学习反馈

教育家叶澜教授将“课堂教学过程”比喻为“随时都有可能发现意外的通道和美丽的图景,而不是一切都必须遵循固定路线而没有激情的行程”。这告诉我们学生的学习反馈是在教学过程中不能预设的动态生成的结果,是学生课堂活动中的学习状态,具体来说,包括学生的学习兴趣、积极性、注意力、学习方式、思维方式、合作能力与质量,发表的意见、建议、观点,提出的问题、争论乃至错误的回答等。

2. 学习反馈的具体类型

(1) 问题型学习反馈。它主要指学生在学习过程中出现的困惑、疑难或模糊不清的认识,也包括教师在教学过程中即时生成的某些非预设性的问题。

(2) 错误型学习反馈。它主要指学生在学习过程中由于认知水平和学习能力的欠缺而导致的理解偏差。这种错误是学生在探究过程中亲历的产物,包含了大量学生在认知过程中产生的信息和已有经验,能够客观地反映学生个体的心理特点和认识水平,挖掘并运用好这些形形色色的“错误”,能够给课堂教学带来蓬勃生机与活力。

(3) 差异型学习反馈。指由于遗传、家庭环境与教育条件等的差异,学生个体在努力程度、反应速度、对教学内容的理解程度等的差异。

(4) 创新型学习反馈。主要指在教学过程中学生对教材的有价值的新解读、新见解。

3. 学习反馈的特点

学生的学习反馈作为一种新的教学资源,具有非预期性、再生性、内源性、现时性等特点。

(1) 非预期性。传统意义上的教学资源如各种物质性资源具有可预期的特点,可以在教学前安排选定并明确用途。学习反馈作为一种新的教学资源则与此不同,它不是事前计划和设定的产物,而是在教学的行进过程中动态生成的,具有随机性和突发性等特点。

(2) 再生性。教学资源既包括教学物质资源,也包括教学人力资源。学习反馈型教学资源属于后者。教学人力资源的显著特点是具有再生性,可进行循环开发和利用。生成性资源也是一种取之不尽、用之不竭的可再生性资源。

(3) 内源性。学习反馈型教学资源属于生命载体形式的教学资源,学生是这类教学资源的重要来源。较之非生命载体形式的教学资源,学习反馈型教学资源的重要特点之一是具有潜隐性和内生性,如学生在学习过程中存在的认知困惑或理解障碍,对某一问题潜在的独特见解或错误认识等，只要被有效地外化和显化，并被教师及时捕捉和利用，就可以成为教学中的有效教学资源。

（4）现时性。学习反馈型教学资源通常产生于课堂讨论或活动过程之中，往往源自学生直接的认知需要，是教学最有效的动力之源，具有即取即用的现时性特点。

二、学习反馈转化的策略

苏霍姆林斯基曾说过："教育的技巧并不存在于能预见到课的所有细节，在于根据当时的具体情况，巧妙地在学生不知不觉之中做出相应的变动。"教师在课堂上要把心思和精力放在观察学生、倾听学生并与学生互动上，而不是原有教案上。切不可不顾课堂中已发生的变化，仍按部就班地实施和运演预先设计的教学思路，僵硬地用预先设定的目标、流程规定学生、限定学生，拘泥于课前的预设和教案；而应根据实际教学过程中出现的学生的学习反馈，及时捕捉、判断、重组信息，把有价值的新信息和新问题，有开发价值的生长点，纳入教学过程，使之转化为新的有效的教学资源。

将学生的学习反馈转化为新的教学资源，考验的是教师的教学机智，是教学艺术中最具灵活性、智慧性的重要看点，它需要教师高度关注学生即时生成的经验与问题、需要与体验，发觉课堂生成的潜在价值，创生"活"的教学资源，用以演绎不可预见的更多的精彩。

针对教学过程中不同的学习反馈，我们可以根据情况采取具体策略进行捕捉和利用，转化为新的教学资源。

1. 问题型学习反馈转化策略：借题发挥，追根究底

教学中学生常常会生发各种疑惑、不同见解，而这些真切的疑惑、见解，往往又是借以扩大和丰富学习内容的新的生长点。借机转化为新的教学资源，不仅能够满足学生解惑的愿望，而且可以引导学生在认知冲突中兴趣盎然地投入学习。因此，课堂上教师要善于搜集学生生成的各种有用的疑点，以疑引趣，借题发挥，在引导学生深入思考疑点的过程中推进教学进程。

如在教学《世说新语·咏雪》时，老师与学生一起完成课文翻译，并留出一点时间给学生提问，解决疑难问题。突然一个学生站起来问：老师，请问"未若柳絮因风起"的"柳絮"是什么？

师：有哪个同学可以帮助她回答这个问题？

生1：是柳树上长出的一种东西。

师：对，也就是柳树的种子长出来的一种茸毛。这柳絮有什么特点呢？

生2：白白的，软软的，轻飘飘的。

师：那么请问柳絮和白雪有没有一些相似之处呢？

（刚才那位学生轻轻地点点头。）

师：兄子胡儿曰："撒盐空中差可拟"，谢道韫说："未若柳絮因风起"，一个把纷纷大雪比作盐，一个比作柳絮，哪个比喻用得更恰当呢？

生：柳絮。

师：为什么？

生：盐跟白雪只有白和细这两个相似点，但柳絮不仅在白和细上与白雪相似，而且跟白雪一样，是轻飘飘的，纷纷扬扬飘洒在空中，盐没有这个特点。

师：所以我们从这个比喻句看到，好的比喻句不仅在形状上相似，而且要在情态和神韵上接近。

（师板书比喻句的要求：形状与情态。）

师：大家知道柳絮在什么季节里漫天飞舞吗？

生：春天。

师：在白雪纷纷的季节联想到春天的柳絮，不禁让我们想起英国诗人雪莱的一句诗……

生：冬天到了，春天还会远吗？

师：非常好。谢道韫将白雪比作柳絮，不仅注重了雪和柳絮在形状和情态上的相似，还能让人对春天充满期待，联想丰富而灵动。与之相比，胡儿的"盐"显得呆滞无生气，两相比较，谢道韫的才华展露无遗。因此后人将有才华的女子都称为有"柳絮之才"。

从以上案例我们看到，学生不知"柳絮"属于常识的缺乏，这对该生理解文章造成极大的障碍。但是这个问题却因此变得非常有意义，老师抓住了这个亮点，借题发挥，反而将一个常识性的问题转变成对比喻句的学法指导和对谢道韫人物特征的判断上，从而巧妙地利用问题完成了教学任务，并且使学生在问题中通过联想获得更深的感知，有助于加深对课文的理解和对人物的把握。

2. 错误型学习反馈转化策略：顺水推舟，将错就错

由于受知识、经验、思维能力的限制，在教学过程中学生难免会对语文教师的预设会错意、表错情，产生一些错误甚至荒谬的信息。如果直接纠正，由于没有学生的主动参与，往往效果不佳，而不如顺水推舟，将错就错，抓住这些错误信息，让学生亲历自己的见解达到的相反结果，使学生从中感悟到自己的错误所在，真正达到纠误匡谬的目的。当学生生成的课程资源与教师的教学预设存在差异，而教师却发现利用这一资源可以有效达到教学目标时，教师就可大胆放弃预设，及时调整教学，顺着学生的思路引导，升华主题。如果学生生成的课程资源与文本内容大相径庭，但教师发现学生的思维方式、学习方式很符合他们的年龄特点，就不必强求学生把思路扭转过来，有时顺水推舟，将错就错，也能收到意想不到的效果。当然，这要求教师必须在心中把握教学目标，改变策略，通过不同的途径实现目标。

如在教学《紫藤萝瀑布》时，老师让学生赏析美的句子，有学生这样赏析："紫色的大条幅上泛着点点银色，就像迸溅的水花。"我认为这个句子很美，它通过比喻的修辞，写出了紫藤萝花的美丽。

师：这个句子作者是怎样表现美的？

生：把阳光比作银光。

生：试问阳光是银色的吗？（学生一阵哄笑。）

师：请大家读读上下文，找找看。（学生读了起来，有几个人高高举起了手。）

生：是把"紫花中最浅淡的部分"比作"水花"。

师：从哪里可看出来？

生：文中"才知道那是每一朵紫花中的最浅淡的部分"一句啊。

生：还可以从上文"只是深深浅浅的紫，仿佛在流动，在欢笑，在不停地生长"中看出来。

师：很好，那么它们写出了什么？

生：写出了花颜色的灿烂亮丽。

师："水花"是动态的吧，又写出了什么？

生：不但写出了花的灿烂，亮丽，富有层次，还写出了花富有生机。

师：很好。以后理解词句要联系上下文。

对教师而言，当教学不再按照预设展开时，是置之不理还是顺势引导，这是一种考验，这时如果教师具有生成意识和及时捕捉处理错误信息的智慧，把握机会，利用错误，就可以使课堂因错误的生成而更加精彩。

3. 差异型学习反馈的转化策略：凸显差异，合作探究

学生间的经验和能力存在很大差异，不同的学生对问题的敏感度不同。面对学生的差异，首先教师可凸显差异，引起矛盾，引导争辩，让学生在争辩合作中求得对语言准确、全面、深刻的理解。其次，要明确差异运用，不能追求学生的统一认识和同一理解，而要求得个性理解和合理理解。因此，教学中要通过点拨，唤醒学生知识的积累，让他们根据自己的认识来理解，使语言丰富的内涵最大限度地呈现在学生面前，体现出他们解读语言的个性和特点。另外，在差异运用中，如发现学生以孤立的眼光分析事物，可联系现实生活，借助原型启发；可联系所学知识，借助知识铺垫；可联系相关学科，借助横向迁移，从而拓展知识理解空间、拓宽知识理解背景。如下面的例子。

案例

【例 3-5】

《社戏》教学实录片段

教师：那晚的戏到底好还是不好？同意不好的请举手。

（学生举手如林。）

教师：同意好的请举手。

（只有六个同学举起了手。）

教师：只有这么几个人！别害怕，真理往往被少数人掌握，敢不敢和他们辩论一下？

学生：敢！

教师：好！请双方各出三位同学，带着书和座位到前面来。

（学生陆续离座，到前面分开坐好。）

教师：下面我们进行一场小的辩论赛，辩论的题目就是这场戏好不好。同意好的你们三个是正方——伶牙队，反方——利齿队。下面我交代一下比赛规则：1. 各方选手每人一次发言机会，自由陈述理由，时间不超过 2 分钟。2. 发言要有礼貌，称呼对方要叫"对方辩友"，不能搞人身攻击或武力威胁："你胡说！再胡说看我不……（用拳比画）"

（学生笑。）

教师：下面准备 3 分钟。

（教师巡回指导，或出谋划策，或"挑拨离间"。）

教师：下面比赛开始，首先由正方一辩发言。

正方甲：我方认为，这场戏很好。因为文中说过："也不再看到那夜似的好戏了"，如果不是好戏，"我"怎么会这么多年还能记起，还念念不忘呢？

教师：谢谢这位同学，下面由反方一辩陈辞。

反方甲：我方认为，这场戏根本就不好，因为演铁头老生的演员一点也不卖力气，小旦更是唱得人昏昏欲睡，要是戏好，观众还会打瞌睡吗？

教师：很好，谢谢你。下面由正方二辩发言。

…………

正方丙：我的意思是虽然戏不好，但是值得怀念。

教师：还是替对方说话呀！你应该再加一句：只要值得怀念的戏，就一定是好戏。

（学生笑。）

…………

教师：请同学们假想一下，当你离家很长时间以后，会不会想家？你是想家里的东西呢？还是想家人？

学生：想人。

教师：那么再想，那晚的戏那么让人怀念，是由于戏多么好呢？还是别的原因？

学生：是因为人好。

教师：对！（板书）是因为家乡的人好，才让我时时怀念，深深留恋。

案例中，该教师抓住了差异，运用争辩的方式让学生各抒己见，促进学生深入感悟。同时，教师结合个人经验，通过点拨，唤醒学生的生活积累，让他们根据自己的已有经验来理解。这种做法有助于启发学生思维，深入理解课文。

4. 创新型学习反馈转化策略：巧妙设疑，推波助澜

教学过程中，师生、生生通过对话交流，互相启发，课堂上会激发出教师和个别学生的灵感、顿悟、创新。这些创造性思维由于是个别行为，甚至是课堂中的弱势群体迸发出的一丝丝闪光点，需要教师及时发现，通过巧妙追问，使目标更清楚，使个别的创造成为全体的创造，以便引导学生进行更深层次的探索和思考。一些有价值的学习反馈不仅可以激活学生的思维，丰富学生的情感体验，提升学生对文本的理解，创造灵动、有活力的精彩课堂，往往还有更丰富的价值体现，教师可以因势利导，与其他课程资源相结合，巧妙地拓展开发。如下面的例子。

案例

【例 3-6】

《变色龙》教学片断实录

生 1：我觉得奥楚蔑洛夫也挺可怜的。

师：这是一个很新颖的观点，老师还是第一次听到。说说你的理由。

生 2：你的立场有问题，这种人坏透了，根本不值得同情。

生 1：他是为了自己的生存，迫不得已用丧失人格和尊严来换取生存的空间。

师：你的意思是说他不能负主要责任。那谁应负主要责任呢？

生 3：我同意生 2 的说法，但我想，这种人是可恨，最可恨的还是豢养出这种人的社会。奥楚蔑洛夫只是表演者，真正的黑手藏在他的后面。

生 4：这个黑手就是那丑恶的沙皇统治的社会，让这种人有了生存的空间。

师：对。本文不只是描述了奥楚蔑洛夫欺下媚上、见风使舵的奴才相，还深刻揭露了当时整个社会人们思想麻木、奴颜婢膝的糜烂风气。分析到此我们很清楚地看出作者已把讽刺的矛头指向了沙皇统治集团。直指孕育这种怪现象和奴才人格的土壤——腐朽专制的社会。是当朝的统治者应负主要责任，是那个黑暗的社会负主要的责任。这就是作品所要展示的主题。

案例中的教师及时捕捉到一个学生的独特理解，给予肯定，引导全体学生拓展延伸，经过学生们进一步的讨论，教师的引导，全班学生都在互动交流中加深了对文章的理解。

三、学习反馈转化的关键

在教学过程中将学生的学习反馈转化为新的教学资源，是对教师素质和能力的体现，教师要灵活自如地应对学生的学习反馈，极大地激发创造性和智慧潜能，实现有效地转化。要做的这一点，教师需把握三个关键点。

1. 吃透教材，研究学情，精心预设

凡事“预则立，不预则废”，高质量的预设是教师发挥组织者作用的有效保证。教师要做到精心预设和准确把握学生的反馈，就要钻研教材和预测学情，即不仅要深入理解文本的深度和体验、把握教材的精髓和难点、体现教材的基础性地位和主干性作用，这是课堂中催生和捕捉有价值的教学资源的前提，同时要全面分析学生，深刻了解他们的年龄特征、知识结构、群体特征、学习的客观规律和基本过程，清晰把握他们的知识经验、思维特点以及兴奋点和兴趣点。除了常规备课外，教师还要明确以下问题：① 重点、难点都需要教师在课堂上点拨和引导吗？② 哪些内容会引发学生的兴趣和思维成为课堂的兴奋点？③ 哪些内容适合探究学习、自主学习或合作学习？④ 学生具备了学习新知识所必需的知识和技能吗？⑤ 他们有学习新知识的生活体验吗？可能有哪些？⑥ 通过预习学生会提出什么问题？⑦ 他们喜欢什么样的学习方式？等。

2. 具有强烈的教学资源意识

教学内容不是唯一的和凝固不变的，教学资源的来源是多方面的。教材不是教学的全部内容，而只是为开展教学活动以使师生互动生成知识提供一种范例和素材。在教学生成观下，学生也成为重要的教学内容来源，通过学生的探究、反思和师生的交流、互动，会产生大量的新的教学资源。在这里，教学过程中学生形成的教学反馈，对于教学的作用，在于形成使教学活动得以开展的“生长点”或“脚手架”，使教学能够在资源的“生成”与“利用”的持续不断的反复交替中，推进学生知识的建构与认知的发展，而教材只是学生个体知识意义生成的“索引”和“参照”。这就要求教师应具有强烈的教学资源意识，把教学中各种有意义的教学资源充分挖掘出来，将各种“始料未及的信息”即时捕捉并理智地纳入教学设计之中，用来改进教师的教和学生的学。

事实上，从教学资源的角度来看，教学中学生的灵机一动、“节外生枝”、别出心裁等，都可能催生出活生生的教学资源，都会为教学资源的有效生成带来可能。这是因为学生的思考中包含着他们各自的见解，包含着他们独特的创造。由学生生成的教学资源如可以超越教师的思维，就更显得珍贵。因此，教师要尊重学生的个人感受和独特见解，蹲下身来与之平等对话，用心捕捉学习活动中利于学生发展的鲜活的教学资源；要善于捕捉、放大教学过程中动态生成的瞬间，一旦发现学生有什么奇思妙想或困惑疑虑，要认识到这种教学资源的宝贵。同时，对于及时捕捉到的教学资源，教师要敢于因势利导、打破计划，对教学方案做出调整。具体地说，教学的流程可以在反馈中即时“变奏”，研究的主题可以在反馈中适度“更换”，预设的目标可以在反馈中随机“升降”，环节的推进可以在反馈中相应“增删”。

所以，教学资源的开发不仅存在于教学开始之前，而且还存在于教学过程之中，存在于教学现场之中，存在于当下的教学情境之中。这样，教师在教学中的主要职责不是传递知识和规训学生，而是引导他们通过智力的深层参与和思维的激烈碰撞，在促进知识有效生成的同时，及时捕捉新的教学资源，并进一步用来调整和改进学习过程。

3. 培养应对学习反馈的教学机智和智慧

所谓“机智”，是指“瞬间知道该怎么做的一种与他人相处的临场智慧和才艺”。教学机智则是指教师所具有的在复杂、微妙的教学情境中迅速且恰当地行动的能力。面对教学现场各种与众不同的声音、始料不及的意外等学习反馈，教师应独具慧眼、善于捕捉，能够及时对学生提出的问题进行价值判断，凭借教学机智应对学生的学习反馈，并对预设的教学进度与环节、方法与手段适时地做出反应和调整，按照教学情境动态地设计和实施教学方案。这种应变是事先意想不到的，比如认知错误的处理、学生质疑的导引，其调整的决策必须完成于瞬间，容不得教师去细细琢磨，反复推敲。如果处理不好这些不期而至却又稍纵即逝的信息，就可能出现“呆板僵化”或“放而失度”的现象。这就要求教师必须具有对不确定性和不可预测的教学情境做出解释和决策的能力，教师的教学机智也正体现于此。

如果说教学机智体现的是一种具体的行动能力，那么教学智慧彰显的则是一种个人综合素质。它是教师在教学实践活动中形成的、有关教学整体的真理性直觉认识，是感性的、表面化的经验提升并内化的结果。事实上，对于教学生成而言，无论教师对教学的准备有多么充分，都取代不了教师在教学现场中的即兴发挥与临场应变等教学智慧。这种智慧产生于处理不确定性和不可预测性的情境过程本身，以及相应的“行动中的反思”。显然，这对教师而言是一个逐渐积累和发展的过程，是一个长期的、复杂的、默会的过程。这就要求教师在实践的基础上学会深刻反思，并在反思的基础上逐渐积累经验；要勤于向教育专家、学科专家和同事学习，更要善于向自己学习，向自己的教学经验学习。

四、新的教学资源特点

在教学过程中，学生的问题、差异、错误、创新等学习反馈通过教师有效地转化，将生成课堂上新的教学资源。

1. 新的教学资源是一种知识资源

课堂中生成的资源按生成内容所呈现的状态分为知识资源和非知识资源。学习反馈转化的新教学资源属于知识资源。知识资源是指在课堂教学中生成的能够反复利用、建立在知识基础上、可以提高课堂教学效益的资源，它由学生的问题、错误、差异等反馈，经过教师的有效策略转化而来，能影响学生的学习、改善他们的知识结构。

在课堂教学中，师生、生生之间的相互对话也会产生或喜，或怒，或兴奋，或麻木，或平静，或激动，或紧张等情感性资源，也会出现一些意想不到的行为，这些往往会影响到课堂秩序或教学进程，这些都属于非知识资源。非知识资源不在学习反馈转化考虑的范畴。

2. 新的教学资源是一种有效资源

教学过程中生成的资源按生成的内容是否有价值分为有效资源和无效资源。新的教学资源是一种有效资源，它应该是有助于提高学生正确理解和运用语文的能力，培养语感能力和思维能力等的资源。而对于有些不经意生成的信息，如个别学生为引起同学注意故意做出的一些行为，某些同学偏离文本内涵、教学目标的见解等，这样的生成信息大多是与教学无关的、甚至是负面的，会阻碍教学目标的达成，妨碍学生的身心发展，也不属于我们谈的新教学资源范畴。

案例

【例 3-7】

《台阶》课堂教学实录(节选)

师：太好了，同学们发现没有，生 1 又为我们提供了一个赏析作品的角度，即作者观察生活越细致，写出来的文章就越精彩，越有感情。下面哪位同学接着发言？

生 2：我想对一个细节进行批注。在第 5 自然段这里写“父亲”一次洗脚的过程，“洗不干净”说明“父亲”的脚天天泡在泥里，已经被泥水浸得粗糙干裂了，那些裂开的缝隙里塞满了沙子、泥土，脚本身粗糙，再加上“父亲”洗得也粗糙，因此总是洗不干净……

（生笑，有人小声说：“你怎么知道洗得粗糙？”）

生3：（抢着说）我来解释生2说的“父亲洗得也粗糙”一句，文中说“他一般都去凼里洗”，有三种情况：一是家境艰难，能省就省，所以一般不用热水洗；二是省时间，干完活顺便在凼里洗了脚，回来就可以做别的事，或者抓紧时间过过烟瘾；三是图方便，到凼里把脚往水里一伸，来回涮几下完事，回家洗又是烧水又是找盆子的，还要用板刷刷洗，多麻烦啊！

师：不简单，还分析出“去凼里洗”背后隐含的三种情况，眼光很敏锐。生2同意吗？

生2：同意，还有一点补充，这说明“父亲”生活得非常苦，这双脚一年四季几乎没有闲下来过，这从第11自然段中“七个月种田”“四个月砍柴”“半个月捡屋基卵石”“半个月编草鞋和过年”这些语句上可以看出来。

生3：我有个问题，“父亲”在过年那天洗脚的时候，“母亲就特别高兴”，洗脚这种事情很平常，“母亲”为什么会那么高兴呢？

师：是啊，我也觉得奇怪，不就洗一次脚吗，用得着这么高兴吗？哪位同学能解决这个问题？

生4：我来回答，因为“父亲”一般不在家里洗脚，所以“父亲”在家里洗脚时“母亲”就特别高兴。

生5：我觉得“母亲”高兴是因为这天终于可以关心“父亲”一次了，所以亲自端水。

生6：“亲自端水”写出“母亲”对“父亲”的心疼。刚才生2说“父亲”洗脚“洗得粗糙”，为什么粗糙？我觉得除了前面生3说的三个原因外，还有“父亲”在地里劳动的时间长，非常累，回到家里只想好好休息，所以不让“母亲”端水给他洗脚。“母亲”平常没有机会心疼“父亲”，那一天才有机会照顾“父亲”一次，因此显得特别高兴。

生7：我不同意生6的看法。第一，“不让母亲端水给他洗脚”，文中并没有直说“不让”，也许“母亲”平时忙不过来给“父亲”端洗脚水；第二，“没有机会心疼父亲”也不对，机会有的是，比如为“父亲”盛饭、洗衣服、点烟等，还有，“母亲”可以帮“父亲”多干活，这不更是因心疼而关怀“父亲”的具体表现吗？

师：对啊，盛饭、洗衣服、点烟、多干活是关怀“父亲”的具体表现，可以多写写这些事嘛，把这些事写出来不是比“亲自端水”更能说明“母亲”心疼“父亲”、关怀“父亲”吗？

生8：我觉得虽然文中没有说“不让母亲端水”，但我们可以从好多地方看出“父亲”是一个非常善良的人，他从来不愿意给别人找麻烦，像后面的“父亲老实厚道低眉顺眼累了一辈子”，还有前面分析的早起踏黄泥等，都说明他一辈子任劳任怨，关怀家人，所以肯定有“不让”家人替他做事的举动。“母亲”心疼“父亲”、关怀“父亲”的机会是很多，盛饭、洗衣服等事可以经常做，而洗脚水却一年才打这么一次，因此每年才做一次的事情做起来肯定很高兴。

师：这也对啊，生8同学提出的“每年才做一次的事情做起来肯定很高兴”也很有说服力，同学们对此有什么看法吗？

生9：我同意生7的说法。“母亲”平时肯定有许多关怀“父亲”的举动，就像刚才说的盛饭等这些事做得多了，也就不觉得特别了。“母亲”一年也没有见“父亲”在家里洗几次脚，因此“父亲”在家里洗脚时，赶紧端水给“父亲”。

生10：我也补充一点，用热水洗脚可以消除疲劳，所以文中还提到“盆水冒着热气”，“母亲”好像是希望过年这天用热水洗了脚后“父亲”可以消除一年的劳累。

师：这段文字不足三百字，你们竟分析出文字背后隐含的那么多信息，有“父亲”的性格，“母亲”的心理，一家人之间相互理解和关怀的举动。你们的很多看法老师备课时也没有注意到，说明你们的阅读能力、分析能力很强啊，这让老师很欣慰。各位同学，我们能不能根据上面对课文的批注分析来总结一下怎样阅读小说？老师也先为大家作示范。

（多媒体显示。）

读小说的方法是很多的，如分析人物可以抓住人物的语言（如《变色龙》中警官奥楚蔑洛夫变来变去的语言）、心理、行动等。

师：大家可以讨论一下，看能不能从自己对小说的分析中归纳阅读小说的方法，学会阅读小说。

（生互相讨论了二三分钟。）

师：好，谁先总结？

生1：我们觉得读小说应该从细节入手，尽量读出文字背后隐含的意思。像上面的“那天，母亲就特别高兴，亲自为他端上了一大木盆水”这一句话，大家就分析出那么多的内容。

生2：读小说要从分析人物性格入手，抓住他所做的事情来分析他的性格特点。比如，从“父亲”准备修台阶以后就开始捡一块砖、一片瓦的事上，可以看出他决定做一件事就要把事情做好的特点；从“父亲”一般去凼里洗脚的行为上，可看出他节俭、不愿麻烦人的特点。

生3：我们认为读小说要抓关键词语，如“父亲”踏黄泥那一段，抓住“很轻”“已经”等几个词语，就能看出“父亲”一辈子勤劳的特点。

师：大家的意见非常正确，从同学们刚才的发言中，我们知道阅读一篇小说有好多种方法：可以读细节，读出文字背后隐含的信息；可以抓关键词语，通过关键词语来分析人物特点；可以看人物所做的事情，通过他的行为来分析他的性格特点等等。同学们，读小说的方法是很多的，大家以后在阅读时要善于总结和体会。

…………

评析：

《台阶》是人教版八年级上册第二单元的第三篇文章。这一单元的几篇课文都是以“爱”为主题，诉说对普通人，尤其是对弱者的关爱的文章。前两篇课文已分别从母爱、父爱的角度做了展示，这一篇课文则通过写父亲对高台阶的追求，展示他的精神世界，表达作者对父亲深沉的爱。单元要求“学习抓住关键语句，理解故事内容和人物思想感情的阅读方法”，这一则优秀教学实录不仅出色地完成了教学目标，而且为我们将学习反馈转化为新的教学资源这一角度提供了范本。

在教学过程中，生3提出了一个关键性问题：“洗脚这种事情很平常，‘母亲’为什么会那么高兴呢？”从学习反馈类型来判断这属于问题型学习反馈。从课例中我们可以看到教师充分抓住了这一问题，使整个课堂异彩纷呈，在师生互动、生生互动中实现了教学目标。问题产生之初，该教师没有生硬打断或者自己强硬做判断，而是将这一问题进一步扩大，可谓“借题发挥”，将学生的问题转化为全班学生的问题意识，从而促进学生对课文进行进一步的细读。

在学生回答“洗脚这种事情很平常，母亲为什么会那么高兴呢”这一问题时，我们看到学生的答案并不一致，学生根据个人的经验和理解做出了有差异的判断，此时，问题型学习反馈已经发展为一个差异型学习反馈。面对学生的差异性理解，该教师没有给出学生一个“标准”答案，反而更有故意“搅局”之势，学生的这个观点也赞成，那个观点感觉也对，激发矛盾，促进了课堂上一次有意义的辩论，充分尊重学生的个性差异，使学生在合作中深入理解文本，在辩论中掌握了探究细节，抓关键词语，通过关键词语来分析人物特点的阅读方法，从而出色地完成了教学任务。

通过这则教学实录，我们可以看到该教师在学习反馈转化这一过程中的几个亮点，也能从这些亮点背后学习该教师的成功经验。首先，教师应吃透教材，备好学情。这堂课教师显得非常从容，学生的任何问题似乎都在他的预设之内，学生的看似漫无边际的问题和答案，最终都能在教师的引导下得到一个质的提升，并且上升到学习方法的指导，这说明教师对教材已相当熟悉，对学生的各种问题也已做好了充分准备，明确教学目标，做到心中有数。其次，教师具有鲜明的教学资源意识。面对学生突如其来的疑惑和问题，该教师并没有置之不理，按固化的教案继续上课，而是充分尊重学生的反馈，甚至为学生的问题意识而欣喜，“借题发挥”、“推波助澜”、创设合作氛围，将学生的反馈为我所用，成功地转化为新的教学资源，从而使整个课堂充满活力，别开生面。再次，教师应具有教学机智和智慧。从课堂实录中，我们看到该教师面对的学生的任何问题总是从容不迫，在教学过程中不断改变策略，并且能在学生精彩地辩论之后做出一个精彩的总结，从而实现整堂课质的飞跃，体现了该教师的教学机智和智慧。

【例 3-8】

千古文章意最高

——如何立意作文指导课实录

师：请以“风”为话题，选择你自认为适合的一种方法进行立意。

生 1：我想到了“思念如风”。

生 2：地理课上学到了“风能”。

生 3：春风拂面。

生 4：暴风吹过，大地一片狼藉。

生 5：乘风破浪。

生 6：近听八闽“民主风”。

生 7：我想到时装流行风。

生 8：我想到诗句“大风起兮云飞扬”，我想写与刘邦有关的故事。

师：同学们说得非常好。大家看，同样是“风”，不同的人能想到不同的东西，有不同的立意。通过刚才大家的回答，我们可以学到几种立意的方法。我们最容易想到的，风是一种自然现象，春风、暴风、乘风破浪等，但我们也可以转换角度，把“风”思考为社会现象，如“民主风”“时装流行风”，还能因此从古诗词句中想到一个人物，这告诉我们，立意上，我们可以不停地——

生：转化角度。

师：对，这是立意的方法之一，不要拘泥于一种方式。我们再看，即便是写“春风”，我们可以从几个层面来写。

生：可以写自然中的春风，也可以写对待我们如春风一般的人，还可以写在春风里的故事。

师：由表面的“春风”联想到比喻义的深层次的“春风”，这叫作由表及里，透过客观事物的表面现象，开掘事物的深层意蕴，也是立意的方法之一。

…………

评析：

在作文教学中，我们经常能遇上各种类型的学生学习反馈，如果能及时发现，运用恰当，将这些反馈转化为新的教学资源，将起到非常显著的效果，为一堂课增色不少。

案例中，该教师面对的是学生差异型反馈，由于学生的思维能力、个人生活体验等有很大的不同，面对“风”这样的话题，便有了各种各样的立意，这对作文教学恰好是难得的资源。该教师能充分尊重学生的个性立意，及时利用，并通过点拨，将零散的立意上升为立意方法的指导，深化了学生的认识，从而成功地把学生的差异型反馈转化为立意方法教学的新资源。在这一教学过程中，能够看出教师非常明确的教学资源意识，而且对学情了解，对学生的答案有准备，同时体现出该教师的教学机智和掌控课堂的能力。

第六节　自主研究的指导

考纲内容

能够帮助学生在综合性学习过程中形成问题意识，指导学生根据问题制定计划、搜集资料、分工合作、交流展示、评价反思。

考纲解读

本考点考察考生在语文综合性学习教学过程中，能够依据不同的教学内容和教学目标，帮助学生形成问题意识，指导学生根据问题制定计划、搜集资料、分工合作、交流展示、评价反思。考试方式以选择题和案例分析题为主，选择题考察考生对综合性学习自主研究的理论知识的了解、判定、运用，案例分析题考察考生在指导学生进行综合性学习自主研究时，能够让学生形成问题并根据问题设计活动、组织活动的能力，以及针对某教学案例中的自主研究指导的合理性和有效性的分析能力。

基本知识

一、关于语文综合性学习

1. 什么是语文综合性学习

“语文综合性学习”是语文课程一个重要的组成部分，是为了改变语文教学相对封闭的状态，改变课本是唯一的课程资源的状况，克服偏重接受性学习的弊端，在语文课程改革上采取的一个重要的举措。“课标”明确指出：综合性学习主要体现为语文知识的综合运用、听说读写能力的整体发展、语文课程与其他课程的沟通、书本学习与实践活动的紧密结合。综合性学习应强调合作精神，注意培养学生策划、组织、协调和实施的能力。综合性学习应突出学生的自主性，重视学生主动积极的参与精神，主要由学生自行设计和组织活动，特别注重探索和研究的过程，提倡跨领域学习，与其他课程相结合。

综合性学习是学生通过合作共同完成学习任务的集体活动，是以培养学生的创新精神和实践能力为目的，以学生自主、合作、探究学习为基础，强调学生在教师的指导下通过自我体验、实践、探索形成语文的综合素养。根据“课标”阶段目标的要求，语文综合性学习主要有三种方式。

一是观察—表达。要求学生观察自然、观察社会，然后口头或书面表达自己的观察所得。这种方式主要安排在低中年级。

二是问题—解决。要求学生在学习和生活中发现问题、提出问题，然后运用语文知识和能力来尝试学习研究问题、解决问题。

三是活动—探究。从参加校园、社区活动，到自主策划、组织校园活动，如讨论、主题演讲、文学活动等，在活动中学会合作、探究。

2. 语文综合性学习的主要特点

语文课综合性学习是建立在社会综合发展的基础上的。纵观世界各国教育改革的发展趋势，教育正适应社会的前进，全面向综合性方向发展。具体表现为教育目标、内容、对象、时空、手段等多方面的综合。

语文综合性学习，作为和识字与写字、阅读、写作、口语交际四项等重的一个项目，第一次被写入“课标”之中，充分体现了语文学科的基本目标，即全面提高学生的语文综合素养。具体来说，综合性学习包括两个方面的内容，一是综合性学习主要运用的是探究的学习方式，即强调学生自主学习，自行探究，独立发现、分析和解决问题的能力；二是综合性学习是借助于语文实践活动的手段，有意识地引导学生将课堂内外、校园内外、学科内外的信息进行整合、分析。所以综合性学习它比研究性学习更强调活动的丰富性，它不应等同于狭义的研究性学习；它比语文实践活动更重视研究专题的选择和探究的深入程度，所以也不同于语文实践活动。

目前的人教版教材把实现语文知识的综合运用、听说读写能力的整体发展、语文与其他学科的有机沟通、课堂学习与实践活动的紧密结合作为综合性学习的整体目标，将以往教材中写作、口语交际、语文实践活动三个系统整合于综合性学习之中，按照“课标”提出的七～九年级的相关要求和由浅入深的顺序，科学地拟定了阶段目标，设计编写了综合性学习部分。在“课标”中，共列出“综合性学习”15 项。它代表的不只是语文教材的阶段性变化，更实现了一次语文学习方式的变革。

通过学习和研究，我们认为语文综合性学习具有以下特征。

(1) 它与阅读教学互相勾连，又相对独立。

语文结合性学习虽然涉及自然、社会、生活等内容，但它首先姓“语”，它不是让学生单纯掌握其他学科知识和其他领域知识。其落脚点在于全面提高学生的语文素养。

新教材中绝大多数单元的阅读课文与综合性学习在内容上是互相勾连、密切照应的，这样，就使得综合性学习成了该单元的有机组成部分。

当然，综合性学习也不能完全依附于阅读部分而存在，它应该是具有相对的独立性，并自成体系的。人教版教材每册书都有六个阅读单元，每个单元后面有一个综合性学习。很显然，每册书有三个单元的综合性学习的形式相对统一，即把写作、口语交际整合到综合性学习之中，在规模小、层次少的活动中培养学生的语文综合素养。

而一册书中的另外三个单元综合性学习的形式与以上不同。它们以培养学生自主、合作、探究的学习习惯为主要目标，在为学生提供一个母课题的前提下，又设计了若干层次的子课题，倡导发挥学生的自主精神，让学生自行设计，自行组织，自行探究，在活动中培养学生发现问题、分析问题、解决问题的能力，培养学生搜集、筛选、整理资料的能力。这种活动更像是标准的探究性学习，更强调它的探究性、自主性和实践性。

学生在逐个进行上述活动时，将在兴趣的吸引下自行查找资料、自行设计汇报成果的形式、自行安排观察的时间和方式、自行组织擂台和讨论……这种综合性学习重在活动过程中对学生进行综合素质的培养，而口语交际和写作的要求、语文课程与其他课程的沟通、书本知识与实践活动的联系已经被巧妙地融入其中了。

(2) 综合性学习的过程就是听、说、读、写能力全面发展的过程。

从“课标”对各学段“语文综合性学习”阶段目标的阐述上，我们可以看出这种综合性主要体现在：在学习空间上，体现课堂学习与课外学习的有机结合；在学习内容上，体现语文课程内容与自然、社会、人文领域的综合；在学习方式上，体现实践性学习、合作性学习、研究性学习等多种学习方式。例如，“在家庭生活、学校生活中，尝试运用语文知识和能力解决简单问题”这学习活动中，其目标可以是知识，也可以是多种能力。家庭生活和学校生活多姿多彩，其中解决问题的活动当然各不相同。通过实践活动，能沟通学生同社会生活、同大自然的联系，沟通课堂内外、学校内外的联系，能密切同学之间、师生之间的关系，培养学生的实践能力、独立自主能力和创新精神。例如，某项学习活动的要求为，“结合语文学习，观察大自然，观察社会，书面与口头结合表达自己的观察所得。”

具体而言，在学习内容上，综合性学习是语、修、逻、文的综合；在知识结构上，结合性学习是文、史、哲等社会知识的综合；在语文能力上，综合性学习可以说是听说读写能力的综合。语文教育强调综合性和全面性的发展趋势正是综合性学习产生的内在动力。

（3）在综合性学习中建设开放而有活力的语文课程。

“课标”明确提出：“语文课程应植根于现实，面向世界，面向未来。应拓宽语文学习和运用的领域，注重跨学科的学习，使学生在不同内容和方法的交叉、渗透和整合中开阔视野，提高学习效率，获得现代社会所需要的语文实践能力。”这种课程定位恰恰为语文学习方式的变革提供了可能，它可以最大限度地通过自主、合作、探究的方式建设一个开放而充满活力的语文课程。

而人教版的“综合性学习”在设计思路上正集中体现了这种开放性原则，它力图通过课堂内外、学科与学科之间的联系，建立一个丰富而广阔的语文空间，真正实现语文与生活的联系，实现“大语文”观。

3. 语文综合性学习的目标要求

“课标”指出，“开展语文综合性学习在于拓宽语文学习和运用的领域，注重跨学科的学习和科技手段的运用，使学生在不同的内容和方法的相互交叉、渗透和融合中开阔视野，提高学习效率，初步获得现代社会所需要的语文实践能力。”在初中范围内，具体表现在以下几个方面。

（1）能主动组织文学活动，在办刊、演出、讨论等活动过程中，体验合作与成功的喜悦；

（2）能提出学习和生活中感兴趣的问题，共同讨论，选取研究主题，制定简单的研究计划，从报刊、书籍或其他媒体中获取有关资料，讨论分析问题，独立或合作写出简单的研究报告；

（3）关心学校、本地区和国内国家大事，就共同关注的热点问题，搜集资料，调查访问，相互讨论，能用文字、图表、图画、照片等展示学习成果；

（4）掌握查找资料、引用资料的基本方法，分清原始资料与间接资料的主要差别；学会注明所援引资料的出处。

“课标”关于综合性学习在不同的学段有不同的要求。其中在教学实施方面提出了以下建议。

综合性学习主要体现为语文知识的综合运用、听说读写能力的整体发展、语文课程与其他课程的沟通、书本学习与生活实践的紧密结合。

综合性学习应贴近现实生活。联系生活中的实际问题开展学习活动,在实现语文学习目标的同时,提高对自然、社会现象与问题的认识,追求积极、健康、和谐的生活方式,增强抵御风险和侵害的意识,增强在与自然、社会和他人互动中的应对能力。

综合性学习应突出学生的自主性,重视学生主动积极的参与精神,主要由学生自行设计和组织活动,特别注重探索和研究的过程,要加强教师在各环节中的指导作用。

综合性学习应强调合作精神,注意培养学生策划、组织、协调和实施的能力。

综合性学习的设计应开放、多元,提倡与其他课程相结合,开展跨领域学习。跨学科学习,也应以提高学生语文素养为目的。积极构建网络环境下的学习平台,拓展学生学习和创造的空间,支持和丰富语文综合性学习。

4. 语文综合性学习中问题意识的培养

创新来源于问题的产生,没有问题也就没有发明创造。综合性学习是以学生的兴趣和直接经验为基础,以与学生生活密切相关的问题为内容,以自主、合作、探究为基本学习方式。它首先要求教师引导学生按自己的兴趣爱好提出学习和生活中的问题。然后让学生以个人或小组为单位,通过课内外阅读和观察、调查,收集资料,并综合运用语文知识和能力来分析、解决问题。可见综合性学习把让学生提出问题作为教学的切入口,极大地重视学生问题意识的培养。

5. 语文综合性学习的活动组织

(1) 细化主题,指导制订计划。

教师在组织综合性学习活动时,活动的主题是很容易确定的。如我们所用的人教版教材中,每册书中每个单元最后都有一项综合性活动的主题编排,总共有 36 个主题。但这些主题的范围大都过大,没有提供细致的、操作性强的过程计划。这个时候如果不去研究学生的认知水平,将主题直接抛给学生,教师不作相应的引导,恐怕学生会茫然四顾,无从下手。如在进行人教版七年级上册第四单元的“探索月球奥秘”综合性学习活动中,尽管教材提供了五种活动方案,但是有些方案的可操作性并不强。有些课题偏大,如第一个方案要求学生搜集关于月球的奥秘、开发月球、月球与人类关系等;有些受限于现实条件,如第三个方案“有条件的可参观天文台或天文馆,向专业人员了解人类观测天体的历史,了解有哪些著名的天文学家及常见的天文观测仪器和天文现象等,并观看关于月球的录像资料”。此时,教师应该将某些主题细化。如将活动方案确定为“丰富多彩的月亮文化”,下设五组主题内容:聊神话传说、话月亮习俗、诵古代诗词、讲成语故事、吟歌谜对联。那么,学生有迹可循,然后据此制订好计划。

（2）指导搜集资料。

要有效开展综合性学习活动，离不开学生们大量搜集资料。学生搜集资料的方式可分为直接获取和间接获取两种。

直接获取的资料是指学生通过实地调查、采访等方式所获得的原始资料。这样可以让学生在观察、采访、聆听的过程中获得自己独特的体验、感悟，是学生最重要的学习资源。如七年级的“感受自然”的综合性学习，其中有一项“我有一个‘朋友’”的活动环节。开展这一主题活动时，一定要让学生回到大自然的怀抱，沉浸在大自然之中，用心观赏大自然的花鸟鱼虫、山川草木，悉心聆听风声松涛、鸟鸣虫啾。而课程实施开放性的这种特点容易造成学生安全方面的问题，而且也容易造成学生开展活动的盲目性。所以教师一定要首先引导学生对活动进行设计，使学生明确活动的目的任务，了解活动的主要程序和注意事项、细节，要确保活动开展的安全、有序、有效。当活动在学生心中留下成功、开心的印象后，其参与活动的兴趣就会给大大地激发出来。

间接获取的资料是指学生通过图书、报刊、上网搜索等方式所获得的间接资料。对于我们的学生来说，他们承担着繁重的学习任务，时间有限。而图书馆中浩如烟海的书籍和网络上强大的网络资源常常让他们摸不着头脑。这时候，教师要调整学生过度兴奋或灰心丧气的心理，指导更细致一点，比如让学生明确自己要搜索的主要内容，指导其使用好书目和索引，提供适当的关键词，提供专业搜索网站等。对于部分家中没有电脑或家中不能上网的学生，要谅解他们。可以跟电脑老师商量，提供机会让学生带着任务去上电脑课或利用课余时间使用学校的电脑上网。这种为学生解决实际困难的举动最容易走进他们的心坎，使得他们喜欢综合性学习活动。

另外，对学生所搜集的资料，教师还要给予实质性的指导，如何去粗取精。仍以人教版九年级上册的“话说千古风流人物”这一综合性学习活动为例，在进行搜集资料的过程中，教师要注意审查学生所搜集的资料。让学生明白“风流人物”指的是三类人物：① 建功立业的人物；② 有功绩而又有文采的人物；③ 有才学而又不拘礼法的人物。注意学生所搜集人物的涵盖面要广，不仅有伟人大家，也可以包括现实生活中在某方面堪称“风流”的平凡人物。如果学生们的搜集中出现某些球星、歌星，教师不应作简单粗暴的否决，而是因势利导，避免学生泛泛地谈论“偶像”“英雄”。

由上观之，在综合性学习活动的前期工作当中，教师的“主导地位”是毋庸置疑的。

（3）指导分工合作。

综合性学习活动重视学生积极的参与精神，提倡学生人人参与，让不同的个体能在综合性活动中更好地发展自己的个性，既展示自己的特长，又在合作和探索中发展自己的学识、胆识。在综合性活动中一般采取的是小组合作的形式。此时，如果教师放任不管，可能就会会让班级中的“弱势群体”孤立，造成组与组之间实力不均而导致活动开展不顺利。所以在布置专题，学生根据自己的兴趣、特点自由报选组别后，教师要综合考虑学生的智力因素和非智力因素，如兴趣、合作、责任心等，然后让每小组尽量由不同个性和不同层次的同学组成。如活泼一点的同学要和胆子小一点、不爱发言的同学在一起，爱发言的带动那些腼腆的、内向的同学，以便在展开活动时发挥各自的特长。每一个小组要求分工明确，确立小组长，保证活动的全员参与。学习的内容和形式尽可能照顾到不同层次学生的需要，这样才有利于调动每个学生的学习积极性。检查标准应该为：人人都参与，人人有事做，人人有收获。如人教版九年级上册的“话说千古风流人物”这一综合性学习活动，一位老师设计了本次活动的四个组成板块：①“数”风流人物，②“说”风流人物，③“评”风流人物，④“写”风流人物。同学们在自由分组选好感兴趣的板块之后，再按照以上的原则进行了适当的调整，尽可能地让成员能够合理搭配。如胆小的同学写风流人物故事，胆子大的汇报时上台来“说”风流人物，并朗诵相关诗文。同时注意安排每个小组中都有一个“领袖级”的人物，这个人物要有一定的感召力，在组员中有一定的威信，这样方便同学们推选出组里的小组长。这个小组长在进行综合性学习时制订计划、开展活动、汇报展示的过程中要能协调组员之间的矛盾，起好带头作用，使每个成员能够各得其位，互相协助，共同发展，使小组合作效果得到最优化。我们认为，如果一个综合性学习活动没有调动到每一位同学的积极参与性，没有让不活泼、比较内向的那一批同学动起来，那它都应该算是失效的。

（4）指导交流展示。

在综合性学习活动的前期取得成果后，一定要组织成果展示交流会。展示交流的形式是多种多样的，常见的有写作评改、办手抄报、小组交流、辩论赛等。这一阶段，无论是个人展示还是小组展示，都是学生“自主”的天下。而这一阶段，教师的“主导地位”不是削弱了，反而更应该加强。教师可从以下两方面充分发挥自己的主导地位。

第一个方面是活跃课堂气氛。在以课堂为载体的综合性学习成果展示的课堂上，学生是否能积极参与，踊跃发言，是决定该活动主题有没有效果的关键。而学生往往由于自信心不足，形成一种自我保护的心态，不好意思发言。这种情况之下，就需要教师想办法尽量调动学生的积极性，以期达到课堂气氛活跃的目的。如在七年级上册第一单元的综合性学习活动“这就是我”的“自我介绍”这一环节。虽然在活动前我已经给时间学生做了充分的准备，但由于同学们刚上初一，相互之间不熟悉，有点害羞，都不敢上台展示自己。为了不让沉默继续下去，我及时读了几段之前在同学们的本子上看到的介绍自己的精彩片断，并且播放了“小燕子”赵薇的一首有自我介绍意味的歌曲《有一个姑娘》。在欢快的音乐声中，同学们激发了讲的兴趣，在小组范围内交流了起来。没一会儿，在老师的邀请下，陆续有几个同学大方地朗读了自我介绍。他们的文字显示出来的幽默、风趣博得了大家的阵阵掌声和笑声。

课堂气氛活跃起来了，同学们都踊跃举手想要发言。他们在初中的第一个综合性学习活动取得了良好的效果，为以后进行综合性学习活动奠定了坚实的基础。从以上这个案例可以看出，正是因为教师突出了自己的主导地位，积极调动了同学的参与性，努力活跃了课堂气氛，否则这堂综合性学习活动课也很难开展下去。

第二个方面是增加展示形式。上面曾经说过，综合性学习活动的展示交流形式是多种多样的。上文所举的例子是利用课堂时间让学生尽情展示。而课堂时间是有限的，不是每一个学生都有机会展示自己，可能许多跃跃欲试的学生因时间关系而抱憾下课。这时候，教师又应该充分发挥自己的主导作用，尽可能地提供多一点让学生展示的舞台。仍以“这就是我”这个专题为例。在课堂的展示交流会结束后，教师可以将学生的习作装订成册，并在习作后面附设一栏“别人眼中的我”，然后挂在教室显眼处供大家课间翻阅。请翻阅的同学在附设的一栏写上对作者的印象，以便跟原作相互对应，看看作者是否写出了真实的自己。这样一来，不仅激发了同学练笔的兴趣，而且同学之间的亲密关系也大大增进了。又或者可以让有兴趣的学生画出自己或他人的肖像，贴在教室后面的成果展示栏里，让学生通过图画形式增进对他人的了解。我们相信，只要教师肯花心思，多做准备工作，时刻不忘自己的主导地位，学生参与综合性学习活动的积极性将会最大限度地被激发出来。

叶圣陶先生曾经说过，“教是为了不教”。综合性学习无论对老师或学生来说都是一个全新的话题，在学习中要充分发挥师生双方的主动性和创造性，教师要为学生创设自主学习的情景，努力体现学生学习的自主性。在综合性学习活动中发挥教师的主导地位，并不是说就忽略了学生的主体性地位，反而是尊重学生主体地位的表现。教师的主导，是为了激发学生的学习积极性，帮助他们在自主探索和合作交流的过程中真正理解和掌握基本的知识与技能、思想和方法，获得广泛的活动经验。只有让学生学会了自己学习，才能真正实现“不同的人得到不同的发展”这一教育目的。

(5) 评价反思。

要提高学生语文综合性学习的有效性，教师努力在组织、指导上狠下功夫的同时，还应构建一种有利于促进学生语文综合性学习的评价机制。这是确保综合性学习顺利开展的保证。

语文综合性学习评价实施应注意的几个问题。

第一，注重学习过程评价。综合性学习强调的是过程，并非仅仅是结果。所以语文综合性学习的评价，关键要注重过程的考查，重点考查学生参与的程度，具体获得了什么样的体验和经验，以及提出问题、解决问题的能力。鉴于以上认识，过程评价可以采取形成性评价(即档案评价)的做法。教师在学习活动之前让每个学生备好一只袋子，将本次学习活动的计划、提纲、笔记、体会、搜集到的各种资料等，都收入其中，并进行归类整理。完成后首先在小组内合作交流，然后交给老师查阅。这一过程主要考查学生参与学习活动的情感与态度、方法与能力。具体操作上可以采用量化评分的办法，评价办法可以在小组评定的基础上，最后由教师核定。在过程评价中，对学生不能责备求全，不希望每次学习活动都要进行全方位、多角度的能力提高。只要学生在某一个环节上大胆、积极、主动地参与了，进行了合作、探究，就可以记满分。学生哪怕有一点点好的表现，有一点点成效，就给予充分的肯定，给予满意的评价。

第二，开展多种形式的评价。综合性学习的评价应着重考察学生的探究精神和创新意识，尊重和保护学生自主合作、大胆探究的积极性。因此，语文综合性学习除了教师的评价之外，更多的是要让学生开展自我评价和小组互评。因为每一次活动的评价主体是学生，评价的对象也是学生，教师应放手让学生自我评价，思考自己在整个活动过程中的表现，谈认识，谈体会，谈收获，同时能够明白在活动过程中自己有哪些不足，然后提出今后努力的方向。在学生自我评价的基础上，还应进行小组互评，根据合作小组各个同学的表现、交流的成果情况，评出本次学习活动的优秀者。教师把每次活动每个小组的优秀者及时通报给全班同学，把他们的成果及时展示出来。这样做，不仅鼓励了一些综合性学习中的优秀者，还激励了一些后进生。

语文综合性学习的教学实践，让我们深刻地认识到，教师一定要鼓励学生运用多种方法要从不同角度进行多样化的评价，力求使评价成为激发学生参与活动积极性的手段，同时成为学生认识自我、认识他人的重要过程。

第三，展示交流学习成果。综合性学习重在过程评价，强调的是学生会学，而不一定要学会。但这并不是说可以完全排除学生学习活动的成果，相反，教师要千方百计让学生感受并体验收获的乐趣。所以，我们在重视过程评价的同时，也要重视终结性的评价，做到过程性评价和终结性评价相结合。综合性学习中终结性评价主要指某次活动结束进行汇报交流中的口语交际能力和书面写作能力。为了便于考查，我们仍然可以采用量化记分的办法。口语交际一般由合作小组评定，教师应为学生创造参与口语交际活动的情境，提出学生承担的交际任务的要求，让学生根据个人实际，轻松、愉快地进行口语交际实践。特别要关心、关注那些后进生的口语交际，以鼓励为主，要从学生实际出发提出要求。书面写作主要由教师打分，学生作文只要是根据活动专题要求写的，写的是实实在在的事，抒发的是真实的情感，都可以给高分。如果在此基础上能有创意地表达，还可以给奖励分。另外，教师也有责任启发、指导学生修改自己的习作。对学生活动中其他成果，如手抄报、图画等，教师则可给予定性评价。

第四上好评价课。语文综合性学习通常都应提前一周或两周布置，让学生活动有一定的时间保证，以便完成学习任务。语文综合性学习的课时数一般是 3～5 课时，教师可以从实际需要考虑。但每次语文综合性学习除了学生自主搜集、整理资料上好口语交际课、写作课外，教师还必须安排好评价课。这种评价课是对一次学习活动的综合评价，是一次全面的总结。因此，这种评价课在语文综合性学习中其作用是十分明显的。实践证明，语文综合性学习评价课，不仅是对一次学习活动的比较全面、客观的评价，更是对所要探究问题的延伸和扩展。它是语文综合性学习中十分重要的一环，教师应当精心备好课，努力上好课。当然这种总结与评价，可以由教师讲，更多的则可以由学生讲，让学生参与评价。教师组织这种评价课，可以从三个维度进行：一是评价学生在活动中表现出来的情感态度，二是评价学生参与的过程，三是评价学生学习活动的效果与成果。突出表现的应予以充分肯定，存在的问题也应实事求是，但仍应以鼓励为主。

总之，语文综合性学习作为新课程的主要教学内容，必须采取新的评价措施。只要教师坚持全程评价、正面评价、主体评价和多样评价，就能有效地引导和规范语文综合性学习，从而达到全面提升学生语文素养的目标。

二、综合性学习的实施策略

语文综合性学习虽然是以学生的自主学习和亲身体验为主要活动方式，但这并不排除教师的指导。相反，教师及时、适度地组织指导是综合性学习取得较好效果的重要保证。

教师在具体的实施过程中需要注意以下几个方面。

1. 注意活动的开放性

学习活动的开放性是保证学生主体能够自主活动的一个重要条件。教师在组织、指导学生学习活动时要从以下五个方面注意活动的开放性。

（1）内容的开放。

内容的开放，是指教师一要保证活动内容的丰富多样性，二要保证活动内容的可供选择性。因为只有具备这两点的活动内容才能满足处在不同发展水平、具有不同兴趣、爱好的学生的多方面需要，才能促使他们通过对活动内容的自主选择、积极参与，获得各得其所的相应发展，才能实现真正意义上的面向全体。

（2）过程的开放。

语文综合性学习是培养学生语文实践能力的最有效的途径。这就要求活动的过程应是开放的，即动态的、变化的。学生的活动表现、活动需求应是调整活动进程的基本依据。在实践的过程中，它要求学生不仅要认真阅读课内外书籍，还要求学生通过观察、调查、访问等实践活动亲身去体验语文、学习语文，提高学生运用语文知识解决实际问题的能力。在实践的方式上，学生可以根据自身实际和学习内容自主选择灵活多样的学习方式，可以是自主探究，也可以是合作交流。在实践的手段上，可以让学生借助现代信息技术走进网络虚拟世界，也可以让学生走进现实世界考查、调查、访问，还可以引导学生通过讨论、交流，走进人们的心灵世界和情感世界。在具体的主题实践中，实践的方式和手段都是体现在实践的过程之中的。而活动的过程开放与否，是综合性学习是否取得成功的关键。

（3）空间的开放。

空间的开放是指要把以往固定的空间如教室，变为弹性的空间如图书馆、植物园、社区等。活动的场所要根据活动内容的需要确定，即便确定在室内，也可以根据活动的特点，打破单一的“秧田式”座位，进行多种形式的座位组合。

（4）结果的开放。

结果的开放包括两个方面：一是活动结果的表现形式要具有多样性。学生可根据自己的实际情况，采用不同的表现形式，如调查报告、实物说明、诗歌、小品表演等。初中课本中《皇帝的新装》《蚊子与狮子》《爸爸的花儿落了》《羚羊木雕》等课文，如能采用课本剧的形式让学生积极参与，进行创造性的表演，比教师干巴巴的讲解效果更好。二是活动得出的结论要具有多样性，既可以得出统一认识，也可以保留多种意见；既可以形成完整结论，也可以留有一块“空白”，为学生日后的学习与进取敞开方便之门。

（5）师生关系的开放。

师生关系的开放表现在两个方面，一是在人格上师生之间建立一种相互尊重、民主平等、情感和谐的人际关系；二是在角色扮演上形成良好的转换机制，教师可以是传道者、真理的代言人，也可以是学习者、意见的倾听者；可以是长辈、导师，也可以是兄长、朋友。向何种角色转换，何时转换，则视活动的具体需要而定。

2. 注意活动的阶段性

学生的活动具有鲜明的阶段性特征，这是因为学生身心发展的年龄特征制约着学生活动的内容、活动的形式、活动的质量。教师要依据学生身心发展的规律，科学地制定活动的主题，确定活动内容，分阶段提高学生的综合能力。这主要体现在以下两个方面。

（1）内容选择的阶段性。

“课标”在不同的年龄段所制定的综合性学习的内容是不同的。教师必须依据“课标”，依据学生的年龄阶段选择内容。

（2）活动形式的阶段性。

不同年龄学生的智力、心理发育是不同的，活动的形式也应是不同的。教师在进行活动设计时，必须依照学生的心理发展规律，设计出符合学生年龄阶段特点的活动形式。以“社会实践活动”为例，低、中年级的学生宜侧重于对社会某一地方各种设施的了解，因此活动形式可以是教师带领下的参观，汇报展示的形式以语言描述、图画展示为主；而高年级活动的重点应放在理解和思考社会某一地方的设施建设与人们生活之间的关系上，活动形式则以小组合作活动为主，考查的结果可以用报告、图片、模型或统计数据等形式来表现。

3. 注意活动的综合性

语文综合性学习顾名思义最要体现的是综合性。教师在组织活动过程中，可以从以下三方面注意活动的综合性。

(1) 第一，知识的综合性。

语文综合性学习是“以语文学科为依托，以某种程度的学科的学习作为基本条件，强调学科之间的联系”的。

(2) 第二，教育功能的综合性。

学科课程由于内容的系统、连贯，使得学科课程的教育功能比较单一。而语文综合性学习活动由于其内容、方式的综合，必然导致教育的功能也是综合的。因此教师在设计活动时要从情感态度和价值观、过程与方法、知识与技能三个维度综合考虑，体现教育功能的综合。如活动课“漫游语文世界”就是要达到这样的目的：其一，学生通过积极参与语文活动，激发学习兴趣，树立自信心，提高认识能力、审美情趣，培养合作、竞争以及创新、实践能力，全面提高学生语文素养。其二，教师通过组织、指导语文活动，创造性地实施教学过程，培养创新能力，充分利用社会生活这一丰富的教育资源开拓教学思路，构建“大语文教学观”，在语文与生活的交融中，展现语文课堂的精彩与魅力。

(3) 第三，考查评价的综合性。

教育功能的综合性决定使考查和评价学生也要体现综合性。教师不要将活动结果作为评判学生的唯一标准，或是将统一或固定的答案抛售给学生，而应从学生参加活动时的态度、情感以及参加活动时的能力等诸多方面对学生进行综合评价。

4. 注意活动的实践性

语文综合性学习强调的是学生的亲身经历、直接体验。因此实践性是语文综合性学习的一大特点。教师在设计活动时要注意以下三方面。

(1) 第一，突出活动的可操作性。

活动的可操作性主要体现在两方面：一是活动的设计要适合学生的年龄特征，利于学生的实际动手操作；二是活动的设计要符合当地的实际情况，便于操作。

(2) 第二，保证时间的充足性。

时间的充足性主要体现在三个方面：一是要保证学生有足够的“体验”“探究”的时间；二是要保证学生有足够的小组讨论、交流的时间；三是要保证学生有足够的汇报、展示、交流的时间。

(3) 第三，突出过程的完整性。

要保证过程的完事性，需要教师转变观念、转换角色，由学生学习活动的“主宰者”“控制者”变为学生学习、实践活动的“指导者”“参与者”，要敢于“放手”，还学生一片自由的天地。凡是学生可以做到的事情，教师决不越俎代庖，教师要让学生经历一个完整的自主实践的过程。综合性学习是学生实践语文、应用语文的过程，因而教师完全可以放手让学生在课下采用小组形式进行，放手让学生自己去体验、去感受、去讨论、去探询、去表现……在此过程中，学生丰富了经历，提高了素养。

三、综合性学习的实施要领

综合性学习必须涵盖知识与能力、过程与方法、情感态度和价值观三个维度，不可偏废。而且，综合性学习是教师与学生合作开发与实施的。教师和学生既是活动方案的开发者，又是活动方案的实施者。在具体实施中，还可以注意以下几个要领。

1. 需要处理好的几个关系

（1）正确处理好学生的自主选择、主动实践与教师的有效指导之间的关系。

倡导学生对课题的自主选择和主动实践是实施综合实践活动的关键。首先，学生要形成问题意识，善于从日常生活中发现自己感兴趣的问题。其次，要善于选择自己感兴趣的课题。再次，在课题的展开阶段，可以采取多种多样的组织方式，主要包括：个人独立探究的方式、小组合作探究的方式、班级合作探究的方式、跨班级与跨年级合作探究的方式、跨学校合作探究的方式、跨地区合作探究的方式等。第四，在课题的探究过程中要遵循“亲历实践、深度探究”的原则，倡导亲身体验的学习方法，引导学生对自己感兴趣的课题进行持续、深入的探究，防止浅尝辄止。

教师要对学生的活动进行有效的指导。教师既不能“教”综合实践活动，也不能推卸指导的责任、放任学生，而应把自己的有效指导与鼓励学生自主选择、主动实践有机结合起来。综合实践活动的指导在根本上是创设学生发现问题的情境，引导学生从问题情境中选择适合自己的探究课题，帮助学生找到适合自己的学习方式和探究方式。在指导方法上，综合实践活动倡导团体指导与协同教学。应通过有效的方式将所有教师的智慧集中起来，对综合实践活动进行协同指导。

（2）恰当处理好学校对综合实践活动的统筹规划与活动具体展开过程中的生成性目标、生成性主题之间的关系。

综合实践活动要集中体现学校的特色，学校应对综合实践活动进行统筹规划。建议每一所学校根据本校和本校所在社区的特色推出三类相互衔接的计划，即“学校综合实践活动校本计划”“年级综合实践活动计划”以及“班级综合实践活动计划”。

随着活动过程的展开，学生在与教育情境的交互作用过程中会产生出新的目标、新的问题、新的价值观和新的对结果的设计。有效实施综合实践活动要求教师首先要认识到这些生成性目标与生成性主题产生的必然性，肯定其存在价值，并加以运用，从而将活动引向新的领域。各学校对综合实践活动的统筹规划不能限制其生成性，而应当使其生成性发挥得更具方向感和更富有实效。

(3) 处理好课时集中使用与分散使用之间的关系。

综合实践活动要求的课时安排应是弹性课时制，即将每周 2 课时的综合实践活动时间根据需要灵活安排，做到集中使用与分散使用相结合。例如，可以将每周的时间集中在一个单位时间使用，也可将几周的时间集中在一天使用，亦可根据需要将综合实践活动时间与某学科打通使用等。

(4) 处理好校内课程与校外课程的关系。

综合实践活动要打破学校、教室的框束，把正规教育与非正规教育融合起来，积极鼓励学校和学生利用双休日、节假日等开展综合实践活动，把校内课程与校外课程有机整合起来。

总之，语文综合性学习作为一种全新的课型，它在教学理念、教学方式、评价方式等诸多方面为我国的语文教育乃至整个基础教育开辟了一个新的教学领域，为学生个性化的全面发展创设了一个良好的环境空间，有待于我们继续探索。

2. 在活动中还需要注意的问题

(1) 面向全体学生，关注个别差异。

综合性学习倡导的是自主、合作、探究的学习方式，它是面向全体学生提出的，而不是只针对部分优秀学生。因此，教师在综合性学习中应有意识地为每一个学生提供参与探究活动的机会，尤其是要给弱势群体以特别的关照和积极的鼓励，使每一个学生都能分享到探索的艰辛和成功的喜悦。当然，对于某些有特殊困难的学生和有特殊才能的学生，应考虑在适当的时机给予他们恰当的学习任务。

(2) 充分利用综合性学习提供的弹性空间。

综合性学习在内容上的安排有较大的伸缩余地。为了满足不同地区、不同学校、不同学生的需要，每个综合性学习都设计了若干活动，有的可以根据个人需要任选其一，有的可以根据学生水平稍作删减。教师应充分利用教材中提供的弹性空间，对综合性学习进行二次创造，以利于最大限度地全面提高学生的语文素养。

(3) 以充足的时间作为保证。

这里的时间不是指课内的时间，而是指课外的学生用于查找资料、相互讨论、总结反思的时间。这是由综合性学习的目标决定的，因为它的最终指向不是某种知识的达成度，也不应该是短期的显性目标，而是活动的实施过程，是长远的隐性目标。所以，要使综合性学习达成好的效果，就应该在过程中下大功夫，让学生有充裕的课余时间反复阅读、思考、讨论，落实每个环节。这就需要教师在每个学期开始对该阶段的综合性学习有一个整体考虑，从实践上提出整体安排，避免仓促上马、草草了事的现象。

（4）时刻把握语文学科的基础知识和基本能力。

综合性学习有许多跨学科的内容，如“世界何时铸剑为犁”涉及历史知识，“黄河，母亲河”涉及地理常识，“莲文化的魅力”涉及植物学知识等。这些其他学科知识介入的根本目的是拓宽语文学习和运用的领域，使学生在不同内容和不同方法的交叉中开阔视野，初步获得现代社会所需要的语文实践能力。所以教师在综合性学习的指导过程中，应时刻把握语文学科的基础知识和基本能力，以培养学生的听说读写综合能力为重点，而不能舍本逐末、越俎代庖，强求其他学科知识的准确性和完整性。语文综合性学习把语文课上成地理课、物理课、生物课都是不可取的，它必须姓“语”。

案例

【例 3-9】

探索月球奥秘

活动课目标的制定：

《探索月球奥秘》是人教版七年级上册第四单元的综合性学习。这一活动和本单元的阅读课文《月亮上的足迹》关系紧密，在内容上是阅读课文《月亮上的足迹》的延伸。在形式上，探索月球奥秘这一母课题下有四个子课题，它们分别是：月球奥秘知多少；观察月亮运行情况，参观天文台或天文馆；丰富多彩的月亮文化，我是月亮小专家；月亮照着你，月亮照着我。每一个子课题下还可以分化出更多更小的子话题。因此如何引导学生质疑问难，从小处入手，培养学生的探究意识自然成了本次综合性学习的重点。在前三次综合性学习的锻炼下，收集资料处理资料对于学生来讲应该不会是件很难的事情，考虑到这点，我打算让学生把自己在活动中搜寻到的资料做成网页，这样，既掌握了语文知识，又学到了制作网页的技能，可谓是一举两得。在这样的思想指导下，我确定了以下教学目标。

（1）引导学生质疑问难，培养学生的探究意识。

（2）了解月球的自然现象和人文现象，培养学生的科学精神和探索未知世界的兴趣。

（3）提高学生搜集筛选信息的能力并把收集到的资料制作成网页。

活动实施过程：

1. 引导阶段

（1）教学目标。

①引导学生自主发现问题，形成问题意识，自主寻找解决问题的方法；

②通过自由组合的方式，在合作中完成探究计划的制定。

（2）教学案例。

①播放人类登月的壮举，创设情境，导入学习。

月球对于我们人类来讲是如此熟悉但同时却又显得陌生。虽说现在月球对于我们人类来讲已不再是可望而不可即的一个地方，随着人类第一次登月的成功，人们加紧了对这个神秘星球探索的步伐，但她仍然蒙盖着一层神秘的面纱。面对它时，你最想了解的是关于她的哪些方面的问题呢？

②学生自主提问，教师引导。

生1：月亮是否真的能代表我的心？

师：你是怎样想到这个问题的？

生1：邓丽君的一首歌《月亮代表我的心》。

师：哦，从有关月亮的歌中产生这样的疑问，不错！

生2：月亮是否真的能见证爱情？

师：你为什么这么问？

生2：现代人常用“月亮代表我的心”这句歌词表达自己对爱情的坚贞，但现代人的爱情却显得不稳定；而古人也常借月抒情，抒发自己与佳人离别时的相思之苦，越是夜深人静，月色皎洁的时候这种思恋越深，情感越浓。这在许多古代诗歌中都有所表现。

师：你们能联系月的诗歌通过比较的方式提出疑问，比较独到。

生3：人类有没有机会搬到月球上呢？

师：在地球上住得好好的，为什么想搬到月球上去呢？

生3：地球上的人太多，资源又有限，如果人能搬到月球上，这个问题不就解决了吗？

师：那人类要怎样才能住到月球上去呢？

生3：首先要有交通工具，像飞船、火箭，等等。

师：这个条件具备了么？

生3：具备了。

师：那人类不就可以搬到月球上了？

生4：还不行。月球上还要具备人类赖以生存的资源，如氧气、水，等等。

师：这些条件现在具备吗？

生4：现在还不完全具备，人类正在加紧探索。

师：有梦想就有希望，是吗？

生5：月球什么时候毁灭？

师：我们对月球的科学认识还刚刚开始，怎么就想到它的毁灭呢？

生5：任何事物都有产生，发展和消亡的过程，月亮也不例外。了解这一点，也可以明确我们搬到月球上去有没有意义。

师：你能运用规律性的东西来指导奋斗目标，可以避免徒劳。很好！

生6：月球上面是不是有棵大榕树，榕树下是不是有只兔子在捣药？

师：这个问题现在能回答吗？

生7：能。月球上面没有榕树，也没有兔子在捣药，这只是关于月亮的传说。

师：传说很美丽，也很迷人。关于月亮的传说还有哪些？

生8：嫦娥奔月，吴刚伐桂……

师：关于月亮，同学们还有什么问题？

生9：月亮是怎么形成的？

生10：月亮有没有开发的价值？

生11：月亮上有没有外星人？

生12：月亮上的石头与地球上的石头有什么区别？

生13：月球上是否有四季之分？

生14：最想知道月球内部到底是怎样的？

…………

师：刚才同学们提出的问题很多，谁能把这些问题归归类？

③ 学生自主寻找解决问题的方法。

师：刚才同学们提了很多自己感兴趣的问题，这些问题能解决吗？怎么解决？

生1：上网查找。

生2：向父母或老师询问。

生3：上图书馆阅读相关的书。

生4：看电视。

…………

师：在这么多方法中，你们认为哪种方法最快捷？

生1：上网。

师：怎样上网查找自己所需要的资料？请自行或合作设计一套上网查找资料的方案。

（生设计后进行交流。）

师：网上的资料很多，怎样才能找到最有用的资料？

生2：比较，筛选。

④ 教师温馨提醒：

a. 把找到的东西用打印机输出来；

b. 把你找到的网页收藏起来；

（把找到的资料存放在一个文件夹里，而且按主题分类存放，这样才能快速地找到它们。）

⑤ 通过自由组合的方式，在合作中完成探究学习目标的确立。

学生根据个人的兴趣爱好，自由组合，自主确定探究学习的目标，自主推荐活动展示课的组织者、设计者。

2. 分工合作阶段

与计算机老师进行合作，传授网页制作知识，制作一个网站。

（1）要求：

① 主题：小组所选择的关于月球奥秘的主题。

② 内容丰富，能够解决你要研究的问题。

③ 必须先建立站点，再制作网页。

④ 所有文件及文件夹的名字必须是字母或数字，不许用中文。

⑤ 所有图片文件必须保存在“images”文件夹内。

⑥ 至少做三页。其中一页为首页，名为“index. htm”。

⑦ 首页上应有图片和其他页面的超级链接。

⑧ 网站内链接正确，图片能够正常显示。

⑨ 请将你的网页文件夹保存到“dt1teacher”计算机上“＊＊班作业区”内。文件夹的名字为你的真实姓名（汉字的）。

⑩ 完成作业的同学可帮助组内其他的同学（只可指导，不可替做），也可以准备小组的网页（首页或小组成员介绍）。

(2) 制作网页常见的问题及原因。

① 图片在预览时显示不出来。

可能的原因：

A. 没有建立站点。

B. 插入图片前没有把图片拷贝到本网站的“images”文件夹内，导致图片文件位置错误。

C. 图片文件名不符合要求。文件名不能包含中文或特殊字符、全角的数字。

② 超级链接失败。

可能的原因：

A. 没有建立站点。

B. 文件名不符合要求。文件名不能包含中文或特殊字符、全角的数字。

3. 活动交流展示：擂台赛

(1) 活动课导入。

(2) 活动概况介绍。(如：活动目的、程序安排及参赛代表队介绍。)

(3) 活动展示。

① 月球知识必答题。(先宣布必答题规则，然后开始答题。)

② 小品表演《奔月》。

③ 月球知识抢答题。(宣布规则，开始抢答。)

④ 表演相声《月字成语》。

⑤ 月球知识风险题。(宣布规则，开始选题并作答。)

(4) 放音乐动画《超越想象》，学唱歌曲。评委计算成绩。

(5) 公布成绩，进行小结。

星空巡礼，懵懂与新奇之中，我们遨游于星际之中，留下了永恒的回忆，让我们从此迈步宇宙，在深邃的夜空，留下自己的身影。

4. 活动延伸——评价反思

(1) 各小组将本小组所收集的资料综合在一起，以手抄报的形式在班级阵地展出。

(2) 布置班级阵地，把写作中的优秀成果展示出来，供大家课余时间欣赏并加深印象。

(3) 将活动课中拍摄下的精彩瞬间配上生动活泼的解说词展示出来，让同学们看看自己的风采。

(4) 小结反思。

评析：

美国教育家尼尔普斯特曼说："学生进入学校时像个问号，而离开学校时像个句号。"这样的教育，无疑泯灭了学生的个性，淹没了学生的才情。"学起于思，思源于疑。"疑是点燃学生思维的火种。善于发现问题，提出问题，是一切创造性活动的基础。"课标"倡导下的语文教学应围绕学生的问题展开。在《探索月球奥秘》第一课时的教学中，作者正是围绕学生的问题展开的。他首先制定了"引导学生自主发现问题，自主寻找解决问题的方法"的教学目标，首先用"你最想了解的是关于月球的哪些方面的问题"，启发学生发现问题，提出问题。在交流过程中用激励性的语言诱导他们质疑问难，同时对学生提出的问题进行梳理，把握要点，在此基础上，让学生自己归纳总结，确定探究的目标。最后引导学生自己寻找解决问题的途径和方法。帮助学生学会质疑问难可以有效地激发学生求知的欲望，发展学生的思维，培养学生探究意识和探索、解决问题的能力，使学生的主体作用得到了充分发挥。

纵观整个综合性学习的指导过程，较好地体现了教师指导学生根据问题制订计划、搜集资料、分工合作、交流展示、评价反思的过程。总之，"综合性学习"是一个全新的领域，它的出现对于教材的编写者和一线的语文教师都是一个挑战，它的成功实践将带来语文学习方式的一场重大变革，它的合理评价将影响到整个语文教育改革的进程。

第七节　生活资源的利用

考纲内容

能够充分利用现实生活中的语文教育资源，优化语文学习环境，努力构建课内外联系、校内外沟通、学科间融合的语文教育体系。开展丰富多彩的语文实践活动，拓宽语文学习的内容、形式与渠道，使学生在广阔的空间里学语文、用语文，丰富知识，提高能力。

考纲解读

本考点考察考生在语文教学过程中，依据不同的教学内容和教学目标，利用有效的生活资源，建立学生的生活体验和文本内容的桥梁，吸引学生进入文本学习的能力。考试方式以选择题和案例分析题为主，选择题考察考生语文生活资源的种类的判定以及对利用生活资源的关键的理解；案例分析题考察考生生活资源在教学中的有效利用以及相关教学案例合理性的分析。

基本知识

一、新课程下语文生活化的内涵

“生活”有其特定内涵：指作品内的生活、作者的生活、课文成文所依据的生活情理、教师生活阅历和体验、学生生活阅历和体验等。“生活化”的内涵可从两个层面表述：课堂学习层面，教师通过自己的生活体验，依据现实生活情理引导学生结合自己的生活体验走进作者的生活和作品内的生活，进而从作品、作者、读者、现实等维度更深刻地体验感悟作者为什么这样而不那样遣词造句、布局篇、运招用技的理由；课外实践层面，学生在教师的导引下由不自觉到自觉，用眼看“语文”，用口说“语文”，用耳听“语文”，用心感悟“语文”，用手历练“语文”，把读写、听说、积累等语文学习和探究行为生活化，真正养成习惯，成为活生生的、大写的“语文”人。在具体的教学实践中紧扣住三点开展工作：一是着眼生活，向生活开放，引导学生发现蕴含于课文的字里行间的生活情理，而后再回到生活中去反观、验证课文，从生活的高度理解话为什么要这样说，文章为什么要这样写，并且使学生养成这种读文悟门道的习惯；二是创设一种生活化的语文学习环境，使学生养成语文意识，努力做到积累、阅读、写作生活化。三是让学生在这种生活化的语文学习环境中养成良好的学习习惯，学得更自觉、更科学、更实在、更有效，并在学习中不断发展人性，健全人格，健康心理，提升境界，学会学习和做人，打下终身学习和发展的底子。生活离不开语文，语文学习离不开生活。

二、生活资源的种类

语文课程资源非常丰富，这在第二章已详细阐述，这里强调一下几种与语文教学实施密切相关的重要的生活资源。

第一，媒体资源。

电视、广播、手机短信、微信、网络和报刊等媒体的资源可以广泛运用于语文教学之中。

尤其是网络，真可谓是一本“超级百科全书”，方便的搜索功能让查找信息变得简单快捷。课前指导学生搜集学习的相关资料，认识作者，了解文章创作的背景，阅读相关文字来丰富教材内容，课堂链接各种材料，这都能让课堂的拓展环节更具实效。如在教学《观潮》一课时，教师将海宁潮的录像播放给孩子们看，那气势磅礴的景象能带给学生深深的震撼，让他们身临其境，感受潮水的迅猛之势，潮形的变化多端，大自然的无穷力量。看着潮水，读着《观潮》，学生原有的生活体验被唤醒，将感悟融入朗读中，这样的语文教学，生动直观，让学生记忆深刻。

第二，环境资源。

生活的每一个角落都有语文的存在。不管逛街还是去周游世界，过程之中必将会有语文的存在，只要你注意你的身边的每时每刻之事；留心你身边的每一个细节，那么，你将获得大量的学语文的机会。

在学校除了课堂这个天地之外，学生还会参加各种劳动，各种文娱活动，各种比赛，各种校内或校外的自由活动，教师可以安排或要求学生做活动前的准备，以及活动之后的总结报告。比如说，活动之前，教师要布置学生，要学生找在生活中的相关材料并将其运用于活动中，尽可能让学生有充足的时间做准备。在活动之后，教师要及时计划好活动的总结工作，让学生好好地回顾自己在这些活动之中有什么感受，给时间让学生好好总结在活动中收获的语文知识。而这些语文知识是学生在课堂上无法学到的。

环境的资源还有很多很多，一棵树、一株草、一片落叶、一粒尘埃都可能成为我们可用的素材，蓝天白云、江河湖海随时都可能在下一篇课文中呈现。让学生做一个生活的有心人，善于观察和发现，乐于积累和探索，渐渐领略生活语文的魅力。

第三，家庭资源。

家长是孩子的第一任老师，也是孩子成长的伙伴。通常情况下，家长可以与孩子同步学习。家长无须识字写字，无须做习题答试卷，但是需要阅读孩子的课本。文字的魅力在于“品”，课堂上有限的交流只为学生的学习作了铺垫。如果家长能在茶余饭后，与孩子一起聊聊课文内容，淡淡自己的体会和感受，将是对孩子语文学习的最好强化。而如果能够时常与孩子谈谈名著，咬文嚼字一番，无疑会把孩子带入更广阔的语文天地，对孩子学习兴趣的影响是无可估量。周晔在《我的伯父鲁迅先生》一文中，就生动描写了作者小时候在晚餐桌前与大人们谈论《水浒传》的情景，由此也可见“品书”在激发阅读兴趣和培养阅读习惯方面发挥重要的作用。除此之外，家庭资源还包括丰富的家庭文化活动，家庭成员之间的影响力，甚至连家具家电和墙壁上的张贴物都或多或少可以成为语文学习的资源。

第四，娱乐资源。

既然谈到生活，就离不开娱乐。小孩子的生活更是如此：游戏、绘画、唱歌、运动、追星……毫无疑问，孩子们认为娱乐才是真正的快乐。那娱乐中有没有可以借用的资源供语文学习所用呢？答案当然是肯定的。如果你是个留意歌词的人，就会发现许多表现亲情或者励志的歌曲实际上很有文学欣赏价值。而在学习古诗《渡荆门送别》《钱塘湖春行》之后，请学生用绘画的形式来表现对诗句的理解，形象直观地展现诗歌意境，也能使学生感受更真切。

三、生活资源在教学中的有效利用

美国教育家华特说过：“语文的外延与生活的外延是相等的。”我国著名教育家陶行知先生早在20世纪30年代便提出了“生活教育”的理论。他说：“中国的教育太重书本，和生活没有联系。教育不通过生活是没有用的。需要生活的教育，用生活来教育，为生活而教育。”“生活教育是生活所原有，生活所自营，生活所必需的教育。教育的根本意义是生活之变化。生活无时不变，即生活无时不含有教育的意义。”的确，语文源于生活，用于生活，发展、完善于生活，教师可凭借语文与生活的密切联系，运用陶行知“生活教育”理论实施生活化教学，开发学生听、说、读、写的能力，让他们在生活中学习，在学习中更好地生活，发展学生的多元智能，培养学生的生活能力，陶冶学生的生活情操。这样的教学将学习活动介于学生的生命活动、心灵活动之中，可达到真正的在内部动力驱动下的主动学习。

1. 教学生活化

（1）创设情境，在生活中观察。

我们要从大千世界中寻觅、捕捉现实背景，创设生活情境，让学生在“回忆生活”或“模拟生活”中自然而然地学习语文。许多课文的内容是学生常见和比较熟悉的生活现象，但往往又是他们熟视无睹或不知其然的，教学时我们应该指导学生去留心观察，通过观察去认识生活，扩大视野，加深对课文知识的认识和理解，强化语言文字的训练，从而提高学生的观察和理解能力。

对此，我们教师应当具备一双慧眼，寻找生活与语文教学的结合点，让生活成为学生学习的教材。例如在教学《第一次真好》一文时，就可以布置学生回去尝试一下第一次做某事，然后把自己的感受写下来。如第一次洗碗、第一次炒菜、第一次整理房间，等等，让学生在生活中感受“第一次真好”。在教学《散步》这篇课文时，事先让学生回家和家人散步，然后说说你和家人散步的感受是怎么样的，在学课文的时候，就能联系实际，深刻理解课文的主题。在教学《绿色蝈蝈》这篇课文时，可以让学生尝试养几只蝈蝈，每天进行观察，并且鼓励学生写观察日记，把观察到的蝈蝈的情况记录下来，一周后交流观察的心得，然后再来学习这篇课文，看看作者和自己观察到的有哪些异同，让学生对蝈蝈有更深入的了解。同时模仿作者的写作方法，再观察另一种你熟悉的昆虫，并写成一篇文章，在班级中交流。

教学时，教师还可以组织学生去查阅相关资料，或开展调查访问活动，加深对课文中那段生活的理解。例如教学《在大海中永生》一文，因邓小平逝世时学生们还小，对当时情况知之甚少，很难理解和体会到课文情感。为了拉近学生与课文的距离，在教学前，可以让学生利用各种渠道搜集一些关于邓小平的信息。根据自己的喜好自动分组，然后把劳动成果呈现出来。在收集信息的基础上，学习课文内容，不仅使学生了解了伟人事迹，体会人们失去一位伟人的悲痛，从而缅怀伟人的丰功伟绩，而且充实了学生的生活，拓展了他们的学习空间，增加了语文实践的机会。

像这样，让学生通过观察来认识生活，进一步理解课文内容，是封闭的课堂教学无法比拟的。因此，教师要以学生的眼光看世界，为学生创设生动的生活情景，让学生在不知不觉、轻松愉悦中，在自然放松的状态下，调动所有的感官去注意，去观察，使他们在学习中感悟生活，在生活中理解语文。

(2) 引导实践，在生活中体验。

“要想知道梨子的滋味应该去亲自尝一尝。”同样，对课文的体验也是如此。陶行知先生极其重视让学生参加社会实践，他提出“行是知之始，知是行之成”的口号并将“知行”之名改为“行知”，可见其态度之坚决，立场之鲜明。同样，“课标”在表述课程新理念时，“体验”一词用得最多，这足以表明让学生在实践中体验，在体验中学习是新课程改革的一个亮点。

因此，我们应对教材内容加以充分挖掘，尽可能地让学生动起来，做起来，在实践的体验中学习。例如在教学《漫游语文世界》综合性学习时，可以带领学生上街找错别字或生动有趣的店名、广告牌……把搜集到的材料分门别类整理成小册子。在教学《感受自然》时，带领学生走进大自然，亲近大自然，感受、体验大自然，并把自己对自然的独特感受用优美的语言写下来。通过一系列的活动，学生的观察能力、创造能力和表达能力都能得到提高。

如《金蝉脱壳》一文，描写了作者观察蝉脱壳的情景。教学时，如果教师仅限于从语言文字中引导学生去感悟，学生可能浮于表面，感受不深。为此，在学习完课文内容之后老师可以安排学生进行观察了解，并写好观察记录。学生的感受就会和作者的感受很好地交融在一起，对作品的感悟也会像品茶那样，愈品愈香，愈品愈回味无穷。

(3) 再现原型，在生活中感悟。

每一篇课文都是以语言文字为载体来记录一定的生活信息的，学生学习语文时会在头脑中把语言文字还原成为客观事物。有的课文距我们现在学生的生活较远，学生的认识就不会生动、真切、深刻，因而给学习带来一定的困难。教学时应借助于情境的创设再现课文所描绘的生活画面，使学生身临其境，激起学习兴趣，更好地理解课文内容。例如把课文的故事情节编排成课本剧，让学生通过表演的形式来再现生活情景，则可以把语言文字直接变成活生生的生活形象展现在学生面前，从而使学生加深对课文的感悟。

如在教《皇帝的新装》时，让学生扮演不同的角色参与表演，学生通过对皇帝、大臣、骗子的神态、语言的表演，不仅加深了对课文的理解，而且创设了情境，活跃了课堂气氛，让学生有身临其境的感觉，并能使他们更直接地联系自己的生活感受加以发挥，激活创新意识。

在学习《林冲棒打洪教头》一文时，为了让学生深入了解林冲、洪教头的不同表现，加深对人物品质的理解并从中受到启发，可为学生提供一个展示才能的舞台：根据自己对人物不同心理的把握，选择自己喜欢的方式进行学习。在精心剪辑的画面面前，学生们可通过声情并茂的朗读，精彩形象的表演，富有创造性的采访，将两个鲜明的艺术形象活灵活现地再现出来，跨越时代的鸿沟，感悟林冲的有勇有谋、礼貌谦让，和洪教头的骄傲自大、粗俗无理。

2. 作业生活化

作业除了有巩固课内知识、技能的功能外，还应发挥桥梁作用，引导学生走出学校，走向社会，走进生活，发展语文能力，培养生活才干。生活化作业可以做以下几种形式的尝试：

（1）查证型：在中秋节来临之际，让学生去了解中秋节的来历、文化，及风俗习惯。对关于中秋节的诗词进行赏析。

（2）活动型：对于有些综合性学习如《漫游语文世界》，让学生上街寻找语文知识，感受生活中处处有语文。

（3）创作型：学习了《竹影》后，让学生也画一幅竹影；学习了《皇帝的新装》后，让学生也试着创作一个童话。

（4）鉴赏型：根据教师提供的欣赏资料及背景线索进行鉴赏活动。学习了《香菱学诗》后，鼓励学生看电视剧《红楼梦》；学了《春》《济南的冬天》后，让学生收集与课文有关的图片进行欣赏。

3. 活动面向社会、走向生活

生活是教育的海洋。陶行知先生认为："到处是生活即到处是教育，整个社会是生活的场所，即教育之场所。"语文教学要立足课堂，又要扩展时空，延伸触角，向学生生活的各个领域拓展，让学生综合地学习语文，运用语文。

（1）挖掘教育资源。

校外的教育资源丰富多彩，一类是自然风光、文物古迹、风俗民情，如鹅鼻嘴公园、黄山湖、刘天华故居、文庙……无一不蕴藏着趣味、知识，为学生创造了广阔的学习空间。二类是现代化设施，如图书馆、博物馆、科技馆等。三类是现实社会生活，生活中处处有语文，也处处要用到语文。

（2）拓展语文活动。

“生活空间有多大，语文学习的空间就有多大。”让学生检验社会生活，与社会生活互动，如为商店设计广告词，帮不识字的老年人写信，动手做贺卡并设计祝福语……在学习做人中学习语文，并用学到的知识、技能为生活服务，使语文学习之水汇入社会生活的海洋。

综上所述，在实施“课标”的今天，我们运用陶行知先生的“生活教育”理论指导语文教学改革实践，将语文教学与学生的生活紧密联系，在生活化的语文教学中拓宽了学生知识面，使学生既掌握了学习的方法，提高了学习质量，又陶冶了情操，启迪了智慧，真正达到了“生活教育”理论指导下的语文教学成为学生个性展示和语文素养提高的舞台。

四、利用生活资源的关键

1. 转变观念，倡导开放式教学、学习方式

“课标”的指导思想及教材编排体系，兼顾了知识和能力、过程和方法、情感态度和价值观三个方面，强调采用自主、合作、探究的学习方式。教材本身已不是不可改变的“金科玉律”，而只能被看作是为教师的教学构建的一个能够充分发挥的平台，教师可以也应当根据不同教学对象、教学环境等情况做出灵活处理，或删减或充实，发挥延伸的空间很广阔；同时“课标”大力提倡开展语文课外活动，这有助于使语文学习从课内向课外延伸，形成课内外结合的开放的、富有活力和弹性的语文课程体系，自然它也使教师的知识和能力受到前所未有的挑战。这就要求教师应当改变过去老师讲学生听的“满堂灌”的教学方式，重视设计问题，设置情境，注意引导调动学生个体的生活体验、鼓励学生在生活中学语文、用语文，在学习过程中善于利用各种手段就感兴趣的问题深入研究，学会分工、合作，能体验与人合作的快乐和成功的喜悦，能够根据社会的需要不断调节自我、更新发展，达到提高能力的目的。

2. 创设情景，引导学生走近学习资源

在教学中教师可寻找多种外在资源辅助学生学习。如在教《社戏》这篇课文时，鉴于故事发生的年代离学生的实际生活比较远，可以把相关影视作品的片断根据课文的内容播放出来，学生在边学课文的同时边看视频，不知不觉就被老师带进了课文。此外，进行新课文教学时设计课前导入语一定要联系学生的思想、生活实际，一定要在现实生活中发掘生动感人的事件、传记、名言、歌曲等学生喜爱的、颇具时代感的材料来融入设计。例如《爸爸的花儿落了》一文，教学目标要求通过课文学习能体验父母对子女的深爱，增进学生对父母的理解，渗透尊敬父母的教育，而课文内容浅易，语言朴实，学生一看就明白。同时，不少学生又很逆反，与父母之间存在着“代沟”，根本就不肯接受简单、生硬的说教。鉴于此，一定要让学生心动之后再来学习课文。因此可以设计这样的导入：课前播放严维文演唱的《母亲》、刘和刚演唱的《父亲》(同时用幻灯展示歌词)，制造情景，渲染气氛。课后，可以趁热打铁，布置一次关于亲子交流方面的作业，要求学生撰写《给爸爸妈妈的一封信》。

3. 提供学生获取知识信息的渠道

现代科学知识发展变化快，教师在短短的几年内把与教科书相关的所有知识传授给学生是不可能也不必要的，教师应把教学的重心转化为指导学生如何获取自己所需要的知识，掌握获取知识的工具和处理信息的方法。如在教《趵突泉》这课时可以先提供给学生多种获取信息的方法，如为学生提供查找有关济南趵突泉资料的网址或是参考书目，然后让学生组成小组用自己偏好的方法共同学习。由于学生掌握了查找信息的方法，在汇报的过程中，学生所讲的内容可能连老师都没听过，其信息量远远大于学生在课堂上听老师讲课所能获取的知识。

4. 引导学生整理利用信息资源

现代生活信息量如此之大，学生即便取回了大量的信息也不知道如何整理和利用使之切合课堂的需要，教师应引导学生筛选并整理出自己所需的学习资源。如对《只有一个地球》这一课，关于地球资源和环保的信息可谓应有尽有，学生在网上、图书馆、书店都可找到这方面的图片与文字材料。可是如果不加筛选地拿到课堂上，学生就会只是照着资料读，甚至因不识某个字而读错音，对资料的意思也可能不甚理解。面对如此情况，教师应利用小组合作交流或加以引导使其自主做出分析，取出资料的精华，读出自己真正的见解，将知识资源转化为自身的知识。

案例

【例 3-10】

《变脸》课堂实录

观赏—交流信息（播放川剧变脸绝技，导入新课。）

师：同学们，刚刚这段录像给我们展示了中国戏剧中的一门绝技，你们知道是什么吗？

点评：直观的图像服务于文本解读，旨在引起学习兴趣，这是电化教学手段、多媒体辅助教学手段在语文教学中准确的定位。学生原有的生活体验被唤醒，这样的语文教学，生动直观，让学生记忆深刻。

生 1：变脸。

师：很好，你们对变脸有什么了解吗？

生 2：原来央视《笑傲江湖》中的打斗中出现过这种绝技。

生 3：是从四川那里流传开来，在川剧中经常看见。

生 4：刘德华曾经拜师学艺了的。（学生笑。）

师：很好，看来大家平时都很注意在生活中收集相关的语文素材。那么我想多问一句，刘天王后来学成了没有？

生 5：好像没有，据说因为是行业机密，不能外传。（学生大笑。）

师：（微笑）大家说得都很不错。变脸是四川地方剧种川剧表演的绝活，产生于 20 世纪 30 年代，最早用于传统折子戏《归正楼》中一名叫贝容的侠客为了救人方便，变脸数张，从此，这种新奇夸张的表演方式就延续下来。川剧的变脸被称为“国宝”绝活、奇观，一般不外传。所以刘天王至今不能如愿，没有学会变脸。今天呢，我们就要学习有巴蜀鬼才之称的魏明伦先生之经典剧作《变脸》。

点评：从学生感性的一知半解到理性的认识和了解，加入生活的元素，特别是从学生们平时生活中喜欢的偶像明星入手，教学中信息的积累往往依托于这样的过程，从而体现出教学过程中学生知识维度的发展。

略读——概括情节

师：一出戏就跟一部小说一样，也应该有开端、发展、高潮、结局。请大家浏览全文，把全文按照开端、发展、高潮、结局四个部分划出层次，分别概括各个部分的大意。（生阅读浏览，概括大意）

生 1：开端——水上漂从人贩子手中买来了狗娃。

发展——水上漂想传变脸绝技给狗娃，以帮助他实现传宗接代的愿望。

高潮——情急之中发现狗娃是女孩，心痛不已。想要抛弃狗娃，让其自谋生路。

结局——最终被善良的本性唤醒，救起并收留了狗娃。

师：大家对本剧的情节很熟悉了，能试着用最简单的语言概括大意吗？

（生概括。）

师：老师觉得标题中的两个字就可以把课文的故事情节概括下来。（板书：变脸）你们觉得呢？

生 2：（若有所悟）剧本的题目是变脸，剧情也是围绕变脸展开，文中的主要人物在剧情发展中也在不停地变脸。

点评：在实际运用的过程中自然地向学生传达戏剧基本知识。以教师的阅读体验和发现引导学生的阅读，体现教师对参与阅读过程的价值。教师参与阅读过程，在自己的生活体验、自我认知和参与方式上应该把自己当成一个“同学”，但是在参与内容与契机上要体现为“先学一步的同学”，这样的参与才是有价值的。

精读——分析人物

师：是啊。剧中的人物也在不停地“变脸”。那么，我们就来看看文中的两个主要人物是如何变脸的呢？请大家阅读课文，结合剧本中的原文来解释这一张张变幻的脸。我们先来谈谈水上漂。

生 1：先是欢喜的脸，我从“怡然自得”“饮酒抒情”中看出来，他很喜欢这个从人贩手中买回来的狗娃。

师：很好，他从戏剧的旁白中找到了依据。

生 2：还有“老陪少，拍巴掌，手舞足蹈，合唱儿歌”。

生 3：我认为是怜爱的脸，从“抚慰”“冲动”“咳嗽”这些词可以看出水上漂很同情爱护这个孩子。

生 4：还能从音乐中看出。如“锣鼓欢快”“驾舟舞蹈”。

师：观察敏锐，很棒！

生 5：我不同意前面同学的观点，我认为水上漂最开始应该是苦涩的脸，因为从他自诉的身世可以看出来，他是个苦命的人，不仅封建社会重男轻女的思想腐蚀了他，他的自身遭遇也让他痛恨女人。

师：（微笑点头）这个观点很有意思，前几位同学是从故事情节的发展这条纵轴来看的，生 5 是从水上漂的身世这条横轴来看的，都很有见地。（掌声）好，我们就按生 5 说的横轴来看，如果最开始是苦涩的脸，那么水上漂下面换成什么脸了？

生 6：欢喜的脸。

师：为什么？

生 7：因为他买了狗娃，狗娃很心疼爷爷，把水上漂当作自己的亲人来看待，让水上漂不再孤独。

生 8：还让他传宗接代的思想有了真正寄托的对象。

师：很不错，然后呢？

生 9：应该是愤怒的脸。

师：为什么？

生 10：因为他认为狗娃欺骗了他，从“厉声催逼”“审视”“气得双手颤抖”可以看出。

师：说得好极了，接下来是什么脸？

生 11：我想是悲伤的脸。虽然他很心疼狗娃，但是他依然不留下狗娃，说明当时重男轻女的现象实在太严重了。

生 12：我想是无奈的脸。从他"返身望天三思"的动作中可以看出，水上漂此时做了很激烈的思想斗争。

师：同学们，你们刚才说的都很不错，找到了水上漂的几副脸孔，从这苦涩的、欢喜的、愤怒的、悲伤的脸中，你们能不能告诉我水上漂是个什么样的人？

生 13：是个善良的人。不仅收留狗娃，即使不要她了，也没有卖她，还给了盘缠，最后还救了她。

生 14：还是个身怀绝技却到处找传人的可怜的人。（生笑。）

师：好，分析得很透彻。那我们再来看看狗娃吧，你们觉得在剧中她又有几张脸呢？

生 15：最开始是悲伤的脸，她被人贩子卖来卖去，还惨遭毒打。

生 16：她没有人的尊严，被叫作牲口。

师：注意了开端部分中人贩子的戏份，很好。

生 17：她没有爹娘疼爱。

生 18：我觉得用悲泣的脸更好些，更能显示狗娃的血泪身世。

师：（老师带头鼓掌）同学们已经开始推敲词语的感情色彩了，善于动脑筋，非常好。然后呢？

生 19：是喜悦的脸。因为她遇见了水上漂，真正爱她的爷爷。

生 20：接下来是忧虑的脸，她听见爷爷的话以后，害怕爷爷不要她，担心又被人贩子卖来卖去。独唱就是这张脸的最好证明。

生 21：最后是悲痛的脸，预想的事情终于发生了，无处可去，心如死灰了。

审读——辨明冲突

师：看到这一张张变幻的脸，我不禁要问一个为什么。为什么他们的情感会经历这样多的变化呢？

生 1：因为一个要丢弃对方，一个要跟从对方。

师：看来这就是这段故事中戏剧冲突的焦点了。可是为什么会产生这个矛盾冲突呢？原因何在？在文中找出关键的一句话来证明你的答案。

生 2：是因为狗娃不是男孩子，而当时重男轻女的思想很严重，传宗接代靠儿子。从"家传绝技，独孤一枝""传内不传外，传男不传女""传女背叛祖先……要遭天打雷劈哟"可以看出来。

师：那么，一个要分一个要留，应该只是表面的冲突了。大家看到更深层的问题了吗？大家先讨论一下。

（生讨论。）

师：我请大家关注一下两个人物的情感历程。他们的情感历程有惊人的相似，都是先悲后喜，由忧到哀。生活中当两个人的情感历程很相似的时候，双方经常会惺惺相惜，相依为命，这样我们也就不难理解，为什么最开始狗娃身份没有暴露的时候，一老一小会在我们的脑海中留下这么一幅暖人心肺的祖孙图。那么我想请同学们深入到事情的本质中去比较，他们各自对对方的亲爱之情有区别吗？

生3：有，动机不一样。水上漂疼爱狗娃有个重要的原因是他希望这个“男孩子”能传宗接代，而狗娃是感受到了真诚的帮助和爱护之后做出一种本能的回报。

生4：水上漂需要找个人来继承他的绝活，而狗娃对水上漂却是一种纯真的亲情。

生5：我明白了，冲突从表面上看是老汉和孩子之间的矛盾，但是还有一种冲突隐藏在情节后面，那就是水上漂和狗娃两个人情感上的冲突。

专家点评：欣赏文学作品的重要工作之一是领悟作品的内涵，从中获得对自然、社会、人生的有益启示。这样的阅读就不只是浮在作品的表层，而是深入到作品的灵魂。

师：是啊，传宗接代、延续绝技是水上漂出于功利目的的一种需求，最初他对狗娃的感情、他的那种快乐中是掺杂着这种功利因素的，他知道真相后要抛弃狗娃的根本原因就在于这个功利需求没有得到满足；而狗娃对水上漂则完全是出于真情，是人最真诚的情感。真爱和利益一直在剧中做着较量。

续想——加深思考

师：课文选到这里就结束了，同学们想不想知道下面会发生怎样的故事呢？（生反应热烈）那好，大家可以根据自己的喜好，在下面这三个式子中选择一个思路，大胆推想后面会发生什么？

式子一：功利需求＞情感需求

生1：我想水上漂最终还是不能战胜封建思想，还是把狗娃赶出家门，狗娃依然回到过去没有尊严，没有人疼爱的黑暗无边的日子里。

式子二：功利需求＜情感需求

生2：我想水上漂勇敢地面对了现实，收留了狗娃，并且将变脸传授给了狗娃。狗娃勤奋练习，成了第一个变脸的女艺术家，赚钱养家，最后他们过上了幸福的生活并且立下规矩，可以传女。（学生笑，掌声。）

点评：以学生的自主联想和对这些联想的评价来巩固对作品内在价值观的认识和体会，同时让学生经历情感态度的锤炼。

式子三：功利需求=情感需求

生3：水上漂既不忍心把狗娃赶走，也不能传艺给女孩子，于是寻找了另一个男孤儿收养了他，后来这个男孩和狗娃结婚，从此一家人都过上了幸福的生活。

师：（微笑）好的，同学们想象的结尾，已经很有童话的浪漫主义色彩了，你们最喜欢哪种结局呢？

生：（齐）第2种。

师：看得出来，你们都是善良的人，本剧的作者魏明伦先生和大家一样。后来水上漂还是收留了狗娃，不过，以后的经历可是十分曲折坎坷的。可惜的是现在我们无法阅读到全剧。同学们觉不觉得遗憾呢？（生赞同）不过，这点遗憾还比较容易弥补，同学们可以课后找来《变脸》全剧剧本，看看这一老一少后来究竟经历了怎样的遭遇。

模演——品味语言

师：变脸是川剧的绝活，《变脸》这部戏也是川剧中的精品。四川方言是我们方言种类中很有特色的一种，川剧也是我国地方戏中极富特色的剧种，遗憾的是我们无法亲耳听到这部戏的原音原貌。不过，老师倒是会念几句四川方言，请大家再浏览课文，找出你觉得最能反映出人物内心世界的台词或唱词，老师试着用四川方言给大家表演表演，看看这些台词或唱词反映出人物怎样的内心世界。好不好？

（生反应热烈，浏览课文，择取台词，老师用方言表演朗读，师生共同体会人物内心情绪，有的学生也跃跃欲试，模仿老师的四川方言音调朗读自己找到的台词，课堂气氛活跃。）

师：老师的四川方言只能算鹦鹉学舌了，真正的川音川情不知道有多地道、多感染人啊。希望大家有机会到四川去亲身感受一下。如果能听听川剧，应该是一件很有意思的事，倘若能欣赏到原汁原味的魏明伦的《变脸》，那可算一件幸事啊！

点评：将学生阅读与学习的目光引向课外，引向更为广阔的生活。语文教学的生活化，有利于学生生动活泼地学习，有利于学以致用，使学生的个性、自主性、潜能得以充分发展，使学生的气质、观念、思想得以现代化。生活处处皆语文，处处留心皆学问。学生一旦体验到学习语文与自己的生活息息相通，课堂教学成了生活课堂，语文魅力的认同效应也就应运而生了。学生就会对课本以外的自然、生活、社会等大范围、多角度的生活内容广泛涉猎、获取，为课堂语文学习作良好的铺垫，从而使学生从单一的语文课堂步入广泛的社会语文空间，在学语文的同时学做人，最终实现人格的自我完善。

第八节　教学媒体的选用

考纲内容

能够恰当选用教学媒体，整合多种教学资源，提高语文教学效率。

考纲解读

根据教学内容和学生的特点，设计、选择、使用语文教学媒体，运用现代化的教学手段实施课堂教学，这是提高语文教学质量和教学效率、实现教学过程最优化的一种教学策略，是实现语文教学现代化、科学化的必由之路。语文教师应该熟悉和掌握语文教学媒体的类型、特点和作用，努力把现代最新科技成果引入语文教学，为语文素质教育服务。

本考点考察考生在语文教学过程中，根据教学目标和教学对象的特点，通过教学设计，合理选择和运用现代教学媒体，并与传统教学手段有机组合，以多种媒体信息作用于学生，形成合理的教学过程结构，达到最优化的教学效果。

基本知识

一、教学媒体的内涵

媒体一词来源于拉丁语“Medium”，意为两者之间。它是指从信息源到受信者之间承载并传递、加工信息的载体或工具。媒体有两层含义，一是指承载信息所使用的符号系统，如文字、符号、语言、声音、图形、图像等，媒体呈现时采用的符号系统将决定媒体的信息表达功能。二是指存贮和加工、传递信息的实体，如书本、挂图、投影片、录像带、微缩胶片、计算机磁盘以及相关的采集、播放、处理设备等。

当某一媒体被用于教学目的时，以采集、传递、存贮和加工教学信息为目的的工具和载体，就被称为教学媒体。教学媒体是教学内容的载体，是教学内容的表现形式，是师生之间传递信息的工具，如实物、口头语言、图表、图像以及动画等。教学媒体用于教学信息从信息源到学习者之间的传递，具有明确的教学目的、教学内容和教学对象。教学媒体在教学过程中负载信息，传递经验，把教学主体与客体紧密地联系在一起。教师只有借助教学媒体，准确、快速地传递、发送一定的信号，才能提高教学效率，达到整体功能最优的教学效果。

现代教学媒体是相对于传统教学媒体而言的。传统教学媒体一般指黑板、粉笔、教科书等。现代教学媒体主要指电子媒体，由两部分构成：硬件和软件。硬件指与传递教育信息相联系的各种教学机器，如幻灯机、投影仪、录音机、电影放映机、电视机、录像机、电子计算机等。软件指承载了教育信息的载体，如幻灯片、投影片、电影胶片、录音带、录像带、光盘等。按使用媒体的感觉器官分类，可分为听觉媒体、视觉媒体、视听媒体、交互多媒体等。

二、语文教学中常用教学媒体的分类及功能

1. 传统教学媒体

(1) 教科书。

在教学中充分发挥教科书的作用，是提高教育教学质量的保证。为此，教师应该明确教学目的、任务，认真钻研教科书，全面熟悉所教的语文学科的完整体系和教科书编写的意图，深入分析它的内容、编写的逻辑程序和心理程序及特点；掌握教学内容的重点、难点和特点。

作为语文教师，尤其要明确：语文教师是在用教材教，而不是教教材。在教材中，编者已经相机选择了丰富的插图，加强作品的感染力。如在七年级上册语文教学中，插入了“三味书屋”照片(《从百草园到三味书屋》)、“丑小鸭”美术插图(《丑小鸭》)、“普希金画像”速写画(《假如生活欺骗了你》)等多幅图片，借助插图对学生进行观察能力、分析能力、思维能力和想象能力的训练，有助于把语文内容与具体事物紧密结合起来。

(2) 参考资料。

在教师教学和学生学习过程中，还经常使用语文参考资料，如参考文献、字词典、文学作品、报纸、杂志等。这些语文教学的辅助材料和补充材料有助于教师拓展知识，深化对教材的钻研和借鉴先进的教学经验，有助于学生理解、巩固所学知识，学习先进的学习方法，扩大知识领域。但教师要具体指导学生如何选用和阅读参考资料，切不可以参考资料代替教科书。

(3) 卡片。

卡片是将教学内容用文字或图画形式表现在硬纸片上的一种教具。常用于语音、字词教学与复习，还用来进行句子速读的训练。它对于集中学生注意力、提高记忆力和训练阅读速度具有明显的效果。教师和学生都可以运用卡片积累语文教学和阅读资料。

(4) 教学挂图。

教学挂图是能反映有关教学内容的经过加工或放大制作成的文字图画。在语文教学中

运用教学挂图，能直观形象地再现事物的面貌或内容情境，增强教学内容的概括性及清晰度，图画挂图还可增强教学的形象性和生动性，从而引起学生注意，调动学生的学习积极性，加深对课文的理解。

(5) 表格。

表格是指将知识内容按一定顺序和形式简明扼要、形象生动地表述出来的文字形式。其内容可以由教师讲述并填写，也可以让学生自行填写。在语文教学中，常用于知识归类、比较对照、流程标示、统计分析等方面。通过表格能将教学内容、要点简明扼要地归纳，使学生一目了然，易于理解，便于记忆，同时也可以培养学生分析综合和归纳总结的能力。

(6) 实物。

实物即实际的物体，如大自然中的鱼、鸟、禽、虫等动物，花、草、树、水果等植物，以及日常生活用品和各种工艺成品等。在语文教学中运用实物作教具，要根据教学内容需要，有明确的教学针对性，有助于学生直接感受事物的本来面目，有利于加深学生对教学内容的理解。

(7) 标本。

标本是指经过加工制作保存下来的完整的自然界原有物体形态。标本的主要特点是能真实地反映物体的形态和构造，便于学生观察，易于长期保存使用，有利于学生直观形象地理解事物。在语文教学中运用标本教具，可以引起学生注意，调动学生的学习积极性，有助于学生理解教学内容，对所学知识印象深、记得牢，产生积极的教学效果。

(8) 模型。

模型是指模拟实物的基本结构特征进行加工制作、放大或缩小的实物仿造品，它是对真实研究对象的模拟仿制，或是对研究对象的理想化模拟。模型教具与教学挂图的不同在于它可以三维地表现事物，是实物不易搬动或取得时可选用的理想教具。它有可卸装组合的特点，便于了解掌握事物整体与局部、外部与内部结构及其相互关系。

2. 现代教学媒体

(1) 幻灯机。

幻灯机是一种能提供静止画面的光学放大器，它是使用历史最长，应用最普遍的电化教学设备。幻灯将静止的画面扩大，借助画面提供大量色彩鲜明而真实的事物图像。语文教学中可运用它再现课文场景，展示写作场景，便于教师讲解和学生更仔细观察事物的细微特征，增强语文教学直观性。幻灯也可以代替板书演示，节约课时，增大信息传递量。

(2) 投影仪。

投影仪是一种直射与反射相结合的特殊幻灯机。它适宜放映各种规格类型片和活动片，有多种功能：可代替黑板，能把教师在透明片上写的字或画的画投影到幕上或墙壁上，教师可以在透明胶片上写教学提纲，边讲边拉，边演示边讲解，尤其可用于具有视觉形象意义的写景散文、诗歌、实物说明文、寓言、故事的教学，还可以辅助说话训练和写作指导。

（3）录音设备。

录音设备的使用已很普及。这是一种能对声音信息进行记录、贮存、重现的电声媒体。各种录音设备使用方便，它可依教学需要随长随短，随停随放，可以反复播放，最能适应语文教学的需要。它的最大特点是可以最大限度地为学生提供朗读说话的广阔天地，提供语言实践的机会，可以提供学生的语言反馈信息。在语文教学中，教师可以录下学生的声音，供学生比较和校正语音，从而训练口头表达能力。教师还可以组织录音讲读和录音欣赏教学。它可以运用于语文教学过程各个阶段和听说读写各种训练，有利于加强教师的示范教学，有利于教师加强辅导和学生自学，还可运用于语文课外辅导活动，并为语文教师的备课、讲课、介绍同行经验、相互交流学习提供良好的服务。

（4）电视（电影）录像。

电视（电影）录像可以为教学提供音画结合的视频，是比单一视觉或听觉手段更具优越性的现代教学媒体。它具有图像动态化、视听同步化、时空无限性、长时重现性、择优筛选性等特点，可以活动、立体地提供丰富的感性材料，或再现教学内容场景以及人物活动画面，还可以帮助教师将有些很难用语言表达清楚的教学内容和知识清楚地表现出来。如《智取生辰纲》这一课，播放电视剧《水浒传》中“智取生辰纲”的片段，就可以很好地激发学生的兴趣，使之对课文中的人物形象形成直观的印象。

录像媒体能有效地刺激学生视听器官，引起注意和兴趣，使学生的智力因素和心理品质因素积极协同活动，加速感知理解，扩大知识领域，更好地进行听说读写活动。录像媒体使语文教学更加生动、灵活，促进学生的思维活动，帮助学生理解课文，同时，又可为学生提供丰富的写作素材，激发学生的写作兴趣，提高教学效率。

（5）CAI 课件。

CAI 的全称是：Computer Assisted Instruction（计算机辅助教育）。CAI 课件是一种教学系统，它的主要功能是教学功能，包括课件中的教学内容及其呈现，教学过程及其应有教学目标的控制，是基于 Word、PPT 以及 Flash 动画等手段的一体计算机辅助系统教学课件。CAI 课件利用音频、视频技术，采集广播、电视、网络等媒体资源，使学生在课堂上如闻其声，如见其人，如临其境，很大程度上创设了课堂语文教学的“生活”环境，拓展了课堂语文教学的时空，使那些抽象的、被时空阻隔的知识和内容色香味俱全地呈现在课堂上，拓宽了课堂语文教学的内容、形式和渠道。

（6）新型电子产品。

随着现代科技的不断发展，尤其是互联网的普及和计算机技术在教育领域的应用，各种新型电子产品如智能手机、平板电脑等也逐渐成为一种新型的教学媒体而不断运用在课堂教学中。如：利用手机、平板电脑等的照相功能，即时拍下各种教学资源用于课堂；通过 qq 将课上学生的心得即时呈现，课下教师就能更有针对性地回应，实现了更具个性的师生互动；利用平板交流技术即时将课堂成绩进行数据分析，呈现更科学的课堂数据评价。我国教育信息化建设正从普及期向整合期迈进，网络课程教学形式、“微课”教学资源也越来越多地进入到日常教学中，成为语文教学中的新生力量。

三、选用教学媒体的原则

1. 正确性原则

正确使用教学媒体，明白媒体的辅助作用。教学媒体不仅要选择适当，而且要使用得当，才能发挥其应有的作用。下面是两位教师分别运用教学媒体时产生的截然不同的效果。

一位教师在讲《第比利斯地下印刷所》一课时，在朗读课文的基础上，让学生各自想象印刷所的结构，然后互相讨论、互相补充，并请几位同学在黑板上画出他们的设想。学生们的想象力都被调动起来，思维活跃，学习气氛非常热烈。待时机成熟，教师打出投影片。画面上显示出的印刷所的精巧构思不但促进了学生对课文的理解，也使他们的想象力得到了培养。这时教师因势利导，从革命前辈对革命事业忠贞不渝的情操和勇敢、机智的高贵品质，讲到革命胜利来之不易，我们应该珍惜今天的生活，希望大家努力学习，长大后建设更加美好的明天，使学生们的思想得到了升华。

另一位教师在讲同一课时，开始即在屏幕上打出投影片，并告诉学生：“这就是第比利斯地下印刷所的剖面图。大家对照课文，找出各部分是怎样描写的。”学生看了以后感到索然无味，反应冷淡，觉得：“这有什么了不起！如果需要，我也能画出这样的图。”

同是一张投影片，由于教学过程设计的不同，媒体使用方式和展示时机的不同，使教学效果迥然两样。使用教学媒体应该综合考虑教学媒体的效果、学校的条件、师生的实际以及经济实用性。应该选择和制作那些最真实直观，最能恰如其分地说明问题，能最大限度地激发学生学习兴趣、开发学生智力的教学媒体。不同的教学目标、内容和对象对教学媒体的要求也不同。因此，不能一味地去追求使用固定类型的教学媒体。媒体在课堂教学中处于辅助地位，我们要摆正学生、教师和多媒体之间的关系，把握好多媒体在课堂教学中的辅助地位，恰当地使用多媒体，让课堂教学更为精彩有效。

2. 实用性原则

媒体的选择要实用、有目的性，并根据不同媒体的特点和教学目标恰当地运用。要明确所使用的媒体在教学中的作用，如是调动学生的学习兴趣还是解决重点、突破难点，是创设情境还是提供事实材料，是起示范作用还是作为学生探究的对象等。运用现代教学媒体旨在解决那些用传统教学媒体难以解决的问题，没有作用大不大之说。现从感觉器官角度对使用的媒体进行剖析。

（1）视、听觉媒体。

视听觉媒体的使用，使得教学过程变得更为形象具体、直观生动、富有情趣。例如，录像、电影教学具有较强的感染力、表现力和较强的再现功能。

如果是静态的事物要变成动态，或者想给学生提供一些真实的史料，可利用录像、电影等声像媒体。它通过图像与声音的信息组合，利用具体的场景和音响刺激学生，引起学生的情绪反应、激发学生的情感。如戴望舒的诗歌《雨巷》描绘了一幅梅雨时节江南小巷的阴沉图景，借此构成了一个富有浓重象征色彩的抒情意境。很多没有去过江南的学生难以想象梅雨时节江南小巷的悠长、狭窄而又寂寥的景象，就无法体验到作者当时处于“白色恐怖”笼罩下的黑暗社会中的沉闷、迷惘的心境。而通过使用动画对一连串代表意象如“寂寥的雨巷”“颓圮的篱墙”“丁香结”的渲染呈现，将一个阴暗、潮湿、无尽的幽巷片段徐徐展现在学生眼前，用凄清的音乐为诗歌中“悠长”“芬芳”“惆怅”“彷徨”的回环韵脚增添旋律，给一个“默默行”的无助者唱响了雨的哀曲，这一番使人如临其境的意境展现，能帮助学生捕捉到作者内心深处所持着的一种丁香结一样的愁怨，既有对其“芬芳”的希冀，又有为其凄然飘过而怅惘的彷徨心怀，从而提高了对文章的理解水平。

（2）视觉媒体。

视觉媒体具有图像清晰、形象逼真、教学运用形式灵活多样等特点，并且媒体设备结构简单、软件制作方便、价格低廉、易于普及，在课堂教学中曾被广泛使用。运用幻灯、投影教学有助于解决教学重点、突破教学难点。如果要表现静态的事物，要放大展示事物细节，则可利用幻灯、投影媒体来教学。它们在清晰度、亮度和提供细致观察条件方面比声像媒体优越得多。

（3）听觉媒体。

引入听觉媒体，可使得教学过程变得更为生动有趣、规范标准，尤其是在进行语言、语音和音乐等方面教学时，听觉媒体具有其他教学媒体无法取代的优势。范读录音，语音规范、感情表达正确，可让学生模仿、练习；音乐教学中的示范音乐带，其动听的曲调、准确的旋律，不仅能激发学习兴趣，而且有助于学生领悟歌曲的意境。如在进行《口技》教学时，放一段精彩的口技录音，让学生感到震撼，必然有利于课文的理解。

（4）多媒体综合运用 。

综合媒体可以根据学生的特点来设计教学内容。例如，教师在讲授《背影》时，由于初中的学生阅历相对浅薄，很难体会到父亲与子女分别时依依不舍的情感，这时可以借助多媒体技术，用一段动画的形式呈现父亲穿越铁道攀爬月台买橘子的故事片段，充分利用动画中的细节渲染，在关键时点强调“探”“攀”“缩”等词语。在这个用多媒体创设情景的教学过程中，学生就会深受教育，体验到父亲此举的艰辛与不易，更好地感受作者笔下父亲形象的伟大，理解作者所用动词的妙处。精炼的动画展示即刻让学生触景生智，激发了学生的兴趣，感受到语文与生活的紧密联系，极大地提高了学生的赏析能力。

3. 最优化原则

媒体的选择和设计要注意最优化。也就是说，应在最需要媒体的时候，使用最恰当的媒体，以发挥最大功能，获得最佳的教学效果。在教学中使用多媒体辅助教学，不是越多越好，也并不是简单地罗列和重复，而是既要充分利用各种媒体帮助学生有效地掌握知识，又要防止媒体的“狂轰滥炸”，让学生无所适从。计算机多媒体课件更适合运用在那些在现有条件下无法观察到的、难于理解的、抽象的或是动态的内容上。

4. 经济性原则

媒体的选择要遵循低成本、高效能的原则。媒体选择的基本要求是尽可能选择低代价、高功能的教学媒体，可用如下公式表示：

$$P(\text{媒体选择的概率})=V(\text{媒体产生的功效})/C(\text{需要付出的代价})$$

5. 互补性原则

媒体的选择要注重组合效应，实现多种教学手段协调互补的作用，这主要体现在两个方面：第一，现代教育媒体与传统媒体的有机结合。在一堂课中，语言表述是基础，板书、板画是纲要，课堂上教师的语言讲解、板书和直观教具的运用是不可缺少的，现代教学媒体与之结合才能达到课堂教学的最优化。第二，实现不同媒体间的扬长避短，互为补充。例如，电视录像在表现活动的画面上有独特的优势，但它呈现的时间太短，一闪而过，学生的认知过程难以展开，但如果将它与投影教学相结合，则既能表现活动的画面，又能表现静止放大的图像，教学效果必然更好。

四、语文教学中运用教学媒体的作用

1. 能激发学习兴趣，增强学习动力

众所周知，兴趣是最好的老师。提高语文教学质量首要的就是培养学生学习语文的兴趣，只是激发了兴趣，才能调动学生的积极性，培养和发展学生的鉴赏力和想象力。初中语文教学中现代教学媒体的灵活运用能有效地激发学生学习语文的兴趣，增强学习语文的动力。现代教学媒体具有强烈的视听效果，其鲜活的画面、逼真的声音、连续的节奏，能对学生产生全方位的影响，最大限度地感染学生。与传统教学媒体相比，它更具优越性。初中语文课本中精选的范文有好多已拍摄成电影、电视片段。

2. 能突破重点,化解难点

教学中的重点、难点是否处理得好,是衡量一节课是否上得成功的重要标志,也是衡量一个教师在备课、上课中能否完成教学目标的重要依据。运用现代教学媒体可以在重点和难点处很好地展开、深入或者延伸拓展,顺利地实现目标。

3. 能培养感受美、鉴赏美的能力

一个人的知识越丰富,艺术修养也就越高,对美的感受和理解也就越深刻。这就是说美育是以智育为基础的,反过来又能促进智育的发展。初中语文教学中现代教学媒体的灵活运用,一方面可以提高学生智育水平,另一方面也可以培养学生感受美、鉴赏美的能力,提高学生的美育水平。初中语文教材中所选的文章都是经典范文。它们有体现形式美的,如诗歌、散文、小说等;有体现内容美的,如歌颂社会主义建设取得伟大成就的,歌颂劳动人民聪明才智的,歌颂老一辈无产阶级革命家献身祖国的可贵精神的;有体现风格美的,如有的课文写得慷慨激昂,有的写得流畅活泼,有的写得委婉含蓄;有体现自然美和社会美的,如优美的环境描写和人情描写。运用现代教学媒体展示这些不同形式的美,能够极好地培养学生感受美、鉴赏美的能力。如九年级课文中所选的《乡愁》,教师可以给学生播放配乐诗歌朗诵的光盘或录音,让学生反复体味台湾同胞对祖国的思念之情,理解祖国统一是全中国人民的共同心愿,在反复的欣赏中体会语言的精练含蓄、意境的深远、旋律的和谐,让学生有一种美的享受。

4. 能有效地提高学生的写作能力

写作是初中语文教学的重要组成部分,同时也是部分学生比较头疼的一项学习内容。部分学生之所以不愿意写作文,一方面是他们对写作不感兴趣,另一方面是他们胸中无物可写。现代教学媒体运用于初中作文教学,可以极大地改变这种现状。首先,现代教学媒体运用于初中作文教学可激发写作的兴趣。现代教学媒体给学生提供了活动的、形象的、直观的和绚丽多彩的画面,吸引了学生的注意力,使他们不由自主去观察,从而培养了学习写作的兴趣,有了兴趣这位最好的老师,作文教学就好开展多了。其次,巧妙地运用现代教学媒体可以培养学生的观察力,发展学生的想象力和创造力,这样的作文写出来才有真情实感,才有血有肉,才能感染人。因此,提高学生的写作能力,必须先培养学生的观察力、想象力和创造力,培养他们从现实生活中吸取素材的能力。现代教学媒体可以把周围的人和事真实地记录下来,通过慢放、重放、定格等技术,使学生能够仔细地观察。让学生在观察中分清主次,把握重点,从而培养良好的观察习惯,进而发展自己的想象力和创造力,最终能够写好作文。如七年级语文的教学就是要求写简单的记叙文,因此,教师可以运用多媒体展示不同的人物和景色,让学生细心地观察,同时配以教师的讲解,学生根据所观察到的和听到的进行写作。这样既培养了学生的写作兴趣,又使得学生有话可写,能有效提高学生的写作能力。

5. 能更好地对学生进行思想品德教育

思想品德教育也是初中语言教学的一个重要组成部分。“课标”明确规定语文教学必须培养学生的爱国主义精神，激发学生热爱祖国语文的感情，培养社会主义思想道德。义务教育阶段的语文教材为完成这一目的提供了丰富的材料。利用现代教学媒体的形象性、直观性、生动性和情感性，可以在潜移默化中对学生进行共产主义、爱国主义、集体主义教育，以达到提高学生思想道德素质的目的。如在学习《老王》一文时，学生对解放初期的生活不甚了解，对老王做法、作者做法感到难以理解。因此，很有必要向学生介绍小说反映的时代背景。教师可以用现代教学媒体去展示那时的生活图片或电影，联系课文中的相关的字、词、句以及图片，使学生逐渐地从感性到理性，从局部到全体，由浅入深地了解主人公的思想境界。通过对人物形象的解读分析，老王的纯朴善良、老实厚道，作者的人道主义精神和平等观念对学生良好人格品德形成无疑是一剂良药。此外，教材中礼赞爱国主义及英雄人物的篇章很多，它们对培养学生的高尚品德有着很好的作用，如《最后一课》《就英法联军远征中国给巴特勒上尉的信》《芦花荡》《信客》等，如果教师能充分灵活地运用现代教学媒体，就能很好地对学生进行思想品德教育。

案例

【例 3-11】

《观沧海》教学实录（节选）

一、导——创设意境，激趣引导

（师板书，在黑板上画一幅洪波涌起的沧海的简笔画。）

师：你看到了什么？由此又联想到了什么？

生 1：我看到了翻滚的浪花。知道这是表现大海的一幅画，由此我想到波涛起伏拍打着海岸的情景。

生 2：我觉得这幅画给人一种壮阔的感觉。

师：同学们观察得很细致。是啊，洪波涌起的大海，不管谁看到都会循情而动，有感而发的，而在那些伟大诗人的笔下，更会由眼前之景抒发心中之情。接下来我们做个游戏——文学名人竞猜：请根据老师所给的条件，猜出这位文学名人。（课件展示）

（1）他是我国历史上杰出的政治家、军事家、诗人；

（2）他是古典小说《三国演义》中的重要人物之一；

（3）他在文学上也有很高的成就，鲁迅称他为“改造文章的祖师”；

(4) 它是我国文学史上所说的“建安文学”的领袖；

(5) 他的故事被人们编成了许多剧本，但他在戏曲中大多为“大白脸”奸臣形象；

(6) 他指挥和领导了以少胜多的著名战役——官渡之战；

(7)“老骥伏枥，志在千里”是他诗歌中的经典名句；

(8)“望梅止渴”的故事是他行军打仗中的经典之作；

(9)“宁使我负天下人，勿使天下人负我”是他信奉的至理名言；

(10) 史书评论他：“治世之能臣，乱世之奸雄”“挟天子以令诸侯”。

(11) 毛泽东评价他：“往事越千年，魏武挥鞭，东临碣石有遗篇。”

生(齐)：曹操。

师：下面有请主人公——曹操登场。(课件展示“人物图像”。)

(课件展示一幅军事地图。)

师：该诗写于东汉建安十二年秋，当年的夏五月，诗人率军北征乌桓，七月出卢龙寨，九月大获全胜，班师途中经过碣石山，诗人登高望海，留下了这千古传颂的名篇。

二、吟——把握基调，深情朗读

师：看来这首诗还真是不同凡响。现在就请同学们打开书，我们先放声地读一读，熟悉熟悉。谁愿意先读给大家听听？

(一生读，但读得平淡，没味道；另一生读，略好。)

师：读诗就是要读出诗的味道来，这就叫吟读。(板书。播放A、B版对比朗诵。)

(生自由朗读。)

师：看来同学们的进步是很明显的，但好像还差点儿火候，现在老师再请位高人给大家指点一下，做好准备，认真听。(师播放配乐朗诵。)

师：谁还想再试试？这次老师为你配乐。(请一生读，非常不错。)

师：你先别坐下，现在我再请一名同学读，如果你认为他读得比你好，你就坐下；如果你认为你比他读得好就不坐，好吗？我们来个“擂台赛”！

(学生争相吟读。)

师：好了，都请坐下。其实，吟读不一定有固定的标准，自己是怎么理解的就怎么读，只要美滋滋地读出了诗的味道，就是成功的。

评析：

《义务教育语文课程标准(2011年版)》对中学阶段的诗词教学提出了“诵读古代诗词，有意识地在积累、感悟和运用中，提高自己的欣赏品位和审美情趣”的要求，这应该是我们在教学中推陈出新的一把标尺。怎样让学生在诗歌的课堂教学中多一点欢笑，多一点畅想，多一点创造，这是我们在教学中应该思考的问题。在这个教学案例中，教师为了激发学生兴趣，调动学生的积极性，培养和发展学生的鉴赏力和想象力，多角度选用了多种教学媒体。

首先采用 PPT 课件展示对曹操的文字介绍，节省大量的时间，板书无须再写，轻轻一点即可完成；其次采用“人物图像”和“军事地图”，借助于直观形象，加深了学生的直观印象，同时还将课堂延伸到课外。这时的多媒体就如一座立交桥，使学生在不同内容与方法的相互交叉渗透和整合中开阔视野，提高学习效率，初步获得现代社会所需要的语文能力。

在指导学生的朗读时，教师在课堂上两次选用了“朗读录音”，一次为两种效果下的朗读，另一种为“配乐”，将学生迅速带入课文所创设的情境中，学生如临其境地感知了美，就能读书有味，读书入情，读书悟理，必然有利于对课文的理解。

【例 3-12】

《人物外貌描写训练》“微课”教学和“翻转课堂”教学设计

一、创设情景

师：很高兴今天能和大家一起学习，为了表示对这堂课的重视，老师今天算是盛装出席了吧！早晨出门之前特意将自己打扮了一番，展示一下（转一圈）。我特别想知道效果怎样？哪位同学愿意描述一下老师现在的样子？

二、师生交流

（1）谢谢你们的肯定和鼓励，你们对老师的外貌和穿着打扮能做如此精到的描述，说明你们有很强的观察力。今天我们要来学习如何写一个人的外貌，并且用上一种特定的手法。先让我们一起来回顾一下微课视频。

（2）学生欣赏微课视频，以下为教师微课文字材料。

① 同学们，今天我们开始“人物外貌描写之欲扬先抑绘人物”的微课学习。

② 请看大屏幕，这是《列夫·托尔斯泰》一文中对于托尔斯泰外貌描写的片段，请大家阅读并思考以下问题。

A. 文段可否分成两层，为什么？文段中哪个词语体现了语义的变化，应该重读？两个层次的朗读，感情色彩应该如何变化？

B. 谈谈你在朗读中感受到的作者内心的情感。

C. 如果把第一层删去，表达效果有什么变化？

好，我们一起来看，这个文段可以从“然而”一词为分界点分为前后两层，前半部分的“田野村夫的脸孔”“如一座粗制滥造的小屋”“四方脸”“狮子鼻”“招风耳”“厚嘴唇”“侏儒”等描述，极力贬抑托尔斯泰的外貌，把他写得奇丑无比；而后半部分作者却用“黑豹似的目光”“一把锃亮的钢刀”来形容他的眼睛，让我们透过这双眼睛仿佛感受到了托尔斯泰高贵的灵魂和崇高的精神世界。

这就是我们所说的“欲扬先抑”的手法。欲扬先抑，是一种人物描写技巧。欲扬先抑的“扬”，是指褒扬、抬高；“抑”，指按下、贬低。作者想褒扬某个人物，却不从褒扬处落笔，而先是按下，从相反的贬抑处落笔，形成波澜起伏，造成鲜明对比，给读者留下深刻的印象。“扬”和“抑”，在艺术上都是一种强调手段。古人做文章强调“蓄势”，讲的也是欲扬先抑、先抑后扬的道理。

那么试想一下，如果把第一层删去，表达效果会有什么变化呢？很明显，第一层删去后，没有了这种对比效果，感情就会大大削弱。所以，在这里，欲扬先抑手法的运用可以使人物外形的“丑”与灵魂的“美”形成鲜明的对比，让人印象深刻，表达对人物的赞美和感激之情。

D. 下面我们再来看两篇对老师的外貌描写片段，请大家阅读后比较：你喜欢哪一篇？为什么？

E. 我们看到，第二个片段通过欲扬先抑手法的使用引导读者由“人人可见”的表象层面，深入到“未必人人可见”的本质层面，深入了解人物精神世界的美。这也就是欲扬先抑手法的第二个作用。

F. 好，通过以上学习，相信大家已经对“欲扬先抑绘人物”的手法有了一定的了解，那么请你尝试用这种手法为身边较熟悉的一个人物写一段150字左右的外貌描写片段吧！

三、作业展示

（一）小组交流

（1）我们经过课前的微课学习，对“欲扬先抑绘人物”的手法已有所了解，现在让我们来分享展示一下学习成果吧！

（2）以4人小组为单位，分享展示各自作品，讨论评选出一篇你们认为还没有用好欲扬先抑手法的文章，利用QQ群上传到我们的“互动平台”上。

（二）班级交流（学生共享“互动平台”上的学生作品，共同点评）

展示1～2篇病文，师生共同点评。

你们之所以觉得它没用好欲扬先抑的手法，问题出在哪儿了？说说看。

师随机指导，紧扣两个方面指导讲授：

（1）过渡之法。

（2）渲染之法，营造落差。

（三）小组修改

小组内结合老师指导，对本组病文进行修改。要求学生不要在原文上修改，而是写一段，方便比较。第二次利用QQ群上传至“互动平台”对比阅读。

（四）范文展示：每组讨论推荐1篇范文，交流点评

评析：

这是一堂“翻转课堂式教学模式”的探讨研究课，教师采用了“微课”这种新型的教学资源形式，课堂变成了教师与学生之间以及学生与学生之间互动的场所，包括答疑解惑、知识的运用等，以求达到更好的教育效果。这在教学媒体的选用与整合上也对教师提出了更高的要求。

从本课的教学形式来分析，我们会发现：这并不是一堂完全意义上的“翻转课堂”，因为教学设计中应该由学生在“课前”进行的自主学习放到了“课堂上”进行，但是从教学媒体的选用角度来探讨，本案例却在教学媒体的“与时俱进”上进行了有益的尝试。

（1）运用“微课视频”介绍了“欲扬先抑”的概念，为学生认知和运用“欲扬先抑”描写人物外貌提供了基础支持，可以节约时间用于学生的习作展示和当堂指导，课堂更高效。“微课”学习视频的播放，可以让学生实现自我控制，有利于学生的自主学习。

（2）两次利用QQ群上传学生课堂上生成的教学资源，实现了共享。学生可以通过互联网去使用优质的教育资源，不再单纯地依赖授课教师获取知识。而课堂和教师的角色则发生了变化。教师更多的责任是去理解学生的问题和引导学生去运用知识。

当然，在教学过程中的两种媒体的使用也给教师提出了更高的要求。首先，微课视频的存在和利用，应建立在学生有时间有条件在网上反复观看、反复咀嚼的基础之上。仅在课堂上播放一遍视频，学生难以消化吸收，有的学生很可能完全没听懂就要开始写作，会影响教学效果。然后，利用QQ群上传作品，在大班制教学中，需要较高的技术支持，否则会因为在电脑屏幕上显示不清楚而影响课堂效果。而最大的问题是，即使要求每个小组只上传一篇文章，数量也达到了10篇以上，而教师需在极短的时间内完成浏览、分类、甄别、分析、明确指导思路的过程，难度很大，很有可能导致所选文章并不典型，指导效果不明显。

第四章 教学评价

考点综述

教学评价既指向于教师的“教”，更指向于学生的“学”。《基础教育课程改革纲要（试行）》明确指出：“建立促进学生全面发展的评价体系。评价不仅要关注学生的学业成绩，而且要发现和发展学生多方面的潜能，了解学生发展中的需求，帮助学生认识自我，建立自信。发挥评价的教育功能，促进学生在原有水平上的发展。”

本章涉及的教学评价，主要是以学生为本，以促进学生语文素养形成、语文能力提升、语文学业完成等为价值取向的教学评价。在本章中，根据考纲内容，我们将侧重阐释怎样采用多样性评价方式，恰当评价学生的语文学习过程和结果；依据《义务教育语文课程标准（2011年版）》倡导的评价理念，阐述怎样发挥检查、诊断、反馈、激励、甄别等多元化评价功能，来科学评价识字与写字、阅读、写作、口语交际、综合性学习的教学内容；结合多维度评价结果，阐述怎样优化学生语文学习的路径；结合实施自我反思的教学评价，阐述怎样提升教师语文教学的能力。依此，本章以案例的呈现、导引、分析为主，深入浅出地阐释教学评价的形式、功能、操作的具体方法。

第一节 多样性评价方式的采用

考纲内容

能够在教学中综合运用形成性与终结性、定性与定量等不同类型的评价方式，恰当评价学生的语文学习过程和结果。

考纲解读

语文教学评价方式的多样化，能够多层面、多维度对学生的语文学习达成全面评价。本节主要阐释怎样运用形成性和终结性、定性与定量等不同类型的评价方式来评价学生的语文学习过程、学习结果。

基本知识

一、形成性评价

形成性评价，就是在教学实施的过程中对学生学习状况和教学效果进行的持续性评价。形成性评价因其具有过程性、探索性、连续性和灵活性等特点，便于客观、具体、真实地把学生学习过程和教学过程加以较完整地呈现，从形成性所记录的较完整的过程中，可以帮助师生反观学习过程和教学过程中存在的问题和改进的方向，以便能及时调整学习和教学策略，获得预期的效果和预设的目标。

诸如教师教学中的课堂提问、教学内容的课堂检测、阶段性检测、期中考试以及课外作业等都属于形成性评价。

以课堂检测为例。课堂检测这一形成性评价可以较为全面地展示学生学习状况和教学效果的具体情况。作为形成性评价的课堂检测，在设计测试问题或者试题时，首先要以教学目标为依据，紧扣教学重点和教学难点，根据学情，设计适量且适度的检测内容；其次，课堂检测内容应该凸显检测目标，例如，要检测学生阅读方面的某项能力是否得以培养和提升，那么，所涉及的检测内容应该围绕这一目标设计，并且要多次检测，记录相关检测情况，形成可分析、可参考的数据，以便构建可比较、可判断的形成性评价过程。

以人教版语文七年级上册第三单元为例，本单元的阅读教学目标为："在整体感知内容大意的基础上，深入体会作者传达的微妙情感，揣摩和品味富有特色的语言，积累精彩语句。"据此，要检测在阅读篇目教学中，学生是否能通过"揣摩和品味富有特色的语言，深入体会作者传达的微妙情感"这一项理解感悟能力，可以根据阅读篇目设计课堂检测题，如下面的例子。

案例

【例 4-1】

设题依据：本单元的选文均为写景的文章。这些诗文以优美的语言，描绘了大自然的美景，抒发了亲近自然、珍惜生命、热爱生活的情怀。

检测目标：培养学生“揣摩和品味富有特色的语言，深入体会作者传达的微妙情感”的理解感悟能力。

测试分值：10 分

测试时间：10 分钟

篇目试题：

（一）《春》（朱自清）

（1）朱自清的这一篇写春的精美散文，融汇了作者对春浓烈的喜爱、赞美之情，请你从本文中找出四个能表达作者的这些情感的词语。（4 分）

（2）结合上下文，请说说下列语句的妙处。（4 分）

① 小草偷偷地从土里钻出来，嫩嫩的，绿绿的。

② 野花遍地是：杂样儿，有名字的，没名字的，散在草丛里。像眼睛，像星星，还眨呀眨的。

（3）在作者笔下，春天就像一幅幅美丽的图画。你最喜欢哪一幅图画，说说你的理由。（2 分）

（二）《济南的冬天》（老舍）

（1）在老舍先生的眼中，冬天的济南一切都是美的，一切都是可爱的，你也能真切地感受到作者爱山水，爱生活的情怀。请细细品读，找出两处能表现作者这种情怀的语句。（2 分）

（2）请说说下面语段中加点的两个“卧”字的妙处。（4 分）

古老的济南，城里那么狭窄，城外又那么宽敞，山坡上卧着些小村庄，小村庄的房顶上卧着点雪，对，这是张小水墨画，也许是唐代的名手画的吧。

（3）“这一圈小山在冬天特别可爱，好像是把济南放在一个小摇篮里，它们安静不动地低声地说……”作者把济南周围的小山比作“小摇篮”，不仅仅是因为形似，更包含着某种感情，请谈谈你的理解。（4 分）

（三）《风雨》（贾平凹）

（1）“不着一字，尽得风流”。课文没有一个“风”字，但是一直在写风；也不见一个“雨”字，但是也写到了雨。请从本文中分别找出一处暗写“风”和“雨”的句子。（2 分）

（2）品析下面句子的表达效果（可从用词、修辞、写法等方面进行品析）。（4 分）

一头断了牵绳的羊从栅栏里跑出来，四蹄在撑着，忽地撞在一棵树上，又直撑了四蹄滑行，末了还是跌倒在一个粪堆旁，失去了白的颜色。

（3）有人说结尾写到大雨了，你是怎么看的？结尾的场景和情调跟前面相比有什么不同？（4分）

（四）古代诗歌四首

品读优美诗文是一种令人愉悦的精神享受。唐代诗人白居易的《钱塘湖春行》是一首写景抒情的佳作，请在反复朗读这首诗歌后，回答下面的问题。

（1）这首诗描写的是初春景色，诗中哪些词语透露出这一点？（2分）

（2）展开联想和想象，用简明形象的语言描绘出“几处早莺争暖树，谁家新燕啄春泥”所展现的画面。（4分）

（3）本诗以“春”为着眼点，抒发了什么感情？诗中直抒胸臆表达这种感情一个词语是什么？（4分）

再以课堂提问为例。在课堂教学中，教师的课堂提问的指向是很明确的，或者针对某个知识点，通过提问，倾听获取不同层面的学生作答结果，以此判断该知识点掌握情况；或者针对某个层面的学生，教师通过课堂提问，倾听获取这个层面学生的较为翔实的学情；或者针对一个学生，通过在一个时段（周、月、期）不间断对某生进行课堂提问，以此观察、记录他的变化、进步、提升。

下面节选余映潮老师讲授《我的叔叔于勒》一课的教学实录，余老师就课文的一个大话题“这篇小说可以分为两个部分。请进行分析并说明每一部分在文章中的主要作用”，抛给学生讨论，让学生深入思考，自由阐述，从学生的作答中得出对预设问题的理解和解答。

案例

【例4-2】

《我的叔叔于勒》教学实录（节选）

余映潮

师：《我的叔叔于勒》是一篇写亲情的文章，是一篇写金钱的文章，是一篇写金钱与人的关系的文章。这是一篇经久不衰的经典之作。

师：我们今天的学习有两个任务。第一个任务是，讨论一个大话题；第二个任务是，讨论8个小话题。

师：这篇小说可以分为两个部分，请大家进行分析，并说明每一部分在文中的作用。

屏幕显示：让我们来讨论一个大话题：这篇小说可以分为两个部分。请进行分析并说明每一部分在文章中的主要作用。

（学生看课文沉思、默想4分钟。）

师：好，请把你的见解说给大家听。

生1：我觉得这篇文章可以分为两部分，1—19段是第一部分，20段以后是第二部分。第一部分用来为第二部分铺垫，衬托第二部分，体现出“我”的父母非常贪钱，把钱看得非常重要，对有钱的叔叔和没钱的叔叔的态度截然不同。

师：她用了个术语：“铺垫”，好！前面这一部分起烘托作用，后面这一部分集中地表现人物。

生2：课文中用了“对比”的手法，“我”的父母在前一部分中对叔叔是盼望、赞美，后面见了叔叔却理也不理，这把资本主义社会人与人之间赤裸裸的金钱关系揭示得一览无余。

师：他也用了个术语“对比”。前面部分是急切的盼望、永久的盼望，后面部分是避之不及。鲜明的对比。刚才生1同学说到全文分为两部分，1—19为第一部分，20段以后为第二部分。大家同意吗？

（学生齐声说同意。）

师：前面第一部分，用这两位同学说法的是对比、铺垫。那么，第一部分、第二部分的作用是什么？请同学们从欣赏的角度、从小说的角度、从表现人物的角度、从故事发展的角度，再来议论一下。

生3：我觉得第一部分写故事的起因、发展，第二部分写故事的高潮和结局。

师：他说到了故事的情节：起因、发展、高潮和结局。

生4：我觉得“哲尔赛岛旅行”非常重要，它和“我二姐的婚事”是有联系的。

师：“旅行”非常重要，是啊，“哲尔赛岛旅行”引出了全文故事情节发生最重要的地点——船上，船上的情景。

师：我们来看看第一部分在全文中的作用。

屏幕显示：叙说家境引出人物制造悬念烘托气氛。

师：小说里的家庭是很穷的家庭啊！生活过得十分拮据，所以第一部分在全文中有一个作用是“叙说家境”，不少写家庭的小说，开始都这样写；“引出人物”，引出我的叔叔于勒，这个引出不是直接的描写，而是通过人物的盼望、人物的话语引出人物；因此也就“制造了悬念”，“我”的父亲永远重复着不改变的话：如果于勒在这只船上，该是多么令人惊喜啊！我们就会想：于勒究竟是什么样的人呢？制造了悬念，也就烘托了气氛，就是刚才那位同学所说的“铺垫”。于勒的信是我们的福音书，“我们家”甚至想用于勒的钱来做好多好多的事，于是就烘托出了气氛。这是第一部分的主要作用。

再以怎样通过课外作业达成形成性评价为例，来进一步明晰形成评价的特点和成效。

案例

【例 4-3】

微作文拓展训练

最妙的是下点小雪呀。看吧，山上的矮松越发的青黑，树尖上顶着一髻儿白花，好像日本看护妇。山尖全白了，给蓝天镶上一道银边。山坡上，有的地方雪厚点，有的地方草色还露着；这样，一道儿白，一道儿暗黄，给山们穿上一件带水纹的花衣；看着看着，这件花衣好像被风儿吹动，叫你希望看见一点更美的山的肌肤。等到快回落的时候，微黄的阳光斜射在山腰上，那点薄雪好像忽然害了羞，微微露出点粉色。就是下小雪吧，济南是受不住大雪的，那些小山太秀气！

上面的文段是老舍在《济南的冬天》一文中描写的薄雪覆盖下的山景。优美的语言让我们会在脑海里浮现出济南的冬天的情景，并深切感受到作者对济南的山山水水的一往情深。请仿照其写法，以“秋天的校园一隅”为内容写一段景物描写的文字，抒发自己的独特情怀。

要求：(1)符合题目要求的语篇情境；(2)运用比喻和拟人的修辞手法；(3)字数不超过 150 字。

评分标准：

总分 10 分，按照修辞 3 分，情境 3 分，描写 4 分进行对点给分。

(1) 修辞共 3 分。有比喻、拟人记 1 分；有比喻且运用恰当记 2 分；有比喻、运用恰当、符合语篇情境记 3 分。

(2) “景语”与“情语”相符且符合题目要求共 3 分。符合情境记 2 分；符合情境且能凸显独特的情怀记 3 分。

(3) 景物描写共 4 分。有符合“秋天校园”特征的几种景物记 1 分；文字能看出作者注意观察景和物的细节(形状，颜色等)，抓住相应景物的总体特征再记 2 分；按照一定的观察顺序来描写，并能表达思想感情再记 1 分。

(4) 所作描写完全不符合“秋天的校园”情境的，记 0 分；所做描写完全不属于神态和心理活动范畴的，记 0 分；若字数超出 160 字则扣 1 分。

二、终结性评价

终结性评价，又被称为“总结性评价”或“统一考试”，是指在教学活动结束时，为了了解学生的学习结果而进行的评价。终结性评价具有检测、甄别、选拔的功能。它可以让教师检测教学目标是否达成、教学内容是否落实、教学方式是否有效，以及为下一阶段教学活动的开展提供可借鉴的参考依据等。在常态教学中，学期期终考试、升学考试、选拔考试等都是终结性评价。

终结性评价因其具有检测、甄别、选拔的功能，因此在进行终结性评价时，不仅要考虑评价的内容、评价的学科能力，还要科学设计评价的具体形式，包括检测的教学范围、教学内容、题型与结构等，同时检测后的数据分析更具有分析、甄别和选拔的价值。

一般来说，进行重要的终结性评价，应该设置评价前的双向细目表、评价中的考点分布表、评价后的有效性分析表，这样终结性评价才能科学地体现其效度。

以中考语文试题为例，用具体案例对终结性评价的测前分析、试卷结构和题型、测后统计和分析等作清晰展示。

1. 测前分析

测前分析要紧扣考试目标，题型设计要科学合理，知识结构要全面，且在考试范围上需作明确的内容标注。这样让终结性评价对教学过程的指导更为有效。

案例

表 4-1 中考命题语文学科双向细目表(节选)

考试范围	考试目标				考查题型		分值	知识结构分值				备注
	A	B	C	D	客观题	主观题		积累	运用	阅读	写作	
1. 七年级上至九年级下												
2. 常用词语												
3. 常见语病现象												
4. 语句简明连贯												
5. 名著阅读及文学常识												
6. 课外说明文材料												
7. 课外说明文材料												
8. 课外说明文材料												
9. 课外材料												
10. 课外材料												

表 4-2　2015 年下学期期终测试九年级语文试卷双向细目表

试卷板块		考查内容	题型				分值	水平层次			试题难度		
			选择	填空	简答	作文		识记	理解	运用	易	中	难
积累与运用（30 分）		1. 常用字形音义	√				2	√			√		
		2. 词语辨析	√				2		√		√		
		3. 语病辨析	√				2		√		√		
		4. 语言的简明、连贯、得体	√				2		√			√	
		5. 中华优秀传统文化知识、常见文化常识	√				2	√			√		
		6. 综合探究			√		4			√			√
		7. 综合运用			√		6			√	√		
		8. 名著阅读		√			5	√			√		
		9. 古诗文默写填空		√			5	√			√		
阅读（60 分）	古诗文（24）	10. 概括内容、领会情感		√			4		√		√		
		11. 欣赏形象、语言和表现手法			√		4			√		√	
		12. 文言实词的含义	√				2		√		√		
		13. 文言虚词的含义	√				2		√		√		
		14. 文言句子的含义		√			6		√			√	
		15. 分析内容，领会感情			√		6			√			√
	说明文（8）	16. 搜集、整理文中的有用知识信息			√		4		√		√		
		17. 把握文章观点与材料的联系			√		4			√		√	
	议论文（8）	18. 归纳内容要点，概括中心意思			√		2		√		√		
		19. 把握文章观点与材料的联系		√			2		√		√		
		20. 分析文章的结构，把握文章思路			√		4			√		√	

续表

试卷板块	考查内容	题型				分值	水平层次			试题难度		
		选择	填空	简答	作文		识记	理解	运用	易	中	难
记叙文（20）	21. 分析文章结构			√		4			√	√		
	22. 初步赏析文学作品的语言和表现手法			√		8			√		√	
	23. 对文章的思想感情倾向，能联系文化背景做出自己的评价			√		8			√			√
写作（60分）	24. 片段微作文				√	10			√		√	
	25. 命题作文				√	50			√			√

2. 试卷结构和题型

试卷结构根据语文学科的特点，对知识记忆、阅读能力、交际运用、语言表达等多个内容进行综合考查。题型设计要科学地衡量难易程度，紧扣考试目标。

案例

【例 4-4】

（一）

表 4-3　2015 年中考试卷结构分析一览表

试卷结构	组成
积累与运用	语言积累、语言运用、文学常识、诗文默写
阅读与鉴赏	古诗文阅读、现代文阅读、名著阅读
交流与表达	口语交际、综合性学习、写作

（二）

××市 2014 年、2015 年中考语文古诗词鉴赏考试的内容及题型

★（2014·××市）古诗文阅读（5 分）

闻王昌龄左迁龙标遥有此寄

李白

杨花落尽子规啼，闻道龙标过五溪。

我寄愁心与明月，随风直到夜郎西。

（1）诗人在“杨花落尽子规啼”一句里写了哪些景物？渲染了怎样的气氛？（2 分）

（2）从“我寄愁心与明月，随风直到夜郎西”两句中，你解读出了诗人哪些情感？（3分）

【参考答案】（1）杨花和子规鸟。渲染了无限悲凉感伤的气氛。（2）诗人听说友人将左迁龙标时的惆怅和恋恋不舍之情。

★（2015·××市）古诗文阅读（6分）

卜算子·咏梅

陆游

驿外断桥①边，寂寞开无主②，已是黄昏独自愁，更著③风和雨。

无意苦争春，一任④群芳妒，零落⑤成泥碾作尘，只有香如故。

【注释】① 断桥：残破的桥。② 无主：无人过问。③ 更著：又遭受。著，同“着”，遭受的意思。④ 一任：任凭。⑤ 零落：凋谢。

【背景资料】 陆游，字务观，号放翁，一生志在恢复中原，却受人排挤，晚年隐居山阴，始终保持昂扬的爱国热情，是南宋杰出的爱国诗人，此词可以看成他的身世的缩影。

（1）词的上阕通过驿站、断桥、黄昏、风雨等意象，营造了________________的意境。下阕则写出了梅花__________、__________的品质。（3分）

（2）“已是黄昏独自愁”一句运用了什么修辞手法？“零落成泥碾作尘”中的“碾”字有何表达效果？（3分）

【参考答案】（1）落寞凄清；高洁、坚贞（不慕名利、傲立风雪）。（2）拟人；“碾”原指将东西压碎、压平，在这里指梅花落地之后与泥土混合之后的情景。表现出摧残者的无情，被摧残者承受的压力之大，描绘出梅花悲惨至极的图景。

【考点】 概括古诗词的主要内容，领会作者的思想情感；初步欣赏古诗词形象、语言和表现手法。

【评价目的】 考查能力层级为“分析综合”和“欣赏评价”。评价学生是否能理解诗词中关键词句，理解诗词的内容（包括所写的意象、场景、思想感情和言外之意），理解诗词的形象、语言和表达技巧。在题型上，包括填空和简答两种类型。

3. 测后统计和分析

测后统计和分析是对某次考试的人数，分数区间段的综合数据展示，教师以数据的量化分析作为依据，对优势与不足的两方面形成理论要点，从而作用于自己的教学，形成评价的结果。

案例

表 4-4　2015 年下学期期终测试九年级语文卷成绩分析表

<table>
<tr><td>参加考试学生人数</td><td>试卷总分</td><td>考试时量</td><td>优秀人数</td><td>优秀率（120 分以上）</td><td>合格人数</td><td>合格率（90 分以上）</td><td>不合格人数</td><td>不合格率（90 分以下）</td></tr>
<tr><td>59 人</td><td>150 分</td><td>150 分钟</td><td>17 人</td><td>29%</td><td>51 人</td><td>86%</td><td>8 人</td><td>14%</td></tr>
<tr><td>评价分析</td><td colspan="8">（一）优势
1. 传统文化知识考查满分人数 54 人，满分率 92%，反映此类新题型的考查受学生重视，且关注的兴趣浓厚。
2. 片段微作文总分 10 分，全班平均得分为 7 分，反映学生能根据自己的阅读体验，融进阅读的情境，并基本合理地运用描写的表达方式及比喻等修辞手法。
3. 说明文阅读和议论文阅读总分 16 分，得分 14 分以上的学生有 45 人，比例达 76.3%。反映学生整体感知文章内容要点能力较强。
（二）不足
1. 字音字形和词语辨析题满分人数为 9 人。反映出学生字词积累巩固不很牢靠。
2. 古诗词鉴赏第 10 题满分人数为 50 人，满分率 85%；第 11 题满分人数仅为 12 人，满分率 20%。反映出学生对古诗词的意象形象感知能力较强，但语言欣赏和表现手法技巧的把握不够熟练。
3. 命题作文 50 分，36 分以下人数为 15 人，比率达 25%。分析作文发现：2 人审题偏题，1 人文体不明，6 人结构混乱、选材详略不当，2 人字数不够。此外，不合格作文的卷面不够整洁，书写欠规范。</td></tr>
</table>

4. 定性与定量

定性分析与定量分析是统一的，相互补充的。定性分析是定量分析的基本前提，没有定性的定量是一种盲目的、毫无价值的定量；定量分析使定性更加科学、准确，它可以促使定性分析得出广泛而深入的结论。

定性分析就是对研究对象进行“质”的方面的分析。是运用归纳与演绎、分析与综合以及抽象与概括等方法，对获得的各种材料进行思维加工，从而去粗取精、去伪存真、由此及彼、由表及里，达到认识事物本质、揭示事物规律的目的。

定量分析作为一种分析问题的基础思维方式，是用数学语言进行描述，即对现象的数量特征、数量特征及数量变化的分析。

定性评价和定量评价都是通过各项对照来说明问题和分析问题，评价结果严谨而科学。因此，在语文教学评价中，无论是在过程性评价中，还是终结性评价中，运用这两种分析来作为评价的方式，是很有价值的。尤其作持续跟踪某一类型的或某一阶段的某种教学评价，运用定性与定量分析得出的评价结论更具科学性和说服力，如下面的例子。

案例

【例 4-5】

（一）

拟对 A、B、C 三省中考的阅读部分试卷结构做一个横向比较，运用定性与定量分析如下。

中考试卷阅读部分模块约占试卷卷面分数的 3 至 4 成，包括现代文阅读、古诗文阅读。对于大部分省来说，现代文阅读的比重要大于古诗文阅读，少有省市赋予两者相同的分值。可见，现代文阅读仍是阅读的重头戏。

2014—2015 年 A、B、C 三省古诗文与现代文阅读部分分值比重对比分析表

阅读省份	古诗文阅读		现代文阅读	
	2013 年	2012 年	2013 年	2012 年
A 省	13.8%	12.1%	23.8%	25%
B 省	12.5%	12.3%	21.7%	22.1%
C 省	9.6%	15%	23.2%	22.3%

对比 2012 年和 2013 年 A、B、C 三省的古诗文阅读和现代文阅读在阅读部分所占比例，A 省、B 省在增加古诗文阅读的比例，缩小现代文阅读的比例，而 C 省在缩减古诗文阅读的比例，增加现代文阅读的比例。

（二）

2015 年中考语文文学常识试题赋分情况一览表

赋分	0	1	2	3
试卷套数	19	0	10	9
占样本试卷的比例	41.3%	0	21.7%	19.6%

从分值上看，试卷对文学常识部分的赋分都是 2 分或 3 分。19 套有文学常识试题的试卷中，给文学常识试题赋 2 分的有 10 套试卷，赋 3 分的有 9 套试卷，没有赋分为 1 分的试卷。

美国著名心理学家布卢姆(B. S. Bloom)指出，评价的主要目的不在于选拔和甄别，不是“选拔适合教育的儿童”，而是帮助我们“创造适合儿童的教育”，即评价更重要的功能是为了促进教学的发展与提高，是促进每个学生的全面发展。因此，在语文教学评价中，根据教学的需要做好形成性评价，终结性评价，以及定性与定量分析评价，可以更好地改进和优化教学。评价的功能也不仅仅是甄别与选拔，还具有反馈调节、展示激励、反思总结、记录成长、积极导向等发展功能。因此，采用多样化的教学评价方式更有利于学生健康、全面地成长。

第二节　多元化评价功能的发挥

考纲内容

能够依据《义务教育语文课程标准（2011 年版）》倡导的评价理念，发挥教学评价检查、诊断、反馈、激励、甄别等功能，促进学生的发展。

考纲解读

《义务教育语文课程标准（2011 年版）》在语文课程“评价建议”中提出：语文课程评价具有检查、诊断、反馈、激励、甄别和选拔等多种功能，其目的是为了考查学生实现课程目标的程度，检验和改进学生的学习和教师的教学，改善课程设计，完善教学过程。应发挥语文课程评价的多种功能，尤其应注意发挥其诊断、反馈和激励的功能，有效地促进学生的发展。

教育评价功能是指教育评价活动本身所具有的能引起评价对象变化的作用和能力。对于初中语文课程评价而言，把握《义务教育语文课程标准（2011 年版）》倡导的评价理念，通过教育评价活动与结果，将作用于评价对象的变化充分体现出来，即能积极地促进学生的学习，改善教师教学，便是充分发挥了教学评价的多元化功能。本节将以初中语文教学评价案例作为支撑点，分析教学评价功能的类型特征和具体表现，阐述怎样发挥检查、诊断、反馈、激励、甄别等多元化评价功能。

基本知识

一、检查和诊断功能

教学评价就像为身体做检查一样，可以通过一定的手段方法为教师的教学态度、教学设计、教学组织、教学中的表现以及教学效果作出鉴定，以判断教师的教学行为的优劣正误。

对教学的诊断有定量诊断或定性诊断、自我诊断和专家诊断、过程诊断与结果诊断、通过考察教师活动直接诊断和通过学生的表现间接诊断等。

语文教学评价的诊断功能是指如医生给病人看病一样，要广泛收集评价所获得的信息，并进行加工、处理和分析，从而发现被评价对象的优点和不足，并进行反馈，以便在以后的教学中加以改进和提高。

诊断功能是语文教学评价最重要最基本的功能。首先，它可以使教师对自己的教学有一个清楚的认识，如教学目标的确立是否恰当，完成得如何，教学内容和教学过程的安排是否合理，教学思路是否清晰，教学重点是否突出，教学方法和手段是否恰当，等等。同时，也可以让教师更好地了解学生的学习情况，以不断改进教学和因材施教。其次，它也可以让学生了解自己的学习情况，在听、说、读、写哪方面做得不够，以调整自己的学习。另外，评价还可以让学校的管理者、家长获得相关的信息，对教师、学生的教和学提出必要的建议，进行适当的督促、调控和帮助，以提高教学效率，如下面的例子。

案例

【例 4-6】

对学生传统文化知识了解程度的考查

姓名			所在班级		
考查内容	所设问题	学生答案	分值	得分	分析评价
节日	1. “月上柳梢头，人约黄昏后”描写的是哪个传统节日？				
节日	2. 农历五月初五是中国传统端午佳节，请列举两项该节日时的民间习俗。				
文学常识	3. 我国古代儒家经典“四书”指哪四部？				
对联	4. 请把下列对联按春联、婚联、挽联、寿联的顺序进行排序：①红妆带绾同心结，碧沼花开并蒂莲；②爆竹声声辞旧岁，红梅朵朵迎新春；③德行齐辉一门合庆，福寿大衍百岁同符；④鹤驾已随云影杳，鹃声犹带月光寒。				
书画艺术	5. 书画作品中的“四君子”通常指哪四种植物？				
节气	6. 唐代诗人韩翃所作《寒食》一诗写道：“春城无处不飞花，寒食东风御柳斜。日暮汉宫传蜡烛，轻烟散入五侯家。”请问这首诗描述的中国传统节日是什么？				

要想保证诊断功能的正确发挥，评价标准的制定非常关键。以下是对于语文课堂教学评价的案例。

案例

【例 4-7】

××市中小学课堂教学评价表

学校：　　　年级：　　　讲课教师：　　　学科：

课题：

评价项目	评价要点	符合程度	
		基本符合	基本不符合
教学目标	★(1) 符合"课标"和学生实际的程度		
	(2) 可操作的程度		
学习条件的准备	(3) 学习环境的创设		
	★(4) 学习资源的准备		
	(5) 学习活动的设计		
学习活动的指导与调控	★(6) 学校指导的范围和有效程度		
	(7)教学过程调控的有效程度		
交流与反馈	(8) 交流反馈的方式		
	★(9)交流反馈的效果		
学生活动	(10) 学生参与活动的态度		
	★(11) 学生参与活动的广度		
	(12)学生参与活动的深度		
课堂气氛	★(13)课堂气氛的宽松度		
	(14)课堂气氛的融洽度		
教学效果	★(15)问题解决的广度		
	(16)问题解决的灵活性和创造性		
	(17)教师、学生的情绪体验		
其他			
教学特色			
评课等级和评语			

注：表中★表示基本评价要点，总的评价等级将分为 A、B、C、D 四级，只要在这些基本评价要点上有被评为"基本不符合"的，那么总的评价等级将为 D，即最低一级。

二、反馈功能

从信息传播的角度看，评价者与被评价者的反向信息流动就是反馈。通过诊断和评定，对教育行为及学习活动的成效进行反馈，以帮助其调整态度、策略与做法。在教育评价中，反馈的体现方式与作用因评价主体的不同而不同。比如：使学生看到自己的进步程度，寻找到自己的薄弱环节等；使教师看到施教目的与结果的差距及其原因；使教育主管部门反思自己的教育政策、教育计划是否合理等；使家长了解学生的学习、进步情况等。教师也可以运用自我评价进行自我反馈，来衡量教学目标的必要性、教学方法的合理性，确定个别学生的教育需求。当然，学生也可以对自己的学习行为进行自我评价，来识别自己的学习障碍，调整学习目标，改进学习方法。

恰当的诊断方法、信度和效度良好的诊断手段，合理的反馈机制是教学评价的反馈功能得以实现的必要条件。如果这些条件不具备，评价容易产生负反馈。比如"教学大奖赛"就是一种广为教师们诟病的语文教学形式，其反馈效果就值得商榷。采用"表演""排练"的手段，把"热闹"作为是否成功的标准，这些做法远离平时的课堂教学实际，其评价效果对教学的指导就是一种负反馈。中小学课堂教学评价指标和评价标准见表 4-5。

表 4-5　中小学课堂教学评价指标和评价标准

	一级指标	二级指标	评价结果		
			A	B	C
基本要求	1. 教学目标	(1)科学性			
		(2)适切性			
	2. 教学过程	(3)张弛有度			
		(4)学生参与			
		(5)有效有序			
		(6)关注差异			
	3. 教学氛围	(7)师生关系			
		(8)课堂气氛			
	4. 教学效果	(9)知识技能达到要求			
		(10)探究问题积极			
		(11)问题解决有效			
教学特色(发展性)					

没有学生积极参与交往的课堂，是谈不上开发学生潜能的。这就要求教师既要为学生创设一个适合于他们参与交往的民主、和谐、活跃的课堂氛围，又要为学生的参与交往提供适宜、丰富、有趣的活动内容与机会，同时还要保证学生的参与交往有充分的时间与空间。具体可从以下 6 个方面进行观察反馈：

1. 学生与教师、学生与学生之间是否相互尊重、理解、平等

主要观察学生在进行各种交往的活动中，学生与教师、学生与学生之间是否是相互尊重

的。尊重是进行一切活动的前提，只有相互尊重，才能相互理解，才能做到平等，学生才会感到安全，才不会出现有的学生被冷落、被讽刺、被耻笑的现象。

2. 学生对学习是否感兴趣

兴趣是最好的老师，良好的兴趣可以转化为学习的动力。观察学生对学习是否感兴趣可以先看学生的注意力是否集中到学习的活动内容中，再看学生对学习的内容和方式是否感到兴奋、愉悦，然后看学生是否具有进一步学习的愿望。一个好的活动内容和方式，常常使一些学生在完成了正规的活动内容之后，还想继续进行。

3. 学生和学生、学生和教师之间是否能保持多向、丰富、适宜的信息交流

交流只有在活动中才能实现。学生和学生、学生和教师之间是否能保持多向、丰富、适宜的信息交流，主要观察课堂上是否有适合于学生参与教学活动的合作氛围，有能够充分调动手、眼、口、脑等多种感觉器官的适合学生发展的活动内容、活动方式和足够的表达个人意见、展示个人才能的时间与空间。

4. 学生是否踊跃参与各项学习活动

可通过对学生参与教学活动的全员性和全程性的大致统计以及主动性情况，了解学生参与各项教学活动的踊跃程度。统计时最好把少数人的情况作适当记录，以便最后作综合判断。

5. 学生是否有主动合作的意识

学生是否能主动合作，主要表现为是否具有良好的行为习惯，遵守活动规则，会倾听、理解别人的发言，主动自觉地与别人合作，共同完成学习任务。

6. 是否有的学生还能参与教的活动

这里指有的学生在参与交往的活动中能够将所学知识用自己理解的语言或方法告诉、帮助别人，将教与学的角色集于一身，这说明学生的参与交往活动已达到一定深度。可以对具有这种表现的学生的人数、次数作适当记录。

如果听课评课的反馈不认真，观念陈旧，评课时不得要领，对任课老师来说也是一种负反馈。

眼下社会、家长、学校对应试教育成绩的过度重视，对部分坚持素质教育、一时难有明显成效的教师来说，也是很大的负反馈压力。这就要求能够有效地进行课堂教学的评价，并相应地提出建设性的意见，以此反馈结果作用于教学主体，提高教师课堂教学能力和课堂教学效率。

课堂评点是评价者（听课者）对本节课教学的优缺点的初步分析与评估，以及据此提出的相应建议。它包括以下几方面：教材处理与教学思路、目标；教学重点、难点、关键点；课堂结构设计；教学方法的选择；教学手段的运用；教学基本功；教学思想等。

课堂评点往往是在听课过程中的及时点评，这种点评不是听课完成之后的回顾式点评。课后客观评析即评课，它是指课后对所听的课进行分析整理、客观评议的过程。评课时需要针对课堂教学的不足，寻找解决问题的办法，提出合理的修改建议。做出评价意见时应该充分与评价对象交流切磋。

三、激励功能

评价是用一定的标准对某项事物的性质、状态及其价值进行定位。因此，不管是对多个评价主体的横向比较，还是单个个体的纵向比较，以及使用“量规法”对被评价者的测量。评价包含在对错、优劣、进步、退步方面的判断。

恰当的评价能够产生激励作用，而不恰当的评价则可能带来消极影响。林格伦说：“对测验打的分数和评定成绩由于某种原因而充满了不可思议的力量”（林格伦著《课堂教育心理学》，458 页，云南人民出版社 1983 年）。

心理学研究表明：人们都有争取达到理想目标，并力求超过别人取得优势地位的愿望和动机。而工作学习中谁优谁劣，只有通过评价才能实现。通过评价可以把每个教师或学生归于不同的层次等级，或给评价对象进行排序，名次较好或进步幅度较大的人，就会产生一种成就感，形成更大的学习或工作动力，名次在后边的人也会被激发超过别人的愿望和情绪，进入一种较好的状态，这就是评价的激励功能。

正因为这样，我们倡导语文教学评价，尤其是对学生的评价，要尽量发现学生的优点，多给予正面的鼓励和肯定，从而给每个学生以成就感，产生有力的促进作用。江西的语文特级教师张富先生提出“四分三度”的教改主张，其中一分就是分评价级，即不同水平层次的学生，按不同的标准去评价，以缩小优等生和后进生的评价差距，增加后进学生的自信心和上进心。

当然，激励的功能要依靠评价的科学性做保障，也有一些时候，评价会出现负面的激励效应，即会打消一部分人的求知欲、上进心。这需要我们要特别注意。

激励性评价，可以使学生的学习积极性形成内在动力，朝所期望目标前进，最终达到成功。教师恰当而富有激励性的评价，会在学生的心灵深处激起波澜，萌发顿悟，产生共鸣，促进学生形成健康、奋进、知难而上的心理。在教学中，当学生取得进步时，哪怕是一点点，教师都应给予适当的评价。尤其是那些心理压力重的学困生，更需要老师赞许的语言和目光去帮助他们减轻学习的压力和心理负担，帮助他们找回自信，树立自信。多鼓励学生，便于培养他们大胆、勇敢的精神，并调动学生的学习积极性。激励性评价在教育教学中的具体运用如下面的例子。

案例

【例 4-8】

激励性评价在教育教学中的具体运用

1. 教学中激发兴趣

激励性教育就是要激发学生内在的潜力，因为“内引起决定作用。”课堂既然是教育阵地的根本，那就更应该在课堂上实行激励性教育，以学生的内心感受和需要为根本，对学生的言行表示赏识并给予激励。及时发现学生思维的火花，语言的灵动，展现的优势，对他们施以适当的表扬和激励，长此以往，师生情感接近，学生的学习兴趣自然提高，此之谓：“亲其师，信其道”。有了学习兴趣，自然就有了能力，自然就有了快乐和成长。老师其实就是播种快乐和进步的人。

2. 活动中激励育人

教师教育教学的主要阵地是课堂教学。然而，作为教育人的工作，时时刻刻都可能有教育时机，“学校无小事，处处是大事”。一个好的教师要善于抓住良好的教育时机，所以，在大小活动中结合教育契机，对学生进行有针对性的激励教育往往会收到意想不到的效果。运动会上表扬他们是热爱集体的好孩子；是飒爽英姿的好健儿。开学见面时激励他们成熟了，长大了，懂事了。音乐课上夸赞他们多才多艺，热爱班级，团结奋进，取得了优异成绩。学生在这样的激励与赏识中慢慢懂事，上进，团结，健康快乐地成长！

3. 环境中激励做人

环境可以改变人。所以我们应该更加注重利用环境资源时时刻刻对学生进行激励性教育。文具盒上永恒的一句话：“你能行”“相信自己”“热爱生活吧，你会发现生命真的很精彩”“力争上游”“拼搏进取”；墙壁上张挂“天行健，君子以自强不息”“三更灯火五更鸡，正是男儿苦练时”“超越自我，挑战未来”这样的条幅或者“鹰击长空”“金菊傲霜”这样的图画；甚至窗台上养几盆倔强的芦荟或者仙人掌等。让学生在富于激励的健康环境下，唤醒自强不息的意识，激发向上的斗志，发掘无限的潜能！

4. 沟通中激励成人

好的教师无论进行什么样的教育首先都应该注意沟通的方式和技巧。沟通是桥梁。哪怕是在学生文具盒内放上一个小纸条——“我永远相信你！”哪怕是与学生一起促膝长谈，然后轻轻地拍一下肩膀。甚至是在走廊里见面时的一句话：“××，你今天真不错，听课那样认真，老师真为你高兴！”

如果教师能够在这四个方面时时刻刻注意引导和教育学生，那么每位学生的校园生活定将无限精彩！他们再也不会发出读书真痛苦或无所谓的感慨。下面，我们分为书面语激励、体态语激励、口语激励三个方面谈一谈日常激励性教育的几种具体做法。

（一）书面语激励

书面语激励是对学生进行激励教育的最见效、最基础、最灵活的教育形式。一切以书面语与学生沟通或激励的形式都可以为我们采用。

1. 小纸条

学生激励，要随时随地。教师要细心观察，发现问题时，可以写一张小纸条，放在学生作业本内。这样往往可以解决教师因为繁忙而无时间与学生沟通的问题。而形成文字的小纸条，最能激发学生的上进心。他们感到被关怀，被注重，甚至还有一点神秘感、成就感、幸福感。于是，他们往往把这一张小纸条深藏在自己的日记本内或者文具盒内。这样的激励维持的时间长，作用深，效果好！

2. 看日记

无论班主任任教哪个学科，一定要学生形成写日记的习惯，让他们在日记里表达心声，教师对学生的问题及时进行激励性的评价，重点是要引导学生学会做人，学会交往，学会面对困难。必须使用激励性的评语。日记批语应该不拘一格，不限形式，不限字数，漫画、名言、心得等都是激励学生的好方法。

3. 画笑脸

在作业里一定要写激励性的评语，尤其是学生近一段时间的小总结，更能让他们不断自信。同时，对每一天表现都画出一个小笑脸大拇指等，让学生在轻松环境里成长。每天展卷阅读时都有一个好心情。

4. 传贺卡

当学生有一定进步时，教师应该奖励给学生一张小卡片。有条件也可以准备一些奖状，定期对学生进行表扬。每周一次小型的，每月一次大型的表扬，每学期总结并及时选出班级的进步大学生、最爱班级学生、最佳小队等。表扬面要广，让每个学生都能够体会到被表扬和被注重的感受，体验成功与进步的喜悦。

5. 交流本

准备交流本，写上学生与教师的心路历程。每一次可以三言两语，不拘一格，达到交流的目的即可。

（二）体态语激励

体态语激励是教师在教育教学过程中的比较随机的，利用身体语言进行教育激励的一种形式。

1. 微笑

教师对学生激励教育主要体现在与学生的沟通中，教师一定要学会真诚的微笑。这是一切激励教育形式的基本功。笑应从心生，行于眉，动于唇，现于眼，体会出这个境界，就会融化一切坚冰！美国著名心理学家艾帕尔梅拉别恩作了许多实验之后得出一个结论公式："信息的总效果＝10％的文字＋35％的音调＋55％的面部表情。"通过这个公式，我们不是可以得到许多启示吗？用充满爱的眼睛，面带微笑，恐怕是最令人愉快，最能与学生沟通、激励学生的一种面部表情了吧。

2. 拍肩膀

对于男同学，更好的方法是让他们觉得自己已经长大了。和他们握握手，拍拍他们的肩膀，再辅助以其他身体语言向他们表示欣赏和祝贺。

3. 鼓掌

教师及时对学生鼓掌，表扬他们在课堂上的精彩发言；激励他们超常发挥；赏识他们不凡的表现，这小小的掌声，可以使学生找到成功与进步的自信、喜悦和收获！

4. 大拇指

学生毕竟是孩子，他们带着对世界与生活的渴望与新奇来到世界上，他们不仅渴望得到父母的爱，更希望得到教师的激励与赏识。其实对于我们每一位教师而言，向学生竖起大拇指，是再简单不过的事情了；但是对于涉世未深的孩子们而言，是他们走向未来和生活的进步的阶梯与动力。

（三）口语激励

口语激励是指教师口头对学生表示赏识等肯定的激励和批评等否定的激励。"言为心声"，只要对学生进行及时的教育，及时的鼓励，学生一定会健康成长。通过语言，我们可以打开心灵沟通的渠道。教师对每一个学生全身心的爱，是教师智慧和力量的源泉，是教育教学获得成功的基础，是教育"内化"的催化剂。

激励教育，是实现师生有效交流的重要途径。作为教师，要想在自己的教育生涯中留下辉煌的一页，我们必须做真正爱学生的人，把自信和亲切带进课堂，让我们的学生在激励的氛围下成长。

四、甄别和选拔功能

语文教学是一项计划性很强的工作，它要求教学组织者和实施者有高度的预见性、前瞻性，靠的主要是教学评价。评价能够在一定程度上甄别出教学中教师和学生在教和学两方面各自的发展倾向，从而使教师和学生采取必要的对策进行自我调节和自我完善，也可以为教学管理工作提供信息和依据。

人们常说，“百年大计，教育为本，教育大计，教师为本。”建设高素质的教师队伍一直是教育发展的前提条件，尤其对于语文这样一个主干学科，教学难度大，教师素质对教学效果的影响就更大。建立科学的课堂教学评价体系，成为语文教师培养和提高的主要措施，其中评价的预测功能发挥很大作用，如青年教师初登讲台，校领导、教研组长和教师往往通过对其授课的评价来进行预测，分别采取不同的培养措施。

另外，我们也可以通过评价对学生的语文学习情况进行预测，好的势头加以保持和发扬，不良的倾向及早克服和消除。

传统观念认为，评价就是一种检测，通过评价了解教师的教学情况和学生知识掌握情况，重在对知识结果的评价，忽略了过程的评价。《基础教育课程改革纲要（试行）》明确指出，评价不仅要关注学生的学业成绩，而且要发现和发展学生多方面的潜能，了解学生发展中的需求，帮助学生认识自我，建立自信。《中小学评价与考试制度改革的基本框架（讨论稿）》指出：“评价与考试的改革必须体现新的教育评价观念，要注重对学生综合素质的考查，强调评价指标的多元化，促进学生全面发展；评价要保护学生的自尊心和自信心，体现尊重与爱护，关注个体的处境与需要；评价要突出发展、变化的过程，关注学生的主观能动性，激发积极主动的态度；要将评价贯穿于日常的教育教学活动中，发挥评价的教育功能，促进学生在原有水平上的发展。”

由此可见，评价的目的在于促进学生全面发展，不仅是学业，而且要推动人的潜能的开发；评价的功能不仅是甄别和选拔，而且要让学生在评价中得到教育，增强自信；评价的主体不仅是教师，而且要有学生的相互评价和自我评价等。因此，在新课程改革过程中，我们要彻底转变教育观念，在立足学生健康成长的基础上，积极构建科学的评价机制，一方面要建立促进学生全面发展的评价体系，另一方面要建立促进教师不断提高的评价体。

第三节　选用恰当的评价方法

考纲内容

能够根据识字与写字、阅读、写作、口语交际、综合性学习的教学内容，选择和使用恰当的评价方法。

考纲解读

语文第四学段(7—9年级)教学内容丰富,不同内容的教学有各自的规律。对于识字与写字、阅读、写作、口语交际、综合性学习等教学内容,“课标”提出了明确的标准与要求。要想全面反映学生语文学习的状态及水平,评价方法的选择上要注重其适应性、客观性和深刻性的差别,从而采取合适的教学策略。因此,评价方法的选择和使用过程要注重可行性和有效性。

基本知识

新课程改革后,初中语文课程也引入了新的教学评价方式。“教学评价开始更多关心学生平时的语文学习,即更多地关注学生语文学习的‘过程与方法’目标维度。”(摘自张良田著《初中语文教学策略》)语文学业水平评价不仅要检查学生学习语文知识、掌握语文技能的情况,更应该关注他们掌握知识技能的过程和方法,以及与之相伴的情感态度价值观。从以往过分注结果转变到关注学生的学习过程,不再以一张试卷定胜负,应特别关注学生的学习过程,如平时预习情况、课堂发言情况、自主合作探案情况以及课外阅读写作、完成作业情况等。

常用语文教学评价方法有:纸笔测验、竞赛评比、成长记录袋、量表、观察记录、活动、问卷调查评价等。下面根据不同教学内容,通过列举案例,从评价内容、评价要求、评价方式三个维度,分别介绍相应内容的恰当评价方法。

一、识字与写字

1. 识字

评价内容:能熟练地使用字典、词典独立识字,会用多种检字方法。累计认识常用汉字3500个左右。

评价要求:考查学生认清字形、读准字音、掌握汉字基本意义的情况,以及在具体语言环境中运用汉字的能力,借助字典、词典等工具书查检字词的能力。重视考查学生独立识字的能力。

评价方式:终结性评价——纸笔测验。

测试是通过固定的程式来检测人们在某个方面的知识、能力及素养,其特点是诊断准确性高,区别性好,且人为因素较小,易于操作,但对试卷的依赖性强,测试的成功与否很大程度上依赖于测试卷的设计。

测试,多用于诊断性评价和总结性评价,也可以用于形成性评价。如期中考试、期末考试、单元测试及平时的小测试。常用的测试方式有试卷测试、量规测试以及行为测试。试卷测试比较适合了解被评估者对某些知识的掌握情况，如基础教育中的中考、高考中的语文测试，常常是通过一份答卷来测试学生的语文知识和语言应用能力，如下面的例子。

案例

【例 4-9】

（人教版语文八年级下册期中测试卷）下列各组词中字形和加点字的注音完全正确的一项是（　　）。

A. 执拗(ào)　璀璨　千山万壑(hè)　翻来复去

B. 锃亮(zèng)　真缔　相形见绌(zhuó)　抑扬顿挫

C. 文绉绉(zhōu)　迁徙　颔首低眉(hàn)　鹤立鸡群

D. 诘责(xié)　禁锢　广袤无垠(mào)　粗制烂造

2. 写字

评价内容：在使用硬笔熟练地书写正楷字的基础上，学写规范、通行的行楷字，提高书写的速度；临摹名家书法，体会书法的审美价值；写字姿势正确，有良好的书写习惯。

评价要求：考查学生对于要求“会写”的字的掌握情况，重视书写的正确、端正、整洁，在此基础上，逐步要求书写流利。关注学生基本行楷字的书写和对名家书法作品的临摹。关注学生写字的姿势与习惯，引导学生提高书写质量。

评价方式有如下几种。

(1) 终结性评价——纸笔测验、竞赛评比。

竞赛或评比是一种带有极端性的评价手段，效果明显，激励性强，比如知识竞赛、演讲比赛。它可用于测量学生某个方面的素养。课堂教学中，教师也可以根据情况适当采用。

案例

【例 4-10】

（一）

读下面一段文字，根据拼音填写汉字。（用正楷依次写在田字格内）

2015 年，××市将迎来 2500 年城庆。未来 4 年，我们要紧紧围 rào 城市建设，把××市建成经济活力 bèng 发、历史文 mài 彰显、环境 yǎ 致秀美、人民富裕安康的创新之城、精致之城、幸福之城。

（二）

××市中学语文教研组汉字听写大赛方案

1. 指导思想

面向全体学生，培养学生对祖国语言文字的感情，丰富校园文化气氛，提高学生的语文素养，增进学生学习语文的兴趣。

2. 活动目的

通过比赛活动，提高学生学习语文知识的积极性，引导学生正确识记汉字，掌握汉字的音形义，能规范地书写汉字，使学生掌握汉字词的识记方法，体会学习所带来的快乐。

3. 参加对象

8年级全体同学。

4. 比赛内容

听写100个常见易错的词语。

5. 活动安排

第一阶段为准备阶段，在第3周，由语文课老师按班级组织学生，公布所应识记的知识范围，并进行识记方法指导。第二阶段为加强阶段，在第4周至第6周，语文课老师可择机督促检查学生进行有效识记，巩固识记成果。第三阶段为比赛阶段，在第7周星期三下午课外活动至下午自习期间组织开展8年级5个班的汉字听写大赛。第四阶段为颁奖阶段，在第8周早晨升旗会上，向大赛获胜者颁奖，号召全体学生向他们学习。

6. 奖励形式

将最后留在场上的30～50名同学通过继续比赛的方式分为三等，依次为一等奖获得者，二等奖获得者，三等奖获得者，颁发奖品和奖状。

××市中学语文教研组

2015年10月8日

（2）形成性评价——量表。

量表注重记录学生在一定学习阶段内，学习内容及效果的变化过程，更为直观，能给语文教学提供有效的评价依据和教学参考，如下面的例子。

案例

【例 4-11】

初××班（姓名）2015 年下学期规范、通行“行楷字”练习鉴定表

评鉴内容	评鉴时间								
	第 1、2 周	第 3、4 周	第 5、6 周	第 7、8 周	第 9、10 周	第 11、12 周	第 13、14 周	第 15、16 周	第 17、18 周
字形正误	B	A	A	A	B	C	A	A	A
笔画	C	C	B	C	A	B	A	B	A
间架	D	C	C	C	B	B	A	A	B
布局	D	B	C	C	A	B	A	A	A
卷面	B	A	A	A	A	A	A	A	A

（以上等级按从高到低 A、B、C、D 四个等级评价）

二、阅读

评价内容：朗读、默读、诵读、精读、略读、文学作品阅读、古诗文阅读、课外阅读。

评价要求：“课标”对于第四学段（7—9 年级）阅读教学的评价有明确要求。

阅读的评价，要综合考查学生阅读过程中的感受、体验和理解，要关注其阅读兴趣与价值取向、阅读方法与习惯，也要关注其阅读面和阅读量，以及选择阅读材料的能力。重视对学生多角度、有创意阅读的评价。语文知识的学习重在运用，其概念不作为考试内容。

能用普通话正确、流利、有感情地朗读课文，是朗读评价的总要求。根据阶段目标，各学段的要求可以有所侧重。评价学生的朗读，可从语音、语调和语气等方面进行综合考察，评价“有感情地朗读”，要以对内容的理解与把握为基础，要防止矫情做作。

诵读的评价，重在提高学生的诵读兴趣，增加积累，发展语感，加深体验和领悟。在不同学段，可在诵读材料的内容、范围、数量、篇幅、类型等方面逐渐增加难度。

默读的评价，应从学生默读的方法、速度、效果和习惯等方面进行综合考察。

精读的评价，重点评价学生对阅读材料的综合理解能力，要重视评价学生的情感体验和创造性的理解。第四学段侧重考察理清思路、概括要点、探究内容等方面的情况，以及读懂不同文体文章的能力。

略读的评价，重在考查学生能否把握阅读材料的大意。浏览的评价，重在考查学生能否从阅读材料中捕捉有用信息。

文学作品阅读的评价，着重考查学生感受形象、体验情感、品味语言的水平，对学生独特

的感受和体验应加以鼓励。第三、第四学段，可通过考查学生对形象、情感、语言的领悟程度，以及自己的体验，来评价学生初步鉴赏文学作品的水平。

评价学生阅读古代诗词和浅易文言文，重点考察学生的记诵积累，考察他们能否凭借注释和工具书理解诗文大意。词法、句法等方面的概念不作为考试内容。

要重视学生课外阅读的评价。应根据各学段的要求，通过小组和班级交流、学习成果展示等方式，了解学生的阅读量和阅读面，进而考察其阅读的兴趣、习惯、品位、方法和能力。

评价方式有以下几种。

1. 形成性评价——问卷调查

问卷调查法也称书面调查法或填表法，是用书面形式间接搜集研究材料的一种调查手段，通过向调查者发出简明扼要的征询单(表)，请求填写对有关问题的意见和建议来间接获得材料和信息。问卷调查法是一种通过考察学生的语文学习态度、习惯，分析学生对语文价值的倾向，对教师教学评价的有效方法，如下面的例子。

案例

【例 4-12】

某校初一年级学生课外阅读调查问卷及数据分析(节选)

一、选择题

1. 阅读时你采用哪种读书方法？(　　)。

A. 在阅读过程中会借助工具书或问老师、同学解决生字　46%

B. 能做到边读边想　29%

C. 能写读后感　2%

D. 能写摘录，作一些批注或标记　14%

E. 随便翻翻　9%

2. 你对课外书籍感兴趣的理由是(　　)。

A. 认为阅读很重要，在语文试卷中比分较重　55%

B. 为了完成家长、老师规定的任务　20%

C. 我自己很喜欢读。因为可以陶冶情操，拓宽阅读面，丰富知识　15%

D. 其他理由　10%

3. 你获取课外知识的方式是(　　)。

A. 书籍　67%　　B. 报刊　5.5%

C. 网络　19%　　D. 旅游　3%

E. 电视　5.5%　　F. 其他

4. 你经常看什么类型的书籍？(　　)。

A. 小说　54%　　B. 散文　10%　　C. 童话　11%　　D. 动漫　5%

E. 杂志　20%

5. 你爱看中国名著还是外国名著？(　　)。

A. 中国名著　68%　　B. 外国名著　21%

C. 都不喜欢　11%

6. 你的课外阅读范围包括(　　)。

A. 名著类　8%　　B. 言情类　29%

C. 武侠类　25%　　D. 报纸杂志　37%

E. 其他　0%

7. 你的课外阅读情况(　　)。

A. 基本不读　0%　　B. 没时间读　11%

C. 有时读　64%　　D. 常读　25%

8. 你进行课外阅读的动机(　　)。

A. 完成老师布置的任务　45%　　B. 获取知识、培养能力　25%

C. 兴趣所致　10%　　D. 消遣娱乐、精神调节　20%

E. 无明确目的

9. 家长对你课外阅读的看法(　　)。

A. 赞成　71%　　B. 反对　16%　　C. 中立　13%

10. 你在课外阅读中所采用的方式(　　)。

A. 以精读为主　20%　　B. 以略读为主　30%

C. 以浏览为主　32%　　D. 能综合运用几种方式　18%

11. 你在阅读过程中有做读书笔记的习惯吗(　　)。

A. 有　25%　　B. 有时有　44%

C. 从来没有　31%

12. 你是如何做读书笔记的(　　)。

A. 仅仅摘抄好词佳句　46%　　B. 圈点批注　9%

C. 做佳句评点　0%　　D. 写心得体会　10%

E. 会对文章内容或写法提出自己的想法　0%

F. 能综合运用几种方式　35%

13. 你在看书的同时进行哪些其他活动(　　)。

A. 吃东西　45%　　B. 听音乐　22%

C. 看电视　13%　　D. 不进行　25%

14. 你在读书时通常做的事情(　　)。

A. 浏览故事情节　52.5%　　B. 摘抄好词好句　20%

C. 圈点批画　21.5%　　D. 其他　6%

15. 以下"课标"要求阅读的名著你看过吗?

□《一千零一夜》	73%	□《安徒生童话》	76%	□《伊索寓言》	79%
□《格林童话集》	72%	□《简·爱》	8%	□《童年》	17%
□《爱的教育》	30%	□《名人传》	15%	□《格列佛游记》	32%
□《鲁滨孙漂流记》	78%	□《昆虫记》	21%	□《海底两万里》	18%
□《朝花夕拾》	7 %	□《骆驼祥子》	17%	□《傅雷家书》	1%
□《西游记》	62%	□《水浒》	33%	□《三国演义》	21%
□《红楼梦》	17%	□《培根随笔》	0%	□《繁星》《春水》	22%
□《钢铁是怎样炼成的》	28%				

二、简答题

1. 你看过哪些中外的文学名著?请写出书名及作者。

2. 在你看过的书中你最喜欢哪一本,为什么?

3. 你觉得读课外书对语文的阅读和写作有帮助吗?

4. 在你看过的书中你最不喜欢哪一本,为什么?

5. 你的阅读苦恼是什么?

6. 你购买过"课标"规定阅读的名著吗?能写出名称吗?

2. 形成性评价——成长记录袋

成长记录袋也称档案袋、成长记录、学习档案,其主要设计思路是将学生的学习状况分为不同的分项指标,详细记录在不同时间段内的一个学生在这些指标上的变化。也可以将学生在不同时间内的考试试卷、作品收集起来，通过对比反映其进步情况。

成长记录袋的评价主体可以是教师、家长、同学，也可以是学生本人，或不同评价主体参与的综合反映。成长记录袋不仅能更准确、全面地反映学生一段时间内的学习状态及结果的变化轨迹，还能帮助学生一步步达到学习目标，而且，对学习者的评价由相对单纯的结果诊断趋向于进步过程、学习态度，因此它还有一种潜在的功能，即增加了评价的激励成分，降低了评价的利害关系，更加符合以学生为本的教育原则，如下面的例子。

案例

【例 4-13】

八年级“课外阅读”成长档案袋

年级：八年级。

学科：语文。

学习领域：阅读。

目标：运用成长记录袋促进阅读水平的提高，培养课外阅读习惯；积累词汇量；促进词汇的运用；扩大知识面。

读书笔记：

班级：　　　　姓名：　　　　学号：

读书时间：　　　　年　　月　　日

书名：　　　　文章题目：

学会的生字：　　　　学会的精彩短语：

你喜欢的句子：

做法：1. 教师规定全班学生每周要读 3～4 篇课外文章，并按照教师设计好的格式做读书笔记。

2. 学生按教师的要求把写好的读书笔记放入自己设计的成长档案袋中。

3. 每周一，教师会利用一定的时间让学生交流他们新学的生字、好词、好句。因此，教师要求学生在周末时，要对自己一周的读书笔记重新温习，找一找自己学会了哪些词汇及其表达方式，是否已经用于写作或口语交流中等。

3. 终结性评价——纸笔测验

此种评价方法如下面的例子。

案例

【例 4-14】

2015 年××市中考说明文阅读

资料：肌肉运动时，如果氧气不足，葡萄糖代谢产物就会变成乳酸，如果肌肉持续强力收缩，导致血流中断，乳酸就无法被快速代谢，量大了就会刺激神经，产生酸痛感。等停止运动一分钟左右，这种感觉就会消失，而运动过后的肌肉酸痛，其实并非主要由乳酸造成，而是因为肌肉长时间“闲置”，突然大幅用力，造成肌纤维和结缔组织受损，也就是俗称的“肌肉拉伤”，只不过拉伤程度较低，感觉与乳酸堆积类似。当然，肌肉是可以在短时间内自我修复这种“肌肉拉伤”的。

阅读链接材料，根据上述资料内容回答问题。

链接材料：由于学习紧张，小张同学有好长一段时间没有进行锻炼了，星期日突然打了一场篮球，结果第二天就浑身肌肉酸痛。

(1) 小张第二天浑身肌肉酸痛的原因是什么？

(2) 为了避免第二天出现肌肉酸痛的现象，小张应该怎么做？

评价方法的分析：直观的纸笔测验法，有效考查学生把握文章观点与材料的关系，评价学生是否获得有用的阅读信息，能否将文章与材料信息融合，并结合生活实际解决现实问题。符合“课标”中“重视对学生多角度、有创意阅读的评价。语文知识的学习重在运用，其概念不作为考试内容”的要求。

三、写作

评价内容：写作要有真情实感；多角度观察生活；提高独立写作的能力；写作时考虑不同的目的和对象；写记叙性文章，表达意图明确，内容具体充实；能根据文章的基本内容和自己的合理想象，进行扩写；修改自己的作文，做到文从字顺；能与他人交流写作心得，互相评改作文。

评价要求：要通过多种评价，促进学生具体明确、文从字顺地表达自己的见闻、体验和想法。对于作文的评价还须关注学生汉字书写的情况。

写作的评价，要重视学生的写作兴趣和习惯，鼓励表达真情实感，鼓励有创意的表达，引导学生热爱生活，亲近自然，关注社会。

写作材料准备过程的评价，不仅要具体考查学生占有材料的丰富性、真实性，也要考察他们获取材料的方法。要引导学生通过观察、调查、访谈、阅读等途径，运用多种方法搜集材料。

重视对作文修改的评价。要考查学生对作文内容、文字表达的修改，也要关注学生修改作文的态度、过程和方法。要引导学生通过自改和互改，取长补短，促进相互了解和合作，共同提高写作水平。

评价结果的呈现方式，根据实际需要，可以是书面的，可以是口头的；可以用等级表示，也可以用评语表示；还可以采用展示、交流等多种方式。

提倡学生在成长记录中收存有代表性的课内外作文和有价值的典型案例分析，以反映写作的实际情况和发展过程。

评价方式有以下几种。

1. 形成性评价——量表法

该量表法注重对作文的评价，结果以四个层级体现，从切题、材料、表达、卷面四个维度引导学生的写作实践，并能有效地指导学生自评自改和互评互改。如下面的表 4-6 作文量化评分细则表所示。

表 4-6 作文量化评分细则表

作文等级	切题	主题与材料	表达	卷面
一类文 35—40 分	写作范围符合题目的要求	感情真挚，思想健康，内容充实，中心明确；能表达自己对自然、社会、人生的独特感受和真切体验，有较强的感染力或说服力	语言流畅，条理清楚，联想丰富，想象合理	书写工整，卷面整洁
二类文 28—34 分	写作范围符合题目的要求	思想健康，内容具体，中心明确；能表达自己的感受和体验	语言流畅，条理清楚	书写工整，卷面整洁
三类文 20—27 分	写作范围基本符合题目的要求	文章有中心，材料较具体	语言基本通顺，条理比较清楚	书写比较工整，卷面比较整洁
四类文 10—19 分	有下列情况之一者：① 语句不通，明显的语病在五句以上；② 内容空泛，中心不明确；③ 层次不分明，条理不清楚；④ 不足 400 字			
五类文 10 分以下	有下列情况之一者：① 写作范围不符合要求，文不对题；② 有明显的观点错误；③文理不通；④ 结构杂乱			
说明：① 两个错别字扣 1 分，重现的不计，扣至 3 分为止； ② 字迹潦草，卷面不整洁，酌情扣 1—2 分； ③ 虽有文采，但内容空洞，没有表达真情实感的，不能在第一等计分				

2. 形成性评价——观察法

属于社会学的研究方法，即以第三者的身份，对某一自然现象或社会现象的状态、过程及细节进行认识、描述和研究的方法，借助观察法也可以对作文教学实施情况进行考察和研究。作为作文教学的引导者，教师应该发动学生主体和他人，充分做好观察准备，完善观察笔记，形成观察报告。

观察评价法是课堂教学过程中常用的考评方法。根据观察所采用的技术方法的不同，可以将观察分为一般观察和集中观察两种。

一般观察是将学生的成绩和进步记录在包括整个班级成员名单的表格上。这一表格可以与学生的档案放在一起，也可以贴在教室的墙上，让学生了解自己的进步和考评的内容。集中观察是集中于学生行为和结果的一些特别方面或者集中于一组特别好的学生，观察时让学生集中于一些特别的活动。

案例

【例 4-15】

下面是一篇由景物描写形成的写作教学观察。

学生习作	一走进公园里，映入眼帘的是一大块草坪。这块草坪每个春夏秋冬有不同的景色，草坪的周围有许多建筑物和树木，还有许多供人们休息的小亭子。草坪周围的路都是用鹅卵石铺成的。我很喜欢这里。 每到夜晚，草坪就在树木和小路的环抱中入睡，像摇篮中安睡的小婴儿。 春天，像一个魔术师，先把草坪变成绿色，再变成黄绿色，然后变成浅绿色，最后变成浓绿色的。春雨滋润着草坪中的小草，使它们一点一点地长大，一点一点地茁壮。 夏天，草坪中间花坛里的一簇簇花朵竞相开放，有月季，有玫瑰，还有康乃馨。一朵朵开得那么美丽，引来了许多勤劳的小蜜蜂和美丽的小蝴蝶。每当你路过草坪的时候，总会有一阵扑鼻的香气迎面吹来。 秋天，草坪里的花渐渐枯黄，花儿也慢慢地凋零，只有菊花在凉风中伫立着，树上的叶子也落了下来，落在了草坪上，给草坪铺上了一层黄地毯。大雁也排着队，唱着歌住南飞。 冬天，雪花纷纷扬扬发飘落下来。雪姑娘为草坪盖上了一层厚厚的大棉被。花坛里的花也初覆盖得严严实实的。公园里一片要白，似乎已成了雪的世界，树枝上的鸟窝里也全是白雪。 草坪在一年四季中都在为我们美化环境，是一个忠诚的绿色使者，让我们生活在一个美的世界中。
学生自我修改意见	
同学互评修改意见	
教师评价	不足之处在于，在写景上过于罗列，写作意图不明确，描写对象特征不鲜明。
学生二次创作	

教师的写作观察评价模式要经过自评、互评、师评、二次创作四个过程。学生自评是指学生对自己所写作文的评价，是从自己的角度审视作文。互评是指同学之间互相评价。教

师在初一新生入学后的第一次习作评价之前，先要上一节作文评价指导课，既要介绍初中语文作文评价模式，又要出示评价要求，指导学生评价。师评着重对学生的评价进行评价，让学生的评价能朝着科学、公平、合理的方向发展，持之以恒地对学生习作进行序列化的观察、指导，一旦作文评价模式走上正常运行的轨道，便是教师轻松的开始。

3. 终结性评价——竞赛评比

竞赛评比的终结性评价方式是以活动的形式让学生参与到学习过程中来，学生的参与面广，主观积极性高。活动主题贴合学生的特点，提倡发动学生的主观能动性，能有效地提高学生的写作积极性，提升创新思维的广度与深度，如下面的例子。

案例

【例 4-16】

第九届“校园杯”自由创意作文大赛规则程序

一、比赛目的

为了进一步推进素质教育，营造浓厚的文明校园氛围，繁荣校园文化，激发学生学习语文的兴趣，增强学习信心，切实提高学生的写作水平，为学生的发展打下坚实的写作基础，根据学校工作安排，特举办第九届“校园杯”自由创意作文大赛。

二、领导小组

三、主办单位

语文教研组。

四、评委成员

全体语文教师。

五、参赛对象

本校全体学生。

六、比赛内容及要求：本届作文比赛内容是话题作文，以“自由创意”为宗旨，提倡学生自由创新，做到“我手写我心，我手写我行，我手写我情”。文章体裁不限，写法不限，内容不限，让学生自由创意，自由抒写。“人情练达”“世事洞明”“奇思妙想”“稚言佳构”均在倡扬之列。

(1) 参赛者可自拟题目，体裁不限，内容积极向上，具有较强的文学性，并富有学生天真烂漫的情趣。

(2) 参赛作品字数不限；诗歌要求 4 行以上、50 行以内。

(3) 参赛作品稿件上首页第一行请详细写明班级、作者姓名及指导教师姓名。第二行写作品标题,文字居中。接下去直接写正文。

(4) 参赛作品一定要是原创作品,如被发现是抄袭作品,将取消参赛资格。

七、组织形式

先由各班语文教师推荐,每班各推荐五人,然后统一组织,限时作文。

八、比赛时间及地点

11 月 3 日 12:30—13:30,计算机室。

九、评审原则

评委成员用公平、公开、客观的原则进行评审。

十、奖项设置

分年级评出一、二、三等奖若干名,发给证书、奖品;评选优秀指导教师若干名并颁发证书。

四、口语交际

评价内容如下。

(1) 注意对象和场合,学习文明得体地交流。

(2) 耐心专注地倾听,能根据对方的话语、表情、手势等,理解对方的观点和意图。

(3) 自信、负责地表达自己的观点,做到清楚、连贯、不偏离话题。

(4) 注意表情和语气,根据需要调整自己的表达内容和方式,不断提高应对能力,增强感染力和说服力。

(5) 讲述见闻,内容具体、语言生动。复述转述,完整准确、突出要点。能就适当的话题作即席讲话和有准备的主题演讲,有自己的观点,有一定说服力。

(6) 讨论问题,能积极发表自己的看法,有中心、有根据、有条理。能听出讨论的焦点,并能有针对性地发表意见。

评价要求:口语交际的评价,须注重提高学生对口语交际的认识和表达沟通的水平。考察口语交际水平的基本项目可以有讲述、应对、复述、转述、即席讲话、主题演讲、问题讨论等。

口语交际的评价,应按照不同学段的要求,综合考察学生的参与意识、情意态度和表达能力。第一学段主要评价学生口语交际的态度与习惯,重在鼓励学生自信地表达;第二、第三学段主要评价学生日常口语交际的基本能力,学会倾听、表达与交流;第四学段要通过多种评价方式,促进学生根据不同的对象和内容,文明地进行人际沟通和社会交往。评价宜在具体的交际情境中进行，让学生承担有实际意义的交际任务，并结合学生在日常生活和学习活动中的表现，综合考查学生真实的口语交际水平。

评价方式有如下几种。

1. 纸笔测试

此方法举例如下。

案例

【例 4-17】

听力测试样题

一、听下面的一段话，完成后面的题目。(2 分)

由于自来水管检修、施工，芙蓉北路浏阳河以北至捞刀河以南一带定于 2 月 24 日 8 时 30 分至 25 日 22 时 30 分停水，敬请用户做好储水准备。

选出与这段话信息相符合的一项。(　　)

A. 停水范围是芙蓉北路、浏阳河和捞刀河一带。

B. 停水的原因是自来水管的施工。

C. 停水时间是 2 月 24 日上午八点半至 25 日晚上十点半。

二、听下面的一段对话，完成后面的题目。(2 分)

下面是美国知名主持人“林克莱特”一天采访一名小朋友时的对话。

林克莱特：“你长大后想要当什么呀?”

小朋友：“嗯……我要当飞机的驾驶员!”

林克莱特：“如果有一天，你的飞机飞到太平洋上空所有引擎都熄火了，你会怎么办?”

小朋友：“我会先告诉坐在飞机上的人绑好安全带，然后我挂上我的降落伞跳出去。”

林克莱特：“为什么要这么做?”

小朋友：“我要去拿燃料，我还要回来!”

选出与对话内容相符合的一项。(　　)

A. 小朋友富有远大的理想和探险精神。

B. 小朋友的想法富有创意。

C. 小朋友天真的回答中其实包含着强烈的责任心。

三、听下面的一段话，完成后面的题目。(2 分)

实践证明，一个人知识的多少，成就的多少，关键在于勤的程度，懒惰者永远不会在事业上有所建树，永远不会使自己聪明。唯有勤奋者才能在无限的知识海洋里猎取到真知实才，开拓知识领域，使自己更聪明。高尔基说："天才出于勤奋。"卡莱尔也说："天才就是无止境刻苦勤奋的能力。"只要勤，就一定能在艰苦的劳动中赢得事业上的巨大成就。我想每一个渴望得到真知和成功的人，是一定能够体会到勤的深刻含意的。

作者表达的观点是__________________________________。

四、听下面一段话，完成后面的题目。(2 分)

去年，张晓辉同学参加全省作文大赛，名落孙山，他很沮丧。语文老师对他说了一句话："这会过去的。"今年张晓辉同学又参加全省作文大赛，获得一等奖，他可高兴了。这时，语文老师还是只对他说了一句话："这会过去的。"

请问：语文老师去年和今年说的"这会过去的"各表达了什么意思？

去年的意思是：________________________。(1 分)

今年的意思是：________________________。(1 分)

2. 量表

此方法举例如下。

案例

【例 4-18】

初中语文说话能力测试评分标准

评价标准	评价等级
1. 能讲普通话。 2. 说话音量适中。 3. 说话语速适度。 4. 说话表情自然。 5. 观点表达正确，不偏离话题。 6. 观点表达充分，符合时间要求。 7. 说话突出要点，言简意赅。 8. 说话得体，不偏激。 9. 语言表达连贯、流畅。 10. 说话富有感染力和说服力。	A 等：9—10 项 B 等：7—8 项 C 等：5—6 项 D 等：3—4 项 E 等：1—2 项

3. 观察记录

此方法举例如下。

案例

【例 4-19】

一对一口语交际表现性评价的任务描述和任务详例

【简介】 无论是校园内还是校园外，学生在日常生活中都要完成许多类型的讲话任务，本表现性测验关注下面几种类型的任务，它们分别是描述物体、事件和经历，按顺序说明某个操作步骤，在突发事件中提供信息和说服某个人，要完成一个讲话任务，讲话人必须向听话人简短地陈述某些信息。这一过程包括决定要说什么，将信息组织起来，根据听话人和场合的情况改编信息，选择传递信息所用的语言，最后正式表达。讲话的效果可以根据讲话人符合任务要求的程度来予以评估。

【任务详例】

描述任务：想想你最喜欢的课或课外活动是什么，向我们描述一下。（某一运动项目或某一门学科）

突发事件任务：假设你独自在家，忽然闻到一股烟味，你打电话给消防队，而接电话的正好是我。现在你假设正在和我通电话，你要告诉我帮助你所需要的各种有关过程。（煎鸡蛋怎么样?）

说服任务：想想你希望在学校看到的某一转变，比如校规的变化。假设我就是学校的校长，试着说服我学校应该怎样变化。（比如走廊通行的规则是什么）

五、综合性学习

评价内容有如下方面。

（1）自主组织文学活动，在办刊、演出、讨论等活动过程中，体验合作与成功的喜悦。

（2）能提出学习和生活中感兴趣的问题，共同讨论，选出研究主题，制订简单的研究计划。能从书刊或其他媒体中获取有关资料，讨论分析问题，独立或合作写出简单的研究报告。

（3）关心学校、本地区和国内外大事，就共同关注的热点问题，搜集资料，调查访问，相互讨论，能用文字、图表、图画、照片等展示学习成果。

（4）掌握查找资料、引用资料的基本方法，分清原始资料与间接资料的主要差别，学会注明所援引资料的出处。

评价要求：综合性学习的评价，应着重考察学生的语文综合运用能力、探究精神与合作态度。主要着眼于学生在综合性学习过程中的表现，如是否积极参与活动，是否主动提出问题、搜集整理材料、综合运用语文知识探究问题、展示与交流学习成果等方面的情况。第一、第二学段要较多地关注学生参与语文学习活动的兴趣与态度。第三、第四学段要多关注学生在语文活动中提出问题、探究问题以及展示学习活动成果的能力。各个学段综合性学习的评价都要着眼于促进学生提高语文水平的效率，并有助于他们扩大视野，更好地掌握学习语文的方法。

评价要尊重和保护学生学习的自主性和积极性，鼓励学生运用多种方法，从不同的角度进行探究。要充分注意学生解决问题的思路和方法。对有新意的思路和表达以及有特点的展示方式，尤其要给予足够的重视。除了教师的评价之外，要多让学生开展自我评价和相互评价。

评价方式有如下方面。

1. 形成性评价——活动法

活动评价法以解决实际问题的活动为目的，不以学习和掌握系统的学科知识为目的，活动包括撰写调查报告，研究论文等。活动作业为学生独立研究，独立动手能力的发展提供了时间和空间。

选择活动主题，让学生按照个人的兴趣，爱好，根据学校列出的活动作业菜单，进行自由选择准备活动素材。学校可以为学生提供一些材料，鼓励学生自己查阅相关资料。学生可单独或者组成小组进行调查研究。

书写活动总结。学生应撰写调查报告或者研究论文对活动的评价标准：第一，学生能完成调查活动的任务，可以评为优异。第二，请家长或专家对活动结果进行评价，最后评出不同等级。第三，建立激励机制，对优异活动作业进行表彰。此方法举例如下。

案例

【例 4-20】

“走近××”综合性学习活动方案

活动名称：走近××。

活动内容：组织学生集中阅读有关××的有关资料。

活动目的：全面评价学生阅读能力形成的基本状况。

活动时间：学期中实时进行。学生自主阅读及活动约 4 日（每天 60 分钟），班级集体活动 1 次。

活动过程：

1. 活动准备。自由分组，每组 5～6 人，确定负责人。每组收集有关的阅读材料若干份（每人平均至少 1 份，阅读材料包括书籍、报纸、杂志等）。

2. 活动启事。宣布活动安排，自主活动 4 天，各组每天集中活动 60 分钟. 各组根据本组收集的书籍，制订本组活动计划，其中包括：每个成员计划阅读的书目，成员之间交流的顺序，每日活动的具体安排等. 各组每天的具体活动包括以下内容：阅读书籍，制作科学家的小档案，讲有关××的故事会，做“我的海洋梦想”交流。最后一次自主学习活动，安排本组在班级集体活动中的人员及相关事件。

3. 自主活动。学生以组为单位进行相关活动，教师在对各组进行指导过程中，对学生轮流详细观察，认真记录，及时进行评价。

4. 集体活动。

① ××简介展示，各组将本组的简介集中展示，学生进行评比。

② 各组选出代表参加故事会比赛。

③ “我的海洋梦想”宣讲。

（注：每组的每个成员必须独立参加 1 项或 2 项活动。）

活动评价：活动中教师依据观察填写学生阅读能力形成性综合评价表。活动后根据学生在活动中的表现综合评价划分学生的阅读能力，评价等级分“优良”“较好”及“努力”三级。同时教师根据以上内容对学生的语文阅读综合能力进行形成性定性评价，对级别为“努力”的学生要具体分析优缺点及其形成的原因，并有针对性地制订出改进计划和实施保障。

2. 形成性评价——观察法

观察法是对学生某项知识能力水平发展过程的形成性评价，一般不作量化的评价，而是注重其发展的过程。此方法举例如下。

案例

【例 4-21】

诗词背诵活动

教师观察评价学生诗词朗诵水平，观察评价从以下五方面进行。

A. 读音正确：	优良	较好	努力
B. 背得准确(多字少字)：	优良	较好	努力
C. 背得熟练度：	优良	较好	努力
D. 停顿与节奏：	优良	较好	努力
E. 感情得当、充沛：	优良	较好	努力

“课标”强调，语文教学内容的各种评价方法都有其一定的适应性，在评价的客观性和深刻性上也各有差别。因此，评价设计要注重可行性和有效性，力戒烦琐，防止片面追求形式。所有的评价材料、评价记录和评价结果教师必须装入学生语文学习成长袋中，以便学生了解自己学习、成长的过程，发现自身语文学习的问题，获得学习进步的激励。评价资料的保存也有利于形成评价体系，使学生评价系统、连贯，便于教师及时、迅速了解学生，进而有的放矢地组织教学。

第四节　评价主体的多元化

考纲内容

能够结合学生自我评价、学生相互评价、教师评价，帮助学生了解自身语文学习状况，调整学习策略。

考纲解读

语文教学中多主体评价能够从不同角度为学生提供有关自己学习、发展状况的信息，有助于学生更全面地认识自我。本节主要阐释的是怎样运用学生自我评价、学生相互评价和教师评价，帮助学生了解自身语文学习状况，调整学习策略。

基本知识

长期以来，对学生的评价主体主要是教师，教师的评价主要依靠外部观察和主观测定，且以评价学生的学习成绩为主，评价结果不可避免地受教师的经验、水平、评价手段等的影响。对学生的学习过程、情感态度等内部因素的评价不足，学生在评价过程中处于被动地位。“课标”指出：“应注意将教师的评价、学生的自我评价及学生之间的相互评价相结合，加强学生的自我评价和相互评价，促进学生主动学习，自我反思。”这种开放性的多元评价方式，让学生成为评价的主人。

一、学生自我评价

布鲁纳说过：教师必须采取提供学习者最后能自行把矫正机能接过去的那种模式，否则，教学的结果势将造成学生跟着教师转的掌握方式。

在教育评价研究领域，自我评价也称自我评定、自我测评或自我评估，是指评价主体根据评价目标和标准对自身的各个方面所做的评定和价值判断。学生自我评价则是指学生在学习过程中根据评价目标和标准对自身学习和发展中的各个方面所做的价值判断。

学生自我评价对其成长与发展具有重要作用。

第一，自我评价是学生个体成长和发展中的一条主线。因为，在学生的学习过程中，他人的评价以及外部社会的评价最终要与学生的自我评价相结合，才会促进学生的主动发展。

第二，有效的自我评价有利于激发学生的内在学习动力，使其养成良好的行为习惯，并对自己的行为进行不断地检查和调整，形成自我反思、自我调整的有效机制，进而主动地为自己规划自我成长的历程。

第三，有效的自我评价有利于学生和教师共同承担评价责任，使评价成为学生自己的事，帮助学生成为学生自己的事，帮助学生成为独立的终身学习者。学生自我评价是学生自我认识、自我反思的基本手段，也是学生自我诊断、自我矫正、自我完善和自我实现过程。

从学生个体来说，学生自我评价一般分为两类：一类是直接自我评价，即学生通过自我参照和自我反思进行评价；一类是间接的自我评价，即学生通过参照他人的评价或通过与同伴的对照与比较进行自我评价。从评价对象看可以分为自我指向性评价和基于任务的评价两种类型。自我指向性评价主要是学生在成长与发展过程中对自己的兴趣、态度、注意品质、动机、情绪等心理层面的因素所进行的评价；基于任务的评价主要是指学生对其学习过程中所参与的任务和活动进行评价。

下面是一则自我指向性评价的案例。

案例

【例 4-22】

初一上学期期终某学生语文学习情感自评

我的语文学习成绩不是很理想，但这并不代表我没有一颗对知识无限好奇，渴求的心。我能够自觉主动地学习还与同学们进行积极的探究，讨论，在此过程中享受知识带来的快乐。

基于任务的评价在语文教学中运用得更加普遍。

下面是一则基于修改作文任务所进行的自我评价。

案例

【例 4-23】

著名教育家叶圣陶说过："学生作文教师改，跟教师命题学生做一样，学生都处于被动地位，假如着重培养学生自己改的能力，教师只给些引导与指点，该怎样改让学生自己去考虑去决定，学生不就处于主动地位了吗？养成自改的能力，这是终身受用的。"因此，学生自评作文具有非常重要的意义。所谓作文自评方法，就是让学生自己评改作文，在老师的启发诱导下，学生通过借鉴优秀作品，感知自己的习作并进行比较，通过对内容、结构、写法等分析，找出关键问题加以修改，再从字、词、句、段修辞等方面逐步加以修改，使习作成为一篇合格作品的作文评改方法。

以下是某中学制作的"学生作文（记叙文）自评标准表"。

基础等级（10 项）占分值 60%　　　　发展等级（8 项）占分值 40%

基础等级得分：　　　　发展等级得分：

<table>
<tr><th>序号</th><th>要求</th><th>自评分值</th><th>序号</th><th>要求</th><th>自评分值</th></tr>
<tr><td>1</td><td>按时完成</td><td></td><td>1</td><td>字体美观</td><td></td></tr>
<tr><td>2</td><td>字数达标</td><td></td><td>2</td><td>语言流畅</td><td></td></tr>
<tr><td>3</td><td>书写工整</td><td></td><td>3</td><td>善用修辞</td><td></td></tr>
<tr><td>4</td><td>少有错字</td><td></td><td>4</td><td>详略得当</td><td></td></tr>
<tr><td>5</td><td>标点正确</td><td></td><td>5</td><td>中心突出</td><td></td></tr>
<tr><td>6</td><td>句子通顺</td><td></td><td>6</td><td>材料新鲜</td><td></td></tr>
<tr><td>7</td><td>内容具体</td><td></td><td>7</td><td>构思精巧</td><td></td></tr>
<tr><td>8</td><td>中心明确</td><td></td><td>8</td><td>训练点运用情况</td><td></td></tr>
<tr><td>9</td><td>结构完整</td><td></td><td></td><td></td><td></td></tr>
<tr><td>10</td><td>叙事清楚</td><td></td><td></td><td></td><td></td></tr>
<tr><td rowspan="4">基础小结</td><td>A. 以上各项我全都做到，我合格了</td><td></td><td rowspan="4">自评小结</td><td colspan="2">1. 发展等级中的第____点，我一直做得不错</td></tr>
<tr><td>B. 以上各项我基本做到，所以我基本合格</td><td></td><td colspan="2">2. 本次作文中我做得最好的是____</td></tr>
<tr><td rowspan="2">C. 以上各项我没做到一半，所以我仍需努力</td><td rowspan="2"></td><td colspan="2">3. 基础等级中的和发展等级中的，我以前做得不好，这次我做到了。我进步了</td></tr>
<tr><td colspan="2">4. 我在这个方面仍有待提高，我会通过以下途径去寻求解决方法</td></tr>
</table>

本次作文总分：______

注："训练点"是指每次作文指导课上，教师都会集中训练的某个写作点。

通过这一自我评价，学生能够了解自己的写作水平，发现自己的进步与不足。这一自我评价还能促使其调整自己的写作和思维方式，促进其进一步发展自己的写作能力。下面再看一则学生对自己所参与活动的自我评价案例。

案例

【例 4-24】

语文综合性学习关注的不仅是课堂活动，课前的资料搜集与整理，课后的活动效果回顾。下面是某校制定的学生自评表。

语文综合性学习课前活动评价表

班级：　　　　　　姓名：　　　　　　活动主题：

评价内容	评价标准				评价结果
	优秀	良好	合格	不合格	自评
1. 完成任务情况	按时完成全部任务	完成了主要任务	只完成部分任务	没有完成任何任务	
2. 参与活动态度	活动过程精力集中，表现积极	认真参与但表现不够积极	勉强参与，表现一般	对这次活动没有兴趣	
3. 独立活动能力	能很好地独立完成活动中个人承担的任务	能较好地完成小组分配的任务，几乎不需要提醒	难以完成任务，总是需要提醒	无法独立完成任务	
4. 资料收集情况	利用多种媒体查找足够的信息、能很好地处理这些资料	收集到的信息基本足以解决问题	收集到少量相关信息	没有收集到任何信息	

语文综合性学习课后延伸评价表

班级：　　　　　　姓名：　　　　　　活动主题：

评价内容	评价标准				评价结果
					自我评价
1. 活动热情	很高	比较高	一般	不高	
2. 资料整理	很好	比较好	一般	不好	
3. 成果展示	很好	比较好	一般	不好	
4. 活动效果	很好	比较好	一般	不好	
综合评价					

以上两个表格，一个在活动课前对自己评价，另一表格供学生评价自己在每一次语文综合性学习课后整理反思的情况，以起到追踪巩固的作用。学生通过自我评价，能够了解自我的学习情况，并能根据评价结果，调整自己的学习策略。

二、学生相互评价

学生相互评价是指学生在学习过程中，根据评价目标和标准，对同时参与学习和活动的其他人的各个方面所做的价值判断。

学生互评具有极其重要的意义：

首先，互评能培养学生协作能力和合作精神。在互评中，学生学会尊重、理解他人，学会协作与宽容，加深对同伴的了解和认识，可以了解评价的过程。同时，因为在评价中要对自己和他人负责，又培养了学生的意识。

其次，互评有利于促进学生自我学习，自我发展和自我评价。同伴的认可和赞许对学生发展极其重要。同伴积极的评价有助于自身形成积极的自我观念。

再次，学生互评有利于信息交流和共同进步。对他人进行评价，首先自己就必须掌握评价标准，了解评价是怎样进行的。通过相互交流、相互评价，有利于学生扬长避短，共同进步。

学生互评一般可分为课堂即时互评和课后反思性互评等。

课堂即时互评是指学生在课堂教学中，对参与学习的其他人的活动进行评价，多以口头评价呈现。下面是一则课堂学生互评的案例。

案例

【例 4-25】

《统筹方法》教学实录(节选)

魏书生

师：我暂时不提问，下面做第二件事，老师想领着咱们思维的战舰驶向何方呢？

(学生边思考边说，教师板书：1. 字词：万事俱备，只欠东风。不无裨益。2. 学习用图表说明事物的方法；3. 读懂全文，会说、会写、会用。)

师：先学习用图表说明事物的方法。作者举了一个例子，同学们想用多长时间在课文中找到这个例子并记住它？

生：(齐)一分钟。(接着学生立即看教材，全神贯注，学习积极性极高。教师看表一分钟后。)

师：时间到。作者举了一个什么例子？

生：泡壶茶喝。(学生大笑)

师：（笑着纠正）是“烧开水泡茶”。请你把烧水泡茶过程讲一遍好吗？（请学生回答）

师：他说得对不对呀？

生：（齐）对！

师：他说泡茶有几道工序？（学生历数五道工序）

师：作者说这五道工序有三种安排方法，书上还画了图表说明。大家看书上图表是对哪一种方法的说明？

生：（集体）是对办法甲的说明。

师：办法乙和办法丙怎么样？

生：这两种办法都窝囊。

师：作者没说“窝囊”，他说的是“窝工”。好，下面准备把办法乙和办法丙也分别用图表加以说明，请男女同学各自推荐一名代表在黑板上画图。（男女生各一名代表到前面在黑板上画图表）

师：让他们两人先画，咱们看书上图表，大家想，如果文章没有文字解说，只有图表，能不能看得懂？

生：光有图表，我认为也可以看懂。因为图很清楚，图上又有文字。（学生指着图述说了一遍）

师：好！他说得很明白，的确只看图也能懂。现在大家看黑板。（女学生已经画完，教师对她小声说了句话，她转身在图上改了一处。）

师：同学们看，他们画得对不对？

生：办法乙我认为画对了，办法丙画得不对。（教师请他上黑板订正，并交代下面的同学可以商量，可以上讲台帮助修改。一男学生在座位上小声说图画得不对，教师亲切地拍拍他的头，笑着问：“你怎么不上去改？”男同学站起来跑到黑板前修改。全班学生的积极性被调动起来，有的热烈商讨，有的跑上前去，黑板前有四五个学生争争抢抢，你擦我画，很是活跃。）

从节选的实录可以看出，在魏老师的课堂教学中，学生之间进行了相互评价，有对他人观点的赞同，也有对他人错误的修正。这些学生相互之间的评价可以帮助学生了解自己的学习状况，并及时调整自己的学习和思考方式。

课后反思性互评是指学生在学习或活动之后的互相评价。下面是一则学生课后反思性互评。

案例

【例 4-26】

××市第一中学研究性学习自评与互评及教师评价(节选)

(1) 郭亮

互评:

吴瑶:她尽心尽力、认真负责,一丝不苟,为本次任务的完成付出了很大的努力。

郭阳阳:态度很好,还是能够较为认真地完成任务。

阮雪皎:能够及时地完成任务,表现积极。

沈旖凡:在这次活动中她十分努力,虽然有些不足但最后还是完成了自己的任务。

刘靖:态度很好,能够认真地完成任务,值得表扬。

郭文涛:能服从安排,按计划开展活动。

唐璐易:有集体荣誉感,能服从安排、有团结意识。

(2) 吴瑶

互评:

郭亮:该同学是我们小组的组长,责任心强,工作认真,团结互助,任劳任怨,能够发挥带头作用。

沈旖凡:表现积极,善于发言,积极表达自己的意见,很好地完成本职工作。

阮雪皎:在本次活动中非常积极,还是能够完成自己的任务。

刘靖:工作态度认真,完成了自己的本职工作,表现不错。

郭阳阳:他在这次活动中较有责任感,善于提出问题,查找资料,以及善于与组员配合。

郭文涛:团结协作,有团结意识和集体荣誉感。

唐璐易:能服从安排,按计划开展活动,并善于配合。

(3) 刘靖

互评:

沈旖凡:工作积极,责任感强,尽心尽责,任务完成情况优异,发挥出色。

吴瑶:能够以积极的态度对待,很好。

郭亮:责任感很强,对事认真负责,能够很好地发挥组长的带头作用。

阮雪皎:态度可以,还是可以完成自己的任务。

郭阳阳：工作态度认真，主动完成小组的各项任务，表现很好。

郭文涛：工作态度认真，能认真完成自己的本职工作。

唐璐易：工作积极，责任感强，尽心尽责。

(4) 阮雪皎

互评：

吴瑶：善于言论，表现积极，认真完成组内的各项任务。

郭亮：她处处能够起到带头作用，在其他组员有困难时能够尽她所能地帮助我们。

刘靖：在这次活动中，团结合作，发挥自己的才能，工作负责。

郭阳阳：积极完成自己的任务，表现很好。

沈旖凡：态度工作认真，能够很好地完成自己的任务。

郭文涛：表现积极，责任心强，对事认真负责。

唐璐易：有团结意识，责任心强，对事认真负责。

(5) 郭阳阳

互评：

沈旖凡：她在这次活动中积极完成自己的任务，同时也积极地帮助别人。让活动更好地完成。

吴瑶：该同学表现优越，责任心强，对事认真负责。

郭亮：该同学表现积极，认真完成组内各项任务。

刘靖：工作负责，互助团结，很好地完成任务。

阮雪皎：干活有劲，态度积极，表现不错。

郭文涛：团结合作，发挥自己的才能，工作负责。

唐璐易：态度工作认真，能够对自己的任务认真负责。

(6) 沈旖凡

互评：

吴瑶：该同学在本次活动中，工作认真，善于发言，表现优越。

刘靖：在这次活动中，认真负责，积极主动，高质量地完成了小组的任务，尽心尽力。

郭亮：表现积极，能够出色地完成任务。

阮雪皎：该同学积极配合组员认真查阅资料，积极发言。

郭阳阳：积极主动，能够吃苦耐劳，团结友爱，积极完成任务。

郭文涛：工作认真负责，表现良好。

唐璐易：能服从安排，有团结意识。

(7) 郭文涛

互评：

沈旖凡：有集体荣誉感，能服从安排。

吴瑶：能服从安排，按计划开展活动。

郭亮：表现积极，责任心强，对事认真负责。

刘靖：有社会沟通能力，有良好的基础。

阮雪皎：能够吃苦耐劳，团结友爱，积极完成任务。

唐璐易：能够认真完成布置的任务，表现积极。

(8) 唐璐易

互评：

沈旖凡：责任感很强，对事认真负责。

吴瑶：团结协作，有团结意识和集体荣誉感。

郭亮：积极主动，与小组成员团结协作，工作效率高。

刘靖：工作积极，责任感强，尽心尽责，任务完成情况优异，发挥出色。

阮雪皎：懂得团结同学，认真完成任务，有良好的沟通能力。

郭文涛：有责任感，虽然有不足之处，但还是能够认真完成任务。

学生在一堂研究性学习课后，对同组内的成员进行了评价。这些学生互评能让评价客体明确自身的优点和不足，在以后的学习中，这些学生必将会调整自己的学习策略，提高自己的学习水平。

三、教师评价

教师评价是按照一定的价值标准，对学生知识的掌握和能力的运用，情感与态度的形成和发展，以及学生在学习过程中的变化和发展做出评价。

教师对学生有效评价，能有效激发学生的学习兴趣，调动学生的学习热情。教师对学生的有效评价还能指出学生学习中存在的不足，有利于学生发现问题，调整自己的学习方法和学习策略，提高学习效率，促进学生发展。

教师对学生的评价按照表现形式可分为口头评价和书面评价。在课堂教学中，教师一般都采用口头评价。而对于学生的作业、测试卷和学段总评则一般采用书面评价。

下面是一则教师口头评价的案例。案例节选了郑桂华老师在讲授《安塞腰鼓》一文的教学实录。郑老师在教学中，精心设置问题，循循善诱，引导学生思考，进而理解课文内容。郑老师特别注意对学生的回答进行点评，她不是简单地说“好”“非常好”，而是在肯定中又引导学生进行更为深入的思考。

案例

【例 4-27】

《安塞腰鼓》教学实录（节选）

郑桂华

生：第 7 节用的也是排比和比喻。

师：比喻怎么能有气势呢？排比有气势我能理解。

生：比喻也是有气势的。把鼓点比喻成“骤雨”，骤雨就是比较急促，也比较雄伟。

师：等一会儿。大家要记下来。好与不好都要记下来。一会儿和他切磋、商讨。

生：用“旋风”比喻“流苏”，“骤雨”比喻“鼓点”，“乱蛙”比喻“脚步”，都有气势磅礴的感觉。

师：怎么这些就显示出来了呢？你的感觉很好！我发现你的思考很有特点。你从喻体入手，这是一种很好的思考角度。为什么这些比喻就能突出壮烈的气势？你能不能把它还原的更具体、明确一点呢？

生：因为这些喻体本身就给我们气势磅礴的感觉，用这些来比喻这些物体也能够显示出来这些气势。

师：先要把这句话记下来，哪句话呢？你们把“骤雨”这个特征记下来了。刚刚她最后一句话很好的，有没有记下来？喻体的选择是能够传递作者的情感的，他选择都是有活力的、有速度的，骤雨是急速而来，旋风是很有力量的，甚至是强大的、不可抵挡的，乱蛙呢？想想。

生：我们又找了一些句子，“容不得束缚，容不得羁绊，容不得闭塞，是挣脱了，是冲破了……”这里用了排比的手法，一种说不出来的劲儿。

生：是一步一步推进的。

师：“容不得…… 容不得……容不得 …… ”是什么？刚才旁边有学生讲了，是反复。（教师板书。）

生：使环境显得更加紧张。

师：刚才我看到不同的小组都圈了这段，不同的小组来交流一下。

生：我认为这段用了排比的句式，“冰冷—燥热、困倦—亢奋”是一堆反义词，形成强烈的对比。

师：句式上是排比，用词上是反义词。还有没有补充？（学生无人回答）他们是从环境上，描写了热烈、紧张的氛围；这组是从反义词、排比的这个角度来看的。

生：“愈捶愈烈，形体成了沉重而又飞扬的思绪！愈捶愈烈，思绪中不存任何隐秘！愈捶愈烈，痛苦和欢乐，生活和梦幻，摆脱和追求，都在这舞姿和鼓点中，交织！旋转！凝聚！奔突！辐射！翻飞！人成了茫茫一片，声成了茫茫一片。”这里，“愈捶愈烈”用了三次，也是一个排比段。在第一段的思绪中，下一句就接上去了。“隐秘”指的是下面的“痛苦和欢乐，生活和梦幻，摆脱和追求”这一些。

师：读的要准一点。我在这里有一个疑问，不知道你们有没有？前面有一个同学读到过，读的一样吗？哪里不一样？

生：因为这三段都是有“愈捶愈烈”，是应该接着的。

师：刚刚讲这段的是哪位同学？你同意他这样说吗？（学生点头）同意。那后面为什么要多呢？“人成了茫茫一片，声成了茫茫一片”？

生：第一个原因是这毕竟是一段，应该连在一起；说明人都融入了，声音很强烈，也都融入了。

师：她反复用了哪个词？记下来了吗？看来我们确实比前面有推进了？这里的融入，人和人、人和自然，都到了一起。自然的力量是无穷的，当我们投入到自然中去，我们的力量也是无限的。

生：20 小节。“多水的江南是易碎的玻璃，在哪里打不得这样的腰鼓”；21 小节，“除了黄土，哪里再有这么厚、这么厚的土层呀!”用了对比的手法，写出了黄土高原的雄壮。

生：我读的是 12 段，“百十个腰鼓发出沉重的响声……山崖蓦然变成牛皮鼓面了，只听见隆隆，隆隆，隆隆。”这里“山崖蓦然变成牛皮鼓面了”，这里用了比喻和夸张的手法。

师：夸张是很有气势的，李白讲“白发三千丈”“燕山雪花大如席”。

生：21 段的两个“厚”突出了黄土高原悠久的历史。

生：27 段用了非常多的感叹号。黄土高原在捶腰鼓的时候，把自己遇到的好与坏全部发泄到了捶鼓当中。

师：我在看的时候，后面的一组也讲到感叹句很多，除了这一节，整个文章的感叹句也很多，多到几乎每一段都有，整篇文章 30 段，我数过 15 个自然段结束在感叹句上，为

> 什么这么多感叹句？感情实在是太强烈了。句式、段落都是比较短的。朱自清在写《荷塘月色》是什么样的感觉呢？柔情，节奏缓慢。这里是这么强烈的感觉，所以句子这样短。我们是不是可以思考：这样的表达和这样的感情之间的关系是怎样的？自己选择一段，感受一下情感和表达形式之间的关系。

从以上案例来看，教师的口头评价既肯定了学生的回答，激励学生深入探究，同时，学生又从教师的评价中了解当前自身的学习状况，有利于学生在接下来的课堂上调整自己的学习策略，提高学习效率。

下面再来看一则教师书面评价的案例。

案例

> 【例 4-28】
>
> **评语：**
>
> 文章取材于平凡生活经历中的一个有意义的片段，作者从中发掘出了较为深刻的内涵，表现出了较为深刻的主题。
>
> 为了突出军人的高尚道德情操，作者运用了对比构思的写法：描写众多乘客拼命挤车与军人先人后己的行为进行对比，是为了突现高尚道德的可贵；描写乘客在军人的影响下，由只顾自己转变为互相关心的对比，是为了表现军人的模范魅力；描写车厢内的喧闹和安静对比，是为了说明匡正社会风气是人心所向；描写军人的身体缺陷与心灵高尚对比，是为了说明人的内在美比外在美更加重要…… 对比构思法的运用，是这篇作文成功的关键。

教师对学生的习作进行了详细分析，尤其是对文中所运用的对比构思法进行了详细点评。学生从这些点评中，了解了自己习作中的成功之处，那么学生就会调整自己的写作策略，不断提高自己的写作水平。

第五节　自我式教学评价的实施

考纲内容

能够分析、评价自己的教学，针对教学中存在的问题，提出改进思路，完善教学方案，提升教学能力。

考纲解读

分析、评价自己的教学实质上就是教学反思。教学反思就是教师自觉地把自己的课堂教学实践作为认识对象而进行全面冷静的思考和总结，从而进入更优化的教学状态。新课程改革要求教师具有更多的创新形式、创新内容的空间，更注重教师对教的个性化处理，更注重教师具备新的教育理念，更注重教师对教学提出自己新的、独特的教学思路，运用符合学生实际的，更有成效的教学方法。

一位新入岗位的语文老师也必须得是一个反思型的教师。什么是反思性教学？为什么要做一个反思型教师？怎样做一个反思型教师？如何将教学反思作用于我们的教学方案、教学过程，从而提升我们的教学能力？这便是自我式教学评价的核心内容。本节将从教学反思概念的引入到新教师教学反思的形成，再到反思作用于教学的具体实践，逐层深入地阐释自我式教学评价的形成与实施。

基本知识

一、自我式教学评价的形式与内容

教学反思类型有纵向反思、横向反思、个体反思和集体反思等。

纵向反思就是把自己的教学实践作为一个认识对象放在历史过程中进行思考和梳理。同时，不断地获取学生的反馈意见，并把它作为另一个认识对象进行分析，最后把两个具体的认识对象糅在一块整合思考。教学反思贯穿于教师整个的教学生涯，而不是某一阶段的特殊任务。我思故我在，我思故我新。

以下是一个课例的三次磨课后的三次教学设计修订稿，授课教师在教学实践中，整合教学内容，有所取舍、整合每次磨课的生成、根据学生学习情况，让教学反思贯穿于教学设计的始终，在纵向反思中完善、修订教学设计。

案例

【例 4-29】

【教学设计第一稿】

描景衬“悲喜”(一)

一、教学目标

(1) 了解写景抒情的基本概念和要求。

(2) 通过对经典文段写景角度和遣词造句的解析，对学生作品的判定和修改，初步掌握选材角度、遣词造句与感情一致的写作技能。

二、教学过程

(一) 屈子河畔描山色

(1) 展示汨罗江图片。

(2) 教师展示两段表达对汨罗江“欢喜”之情的语段，让学生比较。

(3) 请同学们说说该怎样描写山水之景，表达屈原的悲伤？

(二) 借景抒情定义明

齐诵“借景抒情”定义，质疑。

(三) 经典细嚼出真味

1.《春》片段

女生朗读，并说说作者表达的情感，哪些词语或者句子带给你这种感觉？

品味：“看，像牛毛，像花针，像细丝，密密地斜织着，人家屋顶上全笼着一层薄烟。”

作者用春雨的什么特点来表达对春的“喜爱”？如果要用对秋雨的描写来表达“悲伤”，怎么描写？

2.《骆驼祥子》品析

(1) 老师介绍背景。

(2) 讨论。

① 哪些词语渲染了恐怖、压抑、悲凉的气氛，表达了祥子的凄惨心境？

②“露出一大片血似的”“地上射起无数的箭头”这两个比喻有何特点？试试用其他喻体修改，与原作相比效果如何？

（四）增删点染出华章

(1) 细读《秋雨》，修改写景句，使之更衬“悲喜”，使秋雨的描写更加贴切地衬托作者要表达的情感。（口头表达）

(2) 修改赵亿安的文章，增加写景句，使情感表达更丰满。

（五）布置作业

请以“那一缕阳光”或“风雨中前行”写一篇作文。

【教学设计第二稿】

描景衬“悲喜”（二）

一、教学目标

(1) 了解写景抒情中“借景抒情”的写作手法。

(2) 通过对文段比较，探讨“描景描绘什么”和“如何描绘”的问题，提升学生运用借景抒情的写作技能。

二、教学过程

（一）屈子河畔描山色

(1) 展示汨罗江图片。

(2) 教师展示两段表达对汨罗江“欢喜”之情的语段，让学生比较。

（二）借景抒情定义明

齐诵“借景抒情”定义，回顾上一组语段，比较表达效果。

（三）经典细嚼出真味

1. “悲情之雨”片段

(1) 请学生代表朗读。

(2) 请大家说说作者是如何能写得如此丰富多彩的？

明确：如何从“形、态、声、色、触、味”等角度来描写的。

2. “喜情之雨”片段

(1) 请学生代表朗读。

(2) 同样是描写雨的形、态、声、色等特征，为什么这篇就可以写得这么喜悦呢？

明确：选择的特征、用词和修辞的不同，可以表达不同的情感。

3. 试试：借描绘“雨打芭蕉”之景，来表达“悲喜”之情

（四）增删点染出华章

修改安子的文章，增加写景句，使情感表达更丰满。

（五）布置作业

写一篇情境作文。

情境：足球赛宣布结束，我们（　　）了。这时，一场大雨倾盆而下……

【教学设计第三稿】

描景衬“悲喜”（三）

一、教学目标

（1）了解写景抒情的写作手法和要求。

（2）通过“读写训练”，能较好地运用借景抒情的手法来写作。

二、教学过程

（一）屈子河畔描山色

（1）展示汨罗江图片。

（2）教师展示两段表达对汨罗江“欢喜”之情的语段，让学生比较。

（二）借景抒情定义明

读“借景抒情”定义，回顾上一组语段，比较表达效果。

（三）经典细嚼出真味

1．“悲情之雨”片段

（1）请学生代表朗读。

（2）作者是如何能写得这么深情的？

明确：

① 作者真切、深刻的感情——“情动于衷”。

② 运用“视、听、触、嗅、感”等感官进行观察，从“形、声、色、触、味”等角度来描写。

2．“喜情之雨”片段

（1）请学生代表朗读。

（2）同样是描写雨的形、声等特征，为什么这篇就可以写得这么喜悦呢？

明确：

① 不同的心情去观察，景物呈现出不同的面貌。

② 选择的特征、用词和修辞的不同，表达出不同的情感。

3．借描绘“雨打芭蕉”之景，来表达“悲喜”之情。

（1）看图说“悲喜”。

（2）绘图写“悲喜”。

(四) 增删点染更动情

任务：修改安子的文章，增加写景语段，使情感表达更丰满。

探究：依据上下文，两处分别是什么样的情感？

写作：任选一处，补写一段描写“雨”的景物描写。

点评：三个自评方向。

① 感情是否明确而集中？

② 景情是否一致？

③ 遣词造句和修辞手法的运用是否达到了衬托情感的效果？

(五) 技巧点睛明“情”理

情动于衷，发乎感官，万物皆着“我”情；

遣词造句，巧用修辞，万物皆有“我”情。

(六) 补写作文再练兵

写一篇情境作文。

情境：足球赛宣布结束，我们(　　)了。这时，一场大雨倾盆而下……

通过研究三次修订稿，不难发现，授课者对教学目标的确定，对教学内容的增删修改，对教学环节的变更，都是源自于教学实践获取的反思。可见，纵向反思不仅对自身专业的发展至关重要，也是一个教师逐渐走向成熟的必经之路。

横向反思是指跳出自我，反思自我。能经常地开展听课交流，研究别人的教学长处。“他山之石，可以攻玉”，通过与他人的学习比较，找出理念上的差距，解析手段、方法上的差异，从而提升自己。

案例

【例 4-30】

(一) 四平八稳，但求完整

年纪 50 岁左右的李老师能写一笔好字，每堂课的板书详尽而有规矩。左边板书是课文中的生字、难词，右边板书是教学的每一个步骤，中间板书则是课题、作者，以及这堂课所提的问题。工整、规范的板书让学生对每堂课所讲的内容一目了然，学生每堂课的笔记也照抄得千篇一律。不妨看看李老师教授每篇课文的流程：(1) 导入新课；(2) 作者、时代背景简介;(3) 检查生字、难词;(4) 初读课文,整体感知;(5) 划分段落,理清层次;(6) 思考问题,分析课文;(7) 小结课文,归纳主题;(8) 布置作业,完成基训。李老师的语文课几乎是一成不变的 8 个步骤,四平八稳,按部就班,堪为一堂相当完整的语文课。

(二) 且行且忙,劳而无获

陈老师是位性情耿直,富有责任心的老师,她要求自己的教学要对得起良心,对得起学生。每节课的教学,她按照自己的设想首先告知学生本节课她想达成的教学目标,然后针对目标设计几个问题,接着学生带着问题阅读文本。但是,往往教学的过程和效果,并不能达成陈老师的所愿。原本陈老师的问题预设都是一环扣一环的,但在教学实施中,却让陈老师或者措手不及,即学生并不完全按她的预设走,甚至南辕北辙;或者手忙脚乱,即学生的发问并不是老师预设的,在老师看来是与本课的教学目标无关;或者哑口无言,即学生面无表情地听课,答非所问,不知所云。于是老师困惑不已,常常一堂课下来,都觉得心里堵得慌:一是教学目标没有完成;二是强调的重点、难点没有突破;三是学生对教学的反馈漠然,甚至学生觉得语文课可上亦可不上。为此,陈老师对自己所教的语文课十分失望。

20 世纪 50 年代的苏联教育家凯洛夫对中国教育的影响至深至远。凯洛夫提出的“五环节”,即“组织教学、复习旧课、讲授新课、巩固新课、布置作业”曾长时间盛行,中学语文教学过程清一色划分为三个阶段:(1) 起始,介绍作家作品及其时代背景,解释生字新词;(2) 阅读和分析,朗读作品,分析人物或情节发展过程;(3) 结束,概括主题思想,总结写作技巧。可以说,这种模式深刻地烙印在中小学语文教师的脑海里,根深蒂固。释题、作者介绍、补充时代背景、分段、概括段意、归纳中心、分析写作特色,成为几代人对中小学语文课的共同记忆。通过上面的两个例子可知,如果今天的老师还这样给孩子们上课,即使不是一种罪过,起码也是一种负疚。

个体反思是指个人在进行某一项教学时间后的反思。例如“课后思”“周后思”“单元思”“月后思”“期中思”。一场课下来就总结思考,写好课后心得或教学日记;一周课下来或一个单元讲完后进行反思,摸着石头过河,发现问题及时纠正;对于自己一个月的教学活动进行梳理;期中测试后进行相应的质量分析,这是比较完整的阶段性分析,再通过期中考试,召开学生座谈会,听取意见,从而进行完整的整合思考;也可以以一个学期、一个学年或一届教学进行宏观反思。

再看以下的课例。

案例

【例 4-31】

年年岁岁"花"相似 岁岁年年"人"不同

李老师工作了 20 多年，教科书的每一篇课文都教了很多遍，具体到课后的习题是什么都能准确地说出。每一篇课文都有自己的教学设计，熟练到上课时不用任何教学参考书即能将教学流程清晰地展示出来。李老师认为自己这样使用了很多年的教学模式和方法在她看来已经做到全面而又深入了，学生肯定会喜欢。但是，出乎意料的是，通过课堂的实践检验，她的学生好像并不喜欢她的课。一到她上课，学生提不起精神来，提出的问题就如沉入大海，毫无回应。一堂课变成了自己的自导自演，学生的参与度很低，且有部分学生甚至在她的课堂上干其他的事情，任凭她怎样维持课堂纪律，学生仍是情绪低落，参与度不高。一届又一届学生都是如此，教学效果也不好。

李老师觉得很失落，她苦思冥想：问题到底出在哪里？为什么自己这么熟练的教学收获的却是学生的漠然？有老师告诉她静下心来好好反思，在反思中使自己的教学有变化、有进步，使学生越来越喜欢自己的课。可李老师却说："不知道怎么反思，也实在没有时间去反思，每天都很忙，带两个班且当班主任。每天上课、批作业，还要见缝插针找后进生订正、辅导学习，所剩时间无几。"李老师重重的叹息声让老师们陷入了沉思。

雾里看花 终隔一层

吴老师能较为娴熟地使用多媒体等现代化技术来教学，他几乎每节课都有 PPT 课件，而且内容庞杂。在上光未然的《黄河颂》这一课，吴老师呈现的 PPT 有 120 多页。在导入新课环节，吴老师播放了 15 页灯片，介绍了黄河的发源口、上游流经地、雪山风光、三江源头等，他的导入新课环节也如黄河九曲流转一般，悠长、缓慢。在进入文本之后，吴老师要求学生齐读一遍课文后，又宕开一笔，随着他 PPT 播放的顺序，他向学生介绍如下材料：①黄河流经的发祥地，以及出现人类的地方的遗迹分布图；②出现原始农耕的分布图；③历史上出现的几个部落的争战图；④元朝统一时的版图、清朝与元朝的版图对比图；⑤黄河两岸的文化及风土人情：西夏文明—鹳雀楼—龙门石窟—黄河纤夫—兰州羊皮筏子—安塞腰鼓……

吴老师一路迤逦，终于再次触及文本。

师：刚才同学们观看了那么多和黄河有关的资料图片，有什么感受？

生：黄河伟大、壮美！

师：你们知道《黄河颂》这篇课文是什么吗？

生：（学生迟疑良久）是歌词。

师：好，你们知道这首歌的曲作者是谁吗？是冼星海。请同学们回家后在网上找到这首歌，认真听一听，感受一下这首《黄河颂》的磅礴气势。

这节课，就在吴老师播放的PPT中响起了下课铃声。这是一堂课，学生看到的是PPT的播放，从黄河的源头到入海口，从自然地理到人文历史，从文化宗教到民俗风情。这到底是不是一堂语文课？

反思：有效教学，应该成为常态教学的基本要求，那么怎样让有效教学常态化呢？那就需要让语文常态课回归求“真”务“实”的本色。当然，这个“真”与“实”并不是老师在课堂上的简单还原，求“真”务“实”的常态课应该遵循几个原则：不面面俱到，但亦需目标明确；不刻意雕琢，但亦需精心设计；不故弄玄虚，但亦需引人入胜；不力求完美，但亦需衔接自然；不匠心独运，但亦需避免呆板。如果展开来讲，常态课有效性达成的首要前提就是要有明确的教学目标，清晰的教学思路。简言之，就是明白一堂课“教什么”和“怎么教”的问题。一堂课只要做到了“目标明确，思路清晰”，才称得上是务实的、有效的。

第二堂课可以说非语文、非历史、非政治、非地理，着实是“四不像”，它的要害在于老师根本不知道通过这堂课要达到什么教学目标，确定什么教学内容，所以拿到什么素材都用，不知取舍，也没有取舍的依据，只能眉毛胡子一把抓。所以我们评价一堂常态课是否为有效课，首先要看确定的教学内容有没有价值、目标是不是合适。如何判断一堂课的教学内容和目标是否合适呢？可以从以下几个维度来考察：一是教学内容是否符合“课标”；二是教学目标是否集中、明确；三是教学内容是否符合学情。

集体反思指与同事一起观察自己的、同事的教学实践，与他们就实践问题进行对话、讨论，是一种互动式的活动，它注重教师间成功的分享、合作学习和共同提高，有助于建立合作学习的共同体。

俗话说：“旁观者清，当局者迷”，以旁人的眼光来审视自己的教学实践，能使自己对问题有更明确的认识，并获得对问题解决的广泛途径。教师互相观摩彼此的教学，详细记录所看到的情景，还可以用摄像机将教学活动拍下来，组织观看。每个观摩的教师都写教学反思，都以自己的教学实践去分析，促使大家各自思考，然后共同研讨，重在针对教学中普遍存在的困惑，进行团队反思，每个教师发表自己的见解，提出解决问题的思路。

“即使出现认识上的冲突，也是一个智慧碰撞和切磋学习的机会。”注重教师之间的合作与对话是反思性教学的一个重要特征，反思不仅仅是“闭门思过”，与外界的沟通与交流也是进行教学反思的重要途径，这是由教与学的社会性本质所决定。除了同事之间的集体反思外，还可请教育教研学者介入，提出有促进性、针对性的建议，促使教师不断反思，从而获得更新、更全面的认识。

二、自我式教学评价的过程和标准

1. 教师反思的过程

教师反思需要经历“观察分析→经验概括→实践验证”三个阶段。

观察分析阶段是指教师将广泛收集并分析有关的经验，特别是关于自己活动的信息，以批判的眼光反观自身，包括自己的思想、行为，也包括自己的信念、价值观、目的、态度和情感。在获得一定的信息之后，教师要对它们进行分析，认清驱动自己教学活动的各种思想观点到底是什么，它与自己所倡导的理论是否一致，自己的行为与预期结果是否一致等，从而明确问题的根源所在。经过分析，教师会对问题情境形成更为明确的认识。

经验概括阶段是指教师结合具体的教学情景与学生学情，分析相关的教学理论，将意识到的问题进行明确。此阶段将在观察分析的基础上，教师不断反思，并积极寻找新思路与新策略来解决所面临的问题。

实践验证阶段需要检验上阶段所形成的行动和假设。在检验的过程中，教师会遇到新的具体经验，从而又进入具体经验第一阶段，开始新的循环。

请看下面的例子。

案例

【例 4-32】

语文教学自我反思

有人说：“一个人在语文课上的精神质量很可能会决定他一生的精神走向。”这句话也许言之过重，但是足可以引起我们的思考：我们的语文课堂给予了学生怎样的精神质量？事实上，在学科教学竞赛活动中，最出彩的往往是语文课，它可以集“听”“说”“读”“写”于一堂，它也可以融“声”“画”“图”“文”于一体，让无声的文字幻化出流淌的情感浸润每一位听者。然而，在常态的语文课堂教学中，其现状常常又是尴尬的。学生觉得一堂课听与不听，无伤大碍；一篇课文学与不学，并无损失。即便听了每一堂课，学了每一篇课文，但与考试又有何相干？长此以往，给自我的感受是：语文课，想说“爱你”不容易；

语文老师，落得“此恨绵绵无绝期”。

语文课的尴尬，究其原因主要在于课堂呈现的“漫”与“少”。所谓“漫”，首先可以直指课堂教学缺少集中的教学目标，没有明确的教学内容，不知道“教什么”，甚至有的老师把语文课上得花非花，课堂几乎沦为“漫谈”。其次可以指老师的授课形式，有的老师把教学内容转化成一个又一个设问，看似有问有答，其实教师更注重所有预设的完成、参考答案的得出，学生不需要节外生枝生成其他问题，实质上是强势地“漫灌”。再次就是老师的教学语言，随意、随性，不着边际，没有语文的思维特色；重复、单调，枯燥乏味，没有语文的简约优美，是为“漫语”。所谓“少”，一是指每堂课的实际教学内容少，一篇课文，用两课时教完，大家视为常理，用三课时教完，也属正常。尤其是古文教学，“少”“慢”“差”“费”现象尤为严重。二是指教学效率低下，因为目标不明确，“教什么”都模糊一片，这又谈何效率。三是指阅读量少，很多学生学习语文只限于读了教材中的几篇课文，事实上，语文素养的提高依赖于学生的阅读量，润物无声的习得才是语文素养渐长渐深的重要途径。

基于以上分析，语文常态课的问题也就显而易见了。

在以上环节中，反思最集中地体现在观察和分析阶段，但它只有和其他环节结合起来才会更好地发挥作用。在实际的反思活动中，以上环节往往前后交错，界限不分。

2. 教学反思的评价标准

一个完整的自我式教学评价应以是否写到成功之处、是否写到不足之处、是否写到教学机智、是否写到学生创新、是否写到再教设计为标准。

写成功之处是要详细得当地记录教学过程中达到预先设计的教学目的、引起教学共振效应的做法，课堂教学中临时应变得当的措施，层次清楚、条理分明的板书，某些教学思想方法的渗透与应用的过程，教育学、心理学中一些基本原理使用的感触，教学方法上的改革与创新，等等。这些成功的经验供以后教学时参考使用，并可在此基础上不断地改进、完善、推陈出新，达到光辉顶点。

写不足之处是指面对课堂教学出现的疏漏失误，对它们进行系统回顾、梳理，并对其作深刻的反思、探究和剖析，使之为今后再教学吸取教训。

课堂教学中，随着教学内容的展开，师生的思维发展及情感交流的融洽，往往会因为一些偶发事件而产生瞬间灵感，这些“智慧的火花”常常是不由自主、突然而至，若不及时利用课后反思去捕捉，便会因时过境迁而烟消云散，令人遗憾不已。教学反思便需要将这些“教学机智”记录下来，成为再运用的有效素材。

在课堂教学过程中，学生是学习的主体，学生总会有“创新的火花”在闪烁。教师应当充分肯定学生在课堂上的一些独特见解，让学生的好方法、好思路得以推广，对学生进行赞赏和激励。同时，这些难能可贵的见解也是对课堂教学的补充与完善，可以拓宽教师的教学思路，提高教学水平。因此，将其记录下来，可以补充今后教学的丰富材料养分。

写再教设计是指在一节课之后，静心沉思，将摸索到的教学规律，发现的教法创新“招式”或教学误区盲区，及时记录下来，进行必要的归类与取舍，考虑一下再教这部分内容时应该如何做，写出“再教设计”。这样可以做到扬长避短、精益求精，把自己的教学水平提高到一个新的境界和高度。

3. 关于新教师成长的职业规划

新教师在成长过程中，可以采取以下方法来形成自己的反思：反思日记法、详细描述法、实际讨论法、行动研究法。

反思日记法是指在一天的教学工作结束后，要求教师写下自己的经验，并与其指导教师共同分析。“详细描述”法是指教师相互观摩彼此的教学，详细描述他们所看到的情景，对此进行讨论分析。“实际讨论”法是指来自不同学校的教师聚集在一起，首先提出课堂上发生的问题，然后共同讨论解决的办法，最后得到的方案为所有教师及其他学校所共享。“行动研究”法是指为弄明白课堂上遇到的问题的实质，探索用以改进教学的行动方案，教师以及研究者合作进行调查和实验研究。它不同于研究者由于外部进行的旨在探索普遍法则的研究，而是直接着眼于教学实践的改进。反思日记和反思实录是提醒和督促教师成长的良师。反思日记具有连续性、及时性、针对性等特点，能连续且完整地呈现修改某个问题，改进某种思路的过程，而这一过程，也正是教师反思且逐渐成长、完善的过程。

参考文献

[1] 童庆炳.文学理论教程[M].4版.北京:高等教育出版社,2008.

[2] 王世堪.中学语文教学法[M].2版.北京:高等教育出版社,2005.

[3] 温儒敏,巢宗祺.义务教育语文课程标准(2011年版)解读[M].北京:高等教育出版社,2012.

[4] 钟启泉,崔允漷,张华.为了中华民族的复兴 为了每位学生的发展:《基础教育课程改革纲要(试行)》解读[M].上海:华东师范大学出版社,2001.

[5] 谭邦和,吴伦敦,黄荣洲.基础教育新课程师资培训指导·初中语文[M].长春:东北师范大学出版社,2003.

[6] 中华人民共和国教育部,义务教育语文课程标准(2011年版)[M].北京:北京师范大学出版集团,2011.

[7] 王玉辉,王雅萍.语文课程与教学论[M].北京:北京师范大学出版集团,2011.

[8] 王荣生.语文教学内容重构[M].上海:上海教育出版社,2014.

[9] 余映潮.余映潮阅读教学艺术50讲[M].西安:陕西师范大学出版社,2005.

[10] 蔡高才,袁光华.初中语文课堂教学研究[M].长沙:湖南师范大学出版社,1999.

[11] 苏立康.中学语文教学研究[M].北京:中央广播电视大学出版社,2003.

[12] 陆志平.新课程教学案例与评析[M].长春:东北师范大学出版社,2004.

[13] 张放.有效教学,和谐课堂[M].北京:光明日报出版社,2008.

[14] 何清.教师招聘考试专用教材[M].北京:首都师范大学出版社,2014.

[15] 贺永旺,胡庆芳,陈向青.提升教师教学实施能力[M].北京:教育科学出版社,2011.

[16] 黎明.课堂教学策略[M].昆明:云南大学出版社,2010.

[17] 王荣生.听王荣生教授评课[M].上海:华东师范大学出版社,2007.

[18] 邵瑞珍.学与做的心理学[M].上海:华东师范大学出版社,1990.

[19] 李镇西.听李镇西老师讲课[M].上海:华东师范大学出版社,2010.

[20] 张晓梅,张英宏.初中语文新课程教学法[M].北京:首都师范大学出版社,2012.

[21] 克拉克,等.中学教学法(上)[M].北京:人民教育出版社,1985.

[22] 钱梦龙.导读的艺术[M].北京:人民教育出版社,1995.

[23] 晋晓莉.生活化语文教学的思考[J].教师教育研究(教学版),2012(10).

[24] 尤立增.阅读教学要突出“学情核心”[J].中学语文教学,2015(1).

[25] 陈隆升."学情分析"的学理基础与实践探索[J].语文学习,2015(1).

[26] 张豪.语文教学内容的"确定"与不确定[J].语文教学通讯,2014(1).

[27] 艾小芹. 浅谈语文预习作业的分层设计[J]. 新课程(下),2012(12).

[28] 彭刚.指导性教学的概念、内涵和特征[J].教育论丛,1993(1).

[29] 陈秋荣. 课堂学习的现代特质及学习指导[J]. 内蒙古师范大学学报(教育科学版),2005(4).

[30] 于翯.新课程背景下语文课堂教学组织形式[J].生活教育,2014(2).

[31] 游隆信.课堂教学有效生成的3个环节[J].生物学通报,2008(11).